KB175793

崛起

朴正熙 經濟强國 崛起18年

9 평화통일비전

심융택

동서문화사

박정희 경제강국 굴기18년

⑨ 평화통일비전

차례

역사를 위하여

제1장 대한민국의 평화와 번영을 파괴하는 북한 공산집단의 만행

제6장 국가와 국민을 수호할 수 있는 자주국방의 힘을 길러야 한다

역사를 위하여

심융택

한국근대화의 시대를 이끌어 나간 박정희 대통령이 우리 곁을 떠난지도 어언 40여 년이 지났다. 대통령의 운명이 도무지 믿어지지가 않던 충격과 슬픔의 시간도 흐르는 강물처럼 지나갔고, 무심한 세월만 흐르고 또 흘러 그가 역사에 남긴 지대한 발자취만이 사람들의 입에 회자되면서 때로는 그의 업적이 높이 평가되기도 하고, 때로는 그의 천려일실(千慮一失)이 비판되기도 한다.

박정희 대통령은 20세기 후반의 한국과 한국인에게 어떤 존재였나? 과연 누가 어떤 말과 글로 이 물음에 완전하고 극명하게 해답할 수 있을까? 앞으로 두고 두고 역사가들의 연구가 필요할 것이다. 나는 앞으로 국내외 역사가들의 연구에 필요한 자료를 정리해 두어야겠다는 생각으로 대통령의 사상과 정책에 대해 내가 알고 있는 사실들을 기록으로 남겨두는 작업에 착수했다.

우리는 공화국 수립 뒤 이 나라를 통치한 역대 대통령들에 대해서 별로 아는 것이 없다. 대통령 자신들이나 또는 역사가들이 그들의 업적과 실책, 공적과 과오를 모두 담은 전체 모습을 오랜 시간이 지난 먼 뒷날까지 남아 있게 할 수 있는 역사적 자료와 기록을 보존해 놓은 것이 거의 없기 때문이다.

우리는 우리의 후손들이 우리나라 대통령들에 대해서 알기를 원할 때 그들이 읽고 연구할 수 있는 많은 자료와 기록을 남겨두어야 한다. 그런 자료와 기록이 많으면 많을수록 역대 대통령에 대한 부분적 지식도 그만큼 많아질 것이며, 여러 사람이 여러 각도에서 본 부분적 지식이 많으면 많을수록 대통령들의 전체 모습을 알 수 있는 지식도 그만큼 축적될 수 있을 것이다.

1961년부터 1979년까지 18년여 동안 한국인의 생활에는 혁명적 변화가 일어났고, 한국의 민족사에는 획기적 전환점이 마련되었다는 것은 세계적으로 공인된 역사적 사실이다. 그 역사적 시기에 나는 대통령을 보필할 수 있는 영광된 기회를 얻었다. 그리고 그 귀중한 기회에 나는 대통령의 국정운영에 대해 많은 것을 보고 들었으며, 또 많은 것을 기록해 두었다.

박정희 대통령이 어떤 여건과 상황 아래서 이 나라, 이 민족을 이끌어 왔으며, 대통령을 괴롭히고, 고통스럽게 한 것이 무엇이었고, 대통령을 고무하고 용기를 준 것이 누구인지를 지켜 보았다. 대통령이 국가가 직면하였던 문제상황을 어떻게 규정했고, 그 문제상황을 극복하기 위해서 어떤 정책을 결정했는가를 보았다. 또, 정책을 추진하는 과정에서 정치인과 공무원, 기업인과 근로자, 농어민과 교육자, 학생과 언론인, 과학자와 문화인 등 우리 사회 각계각층 국민을 상대로 때로는 설명하고 설득하며, 때로는 교육하고 계몽하며, 때로는 칭찬하고 격려하고, 때로는 따지고 나무라며 그들이 분발하고 피눈물나는 노력을 하는 국가건설의 역군으로 거듭나게 만들 때 대통령이 그들에게 어떤 말을 했고, 어떤 글을 남겼는가를 주의 깊게 지켜보았다.

박정희 대통령이 남긴 이런 말과 글 속에는 한국근대화와 부국강병 등에 대한 대통령의 신념과 소신이 살아 숨쉬고 있다. 대통령의 이런 말과 글은 대통령이 여러 행사장에서 행한 연설문, 여러 공식, 비공식 회의에서 천명한 유시와 지시, 여러 분야 인사들에게 보낸 공한과 사신, 국내외 인사들과 나눈 대화, 외국 국가원수와의 정상회담, 대통령의 저서, 그리고 대통령의 일기 등에 온전히 보존되어 있다.

1972년 2월 22일, 닉슨 대통령이 베이징에서 마오쩌둥 주석과 회담할 때 '마오 주석의 글들은 한 나라를 움직였고, 세계를 바꿔놓았다'고 찬사를 보내자 마오쩌둥은 '나는 그렇게 하지 못했다. 나는 다만 베이징 근처의 몇 군데를 바꿔놓을 수 있었을 뿐이다'라고 대답했다고 한다. 이 말은 중국인 특유의 겸양이었고, 사실은 닉슨의 말 그대로였다. 대통령도 그랬다. 18년 동안의 통치기간 동안 대통령의 말과 글은 서울 근처 몇 군데만을 바꿔놓은 것은 아니다. 대한민국 전체의 모습을 새롭게 창조했고, 우리 민족 역사의 방향을 바꾸어 놓았으며, 세계사 흐름에도 영향을 미쳤다. 그 시대 대통령의 말과 행동은 한국 현대사에서 가장 역동적이고 생산적이었던 시대에 열심히 일한 우리 국민의 말이었고 행동이었다.

박정희 대통령의 말과 글들은 대통령이 추진한 국가정책과 함께 그의 시대에 이 나라의 정치·경제·사회·문화 등 모든 분야에서 이루어진 발전과 변화의 경로를 밝혀 주고 있다. 국가정책은 우리나라가 놓여 있는 특수한 상황에서 우리 국민들이 가장 먼저 풀어야 할 국가적 과제를 위해 대통령에 의해 결정되고 추진되었다. 따라서 국가정책을 올바로 이해하고 평가하기 위해서는 그것이 결정되고 추진된 그 무렵 특수상황을 정확하게 숙지하고 있어야 한다. 그래야만 국민들이 가장 시급히 해결해야 할 국가적 과제가 무엇이었고, 그 과제를 해결하기 위해 어떤 정책이 필요했던 가를 올바로 이해할 수 있다.

정책을 결정할 무렵에 우리가 직면해 있던 국내외 상황을 잘 검토해 보면 대통령이 왜 그 상황에서 그 정책을 결정했는지를 이해할 수 있을 것이다. 예컨대, 대통령은 왜 5·16군사혁명을 일으켰는가? 왜 공업화에 국운을 걸었는가? 왜 대국토종합개발과 경부고속도로 건설을 추진했는가? 왜 향토예비군을 창설했으며 방위산업 육성을 서둘렀는가? 왜 주한미군 철수를 반대했는가? 왜 새마을운동을 전개했는가? 왜 남북한 간의 체제경쟁을 제의했는가? 왜 국가비상사태를 선언했는가? 왜 남북대화를 시작했는가? 왜 중화학공업과 과학기술 혁신, 농촌근대화와 수출증대에 총력을 기울였는가? 왜 10월유신을 단행했는가? 왜 생명의 위험을 무릅쓰고 핵무기개발을 강행했는가? 등의 의문에 대한 올바른 해답을 얻으려면 그런 정책들이 결정된 그 무렵의 국내외 상황을 정확하게 알고 있어야 한다.

이 정책들은 우리 민족사의 진로를 바꾼 발전전략의 핵심사업들이 었으며, 또한 대통령의 통치기간 내내 야당이 반정부 극한투쟁의 쟁점으로 삼았던 정책들이었다. 이런 정책들은 대통령이 그 정책들을 결정할 무렵의 국내외 상황에 정통해야만 올바로 이해될 수 있는 것이다. 정책 결정 때 상황을 정확하게 알고 있지 못한 사람들로서는 왜 그런 정책이 필요했으며, 또 불가피했는지를 이해하기가 어렵다. 시간의 흐름에 따라 어떤 정책이 어떻게 바뀌었으며, 새로운 정책은 어떤 시대적 연관성 속에서 결정되었는가를 올바로 파악하기 위해서는 그 시대 상황의 특수성에 대해 올바로 알고 있어야 한다.

루소는 《에밀》 제2권에서 역사적 사실에 대해 이렇게 말했다. '역사 서술은 결코 우리에게 현실의 여러 가지 사실들을 충실히 모사(模寫)해주지 않는다. 현실의 사실들은 역사를 서술하는 사람의 머리 속에서 그 형태를 바꾸고, 그의 관심에 맞도록 변화하며, 그의 선입견에 의해서 특수한 색채를 띠게 된다. 발생 무렵 사건의 모습을 관찰하기 위해, 그 무대가 되는 장소에 정확히 다시 가 볼 수 있게 하는 기술에 도대체 누가 정통할 수 있겠는가?

박정희 대통령이 추진한 국가정책은 그것이 결정된 무렵의 상황에서 정통하지 못한 사람들에 의해서 올바로 이해되지 못하고, 그들의 선입견에 의해서 또는 그들의 관심과 목적에 맞도록 황당하게 왜곡되었다. 대통령이 정책을 결정할 무렵의 상황에 가장 정통한 사람은 말할 것도 없이 대통령 자신이다. 그러나 통탄스럽게도 80년도 초에 은퇴 예정으로 자서전을 집필하기 위해 기본자료를 수집하고 정리하던 중에 작고했다.

박정희 대통령 말고도 그 무렵 상황에 정통한 사람들은 대통령 비서실과 특별보좌관실, 행정부 장차관, 국책연구기관, 여당간부 등 대통령의 정책결정에 직간접적으로 참여했거나 자문에 응한 사람 등 많이 있다. 그러나 이런 사람들이 그때 상황에 대해 알고 있는 것은 아주 일부분에 지나지 않는다. 왜냐하면 그 무렵 국내외 상황은 복잡하고 많은 요소로 구성되어 있어서 모든 국가정보망을 장악하고 있는 대통령 이외의 사람들은 상황의 모든 요소를 알 수 없었기 때문이다.

1963년 중반부터 1978년 말까지 거의 16년 동안 국가재건최고회의와 대통령 비서실에 근무하면서 대통령의 연설문, 저술, 공한, 각종 회의록 등을 정리하는 실무자의 한 사람으로서 나는 대통령의 정책이 결정되고 추진된 그 무렵 상황에 가장 가까운 위치에서 대통령이 추진한 정책의 전후 인과와 맥락, 그리고 정책성과 등을 기록해 두었다. 물론 대통령의 통치철학과 대통령이 추진한 국가정책과 관련된 역사적 사실들 가운데 내가 기록해 둔 것은 부분적인 것이다. 그러나 부분적인 사실이나마 기록으로 남겨둔다면 후세 역사가들의 연구에 다소나마 보탬이 되지 않을까. 또 내가 알고 있는 부분적인 역사적 사실들이 다른 분들이 알고 있는 부분적인 역사적 사실들과 종합적으로 연구된다면 대통령의 정치사상과 국가정책에 대해 보다 폭넓고 깊이 있게, 그리고 보다 자세하고 정확하게 이해하는 데 하나의 길잡이가 되지 않을까 생각했다.

박정희 대통령은 우리나라가 나아가야 할 미래의 방향과 목표에 대해 많은 지침을 남겨 놓았다. 다음 세대들은 그들 세대의 새로운 국가적 목표와 그 목표를 이룰 수 있는 새로운 실험과 창조적인 모험을 하는 과정에서 대통령의 정치사상과 국가정책, 그리고 그 지도력에서 귀중한 교훈을 얻을 수 있으리라고 믿는 마음에서, 비록 부분적이고 불완전한 내용이나마 세상에 내놓기로 했다.

사람들은 박정희 대통령 시대를 우리 민족사에서 획기적인 분수령을 이룬 시기라고 말한다. 한 시대를 다른 시대와 구분하는 기준을 '변화'라고 한다면 그의 시대는 분명히 역사적 전환기였다고 할 수 있다. 확실히 대통령의 시대는 비생산적인 정치적 불안과 사회적 혼란에 종언을 고하고, 정치안정과 사회질서 속에 생산과 건설의 기풍이 진작되고, 국가발전의 목표와 방향이 뚜렷하여 국민들이 희망과 자신을 가지고 분발함으로써 조국의 근대화를 이룩한 변화의 시대였다.

박정희 대통령 시대에 우리 국민들이 이 땅에서 목격한 거대한 변화의 충격은 마치 육지와 해양의 모습을 바꿔놓은 대화산의 폭발과 같이 한반도의 남반부를 전혀 '딴 세상', '다른 나라'로 완전하게 탈바꿈시켜 놓았다. 그래서 절대다수의 국민들, 그중에서도 시골 마을의 어르신들과 농민들은 천지가 개벽했다고 놀라워하고 감탄했다.

대통령이 이 나라를 통치한 1960년대와 1970년대에 과거 선진국들이 100년 또는 200년에 걸쳐 이룩한 근대화가 20년도 채 안 되는 짧은 기간에 압축되어 이루어졌다. 그것은 전 세계의 경탄을 자아내게한 위대한 실험이었고 모험이었다. 정녕 대통령은 세계에서 가장 가난한 약소국가였던 이 나라를 세계의 경제강국 수준으로 끌어올려 놓음으로써 '기적의 나라'로 만들어 놓았다. 그리하여 우리 국민들은 선진국 국민들이 여러 세대에 걸쳐 단계적으로 겪었던 변화들을 한 세대 동안에 한꺼번에 겪었다.

우리 역사상 그토록 많은 국민들이 그토록 짧은 기간 동안에 그토록 다양한 변화를 겪은 시대는 일찍이 없었다. 그러나 대통령이 기적적인 변화를 지속시켜 나간 그 역정은 결코 순탄한 것이 아니었다. 그것은 실로 격동과 시련, 고통이 중첩된 가시밭길이었다. 대통령은 그 형극의 길을 뚫고 나와 국가건설에 몰입하여 심신을 불살랐다. 국가건설의 길은 온 국민이 함께 가는 길이었고, 이 땅에서 근대화를 태동시킨 창조적 시대로 통하는 길이었다.

확실히 대통령은 1961년 5월 16일부터 1979년 10월 26일에 이르는 18여 년 동안 자립경제와 자주국방의 과제를 해결하기 위해 개방과 개혁 등 혁신적인 정책을 추진하여 세계인들이 감탄하는 '한강의 기적'을 이룩하였다. 그러나 대통령은 한강의 기적이란 결코 기적이 아니라고 생각했다. 그것은 대통령 자신과 우리 국민 모두가 한 덩어리가 되어 흘린 피와 땀과 눈물의 결정이라고 생각했다. 대통령과 우리 국민들이 자립경제와 자주국방 건설을 위해 피땀을 흘린 그 끈질기고 지속적인 노력의 과정은 한두 마디의 수사나 한두 줄의 단문으로 설명될 수 있는 것이 아니다. 불신과 체념, 좌절과 절망 속에서 시작되어 각성과 용기, 희망과 자신으로 이어져 마침내 우리 민족의 무한한 저력이 분출되고, 그 저력이 가난하고 힘이 없는 이 나라를 번영되고 힘이 있는 부국강병의 나라로 탈바꿈시킨 18여 년의 전 과정은 실로 끝없이 이어지는 장대한 서사시(敍事詩)라고 해도 과언이 아니다.

나는 1979년 대통령이 서거한 직후부터 박정희 대통령이 국민들과 함께 자립경제와 자주국방건설 완성을 위해 뼈가 가루가 되고 몸이 부서지도록 최선의 노력을 다한 헌신 봉공의 18년 기록을 정리해 둔 사실그대로 30년 세월바쳐 써 나아갔다. 이제《박정희 경제강국 굴기18년》으로 편찬하여 10권으로 역사에 남기기로 한다.

제1장 대한민국의 평화와 번영을 파괴하는 북한 공산집단의 만행

박정희의 평화통일 방략

이른바 '천하양분'의 얄타체제에 의해 강요된 국토분단과 동족상잔의 비극적인 시대에 살고 있는 우리 국민에게 있어서 통일은 가장 절실한 민족의 염원이고 소망이다.

우리 국민들이 통일을 그토록 염원하는 데는 그럴 만한 근거가 있다.

첫째, 우리 민족은 하나의 민족이며, 따라서 하나로 다시 통합되는 것은 너무나 당연한 일이라는 당위론이다.

역사적으로 우리 민족은 신라가 삼국을 통일한 이래 1300여 년의 오랜 세월동안 하나의 통일국가로 이어온 단일민족이다. 따라서 남북의 동포가 함께 살면서, 오랜 역사를 이어온 문화민족으로서의 자아를 회복해야만 한다는 것이다. 이러한 당위론적인 정감 때문에 2차 세계대전 후 생긴 분단민족 가운데서 우리 국민의 통일염원은 불과 70년의 통일민족사를 가진 독일이나 기본적으로 종족이 다른 중국에 비해 훨씬 강렬하게 나타났다.

둘째, 혈육을 함께 나눈 가족과 친지들이 자유롭게 서로 만나고 왕래할 수 있게 하는 것이 우리 민족이 오랜 전통으로 지켜온 인정과 인륜에 합당하다는 일종의 감상론이다. 남북한에는 분단과 6·25전쟁으로 온 가족이 이산된 채, 불과 몇 킬로 안팎의 인위적 장벽에 가로막혀서 서로 안부조차 모르고 지내는 동포가 수백만에 이르고 있는데 이들의 재결합을 위해서 통일은 빨리 돼야 한다는 것이다.

셋째, 남북의 분열과 대립에서 생기는 물적, 인적 자원의 손실을 막고, 우리 민족 전체의 유능한 자질과 능력을 발휘한다면 우리 민족의 무궁한 생존과 번영을 이룩할 수 있다는 이른바 '통일강국대망론'이다.

우리는 인구가 10억이 넘는 중국대륙과, 2억 4천만의 소련, 그리고 1억 인구의 일본 등 강대국들의 치열한 각축의 틈바구니 속에서 사는 인구 5천만의 작은 나라다. 그러나 우리가 강력한 통일국가로 재기하게 되면, 우리는 강대국들의 세력에 대한 균형자 역할을 수행함으로서 동북아시아의 평화는 물론이고 세계평화에도 기여할 수 있다는 것이다.

그러나 통일은 당위론이나 강대국대망론을 주장한다고 하루아침에 이루어질 수 있는 일이 아니었다.

이상(理想)으로 말한다면 통일문제는 가장 화급한 문제다. 그러나 현실적으로 본다면 그것은 가장 어려운 문제였다. 그것은 서두른다고 당장 해결될 수 있는 문제가 아니었고, 또 어렵다고 포기할 수 있는 문제도 아니다. 통일문제는 시간이 필요한 과제고, 준비가 필요한 숙제다. 왜냐하면 대한민국의 통일정책과 북한공산당 집단의 통일정책은 서로 상충하는 것으로서 단기간 내에 쉽게 융합될 수 있는 것이 아니기 때문이다.

즉, 대한민국은 경제건설을 통한 평화통일은 추구하고 있는데 반해서 북한 공산집단은 군비증강을 통한 무력적화통일을 획책하고 있기 때문이다.

따라서 대통령은 김일성 집단이 북한을 지배하고 있는 한 남북한 간의 합의로 통합되거나 또는 국민감정의 평화적인 확산에 의해서 통일이 이룩될 수 있다고는 보지 않았으며, 통일은 피와 땀과 눈물의 시대를 요구할 것이라고 믿고 있었다.

즉, 우리가 통일을 성취하려면 상당한 시간을 인내와 끈기로서 견디어 내야 하고 그 기간에 경제건설을 통한 국력증강 등 평화통일에 필요한 준비작업을 꾸준하게 지속해 나가야 한다는 것이다.

대통령은 분단된 조국의 통일원칙과 통일방법에 관해 확고부동한 정책구상을 갖고 있었다.

첫째, 통일은 반드시 평화적으로 성취돼야 한다는 평화통일 원칙이다.

1950년 6월 25일, 북한 공산집단이 도발한 기습남침의 참화는 평화가 얼마나 귀중한 것인가를 오늘의 이 순간에도 우리에게 일깨워 주고 있다. 특히 현대무기의 파괴력은 날로 가공해지고 있으며, 따라서 앞으로 전쟁이 일어나는 경우 그 참상은 우리가 상상할 수 없을 정도로 처참할 것이다. 국토가 잿더미가 되고 수많은 국민이 희생된 후에 통일이 된들 무슨 뜻이 있겠는가. 평화적으로 통일을 달성하는 것만이 민족의 보다 큰 발전과 번영을 이룩한다는 통일의 목적에 합당하다는 것이다.

둘째, 조국통일은 또한 자주적으로 이루어져야만 한다는 자주통일 원칙이다.

우리 민족의 일에 관해서는 우리 민족의 자유의사가 존중되고 관철되어야 한다. 남에 의해 주어진 독립이 완전한 독립이 될 수 없듯이, 남에 의해 주도된 통일이 완전한 통일이 되기는 어렵다.

통일은 궁극적으로 우리가 해결해야 할 우리의 문제이며, 통일의 주체와 당사자는 어디까지나 우리 민족이다.

강대국이 선의의 조언자의 역할을 자임하고 나서는 것을 굳이 마다할 것까지는 없지만, 그들에게 전적으로 기대는 사대적 통일은 민족의 자주적 발전과는 거리가 멀다는 것이다.

셋째, 조국의 통일은 민주적으로 이루어져야 한다는 민주통일 원칙이다.

북한 공산집단이라는 것이 얼마나 반민족적이고 반민주적인가 하는 것은 분단 과정과 6·25전쟁을 통해 이미 분명하게 드러났다. 우리가 인구비례에 의한 남북한총선거 실시를 제의한 것은 바로 모든 남북한동포들이 자유의사에 따라 통일정부를 선택하도록 하자는 것이다. 국민의 자율적인 의사를 무시하는 통일론은 그것이 어떠한 명의나 형태의 것이든, 민주통일의 길이라고는 할 수 없다는 것이다.

대통령은 이러한 3대 통일원칙을 관철하기 위해서는 무엇보다도 먼저 국력증강이 필요하다고 생각했다. 북괴의 무력적화통일 획책을 저지하여 평화통일의 길을 여는 데도 우리의 국력이 필요하고, 또 강대국의 개입이나 간섭을 배제하고 우리 민족 스스로의 결단으로 자주통일을 이룩하는 데 있어서도 국력이 필요하며, 그리고 공산주의자들의 인민민주주의 해방 책동을 제압하고 자유민주주의 제도에 입각한 민주통일을 성취하는 데 있어서도 우리의 국력이 필요하다는 것이다. 대통령은 이러한 국력을 기르기 위해서 우리가 가장 중점적으로 총력을 기울여야 할 일은 바로 경제건설이라고 생각했다.

1단계의 당면 목표는 경제자립이고, 2단계의 중간 목표는 조국의 근대화이며, 3단계의 궁극 목표는 조국의 통일이었다. 따라서 궁극 목표인 조국통일을 달성하기 위해서는 먼저 당면 목표인 경제자립을 이룩해야 한다는 것이다. 다시 말해서 '선 경제건설, 후 평화통일'의 과정을 밟아 나가야 한다는 것이다.

이것이 바로 '선 건설, 후 통일' 정책이다.

1966년 1월 18일, 대통령은 국회에 출석하여 발표한 연두교서에서 우리가 국토통일에 접근하는 노력의 과정은 3단계로 진행된다고 설명했다.

즉, 국토통일은 우리의 궁극 목표이고, 그 중간 목표는 조국의 근대화이며, 조국근대화의 길은 경제자립에 있다. 따라서 자립은 통일의 첫 단계라는 것이다.

…(전략)… "친애하는 의원 여러분!

우리의 지상명제는 바로 조국의 통일입니다. 우리는 지금 모든 지혜와 노력을 한데 모아 조국근대화작업을 서두르고, 자립경제건설에 박차를 가하고 있거니와, 이는 곧 통일을 위한 진취적인 계획이며, 통일을 향한 전진적인 노력인 것입니다. 우리가 지향하는 조국근대화야말로, 한편 남북통일을 위한 대전제요, 중간 목표인 것입니다. 통일의 길이 조국근대화에 있고, 근대화의 길이 경제자립에 있는 것이라면, 자립은 통일의 첫 단계가 되는 것입니다.

지난 한 해, 근면과 검소와 저축을 행동강령으로 삼아 증산, 수출, 건설에 매진했던 보람으로 지금 우리는 자립의 평원에 한 걸음 한 걸음 다가서고 있습니다.

나는 여기서 한 노인과 그 아들이 주고받은 짤막한 대화를 인용하여, 자립과 통일에 대한 우리의 결의를 새로이 할까 합니다.

'백년 뒤에나 열매 맺을 나무를 심어 무엇 합니까?' 하는 아들의 말에, 그의 아버지는 이렇게 대답했다고 합니다.

'그렇다면 더 지체할 수 없구나. 지금 당장 그 나무를 심어라.'

의원 여러분! 국민 여러분!

통일이나 조국근대화의 길이 멀는지도 모릅니다. 그렇다면 우리는 더욱 지체할 수 없는 일이 아니겠습니까?

우리 모두 힘을 모아, 오늘의 우리를 위해여 내일의 후손을 위하여 통일의 열매를 맺을 자립의 거목을 심읍시다."

1966년 8월 15일, 제21회 광복절 경축식에서 대통령은 통일을 성취하는 데는 국내외의 조건이 먼저 성숙되어야 하며, 이러한 조건성숙에는 상당한 시간이 걸릴 것이라고 전망했다.

"통일은 감정 아닌 이성의 판단과, 단순한 기원 아닌 과학적인 노력에 의해 계획되고 추진되어야 합니다. 통일을 성취하는 데는 방안의 범람보다는 조건의 성숙이 앞서야 합니다.

조속한 시일 내에 통일을 성취해야 한다는 것은 우리 국민 누구나의 한결같은 염원입니다. 그러나 우리의 염원이 아무리 크고 절실하다 하더라도, 내외조건의 성숙 없이 통일이 이루어질 수는 없는 것입니다.

물론 통일은 우리 자신의 주체적 노력이 그 관건이며, 따라서 조건성숙의 시기는 우리의 노력 여하에 따라서 빠를 수도 있고, 늦을 수도 있는 문제입니다. 그러나 현재의 국내외 정세와 제반 여건을 감안할 때, 통일 조건이 성숙되는 데는 우리의 절실한 염원에도 불구하고, 상당한 시일을 요한다고 보아야 할 것입니다. 왜냐하면, 자립경제건설과 근대화작업을 대충 완료하여 우리의 경제실력을 북괴에 비해 지금보다 더욱 월등한 것으로 만들고, 또 문화적으로나 사회적으로나 군사적으로나 그들을 압도할 절대 우위의 주체적 역량을 갖추는 데 어느 정도의 시간이 소요되기 때문입니다.

뿐만 아니라, 우리 국민의 민주역량과 외교유대가 강화되고, 우리의 국제지위가 크게 향상되며, 또 조국의 분단을 강요했던 1940년대의 냉전체제가 크게 완화하는 데에도 앞으로 적지 않은 시간의 경과가 있어야 하기 때문입니다. 따라서 통일의 염원이 크면 클수록 우리는 먼저 통일의 주체자가 우리 자신임을 자각하여 그 당면 목표인 자립경제건설에 박차를 가하고, 민주역량을 배양하며, 국제적인 유대를 강화하여 세계정세를 유리한 방향으로 이끌어 가는 데 총력을 경주해야 하겠습니다.

나는 여기서 420여 년 전 충무공 이순신 장군이 결전에 나서는 예하 장병에게 남긴 다음과 같은 훈령을 인용함으로써 통일을 위한 우리의 결의와 자세를 가다듬고자 합니다. '망동하지 말라, 신중하기를 태산과 같이 하라' 이 말씀은 정녕 통일의 성업을 이룩하려는 오늘의 우리들이 깊이 명심하고 본받아야 할 좌우명이 아닐 수 없습니다."

1967년 4월 18일 제6대 대통령선거 전주 유세에서 대통령은 이번 통일 기회를 놓치면 다음 기회는 50년, 100년 후가 될지 모른다고 예단했다.

…(전략)… "지금 모든 국제정세라든지 여러 가지 돌아가는 여건이 70년대 후반쯤 가면 남북통일을 할 수 있는 좋은 그런 여건이 점차 마련되리라고 우리는 내다보고 있습니다. 또 경우에 따라서는 그때까지 가기 전에 남북통일이라는 문제가 현실적으로 우리 앞에 다가올지도 모릅니다. 그렇기 때문에 우리는 여기에 대비해서 지금 서둘러서 우리나라의 자립경제건설과 조국근대화 작업을 빨리 추진을 해야 되겠다 이겁니다. 만약 통일문제가 직접 우리 앞에 현실문제로 다가왔을 때에 우리가 여기에 대비해서 사전에 아무런 실력배양도 없고, 준비도 없고, 대비도 없이 달려든다면, 우리는 그런 좋은 찬스가 오더라도 또 통일의 기회를 놓칠 것입니다.

1945년 2차 세계대전 후에 우리한테는 좋은 그런 기회가 있었지만, 그 당시에 우리 민족의 능력이 부족하고, 우리가 거기에 대해서 사전에 충분한 준비가 없었기 때문에 천재일우의 좋은 기회를 우리는 놓쳤습니다. 그때부터 30년 후에 또 이런 기회가 오는 데도 불구하고, 우리가 여기에 대해서 사전에 충분한 준비 없이 막연히 그때를 기다리다가 이 기회를 또 놓친다면, 앞으로 그런 기회가 다시 오는 것은 아마 50년, 100년 후가 될지도 모를 겁니다. 그렇기 때문에 우리가 지금 추진하고 있는 이 과업을 서둘러 하자 이겁니다.

지금 우리가 하고 있는 경제개발 5개년계획이니 조국근대화니 하는 이 모든 계획의 궁극적인 목표는 어디에 있느냐, 남북통일에 대비하기 위한 것입니다. 궁극적인 목표는 남북통일에 있는 것입니다."

67년 1월 17일, 국회에 출석하여 발표한 연두교서에서 대통령은 우리의 경제, 우리의 자유, 우리의 민주주의가 북한으로 넘쳐 흐를 때 그것은 바로 통일의 길이라고 천명했다.

"공업입국의 조국근대화가 이루어질 1970년대에는 국토통일의 전망은 보다 밝아올 것입니다. 이때에 이르면 우리를 둘러싼 통일에 대한 우리의 자주적인 기반과 기회가 마련되며, 국제정세도 크게 변동될 것으로 나는 내다봅니다.

통일은 단순한 염원이나 국토분단을 개탄하는 것으로만은 가까워질 수 없으며, 더욱이 현실의 냉엄한 사리에 어두운 사람들의 막연한 소망에 영합하려는 비현실적 통일론이나 방책은 도리어 백해무익한 것입니다.

착실하고 꾸준한 통일의 노력은 통일을 위한 과정에 있어서, 수많은 정치적·경제적·문화적 과업에 충실하는 데서 소기의 성과를 쟁취할 수 있는 것입니다.

결국 오늘 이 단계에 있어서 통일의 길은 경제건설이며 민주역량의 배양입니다. 우리의 경제, 우리의 자유, 우리의 민주주의가 북한으로 넘쳐 흐를 때, 그것은 곧 통일의 길입니다.

국민 여러분!

산을 깎아 밭을 만들고, 바다를 막아 논을 만들고, 사막에 물을
대어 옥토를 만들어 잘살고 있는 근면한 민족들의 본을 받읍시다.

우리라고 못할 리가 어디에 있겠습니까.

조국근대화와 통일을 위한 우리의 거대한 과업은 이미 착수했으
며, 우리의 전진은 이미 시작되었습니다.

우리 모두가 근대화작업의 대열에 함께 나서, 근면·검소·저축을
다시 우리 행동강령으로 삼아 증산·수출·건설에 총매진함으로써,
진정 이 한 해를 우리의 위대한 '전진의 해'가 되게 합시다.

그리하여 먼 훗날 소가 밭을 가는 오늘의 현실을 아득한 전설이
되게 합시다.

또 우리의 후손들이 오늘에 사는 우리 세대가 그들을 위해 무엇
을 했고, 조국을 위해 어떠한 일을 했느냐고 물을 때, 우리는 서슴
지 않고 '조국근대화의 신앙'을 가지고 일하고 또 일했다고 떳떳하
게 대답할 수 있게 합시다."

김일성의 무력적화통일 책동

그러나 '선 건설, 후 통일' 정책에 따라 평화통일의 길을 다지면
서 전진하려는 우리의 앞길에는 거대한 장애물이 버티고 있었다. 그
것은 바로 김일성이 지배하고 있는 북한의 공산주의 집단이었다.

1950년 6·25남침에 실패한 김일성은 53년 휴전이 성립된 후 이른
바 자력갱생이라는 구호를 내걸고 외자를 배격하고 자본의 원시축
적(原始蓄積) 방법을 도입하였고, 전쟁에 지친 북한주민을 폐허화
된 도시와 농촌을 재건하고 파괴된 무기공장을 복구하는 데 강제
동원했다.

1961년에 김일성은 경제개발 7개년계획에 착수하고 이 계획을 완수하여 사회주의 지상천국을 건설한다고 호언장담하면서 소위 '천리마운동'을 전개했다. 그는 '천리마를 탄 기세로 달리자'는 구호를 외치며 추진한 이 천리마운동이 낙후된 농업국가를 사회주의 공업국가로 발전시키기 위한 운동이라고 주장했다. 그러나 실제에 있어서 이 운동은 군사력 증강을 위한 무기 생산 운동이었다. 1961년 중공 및 소련과 상호원조조약을 체결한 후부터 북괴의 경제건설이라는 것은 전쟁 준비를 위한 군사력 증강의 수단으로 전환되었다.

1966년 10월에 개최된 북괴노동당 대표자회의에서 김일성은 전쟁 수행에 필요한 물적 능력을 높이기 위해 군수공업을 발전시키고, 경제를 전시체제로 전환시킬 수 있는 준비를 갖추어야 한다고 말했다.

'현대전의 승패는 전쟁수행에 필요한 인적 물적 자원을 장기간에 걸쳐 원활히 보장할 수 있는가의 여부에 크게 달려 있다. 따라서 우리들은 후방을 견고히 하는 데 커다란 관심을 집중하지 않으면 안 된다. 특히 군사 전략상으로 중요한 지대를 철저히 요새화하며 군수공업을 발전시켜 필요한 물자의 예비력을 만들지 않으면 안 된다. 더욱이 일단 유사시에 모든 경제를 급속히 전시체제로 전환하고 전시에도 생산을 계속할 수 있게끔 평시부터 준비를 갖추지 않으면 안 된다.'

김일성의 전쟁준비 방침에 따라 제1부수상인 김일은 이 회의에서 7개년경제계획을 3개년 더 연기할 것을 제안했다.

'국방을 위한 전략물자의 예비가 더욱 필요하다. 그것이 국민경제에 나쁜 영향을 미치리라는 것은 피할 수 없는 일이지만, 군사력의 완벽을 기하기 위해서 우리들은 기필코 이 사업을 완수하지 않으면 안 된다. 우리들은 경제발전을 적절히 조정해야 하며 더욱이 7개년 계획의 수행을 어느 정도 연기하지 않으면 안 될 것이다. 우리들은

7개년계획의 과제를 어디까지나 수행하려 하는 것이지만 군사력을 더욱 강화하기 위해 그 기한을 연기하려 하는 것이다.'

이에 따라 1961년부터 시작한 7개년경제계획은 3개년 더 연장되어 10개년계획으로 수정되었으며 경제체제는 임전체제(臨戰體制)로 전환되었다. 그 구체적인 내용의 예를 들면 전쟁에 대비하여 지방 산업 공장의 공헌도를 높이기 위하여 공장의 대도시 집중을 막아 각 지방에 분산시키고, 수력자원이 풍부한 산간지대에는 중소형 발전소를 대대적으로 건설하며, 수력자원이 없는 지방에는 중소 규모의 화력발전소나 디젤발전기를 곳곳에 건설하고, 각종 물자의 예비상황을 조사하며, 특히 국방력을 위한 예비물자를 비축한다는 것 등이다.

김일성 집단은 경제개발 7개년계획을 군사력의 증강을 위해 3년간 연장한 후부터는 빈약한 국민소득의 대부분을 무기를 구입하고 군수물자를 생산하는 데 투입했다. 김일성은 북한주민의 생활향상을 위하여 농업과 공업을 발전시키는 데 선용해야 할 기술과 자본과 노동을 전쟁수행에 필요한 무기와 물자를 생산하는 데 악용했다.

한마디로 김일성은 그의 명령대로 순종하는 놀라운 인간조직의 힘을 전적으로 전쟁 준비의 도구로 사용했다.

공산주의 체제는 강력한 중앙기획과 통제에 의하여 생산과 소비를 어떤 특정목적으로 집중시키는 기동성을 지니고 있다. 김일성 집단은 이 기동성을 활용하여 소비재 생산을 억제하여 북한주민의 의식주 생활은 절대빈곤의 비참한 상태에 방치해 놓은 채, 오직 군비 증강을 위해 광분했다.

김일성은 1966년 10월에 있었던 조선노동당 대표자대회에서 '남한은 반공사상이 강하기 때문에 대남공작에 있어서 정치투쟁과 경제투쟁, 폭력투쟁과 비폭력투쟁, 합법투쟁과 비합법투쟁을 적절하게 배합해야 한다'고 주장했다. 그리고 그는 자유월남에서 공산월맹이 전개하고 있는 '민족해방전선'과 같은 인민혁명방식을 남한에서도 전개할 수 있을 것으로 기대하고 남한의 진보세력의 봉기를 유발하기 위해 무장 게릴라를 남파할 것을 지시했다.

김일성의 대남공작의 강화지령에 따라 1967년에 들어서면서 북한 괴뢰 무장 게릴라의 남한침투가 급격히 증가하였고, 군사경계선 부근에서의 괴뢰군의 침범과 도발이 격증했다.

1966년에 남한에 침투했다가 사살, 체포된 북괴의 무장 게릴라의 수는 106명이었는데, 1967년 말경에는 334명으로서 무려 3배 이상으로 급증하였다.

1967년 11월 2일, 주한유엔군사령관이 유엔에 제출한 보고서에 따르면 군사경계선의 비무장지대와 한국 내에서 발생된 교전횟수는 1966년에 30건인데 비하여 1967년에는 218건으로 7배 이상 증가했다는 것이다.

1967년 12월 16일, 최고인민회의 제4기 제1회 회의에서, 김일성은 북괴정권의 정강(政綱)을 발표하면서 무력적화통일을 위한 전쟁 준비정책을 거듭 강조했다.

'인위적인 국토분단을 제거하기 위해 남한을 해방하고 조국통일을 실현하기 위해 혁명적 대사변을 주동적으로 맞이할 수 있게끔 모든 인민을 정신적, 물질적으로 준비시킨다. 당의 군사노선(軍事路線)에 따라서 전군(全軍)의 간부화와 전군의 현대화 방침을 계속 실행하며, 전인민(全人民)의 무장화와 전국의 요새화(要塞化)를 위한 방침을 기필코 실행하지 않으면 안 된다. 우리들은 군대의 대열을 정치사상적으로, 또 군사기술적으로 단련하여 모든 장병이 일계급 상위 지휘관의 임무를 수행할 수 있게끔 함으로써 군대의 전투력을 더욱 강화하고 일단 유사시에는 현재의 군대를 중핵(中核)으로 하여 전 인민이 모두 싸울 수 있게끔 하지 않으면 안 된다.'

김일성은 이 회의에서 66년도와 67년도에 남한에서 전개한 무장 게릴라의 활동은 결코 북괴가 침투시킨 무장 게릴라의 소행이 아니라 '남한의 애국정인 인민투쟁'이라고 주장했다.

1967년 12월 김일성은 그의 내각을 전시내각으로 개편하였다.

군사훈련은 방어태세로부터 공격태세로 전환했고, 3,000명 이상의 공장에 편성되어 있는 노농적위대는 대포와 박격포로 무장시켰다.

모든 중요 군사시설은 지하로 옮겼으며, 많은 비행기 격납고는 산 중복(山中腹)의 굴속에 감추어 두었고, 군수공장은 전시 중이라도 가동할 수 있도록 굴속으로 들어갔다.

휴전선을 철근 콘크리트로 구축하여 종심방어라인을 만들었으며, 공장을 지방에 분산시키고 지하호(地下壕)를 건설했으며, 주요기관의 소산계획(疏散計劃)을 추진했다.

각 가정은 전시에 대비하여 양초, 식량, 의복을 준비하고, 각 촌락은 1개월분의 식량을, 각 군(郡)은 1년분의 식량을 비축하여, 모두 100만 톤의 비상용식량을 준비하도록 하였다. 특히 120만 명의 노농적위대는 하룻밤에 동원되도록 훈련 조직했다.

소련으로부터 잠수함, MIG-21형 전투기, IL-28형 전투폭격기 등의 현대 병기를 도입했다. 북괴의 병기공업은 자동소총, 박격포 및 121밀리급의 화포 등을 자체 생산했고, 소형포함을 조립 건조하였고, 항공기를 자체 정비하였다.

김일성은 무력통일을 위해 군사력을 증강하면서, 비군사적 수단에 의한 공산화 통일전략을 구사했다. 이른바 '남조선 혁명전략'이 그것이다.

이 전략은 1단계에서는 결정적인 시기에 한국 민주사회의 약점을 이용할 수 있는 여러 가지 수단, 예컨대 간첩, 불순분자 선동, 학생과 노동자 선동 등으로 폭동이나 내란을 유발하여 혁명을 일으켜 공산당이 주도하는 이른바 '인민정권'을 수립하고, 2단계에서는 북괴가 남한의 '인민정권'과 합작하여 공산화 통일을 이룩한다는 2단계 적화통일 방식이다.

북괴는 이것을 소위 인민민주주의혁명이라고 말한다. 한 마디로 남한에서 공산주의혁명을 일으켜 적화통일하자는 것이다. 남조선 혁명역량 강화문제에 대해서 김일성은 1966년 10월 조선노동당 제2차 대표자 대회에서 이렇게 말했다.

'오늘날의 정세는 남한에서 공산혁명세력을 급속히 발전시키고 이를 강력히 추진할 것을 요구하고 있다. 남한에서 공산혁명의 승리를 거두기 위해서는 강력한 혁명세력이 준비되지 않으면 아니된다. 현 단계에 있어 남조선혁명의 기본방침은 적의 탄압으로부터 혁명역량을 보존하는 동시에 혁명역량을 부단히 축적 성장시킴으로써 혁명의 결정적인 시기를 맞아들일 준비를 하는 것이다. 가장 중요한 것은 혁명의 참모부인 마르크스·레닌당을 만들어 그 주위에 사회의 기본군중(基本群衆)인 노동자와 농민을 결속시켜 강력한 혁명의 주력군을 편성하는 일이다. '남조선혁명' 운동의 경험은 노동자, 농민, 진보적 인텔리 가운데 깊이 뿌리를 박고 있는 마르크스·레닌당의 통일적 지도가 없이는 혁명역량의 성장도 혁명운동의 효과적 발전도 기대할 수 없다는 것을 보여 주고 있다.'

김일성은 혁명주력군(革命主力軍)으로 노동계급과 농민을 꼽고 있으며, 혁명의 협력세력으로는 청년, 학생, 인텔리, 도시 소자산계급과 민족자본가를 들고 있다. 그리고 이들 혁명세력의 타격대상으로는 그 첫 번째가 미제국주의 세력, 그 다음이 지주, 매판자본가, 반동관료를 지목하고 있다. 이른바 미제국주의를 제일의 타격대상으로 삼은 것은 주한미군의 존재가 적화통일, 특히 군사력에 의한 무력통일의 가정 결정적인 장애물이라고 보고 있기 때문이다.

지주와 매판자본가를 타도대상으로 삼은 것은 공산주의 혁명이론에 따라 남조선혁명도 계급혁명으로 보고 있기 때문이다. 북괴는 한국정부가 지주, 매판자본가의 이익을 대표하고 있다고 주장했는데, 이것은 한국정부가 타도대상이라는 뜻인 것이다.

북괴가 청년학생과 인텔리를 사회계급이라고는 보지 않으면서도 혁명의 협력세력으로 보고 있는 것은 그들이 대미 또는 대일관계에 관해서 민족주의 의식이 강하고, 또 노동자, 농민과 혁명운동 사이의 교량역할을 한다고 보기 때문이다.

김일성은 공산당이 불법화되어 있는 남한에서 이른바 혁명주력군과 협력세력을 포섭하여, 조직화하고 투쟁을 전개하도록 하는 데 있어서는 지하공산당이 불가결하며, 이것은 남조선혁명역량 강화에 있어서 가장 중요한 요소라고 보았다. 1969년에 그는 '김일성주의에 충실한 남한 내의 공산주의 정당이며, 남조선 혁명의 전위대인 통일혁명당의 존재'를 공언했다. 그리고 북한에는 통일혁명당의 방송국을 설치하고 한국정부에 대한 무장봉기와 투쟁을 선동했다.

파리를 잡는 데는 망치보다 파리채가 필요하다

박 대통령은 북괴가 1967년부터 무장 게릴라를 남파하여 노리고 있는 1차적인 목적은 이 땅에서 테러를 자행하고 파업 등을 선동하여 사회혼란과 정치불안을 조성하여 우리의 경제건설을 훼방하려는 데 있다고 보고 있었다.

즉, 김일성은 무력적화통일을 위한 군비증강에 국가의 재정과 자원을 낭비했기 때문에 경제는 침체되고 북한주민들은 먹고 입을 것이 부족한 절대빈곤 속에서 허덕이고 있다. 그러나 우리나라는 평화통일을 위한 경제건설에 집중적인 노력을 기울였기 때문에 경제는 고도성장을 지속하고 우리 국민들의 소득은 증대하고, 생활수준은 향상되고 있다.

따라서 우리가 북괴와 군비증강경쟁을 하기로 결정한다면 시간이 지날수록 더욱 커지는 우리의 경제력을 통해 우리는 그 경쟁에서 북괴를 앞서갈 수 있다. 김일성도 이 사실을 잘 알고 있다. 그래서 그는 우리 경제의 지속적인 성장을 두려워하고 있다. 왜냐하면 김일성은 우리의 경제발전이 지속되고 우리의 국력이 증대하여, 이것을 바탕으로 우리의 국방력이 그들의 군사력을 압도할 정도로 강화된다면, 그의 무력적화통일의 꿈은 영원히 사라지고 말게 된다는 것을 누구보다도 잘 알고 있기 때문이다.

이러한 사태 발전에 당황하고 초조감과 불안감을 느끼게 된 김일성은 우리 경제의 급속하고 지속적인 성장과 발전을 저지하기 위해 우리의 경제건설을 방해하고 파괴하지 않으면 안 된다고 판단하고 드디어 무장 게릴라를 대량으로 남파하여 이 땅에서 월남에서와 같은 게릴라전을 감행하기 시작했다는 것이다.

공산주의자들에게 있어서 테러는 계획적인 국가정책의 수단이다. 그들은 무장간첩이나 무장 게릴라를 조직하여 납치, 암살, 태업, 폭탄제조, 폭동의 기술을 가르치고 이들을 민주사회에 침투시켜 테러공작에 투입한다. 농업증산과 공업생산, 수출과 건설, 관광산업 등이 게릴라에 의해 마비된다.

무장 게릴라들의 테러로 민간인 투자는 없어진다. 새로운 투자가 없어 생활수준은 떨어지게 되고 그 결과 불만은 증대된다. 공산주의자들은 이러한 불만을 자기들의 목적에 이용한다. 한 마디로, 공산주의자들이 노리는 것은 자유사회의 경제를 파괴하는 것이다.

공산주의자들은 민주사회의 경제체제와 정치체제를 손상시킬 수 있는 여러 가지 방법을 개발했다.

그중에서도 그들이 즐겨 쓰는 수법은 테러를 자행하고, 기업에 대해 세련된 선전공세를 취하고 노동조합에 침투하여 태업과 파업을 선동함으로써 투자에 불리한 환경을 조성하는 것 등이다.

공산주의자들은 파업을 지휘하고, 과도한 임금인상을 요구하고 기업인에 대한 테러를 지원함으로써 투자분위기를 극도로 악화시키고 투자재원의 유입을 차단한다.

공산주의자들의 전국적인 파업으로 인한 과도한 임금인상은 국가의 국제경쟁력을 약화시키고 투자재원을 고갈시킴으로써 국민경제에 큰 타격을 입힌다.

이것은 한 국가가 자유국가로 살아남을 수 있느냐 없느냐를 좌우할 정도로 중대한 영향을 끼친다.

박 대통령은 이러한 수법은 공산주의자들이 민주사회를 붕괴시키기 위해 구사하는 상투적인 전략이라는 것을 통찰하고 있었다.

그래서 대통령은 김일성의 대남게릴라전을 그 초기단계에서 섬멸하기 위해서는 전국에 걸쳐 지역방위 체재를 확립하는 것이 화급한 일이라고 판단하고 있었다.

게릴라전에 있어서 중요한 것은 병기고에 있어서의 세력균형이 아니라 싸움터에서의 세력균형이다.

무기와 정규군에 있어서 우리와 북한이 비등하다고 하더라도 북한은 250만의 노농적위대와 10만의 특수공작부대가 있는데, 우리에게 그에 상응하는 전투력이 없다면 전장에서의 세력균형은 북한측에 압도적으로 기울게 된다.

세력균형이 한 번 기울어져 우리가 북한보다 열세에 놓이게 되면 북한의 전쟁도발위험은 그만큼 증대한다.

따라서 세력균형을 유지하는 것은 전쟁의 위험을 막는 최선의 길이다. 그리고 세력균형을 유지하기 위해서는 적게릴라의 전투력에 대응할 수 있는 전투력을 발전시켜야 한다.

게릴라의 지역침투를 저지하는 데 최선의 수단은 각 지역의 향토 방위력이다. 파리를 잡는 데는 큰 망치보다는 파리채가 필요하고 더 효과적이라는 것이다.

영국의 톰슨 경(Sir Robert Thompson)은 말레이시아연방의 국방장관으로 있을 때 말레이시아의 공산주의 반란을 진압했다.

1940년부터 1960년까지 12년 동안 말레이시아의 공산주의 반란을 진압하면서 톰슨 경은 지방에 침투한 소규모 게릴라침략은 지방단위의 소규모 방위체제에 의해서 가장 적절하게 저지될 수 있다는 것을 알게 되었다.

영국은 말레이시아에서 정규군을 단지 3만 명만 동원했고, 6만 명의 경찰과 25만 명의 지역방위대를 활용하였다.

박 대통령은 월남에서 미국은 '톰슨' 경의 경험을 살리지 못하고 있다고 보고 있었다. 월맹이 월남에서 게릴라전을 전개하고 있을 때 미국은 이에 상응하는 대응책을 마련하지 못했다는 것이다.

월남전에서 미국은 정규전을 전개하는 데는 완전하게 익숙해 있었으나, 게릴라전을 전개하는 데는 너무나 미숙했다. 그 당시 월남에 대한 위협은 게릴라에 의한 것이었으며, 게릴라를 무찌르기 위해서는 일찍이 말레이시아에서 성공을 거둔 것과 같은 소규모의 지역방위군이 필요하였다. 그러나 미국은 비정규전을 전개하고 있는 적에 대하여 정규전으로 맞서려고 했고, 월남군을 대규모의 정규군으로 육성하려 했다. 미국의 군사정책 결정자들은 게릴라전의 정치적, 심리적 측면을 경시하고 적에 대해 대량무기와 대량군사력을 투입함으로써 승리를 쟁취하려 하였다.

이에 반해 월맹공산주의자들은 게릴라전으로 일정한 전장 없이 농촌지역과 도시지역에서 전투를 수행함으로써 전략적으로 성공을 거두고 있었다.

중앙고원의 국경지대에 월맹정규군을 배치하여 미군의 주력부대와 월남정규군을 국경지대에 묶어놓고 베트콩이 촌락과 도시에서 살상과 파괴를 자행하면서 월남사회를 혼란과 공포 속으로 몰아넣었다. 국경지대에 묶여 있는 미군과 월남의 주력부대는 베트콩의 활동을 막을 여력이 없었다. 베트콩의 게릴라전을 제압할 지역방위력이 없었던 것이다.

결국, 정규군의 절대적인 우위, 무서운 파괴력을 지닌 대량살상무기, 그리고 압도적인 경제력을 자랑하는 세계의 초강대국도 공산주의자들의 인민혁명전쟁이나 게릴라전이나 테러 등 재래식 전쟁의 수준보다는 낮은 형태의 침략을 저지하지 못했다.

대통령은 고대와 현대의 전쟁사를 깊이 연구한 군사전략가였다. 적의 게릴라전에 대한 가장 효과적인 대응책은 역게릴라 전법이라는 것은 누구보다도 잘 이해하고 있었다. 그래서 대통령은 북괴의 게릴라전에 대응할 수 있는 역게릴라 전사의 역할을 수행할 수 있는 지역방위군의 창설이 필요하다고 생각했다.

1967년에 북괴가 66년의 10배에 달하는 무장간첩을 남파하여 경찰서를 습격하고 교량을 폭파하는 등의 만행을 자행하자 대통령은 북괴가 드디어 우리나라에서 월남에서와 같은 전면적인 게릴라전을 감행하려는 징후가 나타나고 있다고 보았으며, 만일 우리가 이에 성공적으로 대응하지 못한다면 북괴는 게릴라전을 확대하면서 어느 시기에 가서는 전면전을 감행해 올 것이라고 예견하고 지역단위의 방위체제, 즉 향토방위체제를 확립하여 이에 대비하기로 하였다. 그래서 67년 정기국회에 향토방위법안을 상정했다. 그러나 야당이 정치적 의도가 있다느니, 장기직권을 위한 음모니 하면서 이 법안에 반대하여 통과되지 못한 채 국회에 계류되어 있었다.

대통령은 김일성의 게릴라전 도발이 노골화되고 있는 상황에서

'향토방위법' 처리를 더 이상 미루는 것은 위험하다고 판단했다.

향토예비군 창설을 늦추면 늦출수록 우리는 북괴의 무장 게릴라의 준동을 막을 수 있는 자주국방력을 갖추지 못하게 되고, 북괴에게 우리 정부의 우유부단성을 노출시킬 위험성이 있으며, 그리고 북괴가 우리의 우유부단을 간파하면 무력도발을 강화해 올 것이며, 국지적인 기습공격의 가능성도 그만큼 커질 가능성이 농후하다는 것이다.

그래서 박 대통령은 향토예비군을 창설하기로 결정했다. 그 결정은 기민했고 단호했다.

그것은 결단의 시기에 대한 대통령의 비범한 직관력에 의해 가장 적절한 시기에 이루어진 최선의 결정이었다. 그것은 또한 급변하는 사태나 상황을 정확하게 판단하여 기민하게 결단하고 과감하게 실천하는 대통령 특유의 지도력이 가장 극명하게 나타나 있는 결정이었다.

'전쟁의 근본은 만일의 사태에 대비하는 것이며, 아흔아홉 가지가 완벽하다고 해도 나머지 한 가지를 대비하지 못하면 치명적인 손실을 입게 된다. 잘 싸우는 자는 먼저 적이 이길 수 없도록 대비한 후에 아군이 이길 수 있는 때를 기다린다. 적군이 이길 수 없도록 하는 것은 아군의 대비 태세에 달려 있고, 아군이 이길 수 있도록 하는 것은 적에게 달려 있다. 적이 이길 수 없음은 아군이 잘 지키기 때문이요, 아군이 이길 수 있음은 적의 빈틈을 치기 때문이다. 잘 방어하는 자는 땅 속 깊은 곳에 숨은 듯하고, 잘 공격하는 자는 높은 하늘에서 움직이는 듯하다. 그리하여 능히 스스로를 지키며 완벽하게 이기는 것이다.' 이것은 〈손자병법〉에 나오는 말이다.

대통령은 각종 회의나 연설에서 손자병법을 자주 인용했다. 대통령이 인용한 손자병법 가운데서 가장 핵심적인 내용은 전쟁 등 국가의 위난을 막으려면 먼저 이에 대한 대비를 완벽하게 하고 있어야 한다는 것이었다. 즉, 유비(有備)해야 무환(無患)하다는 것이다.

유비무환, 이 말은 대통령이 전쟁뿐만 아니라 모든 형태의 재난을 사전에 예방하는 데 있어서 우리 국민들이 반드시 견지해야 할 기본자세라는 점을 강조하기 위해서 자주 사용한 경구였다.

대통령은 역사에 대한 관심이 많았고 또 끊임없이 독서를 통해 동서고금의 역사를 공부하고 연구했다.

대통령은 국가정책을 결정할 때 반드시 그 정책과 관련된 역사적인 전례나 교훈을 참작했다. 이것은 그의 중요연설이나 교서를 보면 명백히 나타난다. 특히 정치와 외교와 국방정책에 있어서는 우리의 민족사에 나타난 선조들의 공적과 과오, 성공과 실패

의 기록을 통달하고 있었고, 그 원인과 교훈이 무엇인가를 누구보다도 통찰하고 있었다.

대통령은 임진왜란이나 6·25전쟁 등 우리가 겪은 전란의 참화는 모두가 전쟁에 대한 대비를 하지 못한 필연적인 결과라고 생각하고 있었다. 따라서 우리가 또 다시 그러한 참담한 비극을 되풀이하지 않으려면, 만일의 사태에 대한 대비를 철저히 해야 한다고 생각했다.

남북한은 서로 강력한 군사력을 보유하고 대치하고 있다. 남북한은 서로 다른 강점과 약점을 지내고 있으며, 서로 다른 목표를 추구

하고 있다. 우리는 북한공산주의자들이 평화를 지향하거나, 그들의 목표와 야망이 달라질 것이라고 기대해서는 안 된다.

그들은 그들이 원하고 있는 것이 무엇인지를 분명히 했다. 우리는 북한이 그들의 목표를 추구하는 수단이 무엇인지도 잘 알고 있다.

우리는 우리와 북한이 사용할 수 있는 자원에 대해서도 알고 있다. 문제는 북한의 위협에 있는 것이 아니라 우리의 대비에 있는 것이다. 우리가 북한의 전쟁위협에 대하여 그 대비책만 확실하게 준비하고 있다면 북괴의 위협은 문제되지 않는다는 것이다.

대통령은 국가의 위기관리에 있어서 언제나 앞을 미리 내다보고 위기로 판단되는 그 상황이 장차 어떻게 전개될 것인가 하는 것을 심사숙고했다.

예측할 수 있는 장래의 상황이 어떠한 정책을 요청하고 있는가를 판단할 때 대통령은 자기의 직관이나 영감에 따르는 경우가 많았으며, 그러한 판단이 정확하고 현실적인 것이었다는 것은 여러 국가정책의 성공사례에서 입증되었다. 향토방위군 창설결정은 바로 그러한 직관적 판단에서 이루어진 정책의 하나였다.

북괴는 전면적인 게릴라전을 시도하고 있다

1968년 1월 6일, 신년 벽두에 대통령은 북괴의 무장간첩 침투에 대비하기 위해서 군의 주요지휘관, 검찰, 경찰, 지방장관 등 국가안보와 국내치안을 담당하고 있는 일선 책임자들을 강원도 원주에 있는 야전군사령부로 소집하여 제1회 치안회의를 주재했다.

이날 대통령은 북괴가 전면적인 게릴라전을 시도하고 있다고 지적하고, 우리는 여기에 대처하기 위해 향토 방위체제를 확립할 필요가 있다는 점을 강조했다.

해군 경비함 56함 당포호 침몰장면　56함은 동해 휴전선 부근에서 명태를 잡던 우리 어선단을 보호하던 중 북한군 육상포대의 집중포격을 받고 침몰하였다(1967. 1. 19).

"국가안보와 치안확보에 중책을 담당하고 있는 일선 책임자 여러분!

새해를 맞이하여 여러분과 여러분의 가정에 행복이 있기를 축원합니다. 오늘 신년 벽두에, 이곳 원주에서 여러분이 자리를 같이하게 된 것은 북괴의 망동을 봉쇄하고 치안을 확보하는 것이 경제건설과 근대화작업을 추진해 나가는 데 대전제가 된다는 것을 깊이 명심하고, 철통같은 방위 태세를 확립하자는 데 그 의의가 있는 것입니다.

여러분이 아시다시피, 제1차·제2차 5개년계획이 순조롭게 진행되고 우리의 국력이 날로 증대되어 감에 따라, 북괴는 그 규모와 성격에 있어서 전혀 새로운 형태의 만행을 감행하여 우리의 전진을 방해하려 하고 있습니다. 지난해만 해도 저들은 휴전선 침범, 어부 납치 등 종래의 상습적 만행을 더욱 빈번히 자행했을 뿐 아니라, 우리의 영해 내에서 우리 해군의 56함 함정을 격침하고, 현역 군인으로 편성된 무장간첩을 대거 남파하여 철도 파괴, 양민 살해, 산업 시설과 조야 요인에 대한 위협, 음모 등 악랄한 만행을 자행한 바 있는 것입니다.

우리는 작년에 두 차례의 선거와 예년에 보기 드문 한발에도 불구하고, 온 국민이 합심 협력해서 북괴의 기도를 분쇄하고 개발 목표를 완수함으로써 우리의 커가는 국력을 다시 한 번 과시했습니다.

그러나 북한괴뢰들의 만행은 앞으로 더욱 심해질 것으로 예상되고 있습니다. 특히 고도성장의 본궤도에 올라선 우리 경제가 이제 가속도로 발전할 전망이 뚜렷해지자, 어떻게 해서라도 이를 방해해 보려는 발악적인 기도가 저들의 수상한 언동에 나타나고 있습니다. 북괴는 작년 3월 평양에 새로 설치한 선전 방송망을 통해 파괴적인 선동방송을 강화하는 한편, 작년도의 10배에 달하는 무장간첩을 증파하여 전면적인 유격전을 시도, 이른바 결사대를 남파하여 경찰서·교량·터널의 폭파, 미사일 기지를 포함한 군사시설 기타 국가의 중요시설 파괴를 꾀하고 있으며, 어선납북, 양민살해 등의 망동도 계속 자행할 기미가 보이고 있는 것입니다.

우리는 여기에 대처할 만반의 준비를 갖추어야 합니다. 물샐틈없는 경계망으로 저들이 발붙일 곳이 없도록 하고, 국민의 반공태세를 강화하여 저들에게 절대로 기회를 주어서는 안 되겠다는 것입니다.

이 자리에 모인 국방 및 치안 책임자 여러분! 우리가 북괴의 만행을 봉쇄하고 무장간첩을 섬멸하는 데 있어서 가장 유의해야 할 일은, 군·관·민이 혼연일체가 되어 지휘급 상호협조체제를 확립하여, 범국민적으로 공산간첩을 잡는 데 궐기해야 하겠습니다.

정부는 이를 위해서 향토방위법의 제정을 서두르고 있습니다만, 이 법을 잘 운용하여 지방주민의 승공정신을 강화하고, 지역적 자기

정초를 맞아 해병여단을 방문한 박 대통령(1968. 1. 5).

방위 즉 내 '고장은 내가 지킨다'는 태세를 확립하는 것이 가장 선결 문제라고 하겠습니다."

대통령은 이어서 대간첩작전에 있어서 관계기관들이 각별히 유의해서 실천해야 할 지침을 지시했다.

"특히 대간첩작전에 있어서는 국민 협력이 관건이라는 사실과 또기왕에도 우리 국민들이 생사를 무릅쓰고 간첩 섬멸에 협력한 경험을 살려, 국민의 방첩의식 계발에 각별한 연구와 노력이 있어야 하겠다는 것입니다. 이 점에서 대간첩작전 요원의 정훈과 훈련에도 힘을 기울여야 하겠지만, 요원들의 대민자세에 있어서 민폐나 월권행위 등비행이 없도록 지도와 감독에 각별한 유의가 있기를 바랍니다.

다음은 관계 각 기관은 자기 임무를 충분히 주지하고 언제든지 즉각 행동을 취할 수 있는 사전 연구와 준비에 만전을 기해야 하겠고, 동시에 타 기관과의 협조를 여하히 해야 한다는 것을 잘 알고 있어야 하고, 평소에 관계기관의 연구와 훈련이 있어야 합니다. 각 시·도의 협의회는 그 기능을 충분히 발휘할 수 있는 태세가 갖추어져 있어야 하겠다는 것입니다.

또한 종전의 예에 비추어 관할권 문제로서 기관 사이에 마찰을 가져오거나 공명심 때문에 상호 정보교환을 꺼리거나 연락을 하지 않거나 해서 잡을 수 있는 간첩을 놓친다거나 또는 태만과 타성으로 첩보나 정보에 대한 객관적이며 정확한 판단을 내리지 못하는 등, 결과적으로 적에게 기회를 주는 과오는 절대로 용납될 수 없다는 것을 명심해 주기 바랍니다.

또 한 가지 강조해 둘 것은 보상조치를 철저히 해야겠다는 것입니다.

대간첩작전 수행 과정에서 불행히 피해를 당한 국민에 대해서는 물론, 작전상 불가피하게 가해진 손실에 대해서도 신속하고 충분한 보상을 해 줌으로써 국민들의 협조심이 저하되지 않게 해야 하겠습니다.

끝으로 다시 한 번 더 요약해서 강조합니다. 즉 〈대통령 훈령〉 18호의 내용을 충분히 연구 검토하고, 자기 기관에서 무엇을 해야 한다는 임무를 전요원이 숙지할 것, 즉 사전에 어떠한 준비를 해야 하고, '갑종사태'시에 무엇을 하고, '을종사태'에서 무엇을 해야 한다는 것을 잘 알고 있어야 하고, 또 지휘계통의 확립, 관계기관과의 유기적인 협조체제, 요원의 훈련과 지도, 작전에 있어서의 보급의 신속, 범국민적 승공의식의 계발, 피해 보상에 이르는 모든 문제가 촌각의 방관과 해이를 허용하지 않는 문제임을 생각할 때, 여러분의 용의주도한 집무태세와 민첩한 행동을 무엇보다도 강조하지 않을 수 없습니다.

나는 이 나라의 안전과 치안 확보에 있어서, 누구보다도 높은 식견과 풍부한 경험, 그리고 왕성한 책임감을 가지고 있는 여러분들이 이 중대한 임무를 성공적으로 수행할 수 있다고 확신하며 또한 당부하는 바입니다. 적이 아무리 발악적인 만행을 꾸미고 있더라도 이 나라에 들어온 간첩은 한 명도 놓쳐서는 안 되며, 또한 놓치지도 않을 것입니다.

나는 이 모임이 군·관·민의 유기적인 협조로 물샐틈없는 대간첩 태세를 확립하여 적의 온갖 기도를 분쇄하는 획기적인 계기가 될 것을 기대합니다.”

북괴 무장 게릴라의 청와대 기습미수 사건

대통령은 북괴가 대량의 무장간첩을 남파하여 전면적인 게릴라전을 전개하면서 결사대를 남파하여 군사시설과 주요 국가시설을 파괴할 것으로 예상하고, 이에 대한 대비책으로 향토방위체제를 준비하고 있었다. 그러나 김일성은 대통령의 이러한 예상을 앞질러 대담한 공격을 감행했다. 그는 현역군대로 편성되어 특수훈련을 받은 무장 특공대를 남파하여 서울 한복판에서 기습공격을 기도했다. 저들이 노린 공격 대상은 누구도 상상하지 못한 것이었고, 저들이 침투한 시기도 아무도 예상하지 못한 것이었다. 과거에 간첩들이 상습적으로 침투해 오던 수목이 울창한 여름이 아니라 눈 덮인 산하에 쉽게 간첩이 노출되는 겨울철에 침투했다. 그리고 그들이 노린 것은 군사시설이나 국가의 중요시설이 아니라 이 나라 대통령의 생명이었다. 김일성은 대통령이 저들의 게릴라전에 대한 대비책을 완성하기 전에 대통령을 제거함으로써 대한민국을 혼란과 무정부상태에 빠뜨려서 무력적화통일의 기회를 만들어 보려고 획책했다.

1967년 12월 16일, 김일성이 최고인민회의에서 북괴의 무장 게릴라 침투와 그들의 도발을 남한의 애국적 인민의 투쟁이라고 새빨간 거짓말을 한 지 꼭 한 달 후인 68년 1월 16일, 대한민국 대통령 암살임무를 부여받은 북괴의 무장 게릴라가 북한의 기지를 떠나 남쪽으로 침투했다.

그들은 모두 31명이었고, 여섯 개 그룹으로 편성되어 있었으며, 각 그룹은 청와대 내에서 특정한 임무를 수행하도록 훈련되어 있었다.

그들은 우리 국군의 복장으로 위장하고, 주한미군 제2사단이 방어하고 있는 서부전선을 쉽게 돌파했으며, 서울로 들어오는 도중에 네 명의 민간인을 잡았다가 곧 풀어주고 서울이 바라다보이는 북한산의 능선에서 하룻밤을 보냈다.

1월 21일 밤 10시경, 저들은 평창동의 자하문고개를 넘어 드디어 청와대에서 불과 1킬로미터 정도 거리에 있는 삼각산 언덕길까지 침투했다. 한 모퉁이만 돌아 내려가면 바로 청와대였다. 저들은 김일성이 게릴라전을 대비해 양성한 북괴 124군 소속 특수부대원들이었다. 저들은 4일 전 휴전선을 넘어 시속 10km로 산속을 달려 이곳에 도달한 것이다. 그러나 청와대를 바로 눈앞에 둔 삼각산 언덕길은 저들 무장 게릴라들에게는 죽음의 언덕이 되고 말았다. 저들은 여기서 지프를 타고 언덕 아래쪽에서 올라온 최규식 종로경찰서장의 심문을 받았다. 최 서장이 권총을 빼들고 소속을 밝히라고 요구하고 있을 때 시내버스 두 대가 올라오다 정지했다. 그러자 무장 게릴라들은 그 버스가 지원병력을 싣고 온 것으로 오판하고 뿔뿔이 흩어져 도주했다. 다음날 새벽 인왕산 기슭에서 인민군 소위 김신조가 생포되었고, 나머지 30명 중 27명이 교전도중에 사살되었으며, 1

대통령을 암살할 계획이었다고 말하는 생포된 북한 무장공비 김신조(1968. 1. 21).

명은 나중에 시체로 발견되었다.

　김신조는 기자회견에서 무장 게릴라의 임무는 대통령을 살해하고 그 부하들을 죽이는 것이었으며, 임무완수를 위해 죽을 각오가 되어 있었고, 실패하리라고 생각하지 않았다고 말했다.

　그는 미제2사단이 지키고 있는 서부휴전선을 어떻게 적발되지 않고 침투할 수 있었느냐는 기자 질문에 대해 미군방위지역은 북괴군 1개 연대가 마음대로 넘나들 수 있는 상태였다고 말했다.

　1965년 7월과 1966년 2월 두 차례에 걸쳐 전투부대 1개 군단 4만 5천 명의 국군을 월남전선에 파병할 당시 우리 정부가 휴전선 방위 문제에 우려를 표명하자 미국은 전혀 걱정할 것 없다고 장담했다. 미제2사단은 전자장치를 부착한 완벽한 침투 방지망을 구축해놓고 있으며, 따라서 이 방위지역은 개미 한 마리도 들어올 수 없는 철벽이라고 자랑했다.

　그러나 북괴의 무장 게릴라 앞에는 미제2사단이 자랑하던 그 전자장치도, 그 철벽도 무용지물임이 드러난 것이다. 미군의 그 장담, 그 자랑이 하루아침에 신뢰할 수 없는 빈말이 되고 말았다.

믿을 수 없는 일이었다. 기가 막히는 일이었다.

그러나 이보다 더 믿을 수 없고, 더 기막힌 것은 우리나라 야당의 언동이었다.

야당의 일부 국회의원은 국회의사당의 단상에서 1·21사건은 북괴의 무장 게릴라가 일으킨 것이 아니다. 그것은 정부가 꾸민 조작극이다. 정부가 야당을 탄압하기 위한 구실을 만들기 위해 위기의식을 조장하는 것이라는 등의 망발을 했다.

심지어 일부 야당 국회의원은 사살된 무장 게릴라의 시체와 장비를 보고 이것이 진짜 북괴의 무장 게릴라냐고 우리 군경에게 질문하기도 했다.

북괴가 평양방송을 통해 이 사건은 자기들의 무장공비 소행이 아니라 박 정권에 항거하는 남조선 인민의 영웅적인 투쟁이라고 선전을 하고 있는 판국에 우리나라의 야당 국회의원들은 이 사건을 '북괴의 만행'이 아니라 '우리 정부의 연극'이라는 터무니없는 소리로 대통령과 정부를 공격했다.

이것은 야당이 1964년과 65년에 한일 국교정상화와 국군의 월남 파병을 반대한 것과는 그 차원을 달리하는 것이었다. 이것은 정권투쟁을 위해서는 적을 이롭게 하는 행동도 서슴지 않는다는 우리나라 야당의 고질적인 병폐를 드러낸 것이다. 우리 정부와 국민이 1·21사건의 충격에서 벗어나 사태를 수습할 사이도 없이 북괴는 또 다른 무력도발을 자행했다. 이번에는 그 대상이 미국이었다.

북괴의 미해군 정보함 푸에블로호 나포 사건

1968년 1월 23일, 북괴 무장 게릴라의 청와대 기습미수 사건이 있

서울시내가 내려다보이는 북악산 기슭에서 북한 무장공비 1명이 수색대에 의해 사살되었다.

은 지 바로 이틀 후인 이날, 북괴는 원산 부근에서 미국해군 정보함 (U.S.S.) 푸에블로호를 나포했다.

푸에블로호는 북한과 동해의 소련잠수함 이동에 대한 정보를 수집하고 있었다. 그 배는 북한해안에서 15마일, 그리고 북한 영해에서는 3마일 밖에 있었다. 한 명의 승무원이 사살되었고 다른 82명이 전투도 없이 생포되었다.

함장 로이드 부커(Lloyd Bucher)와 다른 대원들은 '스파이' 임무를 띠고 북한 영해를 침범한 사실을 인정하였다.

미국은 긴급히 대응하였다. 3백 50대의 미군용기를 한국으로 급파했고, 항공모함 엔터프라이즈호가 북한 해안에 인접한 해역으로 이동했다. 그리고 존슨 대통령은 1만 4천 명의 공군과 해군 예비병력을 가동시켰다. 그러나 미국은 무력시위만 했고, 무력행사는 하지 못했다. 미국은 또한 우리 정부의 무력대응에 대해서도 반대했다.

미국은 푸에블로호의 '부커' 함장을 비롯한 82명의 승무원 석방문제를 해결하기 위해 우리 정부를 완전히 소외시킨 채 판문점에서 북괴와 협상하기 시작했다.

동맹국인 대한민국의 대통령이 북괴 무장 게릴라들의 기습공격으로 살해될 뻔했던 1·21사태에 대해서는 아무런 관심도 보이지 않았던 미국정부가 자기들의 간첩선 나포 사건에 대해 초강대국의 군사적 시위를 하면서 적과 비밀 협상을 하고 있었던 것이다.

우리 정부와 국민은 이에 배신감을 느꼈고, 약소국의 무력감을 통감했으며, 분노와 좌절을 금할 수 없었다.

정일권 국무총리는 주한미국대사 '포터'와 주한미군사령관 본스틸 장군을 불러 우리 국군과 경찰이 북괴의 무장 게릴라 소탕작전을 전개하고 있는 상황에서 미국이 우리 정부를 따돌리고 북괴와 직접 협상을 하고 있는 사태는 동맹국인 우리로서는 이해할 수 없는 처사라고 비판했다.

최규하 외무장관은 기자회견을 통해 한국정부는 미국이 북괴의 청와대 기습미수 사건보다 푸에블로호 나포 사건을 더 강조하는 것을 단호히 반대한다고 선언하고, 푸에블로호 승무원과 생포된 청와대 기습 특공대원을 교환하자는 북괴의 제안에 동의하지 않을 것이며, 미국이 주도하는 미국과 북괴 간의 양자협상도 묵인하지 않을 것이라고 말했다.

김성은 국방장관은 미국이 자국의 정보함 하나 납치된 데 대해서는 '천지를 움직일' 정도의 대응을 하면서 동맹국인 한국의 국가원수 암살을 기도한 사건에 대해서는 아무런 대응조차 하지 않은 것은 놀라운 일이라고 말했다.

1월 31일, 10만 명 이상의 서울시민은 UN이 북괴 무장 게릴라 기습의 재발을 방지할 것을 요구하고 미국의 지원을 요구하는 거리

북한으로 끌려가는 푸에블로호 승조원들

시위를 했다.

또 기독교 청년회의 400여 명에 달하는 학생시위대가 판문점 근처에 있는 자유의 다리에서 미군과 충돌하여 미군의 발포로 24명의 학생이 부상당하는 사건이 일어나기도 했다. 그 결과 국군의 월남 파병으로 돈독해졌던 한미관계에 긴장과 마찰의 조짐이 나타났다.

2월 5일, 대통령은 린든 B. 존슨 미국 대통령에게 친서를 보내고 북괴에 대한 응징이 필요하다는 점을 강조했다.

대통령은 이 서한에서 '평화적인 해결방법(외교적 수단)이 언제까지 계속돼야 하는가'라고 반문하고, '공산주의자들과 대결함에 있어서 평화적인 해결방법의 모색은 그들에게는 도움이 될지언정 우리에게는 도움이 되지 않는다'고 말했다.

대통령은 이어서 1953년 휴전협정이 체결된 후 60년대 초까지 북괴가 5천여 차례 이상 휴전협정을 위반했다는 사실을 상기시키고, '공산주의자들에게는 그들의 침략행동이 반드시 적절한 응징을 받게 된다는 교훈을 보여 줘야 한다'는 점을 강조했다.

2월 8일, 존슨 대통령은 대통령에게 답서를 보내고 '나도 이번 사태에 대해 깊은 우려를 갖고 있으나 고려해야 할 점이 많이 있다'고 말하고 북한에 대한 군사적 응징에 대해서는 반대한다는 입장을 분명히 했다.

미국이 계속 미온적인 태도를 보이자 대통령은 2월 9일에 또 다시 존슨 대통령에게 친서를 보내고 북한에 대해 청와대 기습과 푸에블로호 납치사건을 시인하고 사과할 것과 재발을 방지할 것을 요구하고, 북한이 이에 불응하면 '한미양국이 상호방위조약에 따라 즉각 보복행동을 취해야 한다'는 것을 강력히 촉구했다.

대통령은 북괴가 우리의 방위력과 대결의지를 시험하기 위해서 도발할 때마다 이를 강력하게 응징하지 않는다면 북괴는 하나의 기회를 이용한 뒤에 다음의 기회를 향해 전진할 수 있는 힘을 얻게 된다는 것을 우려한 것이다.

푸에블로호 승무원들의 송환을 위해서 북괴와 비밀협상을 하고 있는 미국으로서는 대통령이 '즉각 보복'을 촉구하자 이 문제로 한미 간의 갈등이 생기는 것을 우려했다. 2월 10일, 존슨 대통령은 대통령에게 친서를 보내고 사이러스 밴스 전 국무차관을 특사로 서울에 파견할 터이니 밴스 특사와 깊이 협의해 줄 것을 요청했다.

2월 15일, 미국대통령 특사 밴스가 대통령을 예방했다. 밴스는 대통령에게 북한에 대해 보복행동 등 어떠한 독자적 행동도 취하지 말 것과 푸에블로호 승무원 석방에 관한 미국과 북한 양자협상에 대해 양해해 줄 것을 요망했다.

그는 한미양국 간의 강력한 상호동맹관계를 재확인하고, 북괴의 도발에 대응할 수 있는 우리나라의 국방력을 강화하기 위하여 1억 달러의 추가원조를 제공하며, 한국의 방위와 안전에 관한 사항을 협

존슨 대통령, 한국 달래느라 밴스 특사 급파 푸에블로호 사건을 둘러싼 미국과 북한의 비밀회담이 시작되자, 한국정부는 청와대 기습사건을 거론하기 위해 한국도 참여하는 군사정전위회담을 강력히 요구하였다. 이에 존슨 대통령은 밴스 특사를 보내 푸에블로호 승무원 송환을 위한 미국의 노력을 양해해 줄 것을 요청했다(1968. 2).

의하기 위하여 한미양국 국방장관의 연례회담을 갖자고 제의했다.

그 당시 미국에서는 월남전을 반대하는 반전운동이 격렬해지고 있었고, 월남에서는 1월 30일 월맹의 구정공세가 격화되어 존슨 행정부는 곤경에 처해 있었으며, 월남전에서 전의를 상실하고 있었다. 따라서 미국은 한반도에서 제2전선을 형성하여 이를 감당할 수 있는 능력과 의지가 없었다.

이러한 미국의 처지를 생각할 때 북괴에 대한 무력보복을 계속 요구하고, 정보함 승무원 석방교섭을 반대하는 것은 한미동맹관계에 부정적인 영향을 미칠 것이 예상되었고, 또 미국이 우리의 요구나 주장을 수용할 뜻이 없다는 것도 분명했다.

또, 한미양국의 국방장관 연례회담과 추가원조 제의 등은 미국이 우리나라의 안보에 대해 성의를 보이는 징표라고 평가할 만한 것이었다. 따라서 대통령은 미국의 요망사항과 제의에 동의하고, 미국의 지원으로 우리의 자주국방력을 강화하는 것이 가장 현실적인 선택이라고 판단하고 그렇게 하기로 결단을 내렸다.

밴스는 귀국 후, 서울에서 수행한 5일간의 임무가 한미동맹의 견고성에 대한 새로운 확신을 제공하는 성공적인 것이었다고 말했다. 그러나 뉴욕타임스는 1968년 2월 16일 '서울에서 미국에 대한 확신이 사라졌다'는 제목의 기사에서 한국의 안전보장에 대해 한국정부와 국민들이 미국에 걸고 있던 기대와 신뢰가 크게 손상되었다고 보도했다. 실제로 1·21사태와 푸에블로호 납치사건에 대한 미국의 미온적인 태도는 대통령이 우리의 국가안보를 미국에만 의존해서는 안 되고 우리의 자주적인 국방력을 강화해야 하겠다는 확신을 더욱더 굳게 하는 계기가 되었다.

북괴는 무력적화통일한다고 전쟁준비를 해 왔다

1968년 2월 1일, 이날은 우리나라 최초의 고속도로인 경부고속도로가 서울의 영등포구 원지동에서 착공됨으로써 우리나라에서 도로의 근대화와 수송혁명이 시작되는 역사적인 날이었다. 열흘 전인 1월 21일 김신조 등 북괴의 무장 게릴라들이 청와대를 습격, 대통령을 살해하려던 사건이 발생하여 안보위기가 고조되고 있는 상황에서 민족의 대역사(大役事)가 시동되었다.

경부고속도로의 서울—수원 간 도로의 기공식이 거행된 이날은 매섭게 춥고 바람이 불었다. 이날 대통령은 1·21사태 이후 처음으로 북괴의 무장 게릴라 침투와 청와대 기습미수 사태에 대해 언급하고, 북괴의 무력적화통일 획책을 강도 높게 비판했다.

대통령은 먼저 북괴의 통일 방안과 우리의 통일 방안의 차이를 설명했다.

…(전략)… "지금 우리나라의 산업이 이렇게 급속히 성장해 나가고 건설이 빨리 이루어져 나가는 데 대해서 가장 위협을 느끼고 있는 자가 있습니다. 그것이 바로 북한에 있는 김일성 괴뢰도당입니다.

대한민국의 경제가 성장하고 대한민국의 건설이 빨리 이루어지고 대한민국의 국제적인 지위가 나날이 향상됨으로써 가장 위협을 느끼고 질투를 하고 배가 아파하는 자들이 이북에 있는 김일성 도당들입니다. 그것은 그럴 수밖에 없는 것이, 북한 공산당들은 입으로는 평화통일을 주장하고 있지만, 그들의 목표와 전략은 해방되던 그 당시부터 지금까지 추호도 변함이 없는 것입니다. 그들의 기본전략이 무엇이냐 하면 전쟁준비를 해서 무력으로 대한민국을 침략해서 적화통일을 하자는 것입니다.

이러한 계획을 처음으로 시도해 본 것이 6·25전에 남한 각지에서의 공산 게릴라 활동이었습니다. 그것을 집약해서 집중적으로 침략 행위를 도발한 것이 6·25전쟁이었습니다. 그것은 모두 공산당들의 커다란 오산에 의해 이루어졌기 때문에 커다란 타격만 입고 그들의 계획은 완전히 수포로 돌아갔습니다.

6·25전쟁을 도발한 김일성은 지난 휴전 10여 년 동안 또 다시 무력침략에 대한 꿈을 버리지 않고 전쟁준비에 전력을 경주해 왔습니다. 북한에 있는 우리 동포들을 노예와 같이 휘몰아서 지난 10여 년 동안 전쟁준비를 하고 무력 확장에 광분해 왔습니다.

우리는 그들이 이러한 준비를 하고 있다는 것을 벌써 오래 전부터 알고 있었습니다. 그러나 대한민국이 지금 기도하는 조국통일 방안은 우리가 오래 전부터 대내외적으로 천명한 바와 같이 우리는 아무리 조국의 통일이 시급하고 빨리 되기를 기원하기는 하지만, 동족 간에 피비린내나는 전쟁을 도발해서, 전쟁의 수단에 호소해서 남북통일을 빨리 할 생각은 없습니다.

우리 대한민국의 통일 방안, '유엔 결의에 의한 남북의 자유 총선거에 의한 평화적인 통일'을 우리는 갈망하고 있는 것입니다. 지난 10여 년 동안 공산당들이 전쟁준비를 하고 있는 것을 우리는 알고 이에 대해서 여러 가지 경계를 하고 휴전선을 방어하면서 경제건설을 빨리하고, 우리나라를 하루 속히 근대화하고 선진국 대열에 끌어올려서, 때가 오고 기회가 오면 평화적인 방법으로 우리가 통일에 대비하는 그런 실력을 배양해야 되겠다는 것이 우리의 통일 기본 방침이었습니다."

대통령은 이어서 북괴는 지난 10년 동안 전쟁준비에 광분해 온 결과 경제는 피폐해지고 북한주민은 비참한 생활에 허덕이고 있다는 사실을 지적했다.

"그러나 북한 공산당들은 최근에 와서 현재와 같은 상태 그대로 나가다가는 도저히 자기들이 원하는 대로 남북한 반도에 대한 적화통일이 어렵겠다는 것을 그들은 깨달았습니다.

왜냐! 대한민국의 경제가 급속히 성장하고 국력이 나날이 증강되어 가고 국제적인 지위가 나날이 향상되어 가는 반면에, 북한 괴뢰집단은 지난 10여 년 동안 전쟁준비에만 광분했기 때문에 북한의 경제는 지금 말이 아닐 정도로 형편이 없습니다.

그것은 우리가 적이 미워서 하는 소리가 아니라 그동안에 우리가 수집한 모든 정보라든지 최근에 북한에서 넘어 온 귀순동포라든지, 또는 자수한 간첩이라든지, 요전에 서울에 침입하였다가 체포된 무장공비의 진술에 의하더라도 북한의 우리 동포들이 얼마나 비참한 생활을 하고 있다는 것을 똑똑히 알고 있는 것입니다.

참는 데도 한계가 있다 서울 원지동에서 열린 경부고속도로 기공식에 참석한 박 대통령은 치사 도중 1·21사태에 대해 언급했다(1968. 2. 1).

김일성 도당들이 전쟁에 광분하기 때문에 천리마운동이다, 7개년 계획이다 하는 것이 전부 허울 좋은 건설사업이지 전부가 전쟁 준비였습니다. 북한의 지금 경제가 어떻다, 중공업이 어떻다는 것은 무엇을 말하느냐 하면 전부가 무기를 만드는 무기공장을 말하는 것입니다.

그들에게는 우리 대한민국과 같은 이러한 평화적인 커다란 산업시설이란 것은 거의 없으며 북한에 있는 간첩들이 한국에 내려와서 서울거리를 한 번 보거나, 우리 국민들이 살고 있는 상태를 보고는 깜짝 놀라 버립니다. 그 사람들은 이남에 가면 서울에도 지금 전깃불도 없고 전부 6·25 때 파괴된 후 판잣집뿐이고, 거리에 옷을 번지레 입고 얼굴에 기름기가 번지레한 이러한 사람은 전부 일본사람이거나 아니면 그들이 말하는 소위 미국사람, 미제국주의자라고 한다는데, 간첩들이 서울에 와서 처음에 옷을 잘 입고 다니는 우리 국민을 보고 이 사람이 한국사람인지 일본사람인지 몰라서 아주 신기하게 봤다는 것입니다.

이러한 예를 보더라도 북한괴뢰들이 북한에 있는 동포들을 얼마나 속여 가면서 그들이 노리는 무력적인 침략을 위해서 우리 동포들을 얼마나 혹사하고 있는가, 거기 시달리고 있는 우리 동포들이 얼마나 비참한 생활을 하고 있다는 것을 알 수 있습니다. 그러기 때문에 북한동포들의 불평과 불만은 나날이 소리 없이 커가고 있는 것입니다."

대통령은 이어서 우리의 국력이 나날이 커 가는 데 불만을 느끼고 초조해진 김일성은 우리의 국력이 더 커지기 전에 무력적화 통일을 하기 위해 도발을 시작했다는 점을 강조했다.

"오늘날 우리 대한민국의 국력이 나날이 커가고 경제가 건설되어 가고 또한 우리 국군의 실력이 나날이 커 가는 데 대해서 가장 초조하게 생각한 것이 김일성입니다. 김일성이는 몇 년 전에 자기는 1970년에 남북통일을 한다고 호언장담을 했습니다. 지금 김일성이가 앉아서 아무리 계산을 해 봐도, 아무리 판단을 해봐도 1970년에 이런 상태로 보아서는 김일성식 통일이 될 전망은 전혀 없는 것입니다.

그렇기 때문에 그들은 무엇을 획책했느냐, 이대로 두어 가지고는 시간이 가고 날이 가면 갈수록 대한민국과 이북의 실력은 점점 더 격차가 커지기 때문에 이것을 방해해야 되겠다고 하여 여기다가 무장간첩을 집어넣거나 무장 게릴라를 집어넣어서 한국에 불안을 조성하고 치한을 교란하여 대한민국이 대단히 치안이 나쁘고 불안하다는 인상을 대외적으로 풍김으로써 외국 실업가들이 한국에 투자를 한다든지 경제협력을 하는 데 대해서 주저하도록 만들어서 한국의 경제건설을 안 되게끔 방해하자는 것입니다.

그렇게 해서 대한민국이 나날이 약화되고 외국에서 어떤 불안이 조성되거나 좋은 기회가 있으면 자기들이 준비한 무력을 가지고 6·25와 같은 전쟁을 도발해서 통일을 하자는 것입니다. 김일성 도당들이 무엇을 생각하고 있다는 것을 나는 훤히 거울을 들여다보다시피 다 알고 있는 것입니다.

이러한 그들의 야망을 우리는 미리 간파했기 때문에 오래 전부터 이에 대해서 여러 가지 대비를 서두르고 있습니다. 지금 우리 육·해·공군 60만 장병은 여하한 시간에 여하한 사태에도 즉각적으로 대응할 수 있는 만반의 준비를 갖추고, 지금 돌아가고 있는 모든 사태에 대해서 우리는 예의 주시하고 있는 것입니다. 또한 지난 번 서울에 침입한 무장공비가 나타났을 때 우리 국민들이 보여 준 투철한 반공정신, 우리 국민들이 공산당을 미워한 이러한 적개심, 이러한 모든 국민들의 정신적인 무장을 공산주의자들이 어떻게 판단을 하는지 모르지만, 그들이 무력을 가지고 우리를 침략해 봤자 6·25 때와 같이 호락호락 넘어갈 우리 대한민국도 아니고, 그때와 같이 하루아침에 무너질 우리 60만 국군도 아니라는 것을 공산집단들은 확실히 인식해야 할 것입니다."

대통령은 이어서 이제부터 우리 국민들을 '싸우면서 건설하는 국민'이 돼야 한다는 점을 강조했다.

"앞으로 공산집단들의 이러한 무모한 도발행위는 날이 가면 갈수록 더 증대되어 갈 것입니다. 여기에 대해서 우리 모든 국민들은 지금부터 공산도배들의 이러한 불법적인 도발행위가 더 있으리라는 것을 미리 예측하고, 이런 사태에 대해서 절대로 동요해서는 안 됩니다. 이럴수록 우리는 더 침착하고 태산과 같이 자약하고 공산당의 무장간첩이 들어오면 간첩을 잡아 버리고, 게릴라가 들어오면 들어오는 족족 잡아 버리고, 적이 전쟁을 도발해 오면 즉각적으로 반격을 할 그런 태세를 기르면서 우리는 현재 우리가 추진하고 있는 이 건설사업을 조금도 늦추지 말아야 하겠습니다. 그야말로 우리 국민들은 한쪽으로 공산주의자들과 투쟁을 하면서 한쪽으로는 건설을 추진해 나가는 '싸우면서 건설해 나가는 그런 국민'이 되어야 하겠다는 것입니다.

만약 공산 게릴라들이 나타났다고 해서 우리 국민들이 당황하거나 또한 불안하게 생각하여 자기가 맡은 일이나 직책을 소홀히 하거나 할 때는, 이것은 그야말로 공산당들이 원하는 계략대로 우리가 따라가는 그런 결과밖에 되지 않는 것입니다."

대통령은 끝으로 북괴에 대해 우리의 자제와 인내에는 한계가 있다고 엄중하게 경고했다.

"우리가 한 가지 염려하는 것은 북한 괴뢰들이 대한민국은 '스스로 전쟁을 자처하지 않겠다' '우리는 전쟁이란 수단에 호소해서 남북통일을 하겠다는 그런 생각을 아직까지는 갖지 않는다' 하는 우리의 이러한 점을 노려서 무모한 도발행위를 앞으로 계속할 염려가 많다는 것입니다. 그러나 오늘 이 자리에서 우리 모든 국민 앞에서 북한에 있는 김일성 괴뢰집단들에게 한 가지 경고를 해둡니다.

아무리 우리 대한민국 국민들이 자유를 사랑하고 통일 문제에 있어서 전쟁수단에 호소하겠다는 그러한 의사를 가지고 있지 않는다고 해서 우리가 은인자중하고 자제하고 인내하고 참는 데에는 한계가 있다는 것입니다.

우리의 자제와 인내에는 한도가 있다는 것을 북한 김일성 괴뢰집단들에게 우리는 엄숙히 또한 분명히 경고를 해 두고자 합니다.

국민 여러분!

앞으로 공산당의 여하한 도발행위가 있더라도 우리는 눈도 까딱하지 않고 우리 모든 국민들이 철통같이 단결해서 공산당의 도발행위에 대해서는 즉각적인 반격을 가하고 그들을 격멸하여 우리 조국 건설에 더욱더 굳게 뭉쳐서 최선을 다해나가야 하겠습니다. 건설을 해 나가고 우리의 힘을 양성하는 것이 나는 조국통일의 길을 촉진하는 길이라고 확신합니다.”

북괴가 가장 두려워하는 것은 우리의 경제성장이다

1968년 2월 7일, 경남 하동에서는 경전선 개통식이 거행되었다.

이날의 개통식장에는 영·호남지방과 남해안지방의 주민들이 많이 참석했다. 대통령은 주민들에게 북의 전쟁준비 상황과 향토예비군에 관해 자세히 설명하고 특히 국방의 개념을 근본적으로 고쳐야되겠다는 점을 강조했다.

대통령은 먼저 김일성이 무력통일을 하겠다고 전쟁준비에 광분하고 있다는 사실을 구체적으로 설명하고, 우리 국민들은 공산당을 무찌르겠다는 정신무장과 결심과 태세를 갖추고 있어야 되겠다는 점을 역설했다.

“지금 우리나라의 건설사업이 나날이 진전되어 가고 있고, 또 앞으로 계속적으로 이러한 사업이 이루어질 것입니다. 우리나라 경제도 지금 급속한 속도로 성장을 하고 있는데, 우리의 이 같은 건설을 방해하고 막으려고 발광을 하는 자가 지금 북한에 있는 공산당입니다. 며칠 전 서울에 그들이 무장공비를 침투시켜서 우리 국민을 놀라게 한 사례도 그들의 이러한 계획의 일환입니다.

그런데 김일성이는 전쟁준비만 하면서 자기 뜻대로 70년대에 남북통일이 될 것으로 확신을 하고, 또 이북동포들에게 그렇게 장담을 해왔던 것입니다. 그러나 최근에 와서 김일성이는 여러 가지 판단을 해보니까, 70년대에 김일성이식 남북통일이 절대 되지 않겠다는 그런 결론이 나온 것입니다.

왜 그렇게 되었느냐?

지난 수년 동안 우리 대한민국은 국제적 지위가 급속히 올라가고, 경제건설이 나날이 늘어나 성장해 가기 때문에, 북한괴뢰가 대한민국의 경제와 그들의 사정을 비교해 볼 때 그 격차가 나날이 커져가고 시간이 가면 갈수록 그들이 생각하는 그러한 통일의 방법이란 것은 불가능하다는 것을 그자들이 느꼈던 것입니다.

그런데 김일성이는 무슨 흉계를 또 꾸몄느냐 하면, 이제부터는 별도리가 없으니 경제건설을 방해하자는 것인데, 방해 방법은 무장 간첩을 집어넣고 지하로 공산당 조직을 다시 부활시키고 또는 무장한 유격대를 도처에 집어넣어서, 대한민국의 경제건설을 방해하거나 파괴하거나 요인을 암살해서, 치안을 교란케 하고 민심을 소란하게 만들어 대외적으로 대한민국이 마치 월남과 같은 그런 상태가 아니냐 하는 그런 인상을 줌으로써 외국사람이 한국에 투자를 하거나 경제건설을 하는 데 방해를 하자는 술책을 쓰는 것입니다. 김일성 괴뢰도당은 금년도에 이러한 무장공비와 간첩들은 집어넣어서 결정적으로 방해를 해보자는 계획을 세우고 있는 것입니다.

금년에는 북한 무장공비, 게릴라가 과거 어느 때보다 많이 침입할 것이라는 것을 국민 여러분들은 각오를 해야 합니다. 김일성이가 아무리 발악을 하고 발광을 해도 우리 국민들은 일치단결을 해서 공산당을 무찔러야 하겠다는 정신적인 무장과 결심과 태세가 갖추어져야 할 것입니다. 이것은 문제가 없는 것입니다.

따라서 앞으로 무장공비가 침투되었다 하더라도 우리는 조금도 당황함이 없이 우리 고장에 나타나는 무장공비나 게릴라를 모든 부락민들이 일치단결해서 이것을 잡는 데 협력을 해야 할 것입니다. 무장을 갖추지 않은 여러분들이 무기를 가지고 있는 무장공비와 맞서서 싸울 수 없습니다. 그러면 여러분들은 눈이 되고 귀가 되어서 군이나 경찰이나 또 토벌대에 즉각 연락을 해서 그들이 도망간 행방을 알려주는 역할을 해주시면, 그들이 들어오는 족족 잡을 수 있습니다. 앞으로 발족될 각 지방의 향토방위대가 앞장을 서서 활동을 해야 될 것입니다."

대통령은 이어서 금년 내에 소화기(小火器) 공장을 건설해서 250만 향군을 무장시키겠다는 계획을 천명했다.

"지금 정부가 생각하고 여러분들에게 부탁을 드리고자 하는 것을 오늘 이 자리에서 몇 가지 말씀 드리겠습니다.

공산주의자와 우리가 싸우기 위해서는 공산당이 6·25와 같은 전쟁을 할 것이라는 안이한 생각을 국민들은 지금부터 완전히 버리고, 공산당이 언제 오더라도 우리의 힘으로 그런 것을 막아내고 격멸할 수 있다는 자신을 가져야 하겠습니다.

우리에게는 지금 60만이라는 대군이 있지만 그 외 군에서 나온 250만이라는 재향군인이 있습니다.

정부는 금년부터 이러한 재향군인을 무장시키기 위한 무기공장을 금년 내에 완성할 것이고, 여기서 무기를 우리 손으로 생산해서 전국에 있는 250만 재향군인을 전부 무장시키자는 것입니다. 여러분들 동리에 백 호가 사는데 군에 갔다 온 재향군인 20명 있다면 그 20명 전부에게 무기를 주어서 공산당이 왔을 때, 1차적으로 이 사람들이 우선 앞장을 서서 이 고장에 적이 들어오는 것을 막고 그 다음에 경찰이 가고 군대가 갈 수 있게 하자는 것입니다.

앞으로는 군인들이 군대에서 제대하고 고향에 돌아갈 때는 무기를 한 개씩 가지고 가서 자기 부락에다 저장을 하고 평소 자기 맡은 일과 사업에 종사하면 될 것이고, 주말 토요일 오후든지 또는 1개월에, 주말에 몇 번씩 모여서 사격훈련을 하고 총 쏘는 방법을 잊어 버리지 않게 늘 연습을 하면 되겠습니다.

평소에는 자기 일을 하다가 우리 고장에 공비가 들어왔다면 우선 그 부락 청년들이 무기를 가지고 나가 싸우자는 것입니다. 김일성이는 지금 이북에 100만 적위대를 가졌다고 장담하고 큰소리를 탕탕 치고 있습니다. 적이 우리를 해치고 침략하기 위해서 이러한 준비를 한다면, 우리도 그들과 대항할 수 있는 준비를 해야 되는 것입니다."

대통령은 이어서 우리는 과거의 국방에 대한 개념을 근본적으로 고쳐야 되겠다는 점을 강조했다.

"지금까지 우리 국민들은 60만 군대가 있고 유엔군이 여기 와 있으니까, 우리는 국방에 대해서는 그다지 관심을 가지지 않아도 괜찮다고 생각하는 풍조가 지난 수년 동안 우리 사회에 풍미했다는 것은 사실입니다.

정부는 북괴의 책동을 미리 간파를 하고 오래 전부터 여기에 대한 준비를 해왔습니다. 그래서 작년에는 공산당을 막는 것은 군대와 경찰만 가지고 싸울 도리가 없으니 각 지방의 모든 국민들이 협력을 해야 된다, 입으로만 정신무장을 하고 협력을 한다는 것만으로는 안 되겠다, 이것을 조직화해야 되겠다고 결정했습니다.

이것을 어떻게 조직화하느냐, 그 방법은 '향토방위법'을 만들어 가지고 그 장소에 있는 젊은 사람들을 조직화해서 우리 국내에 공산당이 들어왔다거나, 게릴라가 들어왔다 하면 모두가 눈이 되고 귀가 되는 활동을 해서 군대나 경찰에 알리면 직접 가서 잡을 수 있도록 하자는 것입니다. 이러한 '향토방위법'을 만드는 데 대해서도 작년만 하더라도 우리 국내에서는 이것을 마치 국민의 기본권을 침해하는 것이 되느니, 국방은 군인들이 하는 것이지 왜 일반국민에게 과중한 책임을 맡기느냐는 등 우리나라의 지도층이나 지식층에 있는 사람들 또는 언론계에서까지 반대를 했습니다. 서울에 무장공비 몇 명 와서 총소리가 몇 방 꽝꽝나니까 이제부터는 정신을 차린 것 같습니다. 앞으로는 이것보다 훨씬 더 공산당의 발악적인 행동이 있다는 것을 전국민들이 각오를 하고, '적이 오면 우리도 같이 무기를 들고 나와서 싸우겠다'는 국방에 대한 개념을 가져야 하겠습니다. 과거의 국방에 대한 개념을 근본적으로 고쳐야 되겠습니다."

대통령은 이어서 우리는 평화통일을 위해서 우선 경제건설에 힘써 왔으나 북괴가 무장 게릴라를 이 땅에 침투시켜 우리의 경제건설을 훼방하려는 계획을 이미 행동으로 옮긴 이상, 우리 국민들은 적과 대결할 수 있는 마음의 태세와 결의가 되어 있어야 한다는 점을 강조했다.

"우리 대한민국 국민은 어느 나라보다도 자유와 평화를 사랑합니다. 그렇기 때문에 우리가 지금까지 남북통일을 누구보다도 갈망하면서도 과거 이박사처럼 '북진통일한다', '무력을 가지고 북한공산당을 두드려 부셔서 통일하겠다' 그런 소리를 나는 한 일이 없습니다.

또 우리 정부의 방침도 그것이 아닙니다. 어떻게 하면 우리가 경제건설을 빨리 하느냐, 물론 우리가 휴전선의 방어를 튼튼히 하고 공산당이 어떤 불법적인 행위를 하는 것을 막기 위한 국방태세를 강화하면서, 후방에서는 전국민들이 빨리 경제건설을 하고 우리 국민의 생활수준을 향상시킴으로써 어떠한 시기에 가서 우리는 평화적인 통일의 길을 모색하자 하는 방책을 추진해 왔습니다.

김일성이 남한에는 아직까지 북진할 것을 추진할 그런 계획을 하지 않고 있고, 그런 전쟁준비가 되어 있으니까 이런 시기에 무장공비를 넣어 훼방을 하고 건설이 안 되도록 하자는 이러한 계획이 뚜렷해졌고 또 그들이 벌써 행동에 옮긴 이상, 우리 대한민국 전국민들은 이러한 적과 대결할 수 있는 마음의 태세와 즉각 행동으로 옮길 수 있는 결의가 되어 있어야 하겠습니다. 북한괴뢰의 만행을 규탄하는 규탄대회도 대단히 좋지만 적이 고장에 들어왔을 때 이 고장의 젊은 청년들이 총을 들고 나가 적의 무장공비와 목숨을 걸고 싸울 수 있는 그런 태세가 되어 있지 않고는 공산당과 싸워서 우리가 이기지 못합니다. 우리 대한민국 재향군인 250만 전부가 무장화되었을 때, 김일성이 큰소리 탕탕 치는 100만 적위대 그까짓 것 문제가 안 된다고 나는 생각합니다.

우리 대한민국 국민들은 평화와 자유를 사랑하는 국민이지만, 우리가 이 생명보다 소중히 여기고 사랑하는 자유와 평화, 그리고 우리가 건설해서 남보다 잘살아보겠다는 국민들의 여망을 근본적으로 두드려 부수겠다는 공산당이라면, 우리는 공산당과 싸우는 데 목숨을 걸고 싸워야 되겠습니다. 이건 군대나 경찰이 해줄 테니까 우리는 가만히 앉아서 자유를 누리고 평화스러운 생활을 하기를 바란다는 것, 그것은 근본적으로 잘못입니다.”

대통령은 이어서 지금 김일성이 가장 두려워하는 것은 우리의 경제성장이므로 우리는 한편으로는 공산당과 싸우면서 다른 한편으로는 경제건설에 전력을 경주해야 한다는 점을 강조했다.

“앞으로 우리는 공산당과 일변 싸우면서 한편으로는 우리가 추진하고 있는 경제건설에 전력을 기울여야 하겠습니다.

김일성이 지금 가장 두려워하는 것은 대한민국의 60만 군대가 좋은 장비를 가지고 있다는 것도 큰 위협의 하나가 될 것입니다만, 그것보다도 대한민국의 경제가 나날이 성장이 되고 건설이 되어간다는 것이 바로 김일성이 밤에 드러누워 잠이 안 올 정도로 걱정되는 위협이란 것을 우리 국민들이 알고, 공산당과 싸우면서도 건설의 속도를 늦추어서는 안 되겠다는 것을 명심해야 하겠습니다.

요전에 서울에 무장공비 몇 명이 들어와 불의의 습격을 당했으니까 놀란 것도 당연하지만, 일부 지각 없는 사람들은 벌써 당황을 해가지고 어디로 봇짐을 싸 가지고 피란갈 준비를 한다든지, 어떤 사람들은 무슨 금을 사가지고 어떻게 하자, 곧 부산으로 떠나겠다면서 우리 가족들이 언제 갈지 모르니까 어떻게 방이라도 구해 달라, 이러한 얼빠진 사람들이 공산당하고 싸워서 우리의 자유와 평화를 수호하고 우리가 공산당을 물리치고 우리가 잘사는 그런 사회를 만들겠다는 그런 소리를 한다는 것은 입에 침도 안 바른 거짓말입니다. 공산당이 와서 대한민국을 다 점령하고 이 나라가 공산화되었을 때 여러분들이 금덩어리나 쌀을 지고 곧 부산으로 도망가면 여러분들만 살 수 있다고 생각합니까? 우리 전부가 그 자리에 주저앉아서 끝까지 공산당들과 싸우겠다는 이러한 결심 없이는 공산당과 싸워서 이기지 못합니다. 따라서 공산당들의 이 같은 발악적인 행동이 심하면 심할수록 우리 국민들은 보다 더 침착하고 자기 맡은 업무에 대해서 보다 더 충실하고 우리의 건설에 전력을 경주해야 되겠습니다.”

대통령은 이어서 이제부터는 전국민이 공산당과 결사적으로 싸워서 이겨야 되겠다는 신념과 자신을 갖는 정신무장을 해야 된다는 점을 강조했다.

"앞으로 우리의 각 지방마다 향토방위대가 조직되어서 눈이 되고 귀가 되어 적의 간첩이나 무장공비가 나타나면 어디를 통해서라도 즉각 발견하고, 발견하면 군이나 경찰이 헬리콥타나 또 다른 수송편으로 즉시 현장에 와서 잡도록 해야겠습니다.

또 앞으로 점차 재향군인들이 전부 무장되어 어느 부락에 공산당이 나타나더라도 부락의 청년들이 즉각적으로 무기를 들고 나와서 대항을 하면 공산당이 어디 가서 발을 붙이겠습니까?

가령 여러분들이 들에 농사를 하러 가다가 이 부근에 간첩이 들어왔다는 말을 들었을 때, 들에 농사를 지으러 가면서도 무기를 가져다가 논두렁에 두었다가 수상한 사람이 지나가면, 간첩인 줄 알고 그 자리에서 두드려 잡을 수 있는 이러한 우리의 국방태세를 갖추고 있어야 하겠다는 것입니다.

유엔군이 와서 도와준다, 전쟁이 일어나면 미국이나 유엔군이 원자무기를 가져와서 적을 방어해 줄 것이다, 전쟁이 일어나면 그렇게 될지 모르지만, 우선 1차적으로는 우리 힘으로 우리가 방어를 해야 되겠다는 그런 결심이 없이 그런 국방을 가지고는 안 된다는 것을 절실히 느낍니다.

저 중동의 이스라엘 같은 나라는 불과 인구가 250만밖에 안 됩니다. 그러나 그 나라는 아랍 민족과 대결하고 있습니다. 아랍 민족이란 인구가 수천만이나 됩니다. 이스라엘 국민들은 전국민이 무장을 하고 집집마다 무기를 가지고 아랍이 침공해 들어오면 자기가 나가 지킬 장소와 임무가 딱 정해져 있고, 비상경보만 나면 자기의 자리가 딱 정해져 있기 때문에 전 250만 국민이 전부 무기를 들고 대항을 합니다. 군대는 군대대로 자기의 임무를 다합니다. 아랍 수천만 민족이 이스라엘 250만 민족에게 꼼짝을 못하지 않습니까. 하루아침에 두드려 맞아서 없어졌습니다. 한국의 국방도 이러한 태세로 들어가야 합니다.

앞으로 정부가 여기에 대해서 여러 가지 일을 하겠지만 근본문제는 우리 전국민들이 이제부터는 공산당과 결사적으로 싸워서 이겨야 하겠다, 이것이 우리의 앞날의 행복한 사회를 건설하는 길이다 하는 이러한 신념과 자신을 갖는 정신적인 무장을 해야 된다고 생각합니다.

오늘 이 역사적 경전선 개통식에 즈음하여 다시 한 번 그동안 여기에 수고하신 여러분들에 대해서 노고를 치하하면서, 지금 우리의 이러한 건설에 대해서 필사적으로 방해를 하려고 하는 적에 대해서 우리가 어떤 자세와 결의를 가지고 일해야 되겠다는 것을 이 기회에 여러분들에게 간단히 말씀드렸습니다."

살기 위해서는 죽음을 각오하고 싸우는 길밖에 없다

1968년 2월 26일, 서울대학교 졸업식에서 대통령은 그 당시 가장 중대한 국가적 과제로 등장한 자주국방 문제와 향토예비군 창설 문제에 대해 언급했다.

대통령은 이보다 앞서 2월 8일 여야 정당지도자들과 1·21사태 후의 시국대책을 협의한 간담회에서 우리는 앞으로 유엔군 중심(미군)의 국방태세에서 탈피하여 국방의 주체성을 확립해야 하며, 이스라엘과 같은 민방위 체제를 구축해야 한다는 소신을 피력했는데, 이날의 졸업식에서 우리 지식인들에게 국방의 주체성 확립을 거듭 강조했다.

대통령은 먼저 북괴의 김일성은 평화통일의 위장을 벗어 버리고 본격적인 침략 기도를 행동화하고 있다는 사실을 지적했다.

…(전략)… "지금 우리는 국토 분단이라는 민족의 비애를 저마다 가슴에 간직하면서도 아직은 통일의 시기와 여건이 성숙하지 않았다는 것을 알고 있습니다. 그러나 북한의 실지를 회복하고 분단된 국토를 다시 통일해야 한다는 것은 우리 민족의 지상과제이며, 기어코 성취해야만 하는 역사적 사명인 것입니다. 그러나 이 과업은 결코 쉬운 일은 아닙니다. 그러나 결코 불가능한 일도 아닙니다. 우리는 이 염원을 성취하기 위하여 지난 6·7년 동안 조국의 근대화와 경제건설에 온국민 피땀 흘려 가면서 국력 배양에 힘써 왔습니다.

이러한 집중적 노력은 한국경제에 고도성장이라는 신기운을 조성했을 뿐 아니라, 사회 전반에 걸쳐 새로운 변화를 가져왔습니다. 그리하여 이제 우리는 이 고도성장의 속도를 앞으로 더욱 가속화시키기 위하여 경영기술의 개선과 시설의 개체를 서두르고, 점차로 '양산체제'를 갖추어 나가야 할 생산 체제의 정비 단계에 들어서고 있는 것입니다.

뿐만 아니라, 우리는 그동안 국방과 외교면에서도 온갖 노력을 경주해 왔습니다. 이처럼 6·7년이라는 짧은 시일 내에 우리의 근대화 작업과 국력 배양은 크게 진척을 가져 왔고, 이 터전 위에서 이러한 속도로 성장과 발전이 지속된다면 앞으로 머지않아 통일의 염원을 현실화할 수 있는 전망이 뚜렷해 가고 있습니다. 이러한 현상을 보고 가장 놀라고 당황한 것이 북괴입니다. 북괴는 지난 십여 년 동안 언필칭 평화통일을 운운해 왔습니다. 이른바 천리마운동이니, 경제개발 7개년계획이니 하면서 북한동포의 생활 향상까지도 공약해 왔습니다.

그러나 그들의 경제건설은 스스로 자인하는 바와 같이 모조리 실패로 끝났고, 북한동포의 생활은 향상은커녕 오히려 헤어날 수 없는 도탄에 빠져가는 형편이 되고 말았습니다. 이것은 바로 북괴가 말하는 평화통일을 내세우면서도 실제로는 휴전 이래 십여 년 동안 끊임없이 전쟁 준비에만 광분해 온 데 연유하는 것입니다. 그들은 식량 증산보다는 무기 생산에 골몰해 왔고, 국토의 건설보다는 산간 지하를 요새화하는 데 강제노동을 구사해 왔으며, 소위 120만 노·농 적위대를 무장화하는 데 모든 재원을 소비하고 말았습니다.

이 결과 이제 우리의 국력은 나날이 커감에 반하여 그들은 나날이 그 힘이 상대적으로 저하되어 가는 것을 인식하지 않을 수 없게 되었고, 불안과 초조에 사로잡힌 김일성 도당은 드디어 평화통일의 위장을 벗어 버리고 노골적으로 본격적 침략 기도를 행동화하게 된 것입니다. 날이 가면 갈수록 경제성장면에 있어서 격차가 커져갈 가능성이 짙어지게 되자, 70년에 적화무력통일을 한다고 큰소리 치고 있는 것입니다.

지난달에 북괴는 집단 무장공비를 남파하여 만행을 자행한 바 있습니다만, 이것은 바로 우리의 국방태세와 역량을 저울질해 보려는 계획적인 침략 행위의 단초요, 그 일환인 것입니다."

대통령은 이어서 전례 없이 강경한 어조로 적과의 생명을 건 투쟁과 중단 없는 경제건설을 역설했다.

"우리는 지금까지 평화적이고 민주적인 국토통일의 그날을 위해서 경제건설에 힘써 왔습니다. 그러나 우리의 의사가 여하튼 우리의 희망이 여하튼, 적은 이미 무력침략을 위한 계획과 준비를 완료하고 행동단계에 들어선 이상, 이 냉엄한 현실 앞에서 우리도 이제는 적과 대결해서 우리 스스로를 보위해야 할 투쟁을 전개하지 않으면 안 되겠습니다. 우리의 치안을 교란하고 경제건설을 방해하고 우리의 생명을 노리는 북괴의 만행을 분쇄하지 않고서는 건설이다, 번영이다, 통일이다 하는 것은 한낱 공염불이 되고 말 것입니다. 우리는 지금까지 공산침략자들과 보다 치열한 투쟁을 전개하면서 일면 건설에 전력을 경주해야 하겠습니다.

이 투쟁은 우리의 생존을 위해서, 우리의 자유를 위해서, 우리의 보다 살기 좋은 번영된 민주사회를 건설하고 수호하기 위해서 우리의 생명을 걸고 끝까지 싸워야 하고 싸워서 이겨야 합니다.

여기에는 추호의 타협도 있을 수 없고 양보도 있을 수 없습니다. 공산주의자들과 타협이나 양보는 패배를 뜻하는 것이며, 패배는 곧 죽음을 말하는 것입니다. 우리는 죽을 수도 없습니다. 나도 살아야 하고, 너도 살아야 하고, 우리 민족도 살아야 하고, 조국도 살아야 합니다. 살기 위해서는 죽음을 각오하고 싸우는 길밖에는 없습니다."

대통령은 이어서 국방의 주체성을 강조했다.

"우리가 살기 위해서는 이 나라의 우리의 힘으로 지켜야 합니다.

우리나라는 우리의 힘으로 지키겠다는 결심과 지킬 수 있는 힘을 길러야 하고 준비를 해야 합니다. 우리의 힘이 부족할 때는 남의 도움을 받는 것은 당연합니다. 그러나 남이 도우는 것은 어디까지나 도움이라고 생각해야지, 남이 우리를 대신해서 지켜주기를 기대해서는 안 됩니다. 나는 이것을 국방의 주체성이라고 말합니다. 남이 우리를 도와주는 것도 우리에게 국방의 주체성이 있을 때 도움을 받을 수 있다는 것을 명심해야 하겠습니다.

자기 나라는 자기 스스로 지키겠다는 결심이 없는 국민을 남이 와서 도와줄 리가 없지 않습니까. 우리는 지금 60만의 대군을 가지고 있으며 인구에 있어서도 북괴보다 3배나 됩니다. 경제적인 저력에 있어서도 북괴보다는 훨씬 우월합니다. 다만 여하히 이러한 국방자원을 잘 동원하고 조직화하고 정신적인 무장을 시켜서 전력화하느냐 하는 문제가 남아 있을 뿐입니다. 그러나 이것은 가능한 문제입니다. 우리 자신을 우리 자신이 지키겠다는 굳은 결심과 투지가 있다면 절대로 가능한 문제라고 확신합니다. 민족의 생명은 민족의 주체성에 있는 것입니다. 민족의 주체성은 한마디로 말해서 민족의 생존과 이익을 위해서 스스로의 결단 하에 행동하고 또 영향력을 발휘하는 것이라 할 수 있습니다. 우리는 온 국민이 일치단결하여 '일하면서 싸우고 싸우면서 일하는' 새로운 기운을 진작시켜 민족의 운명을 스스로 개척해 나가는 주체적 역량을 배양해야 하겠습니다."

대통령은 이어서 졸업생들에게 조국의 냉엄한 현실을 올바로 인식하고 자립경제와 자주국방의 건설을 위해 터득한 지식과 기술을 활용하고, 투철한 사명의식과 조국애로 분발해 줄 것을 당부했다.

"지금까지 학원에서의 진리 탐구와 인격 도야의 과업을 마치고 나라의 중견으로서 사회로 진출하는 졸업생 여러분에게 나는 무엇보다도 조국의 현실을 똑바로 볼 줄 아는 예지를 발휘해 줄 것을 당부합니다.

우리가 처해 있는 이 냉엄한 현실의 올바른 인식에 입각하여 자립경제, 자주국방의 건설을 위하여 배운 바 지식을 십분 활용해야만 하겠습니다. 자립과 번영과 통일을 위한 전진의 대열에는 너와 나의 구별 없이 온 국민이 합심 협력해야 하겠습니다만, 새로운 과학적 지식과 기술을 터득하고, 또 창조적 의욕에 넘치는 여러분은 누구보다도 투철한 사명의식과 조국애로써 가일층의 분발이 있어야 하겠습니다.

오늘날 애국을 말하는 사람은 많이 있습니다. 그러나 진정한 애국은 말만으로 되는 것은 아닙니다.

나라를 사랑한다는 것은 입으로 떠들 필요는 없습니다. 국가의 발전을 위해서 또 민족의 번영을 위해서 무엇인가 유익하고 건설적인 일을 행하는 '말 없는 실천'만으로서 그것은 곧 참다운 조국애가 되는 것입니다. 오늘에 있어서 애국은 피땀 흘려 증산과 수출과 건설에 적극 참가하고, 근면·저축·검소에 노력하면서 향토방위에 솔선하는 것입니다. 자립경제와 자주국방과 국토 통일을 위한 우리의 노력은 우리 생활 속에 뿌리내린 애국심의 터전 위에 설 때, 알찬 성과를 이룩할 수 있는 것입니다.

오늘 여러분의 졸업을 축하해 주는 온국민은 여러분에게 많은 것을 기대하고 있다는 것을 명심하고, 긍지를 가지고 국가의 밝은 내일을 위해 정진해 주기 바랍니다."

무장한 재향군인이 북괴의 무장 게릴라를 섬멸한다

1968년 2월 28일, 향군 제9차 전국총회에서 대통령은 향토예비군 창설을 위한 재향군인 무장계획에 대한 구체적인 구상을 밝혔다.

대통령은 먼저 우리가 평화통일을 위해서 경제건설과 근대화에 힘쓰고 있는 동안 북괴는 무력통일을 위해 모든 준비를 완료하고 행동단계에 들어섰다는 사실을 지적했다.

향토예비군 250만 명을 무장시키겠다는 내용의 1968년 2월 8일자 〈조선일보〉 1면 기사.

…(전략)… "전국의 재향군인 대의원 동지 여러분!

지금 우리 재향군인들은 지난날 국토방위를 위해서 우리가 일선에서 싸우던 그때처럼 또다시 우리가 총을 들고 우리 향토방위를 위해 궐기하지 않으면 안 될 그런 단계가 왔다고 생각합니다.

지금부터 18년 전 북한괴뢰의 무장남침으로 말미암아 수백만이 인명을 잃었고, 또 전국토를 잿더미와 같이 소실시켰던 이러한 비참한 동족상쟁의 전란을 도발한 북한괴뢰집단들이 휴전이 끝난 지난 10여 년 동안 그들은 또다시 우리 대한민국을 무력 침략하기 위해서 전쟁준비에 여념이 없었던 것입니다.

그들은 입으로 항시 남북 평화통일이니, 민족의 자주통일이니 등등 허울 좋은 소리를 해 왔지만, 그들의 침략 근성은 조금도 변함이 없다는 것을 우리는 확인하고 있습니다.

우리 대한민국은 조국의 통일을 갈망하고 염원하고 있지만, 우리가 생각하는 통일방안이란 것은 무력에 의해서 동족상쟁의 피비린내나는 전쟁을 통해서 남북을 통일하자는 것이 아니라, 우선 1단계로서는 경제건설을 하고 우리나라의 후진성을 하루바삐 탈피하고 조국의 근대화를 이룩해서 실력을 배양해 가지고, 때가 오면 평화적인 방법에 의해서 남북통일을 하자는 것이었습니다. 그러나 북한공산집단들은 우리와는 근본적으로 통일방안에 대한 생각이 다른 것입니다.

그들은 6·25 때와 마찬가지로 전쟁 준비를 해서 대한민국을 무력침략으로 적화통일하자는 것입니다.

그들은 그동안 이런 준비를 해서 현단계에 와서는 그러한 준비가 완전히 갖추어졌다고 판단하고, 벌써 금년부터는 준비단계를 떠나서 행동단계에 들어섰다고 우리는 보고 있는 것입니다.

지난 수년 동안 우리나라에서는 여러 가지 건설사업이 이루어졌고, 과거에 침체했던 우리나라의 경제도 이제야 새로운 활기를 띠고 고도성장의 단계에 접어들고 있습니다.

김일성이 그동안 남북통일 문제를 생각해 온 사고의 변천과정을 살펴볼 때, 자유당 말기나 4·19 직후의 그러한 시기에 있어서는 대한민국은 가만히 두어도 내부에서 저희들끼리 그냥 혼란이 생기고 내부가 와해되어서 자동적으로 어느 시기에 가면 스스로 자기들이 대한민국을 집어먹을 수 있다, 이렇게 생각한 것 같습니다.

5·16이 난 뒤에 김일성이 공산당 무슨 집회에서 우리의 통일 시기는 남한에 소위 그들이 말하는 '군사 쿠데타로 말미암아 10년 동안 늦어졌다' 이런 이야기를 한 사실이 있습니다. 김일성은 그 뒤에 꾸준히 전쟁 준비를 해왔습니다."

대통령은 이어서 왜 재향군인을 무장하기로 했는지 그 이유를 설명했다.

"여러분들이 그동안 여러 가지 신문보도나 기타 월남한 귀순자들이나 자수한 간첩들의 진술에 의해서 알고 계실 줄 압니다만, 북한은 마치 전쟁터와 같은 준비를 갖추어 놓고, 이제부터는 자기들이 6·25 때와 같이 전면공세를 취하기보다는 정규군을 무장시켜 유격대를 편성해서 대한민국에 부단히 침투시켜서 대한민국을 혼란하게 만들고, 치안을 교란해서 불안을 조성하여 경제건설이 안 되도록 하고, 시설이 되어 있는 것은 파괴해서 민심을 불안하게 하고 기업가들이 모두 불안에 싸여서 경제건설을 하겠다는 의욕을 포기하고, 또는 외국의 경제인들이 한국에 투자를 하거나 또는 한국에 와서 사업을 하겠다는 이런 의사를 포기하게끔 하여 우리의 건설을 방해하자는 것입니다. 지난 1월 21일 서울에 침투시킨 무장공비는 하나의 첫 시도였다고 우리는 보고 있는 것입니다.

북한괴뢰는 이제부터 해동이 되고 산에 눈이 녹고 나무가 푸르러지고 하면 금년에는 예년에 볼 수 없었던 대대적인 무장공비의 침투공작을 전개할 것을 우리는 예상하고 있는 것입니다.

이렇게 된다면 우리가 아무리 전쟁을 원하지 않거나, 우리가 옛날처럼 북진통일을 하겠다는 그런 생각이 없거나 전쟁을 피하거나 간에, 적의 이러한 도전에 대해서 우리는 이제는 피할래야 피할 수 없는 그런 시점에 도달했습니다. 이제부터 우리가 할 일과 우리가 사는 길은 이들 적과 정면으로 대결해서 싸워 이기는 그 길을 우리가 택하고, 대결할 그런 태세를 갖추어야 하겠습니다. 물론 여기에 있어서 제1차적으로는 우리 60만 국군이 이것을 담당하겠지만, 적의 이러한 전술과 이러한 방법에 대해서는 우리의 국군이나 경찰만 가지고 이것을 막을 수 없다고 봅니다. 여기에는 전국민이 궐기를 해야 됩니다. 전 국민 중에도 과거에 군에서 훈련을 받고 전투경험을 쌓고 그러한 경험이 있는 우리 재향군인들이 전 국민의 앞장을 서서, 이 대공투쟁에 나서지 않으면 안 된다고 생각합니다.

그래서 이번에 정부에서는 전국에 있는 250만 재향군인들을 점차적으로 무장을 시켜서 자기 향토를 지키게끔 하기로 결정했습니다. 이것이 재향군인 무장에 관한 구상입니다. 물론 재향군인 가운데도 연배가 많은 분, 군복무를 할 수 없는 분, 또는 무장을 해서 이러한 복무를 감당할 수 없는 분도 많겠지만, 우리가 지금 당장 생각하는 것은 제1예비역만 하더라도 약 200만의 재향군인들이 있는 것으로 알고 있습니다. 또 제2예비역까지 포함하면 250만 명이고, 또 우리나라에서는 매년 17만 명 이상의 제대군인들이 향토로 돌아가고 있습니다. 이러한 숫자는 매년 늘어납니다.

따라서 우리는 1단계로 제1예비역 200만에 대한 무장을 해보자, 그것도 두 단계로 나누어서 첫 단계에 100만에 대한 무장을 하자, 이것은 말로는 쉽지만 실제에 있어서는 여러 가지 어려운 문제가 있는 것입니다. 100만 명에 대한 무기를 우선 확보해야 되고 여기에 필요한 여러 가지 탄약이다, 또 이러한 무기를 보관하는 무기고의 설비다, 이에 대한 앞으로의 관리문제 등등 여러 가지 어려운 일들이 있지만, 우리는 만난을 배제하고 빠른 시일 안에 이것을 해야 하겠습니다.

그래서 3월 1일부터 착수해서 1개월 동안 우선 전국적인 편성을 일단 끝낼 것입니다."

대통령은 이어서 이스라엘식 국방체제와 스위스식 국방체제에 있어서 그 근본정신은 그 국민들의 자주 국방정신이라고 지적하고, 1956년 이스라엘과 아랍 전쟁에 참전했던 어느 종군기자의 체험담을 인용하면서 우리도 앞으로는 이스라엘 식으로 해 나가야 되겠다는 것을 강조했다.

"우리가 흔히 이스라엘식 국방체제니 또는 스위스식 국방체제라는 말을 하고 있는데, 아마 다소 그 편성이나 요령은 다를지 모르지만 근본정신은 자주국방정신이라고 생각합니다.

이스라엘이 지난 56년에 아랍과 전쟁할 때 갔다 온 기자가 쓴 책을 보니까, 아랍과 접경한 이스라엘의 키부츠라는 소위 집단농장에 한 60명의 부락민들이 살고 있는데, 이스라엘은 그 농촌마다 무장이 되어 있어 가지고 평소에는 무기를 자기 집에 두었다가 적이 오면 들고 나와서 싸우게끔 되어 있습니다. 그런데 아랍의 나세르가 보낸 무장한 1개 대대가 그 부락을 점령하기 위해 침공해 왔을 때, 처음에 그 부락민들이 즉각 이에 대항을 했던 모양입니다.

적은 완전무장한 정규 1개 대대요, 이쪽에는 소위 민병 60명밖에 안 되기 때문에 이스라엘 정부에서는 그곳에 있는 부락민들에게 후방으로 철수하라고 명령했던 모양입니다.

그런데 그 부락에서는 철수를 하지 않고, 끝까지 거기서 버티고 싸워서, 결국 아랍의 정규군 1개 대대를 완전히 격퇴시키고, 적에 막대한 피해를 주었다는 것입니다.

그 뒤에 어느 신문기자가 현장에 가보니까 60명이 있던 그 부락에 적의 1개 대대와 싸워서 적을 완전히 격퇴하는 데 20 몇 명의 희생자가 났었다고 합니다.

그 기자가 책임자를 보고 '이번 전투에서 몇 명의 희생자가 났습니까?' 하고 물으니까 '우리 희생자는 한 명도 없소' '그러면 여기 죽어 있는 이 사람은 희생자가 아닙니까?' '그 사람은 희생자가 아닙니다' '희생이란 것은 내가 남을 위해서 하는 것을 희생이란 것이지 내가 살기 위해서 나를 지키기 위해서 끝까지 싸우다가 죽은 사람은 희생이 아닙니다'라고 말하더라는 애기를 들었습니다.

이스라엘 국민들이 자기 나라를 지키는 데 너무나 투지가 강하고 또 그 민족들이 단결되어 있기 때문에 적은 인구를 가지고, 주위에 완전히 아랍 민족에게 포위되어 있으면서도 끄떡없이 지금 자기 나라를 지키고 발전해 나갑니다.

스위스도 이와 비슷한 방식으로 하는 것 같습니다. 우리 대한민국도 앞으로 이런 식으로 해나가는 것입니다."

대통령은 이어서 우리가 우리의 훈련받은 우수한 인적 자원을 조직하여 훈련을 시키고 이스라엘 민족과 같은 투지를 불어넣어 줄 수 있다면 북괴군이 밀고 내려와 봤자 문제가 안 된다는 자신감을 피력했다.

"우리는 지금부터 이런 체제를 갖추어서 우리 대한민국에 지금 우리가 가진 이 인적 자원과 물적 자원, 또 훈련받은 우수한 자원, 이것을 필요한 시기에 가장 효과적으로 동원을 하고 편성을 하고 조직하고 훈련시키고 여기다가 싸우겠다는 투지를 집어넣을 수만 있다면, 북한의 김일성 정도의 군대가 밀고 내려와 봤자 문제가 되지 않습니다.

이번에도 서울에 무장공비 침투 사건이 나고, 동해에서 푸에블로호 사건이 나고 하니까 '아이쿠 당장 전쟁이 터지지 않느냐, 또 우리가 6·25 때처럼 당하지 않느냐' 하고 국민들이 불안해하는 것 같은데, 물론 국민들이 불안해하는 것은 당연한 일이겠지만, 그러나 우리는 불안만 해가지고는, 또 여기 대한 뚜렷한 대책이 없이는, 국민들의 불안을 없이할 방법은 없는 것입니다.

우리는 공산집단과 북한괴뢰집단과 끝까지 대결해서 투쟁할 준비를 지금부터 서둘러야 되겠다는 것입니다. 이에 대해서 일차적으로 하자는 것이 재향군인 무장입니다.

그리고 우리 대한민국을 끝까지 지킬 사람은 누가 무슨 소리를 하든지 우리 대한민국사람밖에 없습니다. 우리의 우방이나 우리의 친구들이 와서 도와준다 하더라도 그것은 어디까지나 우리들 친구가 우리들의 힘이 부족할 때 와서 도와주는 것이지 그 사람들이 영원히 도와주리라고 기대할 수는 없는 것이고, 그 사람들이 도와주기 때문에 우리의 국방을 그 사람들에게 맡기고, 우리는 모르는 척하는 그런 생각도 우리는 절대 가져서는 안 되겠다는 것입니다.

일차적으로 우리들이 지키자는 이런 관념이 없으면 우리의 국방이란 성립이 되지 않습니다.

또 우리가 지금 정신만 차리고 잘 노력만 하면 충분히 할 수 있는 힘이 있다고 나는 생각합니다.

이스라엘 민족과 같이 그러한 투지를 가지고 우리가 투쟁을 한다면, 북한에 있는 김일성 군대뿐 아니라 그 뒤에 있는 중공군까지 같이 들어오더라도 우리가 끝까지 여기서 버틸 수 있는 것입니다."

대통령은 이어서 모든 국민들은 자기가 살고 있는 향토에서 끝까지 국토를 수호하겠다는 결의로 적과 싸워야 하며, 6·25 때처럼 후퇴를 거듭하는 전쟁을 해서는 안 된다는 점을 강조했다.

"앞으로 또다시 6·25와 같은 전쟁이 있을지 없을지 현단계로는 예측할 수 없지만, 만약에 있다 하더라도 이제는 6·25와 같은 그런 전쟁을 해서는 안 되겠다는 것입니다.

적이 오고 불리하면 서울의 한강 남쪽으로 넘어가고, 적이 서울에 들어오면 서울이 평택 부근까지 내려가고, 그 다음에 또 따라오면 금강 선까지 내려가고, 또 따라오면 낙동강까지 내려가고, 또 더 따라오면 어디까지 가느냐, 이제는 그 지역 지역의 향토마다 끝까지 거기에서 지키자는 것입니다.

서울도 이제 포기하는 법이 없습니다.

물론 부녀자나 환자나 노인이나 어린아이들은 전쟁터에서 일단 철수를 해야 되겠지만, 적어도 무기를 가지고 싸울 수 있는 사람은 끝까지 남아서 자기 지역을 지키자는 것입니다.

이렇게 하면 공산군이 서울에 절대 들어오지 못할 것입니다. 지방도 마찬가지입니다. 우리의 향토는 끝까지 우리 힘으로 싸워서 지키자는 것입니다.

죽기 전에는 여기서 떠나지 않는다는 각오를 가지고 우리가 국방을 할 때, 김일성 군대가 감히 여기에 유격대를 집어넣어서 그런 장난을 하지 못할 것입니다.

지금이야 우리가 완전히 비무장이니까 그 동리에 사람이 백 명이 살든, 천 명이 살든 유격대나 무장공비 몇 사람만 들어가면 전부 다 손드는 것 아닙니까?

이제는 적이 와서 유격을 하는 것이 아니라, 적이 들어오는 것을 우리 국민이 거꾸로 유격을 하자는 것입니다.

이러한 구상이 정부가 하는 향토예비군 조직의 근본 취지요 골자입니다. 이것은 여러 가지 행정적으로 뒤따라야 할 어려운 복잡한 일들이 많지만, 문제는 전재향군인들이 여기에 혼연히 찬동을 하고, 나부터 먼저 앞장서겠다는 정신적 자세와 모든 국민들의 협조와 또 특히 이 자리에 모이신 우리 재향군인회 각 지방의 대의원 간부, 또 과거 군출신 선배 여러분들이 앞장을 서서, 지도를 하고 협조를 할 것 같으면 빠른 시일 내에 이것이 조직이 되고 곧 그러한 기능을 발휘할 수 있다고 나는 확신합니다.”

대전공설운동장에서 열린 향토예비군 창설식 1만여 명의 향토예비군을 비롯 남녀시민 15만 명이 참석했다(1968. 4. 1).

향토예비군은 역게릴라전의 전사다

1968년 4월 1일 예비군 창설식이 거행되었다.

이날 대통령은 예비군 창설의 역사적 의의를 설명했다.

"지난날 멸공 전선에서 조국 수호를 위해서 같이 싸우며 생사고락을 같이하던 전우 여러분!

오늘 여러분은 '일하며 싸우고 싸우며 일하는' 향토방위의 전사가 될 것을 조국과 민족 앞에 엄숙히 선서했습니다.

여러분은 예비군의 장엄한 창설식을 통해, 우리의 국방사상 민방위의 신기원을 열었습니다.

'내 나라는 내 힘으로, 내 고장도 내 힘으로' 목숨을 걸고 방위하겠다는 국방의 결의와 각오를 중외에 선포함으로써 김일성 집단에게 침략의 야욕을 포기할 것을 결연히 요구한 것입니다.

나는 이 땅에 다시는 동족상잔의 비극이 되풀이되지 않도록 하려는 전우 여러분의 오늘의 굳은 결의와 궐기가, 북쪽의 전쟁 도발자들에게 따끔한 반성의 기회가 되고, 나아가서는 승공의 아성이 될 것을 희구해 마지않는 바입니다."

대통령은 이어서 그동안 휴전체제하의 가상적 평화를 참다운 평화로 알고 살아온 태평과 안일의 환상에서 깨어나 이제는 자주국방 건설을 위해 총궐기해야 한다는 점을 강조했다.

"국민 여러분!

우리는 지난 10여 년간 휴전하에 가상적 평화를 진정한 평화로 생각하고 우리가 처한 냉엄한 현실을 눈 가리고 살아왔습니다.

이제 우리의 현실은 우리에게 더 이상 안일과 태평에 사로잡혀, 적과의 대결을 잊어서는 안 된다는 준엄한 경고를 발한 것입니다.

휴전선을 사이에 두고 양쪽에서 수십만의 대군이 밤낮없이 대치하고 있으며, 또한 김일성 집단은 세계공산당 가운데서도 가장 잔인한 독재집단이요, 그 호전성으로 악명 높은 평화교란자라는 점에서도 우리는 하루바삐 태평과 안일의 환상을 박차고 자주국방의 건설을 위해 총궐기를 해야 할 때가 왔습니다.

우리는 먼저 우리 머릿속에서 낡은 국방관을 추방해야 하겠다는 것입니다.

공산 침략을 막아내고 나라를 방위하는 일은 우리를 돕는 우방과 우리의 60만 대군이 있으니 안심이라고만 생각하고 범국민적 자주국방 태세의 확립을 잠시라도 게을리해서는 안 되겠습니다.

구태여 6·25의 비극을 회상해 보지 않더라도 자기방위의 실력을 키우지 않고서는 침략을 분쇄할 수 없다는 것은 두 말한 나위도 없

향토예비군 창설식에서 각도 예비군 대표와 직장부대 대표에게 카빈 소총을 수여하는
박 대통령 (1968. 4. 1)

는 것입니다.

우리 국방의 제1차적인 책임은 어디까지나 우리나라에 있는 것이
요, 그것은 또한 우리 국민 개개인의 신성하고도 절대적인 의무인
것입니다.

우방의 원조나 집단안보체제는 어디까지나 우리를 돕기 위한 것
이지 우리 스스로의 책임마저 감당해 주는 것은 결코 아닙니다."

대통령은 이어서 예비군은 조직화된 자유방위의 향토군이며, 승
공 레지스탕스의 저항조직이며, 이로써 대한민국과 경제건설을 지
킬 수 있는 힘이 창조되었다고 선언했다.

"우리는 김일성 일당의 그 발악에 대처해야 합니다. 적이 발악적

으로 나올 때 무슨 짓이고 못하는 일이 없다는 것을 우리는 각오해야 합니다. 그러므로 우리는 있을 수 있는 모든 사태에 대비하여 정신을 바짝 차려 만반의 태세를 갖춰야 하겠습니다.

김일성 도당이 아무리 발악적으로 전쟁준비를 서둘러 왔다 하더라도, 우리의 태세가 공고하고 우리의 결의가 철석같이 굳은 때에는 조금도 두려울 것이 없습니다. 또 두려워할 필요도 없는 것입니다.

공산침략을 막는 데는 타협도 설득도 소용이 없습니다. 오직 실력만이 있을 따름입니다. 우리에게는 북괴에 비해 세 배에 가까운 인력자원이 있으며 날로 성장 발전하는 경제력이 있습니다.

그리고 무엇보다도 공산당을 마음속으로부터 증오하고, 다시는 6·25와 같은 사태로 인해서 우리의 생명과 재산과 자유, 그리고 우리의 안락한 가정이 파괴되는 일이 있어서는 안 되겠다는 우리 국민의 단호한 결심이 있는 것입니다. 이것이 바로 공산당을 무찌를 수 있는 힘의 원천입니다. 이 저력을 동원하고 조직화하고 투철한 승공의 신념으로 함께 묶어 범국민적인 자유방위의 힘으로 뭉칠 때 우리를 노리는 적의 침략 야욕은 물거품처럼 사라지고 말 것입니다.

여러분은 바로 이 범국민적인 자유방위의 힘입니다. 조직화된 자유방위의 향토군이며 승공 '레지스탕스'의 저항조직인 것입니다. 지금 이 시각을 기하여 사랑하는 조국과 경제건설을 지킬 수 있는 힘이 창조되었습니다.

역사는 언제나 정의와 자유의 편에 있습니다. 강건한 기상과 단결된 힘을 가진 민족만이 언제나 승리할 수 있습니다. 아무리 방대한 국력을 자랑하는 나라라고 하더라도 그 국민이 안일과 태평 속에 연약해지고 방종에 흐릴 때에는 조만간 세계사의 무대에서 후퇴하지 않을 수 없게 될 것입니다.

문제는 그 나라 국민이 자립 자존과 발전을 위해서 신념과 의욕에 차 있는가 없는가, 죽음을 각오하고 적과 싸울 용기가 있는가 없는가, 이러한 신념과 용기를 조직화된 힘으로 만들 수 있는가 없는가에 따라서 국가의 흥망성쇠가 좌우되는 것입니다."

대통령은 이어서 향토예비군의 이상적인 모습은 우리 고장에 침공해오는 적을 우리가 거꾸로 유격하는 '역게릴라전의 전사'라고 말하고 우리 마을, 우리 직장을 우리 힘으로 지키겠다는 사명감과 책임감이 바로 향토애와 조국애를 구현하는 것이라는 점을 강조했다.

"우리가 살고 있는 이 땅은 자손만대 이어받아서 번영과 행복의 땅으로 가꾸어 가야 할 우리들의 고향이요, 선조들의 뼈가 묻혀 있고, 또 우리의 뼈도 언젠가는 이곳에 묻힐 우리의 향토입니다. 이 땅을 수호할 사람은 바로 우리들입니다. 우리의 생명, 우리의 단란한 가정을 우리 힘으로 지키고, 내 고장 내 직장을 내 힘으로 수호하는 자기방위의 사명감과 책임감이야말로 진정한 향토애이며 이것이 곧 조국애의 구현입니다.

예비군의 이상적인 모습은 논밭이나 직장에서 자기 일에 충실하고 훈련에 힘쓰다가 일단 공비가 나타나면 즉각 출동하여, 그 마을 그 직장에서 공비와 싸우는 전사가 되는 것입니다.

또한 모든 주민도 산에서 들에서 길에서 바다에서 가정에서 일터에서 수상한 자가 나타나면 즉각 신고하여 '눈'이 되고 '귀'가 되는 것입니다. 경찰이나 군은 즉각 출동하여 적을 소탕해 버리는 것입니다. 그와 동시에 간첩이나 공비의 침투를 알리는 경종이나 '사이렌'이 울려퍼지면 모든 주민들이 순식간에 공동전선을 형성하게 될 것입니다.

이렇게 입체적 작전을 전개할 때, 적은 '독 안에 든 쥐'처럼 꼼짝도 못하고 섬멸되고야 말 것입니다. 이러한 전술은 적에게 우리가 거꾸로 '게릴라'를 하는 전법입니다.

우리가 예비군을 조직하는 것은 특수한 형태의 침략에는 특수한 형태의 방위로 대처해야 하기 때문입니다. 예비군의 조직은 우리 역사상 처음인 만큼 초창기에 있어서는 애로와 운영상의 난관이 여러 가지 있을 것입니다.

그러나 여러분이 과거에 호국의 용사로서 단련한 군인정신과 경험과 행동을 되살려 군경의 동지로서 또 주민의 자제로서 군·관·민의 협조에 노력한다면 어떠한 어려운 일도 능히 타개할 수 있으리라 믿습니다."

1968년 4월 1일 창설된 향토예비군은 그해 11월에 삼척, 울진지구에 대량으로 침투한 북괴의 무장 게릴라들을 군·경과 협력하여 모두 사살하거나 체포하는 데 큰 성과를 거둠으로써 지역방위군으로서의 향토예비군의 필요성과 그 당위성은 여실히 명증되었다.

우리의 향토예비군 창설로 우리나라에서도 월남에서와 같은 게릴라전을 감행한 김일성의 망동은 그 초장에 완전히 실패함으로써 그것은 그의 허망한 망상임이 드러났다.

그리고 향토예비군 창설에 대한 우리 야당의 정략적 반대는 무책임하고 위험한 것임이 판명되었다.

호놀룰루에서의 한·미 정상회담

대통령은 4월 17일과 18일 이틀 동안 한·미 정상회담을 갖기 위해 존슨 미대통령의 초청으로 4월 16일 미국의 호놀룰루를 방문했다.

1968년 1월 21일 북괴 무장공비의 청와대 기습기도와 1월 23일 북괴의 미국 해군 정보함(U.S.S.) 푸에블로호 나포사건에 대처하는 미국정부의 대응자세에서 비롯된 한·미 간의 의견대립으로 미국의

호놀룰루에서 박정희-존슨 정상회담 북한 남침에는 한미가 즉각 공동으로 행동할 것을 선언하였다(1968. 4. 18).

한국방위 의지에 대한 한국의 불신이 커지고, 65년 국군 전투사단의 월남파병을 계기로 공고해졌던 한미관계가 소원해졌다. 한편 미국은 국내적으로는 월남전 반전운동이 격화되고 있었고, 국제적으로는 월남에서 공산군의 구정공세로 전세가 어려워지자 월맹 폭격을 중지하고 월맹에 평화협상을 제의함으로써 월남전의 양상이 달리지고 있었다.

지난 2월 중순 1·21사태와 1·23사태에 대한 한·미 갈등을 봉합하기 위해 방한했던 밴스 미대통령 특사는 귀국 후 존슨 대통령과 험프리 부통령에게 한미 관계에 대한 포괄적인 연구가 필요하다는 점과 한국의 안보문제를 논의하기 위해 매년 고위회담을 개최하는 것이 바람직하다는 점을 건의한 바 있었다.

이러한 국내외 정세의 급변에 대응하여 한국의 안보 문제와 월남전 문제에 대해 월남전의 최대참전국인 한·미 두 나라의 정상이 직접 만나 협의할 필요가 있다는 데 한미 양국 정부당국이 의견을 같이하고, 한미 두 정상이 양국의 수도가 아닌 중간지점의 하와이 호놀룰루에서 실무회담 성격의 정상회담을 갖기로 한 것이다.

4월 17일, 대통령과 존슨 대통령은 지난 몇 년 동안 여러 차례 회동하여 돈독히 해 온 우정을 새로이 하고 화기애애한 분위기 속에서 솔직하고 진지하게 한국의 안전보장 문제와 월남전의 평화적 해결 문제에 관해 중점적으로 협의했으며, 회담에서 합의한 내용을 19개 항목으로 구성된 공동성명을 통해 발표했다.

이 공동성명 중에 한국사태에 관한 내용은 다음과 같은 것이었다.

먼저, 두 정상은 북괴의 1·21 청와대 기습기도 사건과 1·23 미 정보함 푸에블로호 납치사건을 포함하여 지난 18개월 동안 북괴의 증가된 침략적 행위의 결과로 초래된 한국의 안전과 동북아시아의 평화에 대한 심각한 위험에 관해 검토하고, 북괴에 의한 더 이상의 침략적 행위는 평화에 대한 가장 중대한 위협을 조성할 것이라는 데 의견을 같이하고, 그러한 경우 한·미 양국은 한미상호방위조약에 의거하여 그 위협에 대처하기 위해 취할 행동을 즉각적으로 결정하기로 합의했다.

또 존슨 대통령은 한국에 대한 무력공격을 격퇴하기 위하여 신속하고 효과적인 원조를 제공하겠다는 미국정부의 용의와 결의를 재확인했다. 두 정상은 또한 한국에 있어 한미양국군의 증강을 위하여 취해지고 있는 특별조치에 관해 검토하고, 한국에서 발생할 모든 비상사태에 한미양국군이 효과적으로 신속하게 대처할 수 있도록 하기 위해 한미양국군 증강 노력을 앞으로도 계속하기로 합의했다.

두 정상은 또한 한국의 안전보장을 강화하는 것은 비단 한국을 위해서뿐만 아니라 이 지역전반의 안전을 위해서도 중요하다는 것

평양 폭격 가능한 팬텀 1개 대대 창설 박 대통령이 F-4D 팬텀기 비행부대 창설식에 참석한 뒤 도입된 팬텀기를 살펴보고 있다(1969. 9. 23).

을 인정했다.

두 정상은 또한 한국군의 현대화와 한국정부가 추진하고 있는 효과적인 대간첩 작전계획을 강화하기 위하여 미국의 군사원조가 기여할 수 있는 사항들에 관해 검토하였으며, 이러한 사항들을 좀 더 검토하고 심의하기 위해 5월에 워싱턴에서 제1차 한미국방장관회담을 개최하기로 합의했다.

두 정상은 또한 북괴의 침투와 파괴 기도를 분쇄하고, 치안을 확보하기 위하여 한국정부가 취하고 있는 여러 가지 조치들에 관하여 토의하였으며, 존슨 대통령은 향토예비군 편성을 포함한 여러 조치들에 대하여 찬동하고, 이를 지원하겠다는 뜻을 천명하였으며, 이러한 박 대통령의 조치들은 현명하고 선견지명이 있는 조치라고 말했다.

존슨 대통령은 북괴의 대남치안교란과 민심소란 기도에도 불구하고, 하등의 정체도 없이 계속되고 있는 한국의 급속한 경제발전에 경의를 표명했다.

두 정상은 끝으로 미국을 비롯한 여러 우방의 계속적인 대한민간 투자가 필요하고 더욱 촉진되어야 한다는 데 뜻을 같이 했다.

한미정상의 합의에 따라 5월 27일 미국방성에서 제1차 한미국방 장관회담이 열렸고, 이 회의에서 한국과 미국에서 해마다 장소를 바꾸어 가면서 회담을 개최하기로 하였다.

이에 따라 제2차 회담은 69년 6월 3일 서울에서 개최되었다. 한미 국방장관회담은 한·미 간의 안보대화통로로 부상했으며, 71년 7월 제4차 회담 때부터는 한미연례안보협의회로 그 이름을 바꾸었다.

이로써 1953년 10월 1일 정식 조인되고, 1954년 11월 17일부터 발효된 한미방위조약의 이행을 위한 협의 및 합의기구가 조약체결 15년 만에 처음으로 설치되었다.

한미방위조약 제2조는 조약을 실행하고 그 목적을 추진할 적절한 조치를 협의와 합의하에 취할 것이라고 규정하고 있으나 지금까지는 그러한 협의기구가 없었던 것이다.

미국이 정상회담 후 1억 달러의 추가 군사원조를 제공함에 따라 우리 군은 팬텀전투기 1개 대대를 신설했고, 보병화기를 M-1에서 M-16자동소총으로 대체했으며, 해군 함정에 미사일을 장착했고, 2개 기갑여단을 신설할 수 있게 되었고 신형전차와 장갑차 등을 미국으로부터 공여(供與)받았다. 이밖에 수도 서울의 방위를 종래의 기동방위에서 고수(固守)방어로 변경하고 방위선을 임진강까지 북상시켰다.

그동안 군사경계선인 일선 지역 일대에는 우리 국군과 미군 제2사단과 제7사단이 주둔하고 있었고, 지휘권은 미군에게 있었다.

그러나 군사경계선에서 북괴군과 충돌사건이 증가하자 미군은 일부 지휘권을 한국군에게 이양하고 비상시에는 중대장의 판단으로 대응조치를 취할 수 있게 하였다.

주한미군도 질·양(質量)면에서 대폭적으로 보강되었다. 푸에블로호 사건 이후 일본주둔 미제5공군의 전방사령부가 서울 남방의 오산기지에 이동하였고 미국본토, 일본, 오키나와 등지에서 F-105, F-106 및 F-4 등의 전투폭격기 약 200대가 우리나라에 배치되었다. 미군은 이 사건 직후 대규모의 공수작전을 실시하여 보강병력과 군수물자를 한국에 긴급 수송하였고 주한병력도 종래의 5만으로부터 6만으로 증강하였다. 서울 주변 등에 미사일 기지가 증설되어 한국 내의 미사일 기지는 34개 소에 달했다.

전쟁보다는 체제경쟁에서의 승리를 추구해야 한다

1968년 10월 1일, 국군의 날 행사는 전국의 각 시·도에서 선발된 향토예비군 부대가 처음으로 참가한 가운데 진행되었다.

대통령은 먼저 북괴는 우리의 자유민주사회를 두려워하는 초조감을 감추지 못하고 있으며, 이미 의식적으로 패배하고 있다고 천명했다.

…(전략)… "매일같이 변동하는 국내외 정세 속에서, 우리와 우리 우방들 주변의 군사적 환경은 우리들의 예리한 긴장과 실력대응 태세를 촉구하고 있습니다. '1·21 사태' 이후, 북한괴뢰집단은 소위 '무력에 의한 70년의 적화통일'을 계속 공언하고, 휴전선 전역에 걸친 도발행위와 무장공비의 침투, 간첩의 밀파를 끈덕지게 계속하고 있습니다.

북괴가 지금 초조하게 신경질적으로 날뛰는 이유가 무엇이겠습니까. 오늘날 저들이 가장 두려워하는 것은 우리의 평화로운 경제건설입니다. 날로 성장해 가는 우리의 경제적 실력, 이것을 방해하고 파괴하려는 것이 그들의 목적입니다.

북괴는 눈부신 우리의 발전을 누구보다도 자세히 알고 있습니다. 국민총생산 2조억 원, 연간 6만 원을 넘어서는 1인당 국민소득 향상을 탐내고 두려워하는 것입니다. 이 생산과 소득의 향상은 3천만 자유국민의 생명이고 또한 재산입니다. 그래서 자기들의 악정과 공산주의의 모순을 은폐하고자 '제2의 6·25'를 도발하여 궁여지책으로 그들의 탈출구를 찾아보려는 음모를 하고 있는 것입니다.

이러한 환상적인 악몽과 발악 행위를 기도하는 것은 그들 스스로가 우리 국력의 증대와 번영, 그리고 발전하는 우월성을 인식하고 또한 인정하고 있기 때문입니다. 자유민주사회를 두려워하는 초조감을 감추지 못하고 있습니다.

그들은 이미 의식적으로 패배하고 있는 것입니다. 지금과 같은 우리 경제발전의 속도와 국방역량의 향상 추세를 가지고 70년 고개를 넘어서면, '적화통일'이란 그들의 야망은 영영 사라지고 말 것이기 때문입니다. 우리의 모든 경제적 역량은 아무도 막을 수 없는 자연 추세로서 이것이 이북으로 넘쳐흘러서 조국통일의 조류가 될 것을 확신하는 것입니다."

대통령은 이어서 우리는 전쟁을 통해서 적의 남침을 분쇄하거나 국토통일을 하기보다는 한 차원 더 높은 승리의 길, 즉 체제경쟁에서의 승리를 추구해야 한다는 점을 강조했다.

"우리는 전쟁을 원치 않습니다. 하물며 동족상잔의 피비린내나는 전쟁은 더욱 원치 않습니다. 그러나 북괴집단의 무력 도전과 침략에 대해서는 언제 어디서든지 단호히 직접적으로 분쇄해야 합니다. 그뿐 아니라, 만일에 '제2의 6·25'와 같은 전면기습공격을 시도해 온다면, 일각의 지체도 없이 즉각 반격을 가하여 그의 의도를 좌절시키는 동시에, 대망하던 국토통일의 기회를 포착하여, 분단국가의 비운을 일거에 청산하고 해결해 버리겠다는 굳은 결의와 대비가 있어야 하겠습니다. 이 숙원 성취는 우리 세대가 이 강토와 후손들을 위해 어깨에 걸머진 지상의 사명입니다.

그러나 우리는 이와 같은 전쟁을 통한 적침분쇄나 실지 회복보다 더욱 차원 높은 승리의 길을 모색해야 하겠습니다.

그것은 일보일보 통일의 기반과 실력을 개척해 나가는 일입니다. 그것은 적으로 하여금 감히 우리의 경제력과 군사력 앞에 도전을 꿈꾸지 못하고 침략 의도를 포기하도록 하는 것입니다. 다시 말하면, 경제적으로, 군사적으로 실력의 절대우위를 확보하여, 민주주의 체제와 철학의 실증 앞에 굴복하고 승복하게 하자는 것입니다.

이것이 평소 내가 '경제개발 5개년계획은 그대로 조국통일 운동이요, 전쟁을 막는 길이요, 북한동포를 구출하여 우리 민족의 평화와 번영과 복지를 약속하는 길'이라고 되풀이하는 나의 소신이요, 또한 철학입니다."

북한도 건설과 수출에 힘써 북한동포가 잘살게 해야 한다

1968년 11월 30일, 수출의 날에 대통령은 북괴의 김일성에게 무력적화통일을 할 수 있는 시기는 이미 지나갔다고 경고하고, 전쟁행위를 중지하고 경제건설과 수출에 힘써 북한동포가 잘살 수 있는 터전을 만들라고 촉구함으로써, 남북한 체제경쟁의 길을 터놓았다.

···(전략)··· "최근 북한에 있는 괴뢰집단들이 우리 대한민국을 무력으로 침략을 해서 소위 그들이 말하는 남한에 대한 적화통일의 꿈을 버리지 않고 매일과 같이 휴전선 일대에서 도발행위를 강행하고 있습니다.

최근에는 동해안 태백산 지구에 소위 무장유격대를 침투시켜서 치안을 교란하고 있는 것입니다.

김일성이 지금 생각하는 것은 무력으로 대한민국을 뒤집어엎고, 소위 그들이 말하는 적화통일을 하자는 기도가 분명한 것으로 우리는 알고 있습니다. 그러나 내가 생각하기에는 김일성이 생각하는 이러한 방법은 대단히 어리석고도 무모하다고 생각합니다. 김일성이 가지고 있는 정도의 무력을 가지고 대한민국을 전복을 하고 그들이 노리는 적화통일을 하기에는 벌써 시기가 지났습니다.

김일성에게 그러한 좋은 기회는 벌써 지나갔다고 나는 생각합니다.

물론 오늘날 우리가 북한괴뢰의 군사력을 너무 과소평가해서도 안 되는 것입니다. 그러나 김일성이 가지고 있는 군사력으로 대한민국을 뒤집어엎고 적화통일하기에는 시기가 늦었다는 것입니다. 왜냐하면 그동안 대한민국의 국력이 김일성이 가지고 있는 힘으로 뒤집어엎기에는 너무나 커져 버렸고, 대한민국의 국방군이 너무나 강대해졌고, 우리 대한민국 국민들의 정신무장이 너무나 단단해졌기 때문입니다. 김일성은 1970년을 결정적인 시기라고 말하고 있으며 최근에 체포된 간첩들의 진술내용을 보더라도 70년을 결정적인 시기라고 말하고 있으며, 여러 가지 전쟁준비를 갖추고 또 전면전쟁을 일으킬 수 있는 여러 가지 구실을 만들고 있다고 합니다. 우리는 김일성이 여러 가지면으로 초조한 나머지 이러한 계획을 추진하고 있다는 것과 그 내용도 잘 알고 있습니다. 그러나 김일성의 이러한 방법을 가지고는 문제가 해결되지도 않을 것이고, 또한 승부도 나지 않는다고 확신합니다.

전면전쟁을 도발해서 그야말로 대한민국을 그들이 생각하는 것처럼 뒤집어엎으려고 하느니보다는 전쟁행위를 중지하고 경제건설을 많이 하고 수출을 많이 해서 북한동포들이 보다 잘살 수 있는 터전을 마련해 나가는 것이 현명한 길이지, 지금과 같이 날뛰면서 무력을 가지고 대한민국을 전복하겠다는 것은 하나의 꿈에 지나지 않는다는 것입니다."

　대통령은 이어서 김일성이 전쟁을 도발하든 경제건설을 하든 승리할 방법은 없다고 단언했다.

　"그러나 김일성이 어떠한 방법을 취하든지 승리할 방법은 없게 되었습니다. 우리가 원하지 않는 전쟁이지만 북한괴뢰가 전면전쟁을 도발해 온다면 이것은 곧 북한괴뢰가 자멸하는 길입니다.

　경제건설을 한다는 것도 공산주의 체제를 가지고 경제건설을 해서 성공한 나라가 이 지구상에는 하나도 없습니다. 공산주의자들이 초기에 일반백성들에게 선전하기는 공산주의를 하면 이 인류사회에 지상천국이 이뤄지는 것처럼 떠들지만, 공산주의를 해서 잘사는 나라가 있습니까? 내가 알기에는 공산주의를 해서 잘사는 나라는 없습니다. 물론 공산주의가 어떤 선진국에 있어서 초기에는 민주주의보다도 조금 더 성적을 올리는 그런 사례는 있기는 하지만, 긴 안목으로 볼 때 공산주의의 경제체제와 자유민주주의 경제체제에서 이루어지는 결과는 명백한 것입니다. 설령 북한에 있어서 김일성이 경제건설에 치중을 한다 해서 성공을 했다 하더라도 북한괴뢰집단에 큰 문제점이 남는 것입니다.

　북한의 경제가 성장하고 수출이 많이 늘고 북한의 동포들의 생활수준이 올라가고 번영을 누리게 되는 경우 그 후에 무슨 문제가 또 생기느냐 하면, 북한동포들 머릿속에 또 하나의 욕구불만이 생길 것입니다. 그것이 무엇이냐 하면, 보다 더 자유스럽게 살겠다하는 욕구입니다. 자유를 누리고자 하는 강렬한 생각이 싹트기 시작할 것입니다. 이것은 공산주의 사회에 있어서 공산주의자들이 가장 두려워하는 문제입니다.

　좋은 예가 최근에 동구라파의 체코슬로바키아입니다. 경제건설을 해서 다행히도 그것이 성공을 했다 하더라도 그 결과는 전국민들의 가슴속에 자유를 갈망하고 자유를 욕구하는 싹이 움트기 시작함으로써 자유의 물결이 일기 시작합니다.

이것 역시 공산주의가 흔들리는, 그들이 가장 두려워하는 결과입니다.

그러니까 김일성이 지금 전면전쟁을 도발해도 그는 망하는 길이요, 경제건설을 해 봐도 되지 않는 길이요, 설령 경제건설을 해서 성공을 해도 역시 공산주의 내부에 큰 위기가 초래된다는 것이며, 결과적으로 김일성이 이기는 길은 없다 하는 것입니다.

그렇다고 해서 북한괴뢰의 날뛰는 것을 너무 등한시한다거나 과소평가해서 좋다는 얘기는 결코 아니며, 우리가 지금 내걸고 있는 '일면 국방, 일면 건설'의 이 구호를 높이 들고 온 국민들이 일치단결해서 현재 우리가 추진하는 이 경제건설과 수출증대, 이 사업을 계속 밀고 나가야 되겠다하는 것입니다. 이것이 궁극적으로 공산주의에 이기는 길이요, 또한 남북통일의 길이라고 나는 확신합니다.”

대통령은 언젠가는 반드시 통일의 시기가 앞당겨질 돌파구가 생기리라고 믿고 있었다. 북한에 있어서도 필연적으로 닥쳐올 자유화의 물결이 바로 그것이다. 대통령은 공산진영에 있어서의 자유화의 물결은 그 어떤 독재자 개인의 아집과 횡포로 막기에는 너무나 큰 역사의 대세가 될 것이라고 내다보고 있었다.

이러한 대세로 말미암아 김일성 독재체제가 동요하게 되는 날에는 그가 개인우상화로 굳혀 놓은 전쟁준비 체제는 필연적으로 변질될 것이며, 그렇게 되면 아무리 호전적이며 광신적인 김일성 집단이라고 하더라도, 미처 실력을 겨루어 보기 전에 이미 결정된 대세로 말미암아 무력적화 통일의 망상을 포기하지 않을 수 없을 것이고,

평화적인 통일의 길을 택하지 않을 수 없게 될 것이다. 남북한의 평화적, 민주적 통일이 본격적으로 논의될 수 있고 단계적으로 실천에 옮겨질 수 있는 때는 바로 이때가 될 것이다. 그리고 이 시기는 우리의 국력이 북한의 국력에 비해서 압도적으로 우위에 있는 그러한 시기와 일치할 것이다. 따라서 평화통일의 관건은 바로 북한의 자유화가 내부적으로 얼마나 앞당겨질 수 있는가에 있다고 할 수 있다. 그렇다고 해서 우리는 그 시기를 안일하게 기다리고 있어서는 안 된다.

우리의 자유를 신장시키고 우리의 번영을 확대시키는 노력을 계속하여, 민주주의가 공산독재보다도 국민을 잘살 수 있게 할 수 있다는 것을 보여 주는 체제경쟁에서 우리가 북한보다 훨씬 앞서 나감으로써 북한동포들로 하여금 자유와 민주주의 체제의 우월성과 유익함을 알게 하고, 자유화의 물결을 일으키도록 유도해 나가야 한다는 것이다.

대통령은 이날 김일성 집단에 대해 경제건설과 수출에 힘써 북한동포들이 잘살 수 있는 터전을 만들라고 충고한 데 이어 1970년 8월 15일 광복절 경축사에서는 우리의 민주주의 체제와 북한의 공산주의 체제 중에 어느 체제가 국민을 잘살게 할 수 있는지를 겨루어 보자고 '선의의 개발경쟁'을 제안한다.

김일성이 무력으로 대한민국을 전복할 수 있는 시기는 이미 지났다

1968년 12월 3일, 제2군사령부의 새청사의 준공식이 거행되었다.

그동안 후방지역 방위임무와 예비군의 동원, 훈련업무, 각종 학교의 교육훈련, 신병훈련 등 중요한 임무는 제2군사령부에서 수행해 왔다. 지금까지 제2군사령부와 그 직할부대들은 대구시내의 여러 곳에 산재해 있었는데, 이것을 한 장소에 통합하기 위해서 대구 교외에 현대식 사령부청사를 새로 건설하였다.

대통령은 이날 김일성이 군사력으로 대한민국을 전복하기에는 벌써 시기가 늦었다는 것을 강조했다.

"우리 2군은 창설 이래 10여 년 동안 전방을 지키고 있는 제1야전군과 더불어 우리 육군의 쌍벽으로서 후방지역의 방위임무와 예비군의 훈련동원 업무 또한 각종 학교의 교육훈련, 신병훈련 등 여러 가지 막중한 임무를 훌륭하게 또한 성공적으로 수행해 왔다고 나는 믿고 있습니다.

특히 작금의 북한괴뢰의 무장공비와 게릴라 부대들이 우리 후방을 교란하기 위해 부단히 침투하고 국내 치안을 교란하려고 책동하고 있는 이런 차제에, 우리 2군의 임무는 더욱더 가중해졌다고 생각하지 않을 수 없습니다.

오늘날 북한 공산집단은 장차 우리 대한민국을 전복하고 소위 그들이 말하는 적화통일을 하기 위해 여러 가지 전쟁준비에 광분하고 있다는 것을 우리는 잘 알고 있습니다.

그동안 매일같이 휴전선에서 휴전협정을 위반하고 불법침입 행동을 감행하는 예라든지, 또는 후방에다가 무장간첩을 침투시켜서 여러 가지 책동을 꾀한다든지, 최근에는 태백산 지구에 무장 게릴라를 침투시켜 그들이 앞으로 남한에 있어서 게릴라작전을 할 수 있는 기지를 마련해 보려고 여러 가지 책동을 하고 있는 것이 엄연한 사실입니다.

김일성은 그동안 모든 전쟁준비를 갖추었다가 70년대 초에 가서 대한민국을 선제공격하겠다고 호언장담하고 있습니다.

북괴가 휴전 이후 지난 10여 년 동안 전쟁준비에 전력을 경주하여 그들의 군사력이 상당한 수준으로 증강되었다는 것을 우리는 잘 알고 있습니다. 그러나 우리가 판단하기에는 김일성이 가지고 있는 군사력으로서 현재 대한민국을 전복하기에는 벌써 시기가 늦었다고 나는 확신을 합니다. 김일성이란 자는 벌써 기회를 놓쳤다고 나는 확신을 합니다. 왜냐하면, 김일성도 그동안 북한 괴뢰군을 강화하기 위해서 안간힘을 썼다지만, 우리 대한민국의 국군도 그동안에 김일성 군대 이상으로 훨씬 더 강대해졌다는 것을 우리는 믿어 마지않기 때문입니다. 또한 대한민국의 국력이 김일성의 장난에 넘어갈 정도가 아니라 놀라울 만큼 성장했기 때문입니다.

우리 대한민국 국민들이 공산주의와 대결해서 죽음을 각오하고 싸우겠다는 결의와 정신적인 무장이 단단히 되어 있다는 것을 우리는 믿는 바입니다.

북한 괴뢰집단들이 아무리 전쟁을 도발해서 우리를 넘어뜨리려고 덤빈다 하더라도 우리 대한민국의 전국민들이 우리의 국토를 일보도 침략자에게 양보하지 않겠다는 굳은 결의와 정신적인 무장이 되어 있는 한 우리 대한민국은 추호도 동요가 없을 것입니다."

북괴는 이제 비정규 전쟁을 시작했다

1968년 11월 5일, 울진·삼척지구에 약 60명의 무장공비가 출현하여 민가를 습격해 양민들을 무참하게 학살하는 만행을 자행했다. 군경합동부대와 예비군은 이들을 추적하여 11월 29일까지 약 4주간에 걸쳐 53명을 사살하고 7명을 생포했다. 우리 측도 33명이 전사하고 민간인도 16명이 사망했으며 부상자도 37명이나 되었다. 무장공비들은 양민을 학살하는 과정에서 두 살짜리 젖먹이를 가진 어머니를 돌로 찍어 죽였는가 하면 무장공비의 설교를 실컷 듣고도 '나는 공산당이 싫어요'라고 말하는 평창 지방의 10세 소년의 입을 찢어 죽이는 등, 천인이 공노할 만행을 자행하여 우리 3천만 국민들 가슴속에 철천지 원한의 못을 박았다. 북괴의 이러한 만행은 전세계에 보도되었으며, 자유세계의 언론들은 이 만행을 신랄하게 비판했다.

한편, 무장 게릴라의 일원인 조응택과 김익풍은 그 잔혹한 행위에 분노하여 자수 귀순해 왔고, 또한 생포된 정동춘, 고등운, 김광춘, 이형수, 김정명 등은 68년 1월 21일에 침투했다가 생포된 북괴 124부대의 김신조와 함께 죄과를 뉘우치고 대한민국의 자유시민으로 다시 태어났다.

테러는 공산주의자들이 대중을 겁박하여 장악하는 잔혹한 수법이다. 월남전이 한창이던 70년 초에 서독의 유명한 종군기자는 공산주의 게릴라 집단들이 그들의 목적을 달성하기 위해서 어떻게 테러를 활용하고 있는지를 설명한 바 있다. 마을 광장에 있는 막대기나 나무에는 마을의 촌장과 그의 부인과 열두 명의 자녀들이 매달려 있는데 남자들은 성기가 잘려 입에 물려 있고 여자들은 유방이 절단되어 있었다는 것이다. 베트콩은 그 마을의 모든 주민들에게 그 처형 현장을 참관하라고 명령하고 어린아기부터 시작해서 장남과 장녀를 절단하고 그 다음에는 부인을 마지막으로 마을 촌장을 처형했다고 한다. 이것은 결코 고립된 하나의 사건이 아니라 60년대부터 베트콩이 자행해 온 일상적인 일이었고, 하나의 전쟁행위였다는 것이다. 이러한 살육을 일삼는 테러로 월맹군과 공산 베트콩은 월남의 농촌 주민을 협박하여 주민들로 하여금 죽음을 면하기 위해 공산당에 협력하게 만들었던 것이다. 북괴는 이러한 수법이 한국에서도 통하리라고 믿고 그러한 만행을 자행한 것이다. 그러나 그것은 북괴의 오산이었다. 한국은 월남과는 달랐다. 북괴 무장 게릴라들의 만행은 우리 국민들을 그들의 살육과 협박에 굴복시키기는커녕 오히려 북괴의 무장 게릴라를 오는 대로 섬멸하겠다는 결사투쟁의 결의를 더욱 굳게 하고 만반의 대비태세를 더욱 강화하게 만드는 결과를 가져왔다.

울진·삼척지구에 침입한 북괴의 무장 게릴라들을 소탕하는 데 있어서 우리의 군·경 작전부대와 향토예비군과 현지 주민들의 반공 투지는 참으로 놀라운 것이었다. 그리고 이 지역의 전국민들이 이들 군·경과 향토예비군에게 보낸 물심양면의 열렬한 성원과 협력은 우리 국민들의 결의와 단결의 힘이 어떤 것인가를 보여 주었다. 한마디로 우리 향토예비군은 북한 괴뢰집단이 무장 게릴라를 침투시켜 봤자 부질없이 젊은 청년들을 이 땅에 보내어 개죽음만 시키는 결과밖에 아무것도 얻는 것이 없다는 것을 김일성 집단에게 보여 주었다.

정부가 향토예비군을 만들 당초에 일부에서는 이것이 본연의 목적 이외의 다른 의도로 이용되지 않을까 걱정도 하고, 여러 가지 부작용이 생기지 않겠느냐 하는 우려를 한 사람도 있었다. 그러나 향토예비군은 창설된 지 1년도 안 되었지만, 일부의 기우와는 달리 착실하게 성장하여 국방의 일익을 훌륭하게 담당했다. 그리고 우리 국민들은 향토예비군이 국토방위를 위해서 얼마만큼 중요한 역할을 하고 있는가 하는 것을 올바로 인식하게 되었다.

울진·삼척 지구에 침투한 무장공비에 대한 군·경과 예비군의 소탕작전은 12월 중순까지 계속되었다.

12월 20일 지난 1월 6일, 원주에서 열렸던 치안회의가 서울에서 소집되었다. 대통령은 이 회의에서 북괴는 이제 비정규전쟁을 시작했다고 선언했다.

"우리는 금년 들어 북한괴뢰의 침략적 망동이 더욱 심해질 것을 예상하고, 그 대비책을 강화하기 위하여, 지난 정초 치안회의를 원주에 소집하고 군·경·관·민의 협조체제와 지역방위 태세를 정비한 바 있습니다.

오늘 이 회의는 북괴 무장공비들의 서울 침공 사건, 삼척·울진 침공 사건 등 지난 1년 간의 대간첩 작전에서 드러난 장단점을 검토 반성하고 새해에도 군·경·관·민의 유기적 협조체제를 강화 발전시켜 보다 효과적이며 명실상부한 지역별 향토방위 태세를 확립하는 데 만전을 기하자는 것이 목적입니다.

여러분도 아시다시피 북한괴뢰는 국제적으로 고립되고, 침략을 위한 군사력 강화에만 광분한 나머지 경제적으로 침체하여 자력에 의한 경제성장은 전혀 기대할 수 없다는 것이 국내외 간에 객관적으로 일치된 관측입니다. 이제 북한괴뢰는 평화적인 경제전쟁에서 패배했음을 자인하고, 적화통일의 기회가 영구히 사라져 가고 있는데 초조한 나머지, 본격적인 침략도발행위를 시작하고 있는 것입니다. 그들에게 남은 길은 자체 분열과 내부 혼란으로 자멸하든지, 아니면 혈로를 뚫어 보려고 무모한 최후 발악 행위를 자행하든지 하는 것뿐입니다.

우리는 적이 지금 최후 발악기에 들어섰다는 그 점을 중시하지 않으면 안 되고, 따라서 무모한 도발행위가 더욱 격화될 것을 예상하지 않을 수 없습니다. 단계의 성숙이나 여건의 조성도 살필 겨를 없이 대뜸 게릴라 거점의 구축을 망상하고 있는 것이나, '고기는 물을 떠나서는 살 수 없다'는 게릴라전의 철칙을 무시하고, 남녀노소 할 것 없이 양민을 무차별 학살하는 등은 적이 이제 최후 발악기에 들어섰음을 입증하는 것이며, 이제 적은 비정규전쟁을 시작했다고 보지 않으면 안 되는 것입니다. 공산당과 대결해서 승리를 거두려면, 무엇보다도 언제 어디서 나타날지 모르는 적의 기습적 만행에 대하여 항상 만반의 대비책을 강구해야 하는 것입니다.

적은 우리가 안심하고 있는 동안 피땀 흘려 건설한 중요 국가시설이나 산업시설을 산발적으로 기습 파괴하고, 민심을 소란시켜 관민을 이간하고 사회적 혼란을 야기해서 마침내 직접침략을 감행하는 것이 그 수법이므로, 우리는 이미 새로운 형태의 비정규전쟁에 돌입했다는 각오로 준전시적 방위태세를 확립해야 하겠다는 것입니다."

대통령은 이어서 우리의 허점을 노리는 적의 도발을 막으려면 먼저 우리 방위태세의 취약점을 항상 검토하고 신속, 효과적인 대비책을 강구해야 한다는 점을 강조하고, 공비의 침공, 만행을 막는 데 특히 유의해야 할 몇 가지 상황에 관해 지시했다.

"이 자리에 모인 국방·치안 책임자 여러분!

나는 여러분이 북괴의 침략 야욕과 공비의 침공 만행을 막기 위해 다음 몇 가지 점에 특히 유의할 것을 당부합니다.

첫째, 지역별 방위태세 확립을 위해 군·경·관·민의 협조체제를 더욱 강화해야 하겠다는 것입니다. 중앙은 물론이요, 각 시·도의 대간첩대책협의회는 사태가 있거나 없거나, 상부의 지시나 독려만 기다리지 말고, 항상 자기 지역 방위태세와 각 기관 간의 유기적 협조체제에 허점은 없는가를 면밀히 검토하고, 각 지역이 능동적으로 자체방위 임무를 다하도록 해야 하겠습니다. 특히 이번 삼척·울진 지구에 침투한 공비들의 천인공로할 만행을 국민들에게 널리 알려서, 공산분자들에 대한 적개심을 더욱 높이도록 해야 하겠습니다.

둘째, 투철한 책임감과 명확한 책임 소관입니다. 군·경·관·민의 협조에 있어서 자기의 책임소관으로서 해야 할 일이 무엇인가를 명확히 인식하고, 그 책임의 완수를 위하여 투철한 의무감을 갖지 않으면 협조는 원활할 수 없는 것입니다. 특히 적의 침공이 정규적인 것이 아니기 때문에, 자칫하면 책임소관이 불분명해질 수 있는 것인즉, 여러분은 그 예하부대나 기관으로 하여금 언제나 책임분야를 명확히 인식하고 맡은 바 사명을 완수해 달라는 것입니다.

셋째, 향토예비군의 훈련과 장비·지원·원호 등에 만전을 기하고, 그 전력 강화에 노력하는 한편, 농촌 도시를 막론한 '반 게릴라 태세'를 강화해야 하겠다는 것입니다. 향토예비군은 삼척·울진지역의 공비소탕에 있어서, 실로 청사에 길이 빛날 전공을 세웠다고 확신합니다. 변변한 무장도 없이, 오직 내 고장은 내 힘으로 지킨다는 일념으로 세운 이들의 교훈은 앞으로 예상되는 대공비작전에 실로 획기적인 계기를 마련한 것임에 틀림없습니다.

여러분은 이번의 실제 경험을 토대로 예비군의 운용과 지원에 더욱 큰 발전을 기하여 군·경이 앞장서고 예비군과 일체가 되어 공비가 하나도 이 땅에 발붙이지 못하도록 해야 할 것입니다.

또한 해안이나 산악 등 취약지역의 예비군에 대해서는 그 장비와 생활원호에 중점적으로 대책을 강구하고, 도시에 있어서도 농·어촌과 마찬가지로 평소에 예비군 훈련과 '반 게릴라 태세'를 강화하여, 동시에 몇 군데 공비침공이 있더라도 하나도 남김없이 분쇄할 수 있도록 대비를 게을리 말아야 하겠습니다. 군경의 전투요원이나 후방요원은 물론이요, 모든 공공기관의 남녀 직원은 언제나 즉각 '반 게릴라의 전투원'이 될 수 있도록 평소의 훈련을 강화하고, 기타 모든 국민도 예비군과 일체가 되어 '반 게릴라'의 투사가 될 수 있도록, 공비 출현 시의 가장 신속한 신고, 연결 방법 등에 관한 계몽과 교양을 게을리 하지 말아야겠다는 것입니다."

넷째, 어민 방위대책을 강화하고, 어로저지선을 넘는 일이 없도록 철저히 단속해야 하겠습니다. 어민의 자기방위 조직에 허점은 없는가를 재검토하고, 어선납치 형태로 나타나는 북괴도발 행위의 본질을 예의 점검하여 적의 간첩행위를 철저히 봉쇄하고, 해상방위에 만전을 기하라는 것입니다.

마지막으로 강조하고 싶은 것은, 일선 말단에서의 실행을 더욱 중시해야겠다는 것입니다. 아무리 훌륭한 방책이라도 그것이 실행에 옮겨지지 않는다면 아무런 소용이 없는 것이며, 그 실행은 결국 말단 조직에 의해서 이루어지는 것입니다. 따라서 모든 결정사항은 신속히 그리고 철저히 말단에까지 침투시키고, 또한 확실히 실행되도록 하지 않으면 안 될 것이며, 이를 위해서는 상급기관의 부단한 확인, 감독과 지도가 긴요한 것입니다.

대통령은 끝으로 공비의 침공에는 일선도 없고 후방도 없으며 연말도 없고 연초도 없이 우리의 허점과 방심을 노리고 기습 침공하는 것이 공산당의 전법임을 명심하고 물샐틈없는 경계와 방위망을 구축해야 한다는 것을 거듭 강조했다.

"친애하는 국방, 치안 책임자 여러분!

공비의 침공에는 일선도 없고, 후방도 없고, 따라서 이곳은 공비가 안 들어올 것이라는 개념은 성립하지 않을 뿐 아니라, 또한 연말도 없고, 연초도 없고, 오직 허점과 방심을 노린 기습침공만이 공산당의 전법임을 한시도 잊어서는 안 되겠습니다.

따라서 이제부터 다가오는 연말·연초에는 각별한 경계를 요하는 것이며, 또 적의 작년의 수법으로 보아 엄동설한을 더욱 이용할 가능성도 없지 않으므로 새해의 지역방위 계획은 오늘부터 실시된다는 각오 아래, 여러분 관하 하나의 공비도 발붙이지 못하도록, 물샐틈없는 경계, 방위망의 구축을 당부합니다.

1969년 새해는 우리에게 실로 중대한 해입니다. 한국이 비약발전의 계기를 얻은 1960년대를 마감하는 해이며, 제2차 경제개발계획의 제3차년도의 해로서, 생산 총량면에서나, 각 부문별 추진에 있어서나, 제2차 5개년계획을 실질적으로 거의 달성할 수 있으리라고 내다보는 희망과 약진의 해입니다.

이 1년이 참으로 희망과 약진의 해가 되느냐 안 되느냐는 것은 오직 국가의 안전보장과 치안의 확보라는 대전제가 관건이 되는 것입니다.

더구나 적은 이제 최후 발악 단계에 들어가서 비정규전쟁을 걸고 나왔음을 생각할 때, 국방 치안의 책임자 여러분의 책임과 임무는 실로 형언할 수 없이 막중하다는 것을 명심하지 않으면 안 되겠습니다. 여러분의 건투가 즉 민족중흥의 근간이 되는 것임을 잊지 마시고, 투철한 민족적 사명감 아래 책임을 완수하여 자주국방을 공고히 하여 새해가 북괴 야욕 좌절의 해가 되기를 바라 마지않는 바입니다."

제2장 미국이 아시아에서 손을 털고 발을 빼고 나갔다

북괴의 미해군 정찰기 EC121 격추 사건

1969년 4월 15일, 북괴의 전투기가 동해 상공에서 미국의 해군정찰기 EC121을 격추시키는 사건이 발생했다.

1969년 4월 15일 새벽 2시 17분(미국시간) 평양방송은 미국 정찰기 한 대가 북한의 영공을 침입했을 때 북한은 이를 격추시켰다고 발표했다.

그것은 새로 들어선 닉슨 행정부가 '포커스 레티나 작전 연습'을 실시한 데 대해서 의도적으로 계획된 도발이었고, 북괴는 이러한 도발행위로 닉슨 행정부의 반응을 시험해 보려고 한 것이라고 관측되고 있었다.

이 정찰기는 일본의 아츠기(Atsugi) 공군기지로부터 북한 해안에 있는 무수(Musu) 반도 근처지점까지 비행하여 북한 연안을 따라 120마일 가량의 타원형 궤도를 몇 차례 비행하고 한국의 오산비행장에 착륙하도록 지시받고 있었다. 이 정찰비행은 북한군의 이동과 배치에 관한 정보를 제공하는 데 매우 중요한 것이었다. 특히 이 정찰 비행은 한국에 대한 기습공격을 경고하는 데 결정적인 것이었다.

이러한 종류의 정찰비행에 대한 지침은 정찰기가 북한 해안으로부터 40해리(海里) 이내에 접근하지 못하도록 하고 있고 항상 공해상의 상공을 비행하도록 규정하고 있다.

그 정찰기는 북한 연안으로부터 90해리 근처에서 북한의 미그 전투기의 공격을 받고 격추되었다. 생존자는 발견되지 않았다.

이것은 닉슨 행정부가 직면한 최초의 중대한 위기였다.

닉슨 대통령은 4월 17일 두 가지 결정을 했다. 그는 호위전투기가 엄호하는 정찰비행을 재개시켰고, 보복공격을 위해 두 척의 항공모함을 동해에 급파시켰다.

그러나 미국은 미국의 보복에 대한 북한의 대비를 지나치게 과대평가한 때문인지 보복을 하지 않았다. 따라서 항공모함을 이동시킨 것은 겉으로는 강경한 것처럼 보였지만 실제로는 하나의 위협이었을 뿐, 공허한 허세로 해석되기 십상이었다. 미국은 북한의 도발을 피하기 위해서 항공모함을 슬그머니 뒤로 빼돌렸고, 항공모함은 4월 26일까지 동해를 평화롭게 항해를 계속하였으나 북괴의 행동을 응징한다는 의미에서는 아무런 결과도 얻지 못했다.

그리하여, 북한에 대한 미국의 미온적인 대응은 우리나라뿐만 아니라 아시아의 우방국가들이 미국의 새 행정부의 단호성을 저울질해 볼 수 있는 시금석이 되었다.

2차 대전 후 미국과 소련이 세계를 자유진영과 공산진영으로 양분하여 격돌하고 있던 이른바 냉전시대에 있어서 미국은 어떤 지역이나 국가에 대해 군사적 행동을 취하려고 할 때 이에 대한 소련의 대응책을 검토했다.

닉슨이 동해에 미항공모함을 보내고 무력을 '시위'만 했을 뿐 '행사'하지 않은 것은 그가 취임 초에 미·소 대결을 가져올지도 모를 소련의 대응을 유발하는 것은 바람직하지 않다고 생각했기 때문인 것으로 인식되고 있었다.

이렇게 시간이 흘러가는 사이에 사태는 돌이킬 수 없는 상태로 악화되거나 또는 유야무야되고 말았다. 이것이 미국의 군사적 보호를 받는 우리나라와 같은 약소국이 안고 있는 위험이며, 불안의 요소였다.

1969년 4월 15일 동해 상공에서 북괴의 미그 전투기가 미 해군 정찰기 EC-121을 격추시킨 후 10일 지난 4월 25일 닉슨 대통령은 미국의 아시아문제 전문학자 5명을 백악관으로 초청하여 한국의 안보정세를 검토했다. 그 후 한국기자들은 이들 학자 중에 세 명과 간담회를 갖고 이들이 닉슨 대통령에게 제시한 의견을 청취했다. 이들 세 명의 교수는 하버드 대학교수 겸 동아시아문제연구소장인 헨리 로소브스키(Henry Rosovsky)와 컬럼비아 대학교수 겸 중공문제연구소장인 도크 바네트(Doak Barnett) 그리고 매사추세츠 공과대학 교수인 루시안 파이(Lucian Pye)였다.

먼저 북괴가 도발한 동기와 목적에 관해서 두 교수는 이른바 '좌절론'을 전개했다.

'루시안 파이'는 한국의 경제발전과 월남파병 등 국제적 역할 증대 등에 초조한 좌절감에 빠진 북괴는 계속적인 도발로 미국 여론이나 대한 방위공약을 약화시킬 수 있다고 계산하고 있는 것 같다는 것이다.

'지금 김일성은 좌절감에 빠져 있다. 그의 좌절감은 주로 남한의 경제적 성공에서 오는 듯한데 1950년 그가 남한 정복에 실패했을 때에도 남한의 지주(支柱)라고 보았던 미군은 언젠가 떠날 것이라고 보았지, 남한 자체가 이렇게 경제적으로 발전, 강화되리라고는 짐작치 않았을 것이다. 월남파병 등 한국은 지금 국제적으로 훨씬 더 많은 역할을 하고 있고, 동남아 등지에서 더 영향력을 가지고 있다. 거기다가 월맹은 오히려 소·중공의 분열을 잘 이용해서 이들 공산강대국에 영향력을 미치고 있는데, 북괴는 그렇지 못하고 있다는 면도 없지 않다. 이래서 북괴는 일종의 초조한 좌절감에 사로잡힌 정권이라고 보고 있다. 이런 상태는 아주 위험하고 비이성적인 사태를 낳게 마련인데, 이것이 오늘날 한국정세의 어려운 점이라고 본다. 지금 미국 내 일반여론은 특히 월남전에 지쳐서 상당히 반전 무드로 지배되어 있는데, 만약 이렇게 북괴가 계속 말썽을 피우면 혹시 미국 여론이나 미국의 대한(對韓)공약을 약화시킬 수 있게 된다고 계산하고 있을지 모른다.'

'도크 바네트'는 북괴가 초조감과 절박감 때문에 한국에 불안을 조성하여 발전을 방해하고 중·소의 지원을 기대하고 또 북한주민을 움직이려고 한 것 같다는 것이다.

'북괴가 소련의 강력한 지지를 받은 것도 아니고 중공과는 밀접한 관계조차 유지하고 있지 않다. 거기다 한국은 근년 매우 유리한 각도로 발전되어 왔다. 나의 추측으로는 북괴가 자기네의 공산통일 목표에 모든 정세가 불리하게 돌아가고 있다고 여긴 나머지 초조감이라 할까 절박감 같은 것을 가진 것만은 사실인 듯하다. 어쩌면 이렇게 도발행동을 함으로써 한국을 전복시키거나 불안의식을 주거나 한국 내의 평화적 발전을 방해할 수 있기를 기대하고 있을지 모른다. 또는 한반도에서 국제적인 사건을 일으켜 소련이나 중공이 좀더 강력하고 밀접한 지원을 해 주기를 기대하고 있을지도 모른다. 또한, 자기네 주민감정을 움직이기 위해서도 이런 사건이 필요하다고 여겼을 법도 하다.'

'헨리 로소브스키'는 북괴의 무장 게릴라 남파는 한국에 혼란을 조성하려는 것이고, 미국을 공격목표로 삼는 것은 미국이 보복을 자제하리라고 믿기 때문이라고 말했다.

'지금 한반도에는 전쟁도 없지만 평화도 없는 일종의 반 전쟁, 반 평화의 상태가 계속되어 있다. 어떤 사람은 이것을 전술적 전쟁 상태라고 불렀다. 이와 같은 한반도 정세는 매우 염려스럽고 또 잠재적으로 매우 위험하다.

특히 북괴는 교만하고 도발적인 면에서 더 위험하다고 본다. 그러나 반면 남쪽의 정치 경제 발전은 대단히 인상적이다. 장래에 관한 한 한국은 매우 강화되고 자신을 갖게 되었다고 볼 수 있다. 푸에블로호 사건이나 정보기 사건은 작년 박 대통령 암살을 위해 30명, 40명씩 무장공비를 보내는 것보다는 오히려 덜 위험한 일이라고 본다. 남쪽에 게릴라 부대나 사보타지 공작대 혹은 한국지도자 암살부대를 보낸다는 것은 훨씬 더 악성적이고 위험한 일이며, 그들의 동기는 일종의 혼란상태를 조성하자는 것이다.

아마 북괴 편에서 보자면 한국에 대한 직접공격보다 미국을 표적으로 삼는 것은 어느 의미에서 약삭빠른 것인지도 모른다. 닉슨 대통령의 말대로 강대국은 그 행동이 세계적으로 영향을 파급한다는 점에서 매우 신중성을 가지고 행동하지 않으면 안 될 처지에 있다. 한국에 대한 직접행동은 곧 남·북 간의 대결상을 빚어 그 보복 행동이 쉽게 올 수 있을 것이다.

이어서 북괴의 도발에 대한 우리나라의 대응책에 관해서는 두 교수가 같은 견해를 피력했다. 자제하면서 경제발전을 지속시켜 나가라는 것이다.

먼저 '헨리 로소브스키'는 한국의 진정한 힘은 근대화와 경제성장으로 국민생활을 향상시키는 데 있으며, 북한의 도발에 대한 견제 및 응징책으로는 북한보다 열세에 있는 공군력과 해군력을 증강하는 일이고, 한국군 현대화에 대한 장기적 지표를 가지고 있어야 한다고 말했다.

'나는 한국이 북한의 도발을 다루는 데 있어서 자제를 하기 바라는데, 이것은 미국이 한국에 대한 책임을 지니고 있는 동안 결코 한국은 고립되어 있지 않기 때문에 더욱 그렇다. 근년 한국은 북괴에 대처하는 데 있어서나 일본에 대한 관계에 있어서 대외적으로 매우 자제하며 성숙한 입장에 있다고 본다. 어쨌든 한국의 일방적인 행동은 한국의 입장을 약화시킬망정 강화시켜 주지는 않으리라는 점만은 말할 수 있다. 한국은 일본에 결정적으로 중요하며 미국에도 매우 중요하다. 이런 뜻에서 대(對)미·일 관계는 한국이 굳건히 설수 있는 두 발판이 되고 있다고 볼 수도 있고 한국에 좋은 일이라고 보고 있다.

북괴 도발에 대한 견제 응징책은 한국군 자체의 증강, 그중에서도 특히 북괴에 비해 열세에 있다고 분석되고 있는 공군력과 해군력을 급속히 증강시키는 일이다. 이에 따라 한국은 한국군 현대화 및 강화를 위한 특별군사원조를 요청할 것으로 보이는데, 이에 대해 워싱턴 당국이 어떻게 반응할 것인지는 잘 모르지만 한 가지 말하고 싶은 것은 국방비라는 것은 언제나 딴 경비와 상관관계에 있다는 것이다. 한국공군을 증강시켜서는 안 된다는 그런 뜻이 아니라, 한국으로서는 문제의 장기적 지표를 가져야 한다고 강조하고 싶다. 한국의 진정한 힘은 그 근대화와 경제성장면에 있어서 국민한테 무엇을 해줄 수 있느냐에 있다 하겠다. 만약 중요군사비가 경제성장률의 둔화나 급속한 인플레 현상을 통해 경제성장률을 깎아 먹고 들어가는 일이 생긴다면 매우 유감이 아닐 수 없다.'

한편, 도크 바네트는 이 지역의 긴장고조는 한국이나 미국의 이익에 도움이 안 되고, 북괴가 노리고 있는 것이므로 북괴의 도발에 대해서는 확고한 조치를 취해야 하지만 긴장상태를 확대시킬 수 있는 공격적인 중대행동은 자재해야 한다고 말하고, 한국은 높은 정치적 자유를 유지할 수 있고, 북괴의 도발에는 능히 대처할 수 있다는 자신감을 가지고 경제 발전을 지속시켜 나가야 한다는 점을 강조했다.

'북괴 도발 행위의 손익은 한국이 어떻게 반응하느냐에 달려 있다고 본다. 만약 한국이 과잉반응을 보여 가지고 자신의 평화적 발전을 손상시키는 일이 있다면 북괴는 그만큼 덕을 본 게 있다고 여기게 될 것이다. 혹은 한국이 냉정을 잃지 않는 가운데 확고하지만 동시에 지나치지 않는 방법으로 경제적으로나 정치적으로 반응한다면 북괴는 대단한 것을 얻는다고 보지 않는다. 과잉반응의 필요성은 없다고 본다. 만일 한국 내에서 정치적으로 어떤 공포의식이 필요 이상으로 빚어진다면 경제발전에도 상당한 영향이 있을 테고 심각할 수도 있을 것이다. 장차 북괴의 도전이 또 있을 때 한국은 북괴에 확고하게 반응하되 본질적으로는 방위적으로 반응해야 하며 사태를 잘 조정해야 한다고 본다. 북괴의 도발에 대해서는 필요로 하는 확고한 조치를 취해야 하지만 이 지역에서 긴장상태를 확대시킬 수 있는 공격적 중대행동은 삼가야 한다고 본다. 이 지역에서 긴장이 높아지는 것은 한국이나 미국의 이익에 도움이 되지 않으며 어쩌면 이 점이야말로 바로 북괴가 노리는 점인지도 알 수 없다. 한국으로서는 늘 자신을 가지고 나가도록 해야 하며, 높은 정치적 자유를 유지할 수 있고 이런 정도의 도발행동엔 능히 대처할 수 있다는 것을 보여야 한다. 그리하여 한국으로서도 대단히 중요한 경제발전을 계속 유지해 나가야 하며, 또 그렇게 해 나갈 수 있으리라고 믿는다.'

우리의 자제에는 한계가 있다

1969년 4월 25일, 대통령은 청와대 출입기자단과 가진 회견에서 북괴의 도발에 대한 우리의 자제와 인내에는 한계가 있다는 것을 명백히 해야 한다는 점을 강조했다.

…(중략)… "우리는 북한괴뢰로부터 이러한 여러 가지 불법적인 도발을 수없이 많이 받아 왔지만, 그럴 때마다 우리는 항시 자제하고 자중하며 참아왔던 것도 사실입니다. 그러나 지금 내가 생각할 때에는 북괴에 대한 우리의 자제와 인내에도 이제 거의 한계선에

도달했지 않았는가 생각합니다.

우리의 인내와 자제와 때로는 또 신중한 태도가 어떤 한계선을 넘었을 때에는, 자칫 잘못하면 김일성으로 하여금 엉뚱한 오산을 하게 하거나 또는 오판을 해서 보다 더 위험한 어떤 불장난을 저지르지 않겠느냐, 또 그러한 결과를 가져오지 않겠느냐 하는 것이 우리의 가장 염려하는 바입니다.

지금까지 우리가 북괴의 만행에 대해서 자중을 하고 자제를 해왔다는 것은, 결코 우리가 북괴를 두려워서 참아온 것이 아니라 자칫 잘못하면 그들의 계략에 말려 넘어갈 염려도 없지 않았기 때문에, 우리는 항상 신중을 기해 왔고 자제를 해왔던 것입니다. 그들의 속셈을 우리가 뻔히 알고 있기 때문에, 예를 들면 이번 동해 상공에서 일어난 비행기 사고만 하더라도 지금 현재 거의 전쟁 광신병자처럼 되어 있는 김일성과 그 일당은 이런 사건들을 계획적으로 자꾸 저질러서 여기에 대해서 한국군이나 유엔군이 보복을 가하면 마치 전쟁을 우리가 먼저 도발한 것처럼 해서 전쟁 도발에 대한 책임을 거꾸로 우리한테다가 뒤집어씌우겠다, 모든 책임을 우리한테 전가하겠다는 것입니다. 그렇게 해서 자기들과 동맹국가인 중공과 소련을 끌어들여서 6·25와 같은 전쟁을 다시 유발하겠다는 것이 그들의 속셈이라는 것을 우리는 잘 알고 있기 때문에, 그러한 불법적인 만행에 대해서 우리는 항시 자제를 하고 신중을 기하고 참아 왔던 것입니다.

이것은 대단히 어려운 문제이기도 합니다. 적의 계략에 넘어가지 않기 위해서는 어느 정도의 자제가 필요합니다. 또 이 자제를 하다가 보면 한도를 넘어서, 오히려 적으로 하여금 더 큰 사고를 저지르게 하는 결과를 가져옵니다. 이런 문제가 있기 때문에 이 문제는 대단히 어려운 문제이긴 하지만, 내가 생각하기에는 이 인내와 자제에는 반드시 한계가 명백해야 되며, 그 선을 넘었을 때에는 우리가 지금까지 자제하고 인내한 것이 아무 소용없는 짓이 되고 오히려 더 큰 불행을 가져 오는 결과가 됩니다. 나는 이렇게 주장하고 싶습니다."

국가 안보에 있어서는 작은 문제도 등한시하면 큰 문제로 확대된다. 하나의 침략적 도발을 묵인하면 또 다른 도발을 자초하게 된다. 첫 번째 도발에 대한 시기적절한 대응은 후일에 보다 큰 대응의 필요성을 방지할 수 있다. 이것은 적의 침략적 도발을 억지할 수 있는 첫째 조건이다.

만일 우리가 북한 공산주의자들의 군사력 증강에 대응하여 우리의 군사력을 증강하지 않거나, 그들의 무력도발에 대해 무력으로 대결하지 않는다면 그들은 우리가 왜 그렇게 하지 않는가 하는 데 대해 깊이 생각할 것이다. 결국 그들은 우리가 국내의 정치적 불안, 경제적 침체, 그리고 사회적 혼란 등 때문에 군사력을 증강하지 못하고 있고 또 우리가 전쟁을 두려워하여 투쟁의 결의와 의지가 없다는 결론을 내릴 것이다. 그렇게 되면, 그들은 그들의 침략적 도발이 승산이 있을 것이라는 오판을 하게 될 가능성이 있다. 공산주의자들이 가장 존중하는 것은 군사력이며, 그들은 군사력을 가장 잘 이해하고 있다. 이것은 그들이 전쟁을 열망하거나 분별없이 군사력을 사용하려 한다는 것을 의미하는 것은 아니다. 그러나 그들은 자제를 이해하지 못한다. 상대방의 자제는 그들을 혼동시키며, 종국에 가서는 그들로 하여금 그들이 공격하면 승산이 있다는 오판에 도달하게 만든다. 대통령은 이 점이 매우 염려된다고 생각했고, 그러한 오판에 의한 침공을 막기 위해서는 우리의 인내와 자제에도 한계가 있다는 것을 적에게 분명하게 인식시켜줘야 한다고 판단하고 있었고 이 점을 여기서 강조한 것이다.

향토예비군은 남북통일 후에도 존속돼야 한다

1969년 7월 23일, 예비군 및 치안관계관 중앙회의에서 대통령은 향토예비군은 남북통일 이후에도 우리의 국방을 위해서 존속돼야 한다는 점을 강조했다.

"향토예비군은 우리가 비단 오늘날 북괴의 도전에 직면해 있기 때문에 지금 당장 이것이 필요하다, 이러한 생각을 가질 것이 아니라, 나는 이 향토예비군을 처음에 구상할 때, 우리는 앞으로 남북통일이 된 연후에 있어서도 우리의 국방을 위해서 향토예비군이라는 것은 길이 존속해야 되겠다는 것을 절실히 느끼고 있었습니다.

왜냐하면 과거의 우리 역사를 들추어 볼 때에, 지난 임진왜란이라든지, 그 뒤에 있었던 병자호란이라든지, 또 고려시대에 우리가 겪었던 원구(元寇)의 침략이라든지, 또는 왜구의 침입이라든지, 대륙으로부터 우리가 받은 이런 수백 번에 걸치는 외적의 침입에 있어서 당시에 정부가 가지고 있는 정식군대·관군 이런 것만 가지고 우리가 이것을 막을 수 없었습니다. 당나라와 수나라 시대에 을지문덕 장군이 수나라의 대군을 격퇴했던 그 역사를 들추어 볼 때, 그 당시에 물론 요즈음 말하는 현역 군대도 강한 군대였지만 고구려 시대에 우리나라의 조직이 오늘날 향토예비군과 비슷한 이러한 조직이 되어 있었다는 겁니다. 일단 외적의 침략을 받았을 때는 전국민이 봉기를 해서 군·관·민이 합심해 가지고 외적을 막았습니다. 이것은 앞으로 우리가 통일된 연후에 있어서도 우리의 여러 가지 지정학적인 조건이라든지, 여러 가지 우리를 둘러싸고 있는 외적인 정세라는 것이 우리가 가지고 있는 현역군만 가지고는 우리의 국방을 튼튼히 할 수 있기는 어렵습니다. 그렇기 때문에 앞으로 이 향토예비군이라는 것은 우리 국민들로 하여금 하나의 일상생활화해야 되겠습니다. 오늘날 마치 구라파의 스위스라는 나라가 지난 200년 동안 이러한 조직을 가지고 그 적은 땅덩어리가 강대국 사이의 틈바귀에 끼어 있었지만, 한 번도 외적의 침략을 받지 않고 오늘날 국가의 독립을 유지하고 번영을 가져온 것입니다. 전국민이 국토방위에 직접 참여한다는 이러한 국민들의 정신과 의지와 훈련이 그 국가의 독립을 유지하고 민족의 번영을 가져온 결과라고 생각합니다. 그런 점으로 볼 때 우리의 여러 가지 여건도 형편도 이와 비슷합니다."

북괴가 전쟁을 도발하면 결판지어 통일의 계기를 마련해야 한다

1969년 10월 1일, 제21회 국군의 날 행사에서 대통령은 북괴는 70년대 초엽에 무력적화통일을 하겠다는 야망을 가지고 모든 준비를 완료하였으며, 그 시기를 노리고 있다는 사실을 밝히고 북괴가 6·25 같은 전면전을 도발한다면 결판을 지어 통일의 계기를 마련해야 한다고 언명했다.

…(중략)… "오늘 뜻깊은 이날에 즈음하여, 우리는 조국이 처하고 있는 오늘의 현실을 똑바로 보고, 우리가 앞으로 겪어야 할 시련과 도전에 여하히 대처해 나가야 하겠다는 민족적인 결의와 분발이 있어야 할 줄 압니다. 우리가 수행코자 하는 여러 가지 과업은 그 전도가 결코 순탄치 않을 것이며, 어려운 시련과 고난이 가로놓여 있다는 것을 명심해 주기 바랍니다.

북한 괴뢰집단은 70년대 초엽에 무력으로써 남한을 적화통일하겠다는 야망을 가지고, 지난 10여 년 동안 전쟁준비에만 광분해 온 사실을 우리는 잘 알고 있습니다. 그들이 지금 무엇을 꿈꾸고 있으며, 그들이 이제까지 무엇을 해왔고, 그들이 지금 무엇을 하고 있다는 것을 우리는 너무나 잘 알고 있습니다. 그들은 모든 준비를 완료하고 다만 그 시기만을 노리고 있는 것입니다. 1·21사건, 푸에블로호 사건, 동해안 지구 게릴라침투 사건, 미 정찰기 격추 사건, 동서 해안으로 무장간첩 침투 사건, 그 밖에 수없이 많은 도전사건은, 그들이 말하는 소위 70년대 초반의 무력남침 계획과 직접적으로 관련이 있는 행동들이며, 여건 조성을 위한 준비공작들입니다. 물론 우리도 북괴의 흉계를 알고 있기 때문에, 그들이 언제 어디서 여하한 도전을 해오더라도, 정규전이든 비정규전이든 기타 여하한 형태의 침략행위에 대해서도 즉각 반격하고 분쇄할 수 있는 만반의 태세를 갖추고 있습니다. 그러나 우리는 북괴와의 전쟁을 원치 않습니다.

아무리 국토통일이 민족의 숙원이요, 국가의 지상목표라 하더라도, 동족상잔의 피비린내나는 전쟁 수단만은 피해야 하겠다는 것이 우리의 진심입니다. 우리가 지금까지 인내의 한계를 넘으면서까지 자제를 해온 이유도 바로 여기에 있는 것입니다. 그러나 우리가 원하든 원하지 않든 만약에 북괴가 또다시 6·25와 같은 전면전쟁을 도발해 왔을 때 우리는 어떻게 할 것인가, 여기에 대한 우리의 결심은 명백합니다. 우리는 모든 것을 송두리째 희생하는 한이 있더라도 일보의 양보도 있을 수 없습니다. 이때는 군과 민, 전방과 후방의 구별이 있을 수 없습니다. 전국민이 한 덩어리가 되어 이번만은 최후의 결판을 짓겠다는 각오로써 최후까지 싸워 통일의 계기를 마련해야 합니다. 우리 세대에 있어서 70년대는 자립과 번영을 위한 건설의 시기인 동시에, 생존과 통일을 위한 투쟁의 시기란 것을, 국군장병 여러분과 국민 여러분은 마음속 깊이 명심해야 하겠습니다. 이것은 우리 세대에 부하된 벅찬 시련이며 고난이기도 하지만, 또 한편으로 생각할 때는 내일의 영광된 조국을 건설하기 위해서 우리에게 주어진 역사적 사명이라는 긍지와 보람을 느낄 줄 알아야 하겠습니다. 우리에게는 60만 국군이 있으며, 향토를 지키는 250만 향토예비군이 있습니다. 세계 어느 나라 국민보다도 투철한 반공정신으로 뭉친 3천만 국민이 있다는 것을 자랑스럽게 생각합니다. 그러나 이것으로서 현상에 만족하거나 방심은 절대 금물입니다. 국군장병 여러분들은 국군의 정예화를 위해서 더욱 분발해야 할 것이며, 250만 향토예비군 여러분은 내 고장·내 마을·내 직장을 지키기 위해서 더욱 분발해야 할 것이며, 국민 여러분들은 지금 우리가 추진하는 조국근대화 작업을 위해서 경제개발과 국토건설에 혼연 일체가 되어서 더욱 분발해야 하겠습니다.

일면 국방·일면 건설, 자주국방과 자립경제 달성, 이것이 오늘에 우리가 해야 할 지상과제요, 지상목표인 것입니다. 이 길만이 승공의 길이요, 나아가서는 조국 통일의 길입니다.

하늘이 그 민족에게 복을 주실 때는 먼저 그 민족에게 어려운 시련을 주셨습니다. 이 시련을 자기 스스로의 힘으로 극복해 나갈 수 있는 민족만이 하느님의 복을 받을 수가 있었습니다."

닉슨 독트린과 주한미군 철수

1967년 11월, 주월 미군사령관이던 웨스트 모얼랜드 대장은 미의회의 상하합동회의에서 미국은 군사적으로 전쟁을 이기고 있다고 말했다. 그는 월남전에서의 진척의 지표를 대략 설명하고 68년 말경부터는 미군 전투부대 중 제한된 병력이 철수할 수도 있다고 밝혔다. 존슨 대통령도 1968년 1월 17일 연두교서에서 월남정부의 통치영역을 촌락지역까지 확대하는 '평점계획'이 만족스러운 진척을 보이고 있다고 천명했다.

그러나 일주일 후에 일어난 공산군의 저 유명한 구정(舊正) 대공세와 그 후유증은 미국의 예상과 기대를 완전히 뒤집어 놓았고, 월남전에 있어서 미국의 역할에 대한 재평가의 필요성을 제기했다. 이것은 69년에 취임한 닉슨 대통령이 해결해야 할 가장 긴급한 국가적 과제였다.

1969년 7월 25일 월남으로 가는 도중에 닉슨 대통령은 괌에서 기자회견을 갖고 이른바 '닉슨 독트린' 또는 '괌 독트린'으로 알려진 대(對)동아시아 정책을 발표했다. 그것은 세 가지의 주요 공약을 포함하고 있었다.

첫째, 미국은 그의 조약책임을 준수할 것이다. 둘째, 미국은 만일 어떤 핵강대국이 어느 국가의 자유를 위협했을 때는 방패를 제공할 것이다. 셋째, 다른 종류의 침략이 있을 경우에 미국은 요구를 받고 정당하다고 생각되면 군사·경제 원조를 제공할 것이지만, 직접 위협받은 국가들이 그 자신의 방어에 1차 책임을 져야 한다.

닉슨 대통령은 '우리는 아시아의 국가들을 미국에 지나치게 의존하게 함으로써 월남에서와 같은 분쟁에 말려드는 그런 종류의 정책을 피해야 한다'는 것을 강조했다. 즉 '월남의 유산 중 하나는 미국이 똑같은 이유에 의한 유사한 개입에 다시 한 번 개입되는 것을 단호히 거부하는 것이다. 미래의 미국과 아시아 관계의 중심 패턴은 아시아의 주도에 대한 미국의 지원이 되어야만 한다'는 것이다.

닉슨 독트린은 공산주의 침략으로 위협을 받고 있는 자유국가들에 있어서 미군의 '군사적 역할'이 없어지는 것은 아니나, 미군의 군사적 역할의 내용이 질적으로 중대한 변화를 보이고 있음을 뜻하는 것이었다. 즉, 공산주의 침략으로 위협을 받고 있는 나라들은 그들의 국가 방위를 위해 일차적인 책임을 져야 하고, 특히 '병력제공'의 책임을 부담해야 한다는 것이다. 앞으로 전쟁에서 생명을 바쳐야 할 '병력'은 자유국가들이 전적으로 제공해야 하고, 미군은 공군이나 해군에 의한 간접지원만을 제공하고 생명 위험성이 있는 지상군의 전투에는 미군을 참전시키지 않겠다는 것이다. 결국 공산주의 침략으로 위협받고 있는 자유국가들은 미공군이나 해군의 간접 지원 이외에 미지상군의 참전은 기대할 수 없게 된 것이다.

닉슨은 이러한 미국의 새로운 대 아시아정책을 67년에 이미 구상하고 있었다. 미국의 대통령선거를 앞두고 67년 4월 닉슨은 세계 각국의 정치지도자들과의 대화를 통해 국제정세에 대한 견문을 넓히기 위해 세계일주 여행을 했다. 닉슨이 인도네시아에 도착했을 때 인도네시아 주재 미국대사인 마샬 그린은 아시아에서의 지상군의 개입 감축과 중공과의 관계 개선의 필요성을 개진했다. 67년 10월 닉슨은 〈포린 어페어스(Foreign Affairs)〉지에 기고한 '월남 이후의 아시아'라는 제목의 논문에서 장차 미국이 추구해야 할 대 아시아 정책 구상을 밝혔다.

'세계는 중공(북한)이 변화하지 않는 한 안전할 수 없다. 따라서 우리는 우리의 영향력이 미치는 범위 내에서 최선을 다해 그 변화를 유도하여야 한다. 이를 위해서는 중공(북한)에게 변화해야만 한다는 것을 설득시켜야 한다. 즉, 중공 스스로의 제국주의적 야심은 충족될 수 없으며 중공의 국가이익은 외국(또는 한국)에 대한 모험 행위를 삼가고 자신의 국내문제를 해결하는 방향으로 나아가야 얻어질 수 있다고 설득시켜야 하는 것이다.'

닉슨은 또한 '아시아인에 의한 아시아'를 주창했으며, 아시아에서의 미국의 역할의 축소를 주장하였다. 그리고 그는 이 지역에 있어서 산업적으로나 재정적으로 가장 막강한 국가인 일본이 새로운 역할을 맡아야 하며, 특히 '아시아의 비공산국가들의 공동안전을 보장하는 데 기여'해야 할 책임을 질 필요가 있다고 주장했다. 그는 일본 헌법의 전쟁포기 조항(제9조)의 삭제를 주장했으며, 일본으로 하여금 스스로의 방위를 위한 군대를 갖추도록 촉구하였다. 닉슨은 아시아지역에 있어서 일본이 경제발전, 정치적 안정 그리고 안보 문제 등에 더욱 큰 책임을 떠맡기를 기대하였다. 닉슨 독트린은 미국의 월남전 개입이 낳은 필연적인 결과였다. 그것은 월남으로부터의 철수를 합리화하고, 아시아에서의 지상전에 미국의 장래 개입 가능성을 감소시키기 위한 것이다. 월남전에서 많은 미군의 희생으로 미국에서는 월남을 잊어야한다는 여론이 비등하기 시작했고, 월남 뿐아니라 해외 주둔미군을 감축하거나 철수시켜야 한다는 주장은 보편적인 견해가 되었다. 미국의 아들들이 외국의 전쟁에서 생명을 잃는 일은 절대로 지지할 수 없으며, 미지상군의 전쟁개입을 결사반대한다는 반전여론이 미국의 조야를 압도했고, 그 누구도 그러한 여론에 도전하지 못했다. 결국 닉슨은 동아시아와 서태평양 지역에 미지상군의 개입을 지양하고, 이 지역에 주둔하고 있는 미지상군을 체계적이면서도 신중하게 철수시킨다는 대 아시아 정책의 일대 전환을 단행했다.

닉슨 대통령은 이러한 정책 전환은 미국의 월남 개입을 종식시키고, 미·소 간 그리고 미·중공 간의 긴장 완화와 관계 개선을 통해 전 세계의 긴장을 완화시킬 수 있는 '평화의 구조'를 구축하고자 하는 자기 자신의 세계 전략의 일환이라고 천명했다. 닉슨의 이 새로운 전략은 전세계에 충격을 주었으며, 그중에서 직접적인 영향을 받은 나라는 자유월남과 우리나라였다. 미국의 새로운 아시아 정책이 미국의 월남전 개입의 결과였던 만큼 이것이 가장 먼저 적용된 국가는 월남이었다.

1969년 닉슨 대통령은 새 아시아 정책을 발표하고 월남에서의 미국의 전략을 근본적으로 바꾸었다. 월남이 자력으로 승리할 수 있는 힘을 기르도록 도와주고 주월미군은 단계적으로 완전 철수한다는 것이다. 이것이 월남전의 '월남화' 정책이었다. 65년부터 68년까지 4년 동안 계속된 월남전의 '미국화'의 잘못을 뒤늦게 깨닫고 월남전

의 '월남화'를 추
진한다는 것이 미
국의 새로운 전략
이었다. 닉슨은
대통령직에서 물
러난 후 80년에
출간한〈제3차대전
(The Real War)〉
에서, 68년 '한
아시아 지도자'가
자기에게 월남에
서의 미국정책의
약점을 그림을 보
여주듯이 극명하
게 지적해 주었으
며 자기의 '월남
화' 정책은 그 지
도자의 조언에 커
다란 영향을 받았
다고 회고했다.
닉슨이 말한 그
아시아의 지도자
는 바로 박 대통
령이었다.

1967년 닉슨은
미 대통령선거를

닉슨과 두 차례 정상회담, 방위공약 준수 공동성명
정상회담을 마친 후 공동기자회견을 하는 양국 대통령. 1차
정상회담에서 닉슨은 주한 미군을 철수시킬 생각이 없다고 말
하고 만일 철수하게 되면 사전에 충분히 협의하겠다고 약속하
였다(1969. 8. 22).

앞두고 세계각국의 지도자들과 대화하기 위해 면담여행을 하던 길에 청와대로 대통령을 예방하고 여러 가지 문제에 대해 환담을 나누는 가운데 월남전 문제에 대한 대통령의 조언을 요청했다. 즉, 월남에 미국 다음으로 가장 많은 지상군을 파견한 나라의 지도자로서 대통령이 월남전의 현황을 어떻게 평가하고 있는지, 특히 미군과 한국군 등 연합군의 전략전술에 개선해야 할 문제가 있다고 보고 있는지 알고 싶다고 한 것이다. 대통령은 닉슨에게 다음과 같은 요지의 소견을 피력했다.

대통령은 먼저 군사전력면에서 나타난 문제점에 대해서 이야기했다.

"우리가 자유수호를 위해 투쟁하는 우방국가를 도우려고 할 때, 우리들 자신이 그 나라를 대신해서 전쟁을 수행해서는 안 되며, 그 나라 자신이 전쟁을 수행할 수 있도록 도와주는 것이 바람직하다고 생각한다. 그런데 미국은 그동안 월남전을 '미국의 전쟁'으로 생각하고 '미국의 방식'으로 전쟁을 수행하고 있지 않은가하는 생각이 든다. 특히 월맹과 베트콩은 게릴라전에 주력하고 있는데 미군은 전통적인 정규전 방식으로 이에 대응하고 있는데 이 전략이 지금 효과를 거두고 있는지 의문이다. 미국의 군사전략은 영토를 장악하고 적을 소모시킴으로서 승리할 수 있다는 고전적 이론에 따랐다. 그래서 대부분의 미군이 월맹군의 침투를 방지하기 위해서 월남의 국경지대를 따라서 배치되었고, 대부분의 월맹군 주력부대가 집결되어 있는 중부 고원지대에 배치돼 있었다. 적의 주력부대가 패퇴하면 게릴라가 덩굴에 매달린 채 시들어 죽게 된다는 게 그렇게 한 이론적 근거였다. 그러나 이러한 전략은 게릴라전의 성격에 대한 이해 부족을 드러내는 것이었다. 게릴라전의 핵심적 목표는 영토의 점령이 아니라 국민을 장악하는 데 있다. 따라서 게릴라전은 전통적인 군사작전과 다르다. 게릴라들의 전략은 국민들이 정부에 협력하지 못하도록 국민들을 협박하고, 국민들에게 테러를 자행하는 수법을 쓴다. 다시 말해서, 정부에 협조하는 국민은 테러나 보복으로부터 안전할 수 없다는 공포감을 일으킴으로써 국민들을 정부로부터 유리시키는 것이다. 베트콩 게릴라들은 90%의 인구가 살고 있는 해안지대와 메콩 삼각주(三角洲) 지역을 지배하면서 정부에 협력하는 사람들을 응징하기 위해서 암살과 습격을 구사했다. 그러나 월남정부는 이에 대해 속수무책이었다. 이것은 정부에 대한 국민의 신뢰를 뒤흔들어 놓았다. 월맹과 베트콩은 심리적으로 유리한 이점을 갖고 있었다. 그들은 자신의 나라에서 외적과 싸우면서 미국이 전쟁에 싫증을 느껴 패퇴한 후에 국민을 지배할 수 있을 정도의 세력만 유지하면 그만이었다. 미국은 군사적 전쟁을 하고 있었지만, 월맹과 베트콩은 정치적인 전쟁을 하고 있었다. 미국은 월맹과 베트콩이 육체적으로 물질적으로 소모되는 것을 목표로 삼고 있었지만, 월맹과 베트콩은 미국의 심리적인 소모를 목표로 삼고 있었다. 정규군대는 전쟁에서 완전히 승리하지 못하면 패배하지만, 게릴라들은 전쟁에서 패배하지만 않으면 승리한다는 게릴라전의 요체를 월맹과 베트콩은 터득하고 있었고, 미국은 이것을 이해하지 못하고 있었다. 결국, 월맹과 베트콩은 게릴라전과 인민혁명전쟁, 그리고 정규전 등 다면적인 전략과 전술을 구사하고 있는 데 대해 미국은 방대한 정규군과 화력과 공군력만으로 대응하였을 뿐 월맹과 베트콩의 전략과 전술에 맞설 수 있는 전략과 전술을 개발하지 못함으로써 장기전의 늪에 빠졌다. 중국의 〈손자병법〉에는 '장기전에선 이득을 본 나라는 없었으며 전쟁에 있어서 본질적인 것은 장기적인 작전이 아니라 승리'라고 갈파했는데, 미국은 월남전에서 승리를 거두지 못하고 있다. 월맹 공산군은 그들이 전쟁을 장기화하면 반드시 미군을 지치고 쇠약하게 만들어 격퇴할 수 있다고 공언하면서 장기전을 꾀하고 있다. 그들은 전쟁이 장기전으로 계속되면 미국국민은 좌절하고 싫증을 내고 정부를 비난할 것이며, 그렇게 되면 미군은 물러갈 수밖에 없다고 주장하고 있다. 그들의 예측대로 미국에서는 반전 여론이 확산되고 있다. 이러한 상황에서 만 마일이상 떨어진 외국에서 자국의 영토보전을 위해 싸우는 적을 상대로 장기전을 수행해야 한다는 것을 미국대통령이 국민들에게 설득할 수 있을지도 의문이다."

대통령은 이어서 정치 목적면에서 나타난 문제점에 대해서 이야기 했다.

"미국이 전쟁 중인 월남에 대해 평화 시의 서구민주주의 제도의 확립을 강요하여 월남을 무정부상태의 혼란에 빠지게 만든 것은 미국의 월남전 수행에 있어서 큰 걸림돌이 되고 있지 않나 하는 생각이 든다. 미의회는 한 세대 동안 계속된 전란에 시달려 왔고, 역사적으로 민주주의 전통도 별로 없는 데다가 또다시 공산주의자들의 침략전쟁에 시달리고 있는 월남의 현실은 무시한 채 평화 속에서조차 실현되기 어려운 서구민주제도 확립을 전쟁의 와중에, 그것도 몇 달 내에 해내라고 티우 대통령에게 강요했으며, 미행정부도 의회의 압력에 장단을 맞춘 수많은 정치개혁안을 월남정부에 강요했다. 공산침략에 직면하여 '전선 없는 전쟁'을 치르는 과정에서 수도 한복판에까지 적색테러의 폭발음이 울려퍼지는 판국에 평화시의 자유와 민주주의를 보장하라고 미국이 요구와 압력을 가하는 것이 과연 현명한 일일까, 비현실적이고 위험한 일이 아닌가 하는 걱정을 했다. 미국이 월남정부에 압력을 가하고 야당을 지원하자 야당은 기세가 올라 대정부 민주화 투쟁을 강화하였고, 민주화의 구호를 내건 온갖 집단의 과다한 권리 주장과 폭력적인 행동이 폭발하였다. 그 결과 전쟁 수행을 위해 국론의 통일과 정치안정과 사회질서가 절대적으로 필요한 시기에 국론이 분열되고 정치안정과 사회질서가 파괴되었으며, 정부는 그 기능이 마비되어 월남공화국은 이미 내부적으로 붕괴되고 있다. 월남전에 있어서 미국의 군사전략이나 정치목적 면에서 드러난 문제점들은 앞으로 미국의 전쟁 수행을 매우 어렵게 만드는 요인이 되지 않을까 염려된다. 미국이 월남을 대신해서 월남전을 승리로 이끌 수 있다고는 생각하지 않는다. 월남전은 월남 자신이 싸워서 이겨야 한다는 것을 미국도 알아야 되고 월남도 알아야 된다. 따라서 우리 연합군, 특히 미군은 월남 스스로가 월남전에서 승리할 수 있도록 월남을 지원하는 전략적 노력을 강화할 필요가 있지 않은가 생각된다. 지금 월남전에 참전하고 있는 우리 국군장병들은 그러한 정신과 자세로 월남국민을 도우려고 노력하고 있다. 나는 우리 국민에게도 공산주의자들과의 투쟁에 있어서 우방의 도움은 어디까지나 도움이고 투쟁의 주체는 우리 자신이 돼야 한다는 것을 항상 강조하고 있다."

닉슨 대통령이 월남전에 개입한 미국이 직면하고 있는 군사전략상의 문제점에 관해 박 대통령의 자문을 요청한 것은 여러 가지 사항을 고려한 것으로 인식되고 있었다. 즉, 한국은 미국 다음으로 가장 많은 전투사단을 월남에 파견한 참전국이라는 점, 또 대통령은 월남 전쟁터를 직접 방문하여 전황을 직접 살펴본 군사전략가라는 점, 그리고 대통령은 66년부터 북괴가 무장간첩과 무장공비를 증파함에 따라 이에 대응하기 위해 향토예비군을 창설하여 전국적으로 지역방위체제를 확립해 놓은 통찰력과 지혜를 겸전한 지도자라는 점을 높이 평가했다는 것이다. 그래서 닉슨 대통령은 월남전에 있어서 드러난 미국의 군사전략과 정치 목적의 문제점에 대해 대통령이 정확하게 지적하고 문제해결의 기본방향을 제시하자 이에 깊이 공감한다는 뜻을 표명했고, 대통령이 제시한 방책을 앞으로 자신이 추구하고자하는 새로운 아시아정책의 기본골자로 삼은 것이다.

닉슨 대통령은 '월남전의 월남화' 계획에 따라 주월미군을 철수시키면서 주한미군 1개 사단을 다음 차례의 철수대상으로 결정했다. 닉슨 대통령은 70년 2월 18일 발표한 70년대 외교정책에 관한 외교백서에서 다음과 같은 선언을 했다.

'어떤 나라의 국방과 경제도 미국 혼자만이 떠맡을 수는 없다. 세계 각국, 특히 아시아 및 중남미 국가들은 자국 국방의 책임을 져야 한다. 미국은 아시아 및 극동에 있어서 우방군이 핵공격이 아닌 형태의 공격을 당할 경우 제한적인 군사적 경제적 지원만 제공하며 당사국은 미지상군 병력지원을 기대하지 말고 제1차적 방위책임을 져야 한다.'

닉슨 대통령의 안보담당보좌관 키신저(Henry Kissinger)는 국가안보회의(NSC)를 재조직하고, 자신이 국무성, 국방성, 합참본부, 중앙정보부(CIA)의 고위관리가 참가하는 최상위자 검토 그룹의 의장이 되어 이 모임에서 주한미군의 수준에 관한 보고서를 작성하여 닉슨 대통령에게 보고했다. 이 보고서에는 세 가지의 정책 대안이 포함되어 있었다.

그 하나는, 주한미군 2개 사단을 철수시키는 것이다.

다른 하나는, 그중 1개 사단을 철수시키는 것이다.

또 다른 하나는 몇 개의 여단만을 잔류시키는 것이다.

닉슨 대통령은 이 세 개의 대안 중에서 국가안전보장회의의 조언에 따라 한 개의 사단을 철수하기로 결정하였다. 즉, 2만 명의 감축이었다. 그러한 결정은 〈국가안보결정비망록48(NSDM48)〉로 지칭되었고, 1970년 3월 20일에 지시되었다. 그것은 군대 감축 수행을 위한 공식적 문서가 되었다. 이 비망록(NSDM48)은 네 가지의 행동지침을 제시하고 있다.

첫째는 한국 대통령에게 결정에 관한 통고를 한 다음 그에게 철수의 시기와 방법을 모색하게 한다는 것이다. 감군은 한국 대통령의 주도로 이루어진다. 감군의 근거는 한국군이 강력하고 앞으로도 더 강해진다는 것이다.

둘째는 미행정부가 의회에 한국군 현대화 계획을 위한 제안을 한다는 것이다. 그것은 1971~1975 회계년도 동안 일 년에 2억 달러의 군사원조를 포함하며 PL480의 양곡지원을 지속하고, 일 년 또는 그 이상의 기간 동안 5천만 달러 상당의 경제원조 증가와 한국군의 월남철병 때까지는 더 이상의 감군은 없을 것이라는 보장을 포함하는 것이다.

셋째는 국무성과 국방성이 원조 증가와 관련하여 의회와 협의하라는 명령과 국방성으로 하여금 군대 감축수행 계획과 비무장지대(DMZ)의 잔존 미군을 재배치하는 계획을 진전시키라는 명령이었다.

넷째는 한국의 미군 주둔에 대한 장기계획을 마련한다는 것이다. 1970년 3월 25일, 포터 주한 미국대사는 본국 정부로부터 주한미군 철수 문제에 관해 대통령과 협의하라는 훈령을 받고, 3월 26일 청와대를 예방하여 대통령에게 주한 미지상군 2만 명을 감축하고 나머지 약 4만 명은 잔류하게 될 것이라고 통보하고, 여기에 수반되는 미국의 조치에 대해 설명했다. 미국이 취하겠다는 조치의 내용은 〈국가안보결정비망록〉이 제시한 행동지침과 같은 것이었다.

대통령은 주한미군의 감축 문제는 한·미 양국 간의 협의대상인 것으로 이해하고 있었고, 그러한 협의의 시기도 주월한국군이 철수한 이후일 것이라고 예상하고 있었다. 그 당시 우리나라는 미국의 강력한 요청에 따라 월남에 맹호부대와 백마부대 등 2개 전투보병

사단과 1개 해병여단인 청룡부대, 그리고 지원부대로서 비둘기부대를 파병하여 미군과 함께 월남지원군의 주종을 이루면서 참전하고 있었다. 우리나라가 2개 사단과 1개 여단, 그리고 지원부대 등 대병력을 월남에 파병한 것은 자유월남을 지원하는 목적도 있었고, 또 6·25전쟁 당시 우리를 도와준 미국에 보답하려는 뜻도 있었다. 그러나 우리나라가 전체 인구에 비해 그처럼 방대한 지상군을 역사상 처음으로 월남에 파견한 가장 큰 목적은 우리나라에 주둔하고 있는 주한미군 2개 사단에 버금가는 국군을 파월하지 않을 경우에는 주한미군의 일부 또는 전부가 철수하여 월남 전선으로 이동하는 사태를 막으려는 데 있었던 것이다. 따라서 우리나라가 2개 사단 이상의 대 병력을 월남에 파병하여 미군과 함께 참전하고 있는 동안은 주한미군의 감축은 없을 것으로 믿고 있었던 것이다. 그러나 닉슨 행정부는 주한미군 1개 사단의 철수를 우리 정부와 협의 없이 일방적으로 결정하고 철군시기와 이에 따른 군사원조 문제만을 협의하자고 나온 것이다.

1969년 8월 21일 한·미 정상 간의 제1차 단독회담에서 닉슨 대통령은 김일성이 도발행위를 자행하고 있는 때에 주한미군을 철수시킬 생각이 없다는 점을 대통령에게 다음과 같이 다짐했다.

'한국, 대만, 태국, 말레이시아, 싱가포르, 인도네시아, 일본 등 여러 아시아' 국가들은 세계 어느 곳에서 보다 경제성장 속도가 빠르다. 특히, 이 지역 내의 공산국가와 비교할 때 더욱이 그렇다. 즉, 중공의 경제성장도 지난해에 별 것이 없으며 북괴 또한 별다른 것이 없다. 따라서 자유진영이 경제성장면에서 공산진영에 비하여 유리한 입장에 있다. 이제 문제는 침투와 파괴 행위인데, 이것이 특히 한국에서 자행하고 있는 이때 한국에 있는 미군을 철수할 생각은 전혀 없다. 미국 내에서 여론이 어떻든 간에 한국으로부터의 미군의 철수는 예외로 취급할 생각이다. 이 점에 대해서는 앞으로 공식적으로 기회 있을 때마다 강조하려 한다.

본스틸 장군과 북괴의 도발 행위에 대한 대비책을 논의하였지만, 한국이 적의 해상침투를 막기 위하여 소형의 쾌속정을 필요로 하고 있다는 것을 잘 알고 있다. 레어드 국방장관의 보고에 의하면 이에 대하여 빠른 속도로 진행 중에 있다고 한다. 금년에는 우리 예산 형편은 상당히 제약을 받게 될 것 같다. 그러나 한국에 대해서는 각별히 배려하여 예산 삭감을 보류하도록 하고 있다. 여하간에 우리는 김일성의 사기를 올려주는 어떠한 일도 하지 않을 것이다.'

닉슨 대통령은 이 약

설(說)이 현실로 바뀐 주한미군 감축
포터 주한 미국대사가 중앙청에 들러 정일권 국무총리를 만난 뒤 나오고 있다(1970. 7. 8).

속을 1년도 안 되어 일방적으로 파기한 것이다.

당초의 철군계획에 의하면 미제2사단을 철수시키는 것으로 되어 있었다. 미제2사단은 비무장지대(DMZ)를 담당해 왔고 미제7사단은 비무장지대 남쪽 후방에 남아있었다. 감군이 실제 추진되면서 미제2사단은 비무장지대에서 후방지역으로 이동하고 우리국군이 비무장지대에 배치되며 그 대신 미제7사단이 철수했다. 비무장지대에 주둔하고 있는 미제2사단을 후방으로 철수시키는 것은 한반도에 전쟁이 발발할 때 미국을 자동적으로 개입시키는 이른바 '인계철선(Tripwire)'이 없어지는 것을 의미했다.

미국의 약속과 정책에 대한 박 대통령의 불신은 커졌다. 닉슨이 1969년 8월 샌프란시스코에서 있었던 한·미정상회담 때 주한미군을 철수하게 되면 우리나라와 사전에 충분히 협의하겠다고 약속해 놓고는 아무런 협의도 없이 일방적으로 철군의 규모와 시기를 결정하여 통보한 데 대해 박 대통령은 배신감을 느끼고 있었다. 뿐만 아니라 철군에 대한 보완책으로 미행정부가 약속한 한국군의 장비현대화 계획이 순조롭게 이루어질 수 있을지에 대해서도 의구심을 가지고 있었다. 왜냐하면 미행정부는 이 계획을 추진하는 데 있어서 결정적인 관건은 한국군 현대화 계획이 통상적인 연례안보경비와는 다른 별도의 5개년 공약사업이라는 것을 미의회에 확신시키는 것이라고 말했는데, 미의회가 현대화 계획의 소요자금에 찬성하리라는 보장이 없었기 때문이었다. 대통령은 미국이 닉슨 독트린에 따라 아시아는 아시아인이 지켜야 한다는 것을 강조하고 있는 상황이므로 한국에서의 주한미군 철수도 불가피할 것으로 수긍할 수 있으나 그 철수는 한국군 현대화 작업이 완료된 후에 다시 말해서 '선 국군 현대화 후 미군철수'의 수순을 밟아 나가는 것이 타당하다고 생각하고 있었다. 1970년 6월 17일, 뉴욕타임즈의 필립 샤비코프(Philip

미 지상군 일부 철수, 팬텀 비행단 상주 애그뉴 미국 부통령을 접견하는 박 대통령
(1970. 8. 24)

Shabecoff) 특파원과 가진 회견에서 대통령은 주한미군의 필요성을
강조했다.

"75년에 가야 우리 한국은 군사면에서 북한을 제압하게 된다. 그
전에 만약 미군이 철수하면 수많은 가난한 한국민들은 공산당에게
충성을 서약할 것이다. 우리는 주한미군이 영원히 이 땅에 머물기를
결코 원치 않는다. 그러나 적어도 75년까지는 필요하다."

1970년 7월 21일부터 3일간 호놀룰루에서 한·미 국방장관 회담이
열렸다. 패커드(Packard) 미국방차관은 한국정부가 북괴의 위협을
걱정하고 있고, 국군 현대화 계획이 주한미군의 감축을 충분히 보상
할 만큼 신속히 수행될 것인가에 대해 의구심을 가지고 있으며, 또
철군의 심리적 영향을 우려하고 있다는 것을 이해하고 있다고 말하
고 이 문제를 협의하자고 제의했다. 이에 대해 정래혁 국방장관은

주한미군 철수 계획을 백지화할 것을 요청했다. 미국 측은 이를 거절했다. 우리 측은 감축되는 주한미군사단을 주월한국군으로 대체하겠다고 위협했다. 결국 이 회담에서 한·미 양국은 이견을 좁히지 못했다.

1970년 8월 24일, 닉슨 대통령은 애그뉴 부통령을 대통령특사로 서울에 파견했다. 대통령은 애그뉴 부통령이 특사로 온다는 통보를 받았을 때 이미 닉슨 대통령은 그의 주한미군 일부 철수 계획을 취소하거나 중단할 의사도 없고 또 국내 사정상 그렇게 할 수 없다는 것을 알고 있었다. 그래서 철군 문제에 대해서 현실적으로 대응해 나가기로 했다. 즉, 우리는 주한미군 1개 사단의 철수를 받아들이되 미국은 우리나라의 국가 안보를 보장할 수 있는 우리의 자주국방 능력을 강화하는 지원을 철군 이전에 보장해야 한다는 것이다.

8월 25일, 오전에 청와대에서 대통령은 애그뉴 부통령과 1차 단독회담을 가졌다. 예정시간을 넘기고 점심을 걸러 가면서 장시간 진행된 이 회담에서 대통령은 두 가지를 특히 강조했다.

그 하나는, 무력 도발이 격화되고 있는 상황에서 주한미군을 감축하는 것은 전쟁 억지력을 약화시키고 북한이 남침하면 성공할 수 있다는 오판을 하게 만들 위험성이 크다. 따라서 한반도의 안전과 평화는 동북아시아, 특히 일본의 안보와 세계 평화유지에도 긴요하므로 주한미군의 감축 문제는 '예외'로 인정하고 중지하는 것이 바람직하다는 것이다.

또 하나는 만일 주한미군의 감축이 불가피하다면 우리가 북한의 계속적인 무력도발과 위협에 대처할 수 있도록 하는 한국군 현대화가 먼저 이루어져야 한다는 것이다.

"한반도는 1953년 이래 휴전상태에 있는데, 북한은 휴전협정체결 이후 남북 무력통일을 위하여 간단없이 무력도발 침략을 계속하고 있다. 68년 무장특공대에 의한 청와대 습격사건, 미정보함 푸에블로호 납치사건, 1백여 명의 무장공비가 1개월 이상 준동한 울진·삼척지구 침투사건, 1969년의 미공군 EC-121기 격추사건, 1970년 우리 해군 방송선 납북사건과 3부요인 암살을 기도한 현충문 폭파사건, 격렬비열도(格列飛列島) 간첩사건, 군자만(君子灣) 간첩선 나포사건, 동해안 간첩선 격침사건 등 북한은 무력도발을 강화하고 있다. 이러한 상황에서 주한미군을 감축한다면 그것은 북한의 무력도발에 대한 억지력을 약화시킬 뿐 아니라 북한으로 하여금 남침하면 승산이 있다는 오판을 하게 할 위험성이 크다. 한반도의 안정과 평화유지는 한국의 안보는 물론 동아시아, 특히 일본의 안보에 직결되며 나아가서는 세계의 평화유지에 극히 긴요하다. 1970년 현재 전세계적으로 월남을 제외하고 공산세력으로부터 무력도발을 간단없이 받고 있는 준전시 상황하에 있는 지역은 한국밖에 없다는 점에 비추어 미군의 전세계적인 감군책의 하나로 구상하고 있는 주한미군의 감축은 예외적으로 중지하는 것이 바람직하다. 만일, 주한미군의 감축이 불가피하다면, 북한의 계속적인 무력도발과 위협에 대비해서 한국군의 현대화가 선행되어야 한다."

애그뉴는 다음과 같은 요지의 미국입장을 설명했다.

미국은 해외군사개입 반대와 해외주둔 미군의 감축을 요구하는 미국국민의 여론과 재정형편상 군사비 절감이 긴요하여 닉슨 독트린이라는 대외정책을 추진하게 되었으며, 이 정책에 따라 세계 각처에 있는 미군기지와 주둔미군을 점차적으로 감축할 계획이며, 이러한 전세계적인 감군정책의 일환으로 주한미군 7사단을 1971년 6월 말까지 철수시키고 철수 후에는 7사단을 해체한다는 것이다.

애그뉴는 미국에서는 대통령이 대외정책을 결정해도 비용 충당은 의회의 역할이라는 것을 회담 중에 여러 차례 강조했다. 그는 의회가 돈줄을 쥐고 있으며, 의회의 지지나 승인 없이는 어떠한 돈도 할당될 수 없다는 것을 강조함으로써 국군현대화 계획이 의회의 반대가 있을 경우 보장될 수 없다는 점을 강력히 시사했다. 그는 미행정부가 우리 정부에 약속하고 있는 국군현대화 계획에 대한 공약을 지키기 어렵게 될 경우 이를 합리화하고 빠져나갈 출구를 미리 만들어 놓고 있었다. 그의 이러한 발언은 미행정부가 국군현대화 계획을 끝까지 지원할 수 있을는지에 대한 박 대통령의 의구심을 더욱 크게 만들었다.

박 대통령과 애그뉴 부통령은 8월 26일 아침 8시 30분부터 청와대에서 아침식사를 하면서 약 1시간 반 동안 제2차 회담을 했다. 전날 약 1시간 정도로 예정되어 있던 제1차 회담이 휴식시간도 없이 6시간 동안 계속되는 가운데 두 나라의 입장을 서로 충분히 이해하게 되었기 때문에 이날 회담에서는 앞으로 '한국의 안전보장 문제 협의'와 '미군 감축문제 협의'를 동시에 해 나가자는 데 합의하였다. 또한, 한국군의 장비현대화와 장기군사원조, 그리고 2만 명 이상의 감군은 없다는 미국정부의 보장 등 구체적인 문제는 앞으로 두 나라의 고위 외교 및 군사 회담을 열어 계속 협의하기로 합의했다.

대통령과 애그뉴 부통령의 합의에 따라 한·미 고위군사회담이 열렸다. 이 회담에서 한·미 양측은, 주한미군 제7사단의 철수와 한국군 현대화 계획 등 군사원조 그리고 연례안보협의회를 개최하는 데 관해 다음과 같이 합의하였다.

첫째, 1971년 6월 말까지 미제7사단 철수를 중심으로 주한미군 1만 8천 명을 감축하고 이에 따른 병력 재배치 계획의 일환으로 서부전선 제1선을 담당하고 있던 미제2사단을 후방으로 돌리면 북한군과 직접 대치하는 휴전선 전체의 지상방어임무는 한국군이 전담토록 한다.

쌍안경으로 한·미군 프리덤 볼트 작전을 참관하는 박 대통령 (1971. 3. 5)

둘째, 한·미 양국은 한국군 현대화 5개년계획에 합의하고 미국은 군사원조와 군사차관 등을 제공하되 그 총액은 15억 달러이며 한국 측 부담은 46%다.

셋째, 미국은 미국의 대한방위공약을 재차 분명히 하고 종래의 연례국방장관회의를 한층 격을 높여 외무·국방관계 고위관리가 참석하는 연례안보협의회의를 개최토록 한다.

이 합의에 따라 1971년 3월 27일 제7사단은 이한고별식을 가졌고, 제2사단은 서부전선 제1선의 방어임무를 한국군에 인계하고 미 7사단이 주둔하고 있던 후방으로 이동했다. 미2사단과 한국군 간의 인수인계 작업은 순조롭게 진행되어 1971년 3월 말까지 미군은 휴전선 일대에서 철수를 완료하고 모든 작전 책임을 한국군에 이양했다. 이때부터 휴전 18년 만에 처음으로 한국군은 155마일의 휴전선 전체의 방위임무를 맡게 되었다.

애그뉴 부통령은 한국을 떠나 대만으로 가는 비행기에서 수행기자와의 회견에서 '한국군의 현대화가 완전히 이루어질 때 아마도 앞으로 5년 이내에 주한미군은 완전히 철수될 것이다'라고 말했다. 이것은 레미드 국방장관의 단계적인 완전철수계획과 일맥상통하는 발언이었다. 한편 우리나라의 언론들은 8월 29일 주한미군은 이미 1만 명 감축되었다고 보도했다. 미국방성은 주한미군의 수가 주둔군 최고한도인 6만 3천 명보다 1만 명이 부족하다고 발표했다는 것이며, 이 발표를 근거로 그렇게 보도한 것이다. 애그뉴 부통령의 '완전철수' 발언과 1만 명의 주한미군이 이미 감축되었다는 보도 때문에 미행정부에 대한 우리 정부의 불신감은 더욱 커졌다. 대통령은 이때 미국은 나머지 주한미군(미제2사단)도 머지않아 철수시킬 계획을 세워놓고 있다는 것을 간파하고 있었다. 따라서 주한미군의 완전철수 이전에 우리의 자주국방력을 시급히 강화해 놓아야 한다고 생각했다. 대통령은 그동안 우리의 방위산업은 당초에 예상했던 수준을 넘어 급속하게 성장·발전하고 있으며, 3차 경제개발 5개년계획이 끝나는 70년대 후반에 이르면 첨단무기를 제외한 대부분의 무기와 장비를 우리의 기술과 재원으로 생산하여 질량면에서 북한을 능가할 수 있다고 내다보고 있었다. 만일 그 무렵에 가서 북한이 중·소의 지원 없이 단독으로 침공해 온다면 우리도 단독으로 그 침공을 격멸할 수 있는 자주국방력을 갖추게 된다는 확신을 가지고 있었다. 1970년 11월 23일자 뉴욕타임즈는 존 오크스(John B. Oakes)가 송고한 기사를 실었는데 오크스 특파원은 한국의 고위관리들 말을 인용하여 다음과 같이 보도했다.

'철군은 일본의 책임을 증가시키고 일본으로 하여금 힘의 공백을 메꾸게 하는 결과를 초래하는 데 대해 한국인들은 가장 격렬하게 반대하고 있다. 75년까지만 참으면 한국은 북한을 압도할 수 있지

한국주둔 미 제7사단 고별식 이에 앞서 최규하 외무장관과 포터 주한 미국대사는 2월 6일 '①보병 7사단을 철수하고 보병 2사단을 후방으로 배치하며 전방은 한국군이 담당한다. ②연례 안보협의회를 개최한다. ③한국군의 현대화를 지원한다'는 공동성명을 발표했다(1971. 3. 27).

만 현재로서는 인력, 훈련, 무기, 장비 등 모든 면에서 북한보다 뒤떨어진 상태이므로 철군은 시기상조다. 따라서 조금만 더 미군이 체류해 주면 심리적인 지원이 되겠다.'

1971년 2월 6일, 주한미군의 일부 감축과 국군현대화 문제를 가지고 오랫동안 협의를 거듭해 온 한·미 양국 정부 사이에 원만한 합의가 이루어졌다. 이날 한·미 양국정부는 서울과 워싱턴에서 동시에 공동성명을 발표하였다. 그 골자는 다음과 같은 것이었다.

첫째, 미국은 한국군현대화 계획을 지원하며 제1차년도에는 1억 5천만 달러를 원조한다.

둘째, 주한미군 2만 명을 감축하고 나머지 병력은 재배치한다.

셋째, 한·미 상호방위조약에 의한 한국방위결의는 변함없다.

넷째, 한·미 양국의 외무, 국방 고위관리가 참석하는 '연례안보협의회의'를 개최한다.

'대한민국 정부와 미합중국 정부는 한국군현대화 계획과 주한미군 감축에 대한 제반 조처에 관하여 만족스러운 회담을 완료하였다. 미합중국은 대한민국 정부가 그 국방군을 현대화하려는 노력에 대하여 양국 군사 당국의 공동건의에 입각한 장기적 군사원조 계획을 통하여 대한민국 정부를 원조할 것에 동의하였다. 대한민국 정부는 미국의회가 전기 현대화 계획의 제1차년도 분을 위한 추가예산으로서 1억 5천만 달러를 승인한 것을 만족스럽게 생각하는 바이다. 주한미군 2만 병력의 감축과 이에 따른 한국군 및 미군의 재배치에 관한 양국 정부 간의 협의 역시 상호 이해와 긴밀한 협력의 정신에서 종결되었다. 주한미군 병력수준의 감축은 1954년에 발효된 대한민국과 미합중국 간의 상호방위조약에 의거, 대한민국에 대한 무력공격에 대처한다는 미합중국 정부의 결의에 추호도 영향을 미치지 않는 것이다. 대한민국에 대한 군사적 위협의 성격을 분석평가하기 위하여 양국 정부의 외무 및 국방 고위관리가 참석하는 '연례안보협의회의'가 개최될 것이다. 이와 같은 토의에 있어서는 그러한 위협에 대한 전반적 방위능력이 평가될 것이다.'

한국군 장비현대화 계획은 1965년 5월 17일과 18일 이틀간 워싱턴의 백악관에서 열린 한·미정상회담에서 합의된 것이다. 그 당시 존슨 대통령은 한국군 1개 전투사단을 월남에 파병해 줄 것을 요청했고, 대통령이 월남파병을 위해서는 한국군의 장비현대화가 필요하다고 하자 존슨 대통령은 앞으로 5년에 걸쳐 한국군 장비현대화를 위해 10억 달러의 무상 군사원조를 제공하겠다고 약속했던 것이다. 그후 1966년 3월 4일 주한미국대사 브라운(Brown)의 각서에 의해 무상군사원조 계획이 확인되었다. 1970년 1월 초순에 주한미군 측은 한국군 장비현대화를 위한 10억 달러의 무상군원으로 구매할 장비의 품목을 작성해 줄 것을 한국군 측에 요청했고, 이에 관해 한·미 간에 약 1년간 협의한 끝에 현대화계획이 확정되었다. 이것이 이른바 '군 장비현대화 5개년계획'이었다. 75년 포드 행정부는 국군 현대화를 위한 군사원조를 약속했다. 그러나 그 이행은 불확실했다. 74년에 입안된 〈해외원조법〉에 의하면 미 대통령은 수원국(受援國)이 중대한 인권 위반이 있을 경우 군사경제원조를 중단할 의무를 지고 있었다. 다만, 안보적 차원에서 예외를 정하고 원조를 할 수 있으나 매년 특정국가에 대해서는 원조 내용을 보고할 의무가 있다는 것이다. 우리나라는 바로 그러한 특정국가의 하나였기 때문에 미의회의 태도에 따라서는 그 원조 약속의 이행이 지연될 가능성을 배제할 수 없었다. 뿐만 아니라 그 원조 액수는 군현대화 5개년계획 사업을 완수하기에는 크게 부족한 것이었다. 대통령은 이 부족자금을 국내자금으로 충당하기로 했고 향후 이 자금으로 우리가 필요로 하는 무기를 어디서든지 구매할 생각이었다. 그 대상국은 일본, 서독, 브라질, 프랑스, 캐나다, 영국 등으로 다변화하고 미국 일변도 구매에서 벗어남으로써 무기구매의 자주성과 효율성을 높인다는 것이었다. 한국군 현대화계획의 목적은 궁극적으로 우리나라의 군사적 자립 즉, 우리나라의 자주국방력 확보였다. 그러나 이 계획은 우리 정부가 기대했던 대로, 또 미행정부가 약속한 대로 추진되지 못했다. 미행정부는 1970년 가을에 한국군 현대화계획의 첫 단계로 안보방위 원조 계획에 의한 1억 5천만 달러의 추가 할당액을 의회에 요청하였고, 의회는 이것이 71년 주한 미지상군의 감축을 가능하게 하는 데 필수적이라는 미행정부의 주장에 따라 첫 번째 할당액을 승인했다. 그러나 미행정부나 의회나 1차년도 이후의 자금할당 계획에 대해서는 아무런 설명을 하지 않았다. 주한 미제7사단 철수 후 미국은 우리 정부가 북한의 군사력 증강에 대응하기 위하여 국군장비 현대화를 지원해 줄 것을 요청할 때마다 북한의 위협이 현실화될 경우에 장비지원을 하겠다는 것을 약속함으로써 대한무기지원을 회피하였고, 이미 약속한 군사원조도 의회와 협의 중이라거나 의회의 반대가 심하다는 등 자기들의 국내사정을 이유로 약속한 시기에 제공하지 않고 지연시켰다. 미행정부가 우리 정부에 무엇을 약속하든 간에 대외군사 원조의 권한은 의회가 장악하고 있기 때문에 미행정부의 대외공약이 순조롭게 이행될 전망은 불투명했다. 미행정부와 미의회의 변덕스럽고 자의적인 행태는 미국에 대한 대통령의 신뢰를 약화시키는 요인이 되고 있었다.

1975년 2월 6일, 국방부 연두순시에서 대통령은 군의 현대화 계획과 관련하여 미행정부와 미의회의 태도에 대해 불쾌한 심정을 토로했다.

"지금 우리 군으로서 가장 급한 것은 역시 군의 현대화인데, 이것도 두 가지가 같이 병행이 되어 나가고 있는 것입니다. 하나는 미국이 한국군 장비현대화 5개년계획이라는 계획에 의거해서 우리를 도와주겠다는 그 계획과, 또 하나는 순전히 우리 자력을 가지고 우리 예산을 가지고 우리 힘을 가지고 해나가는 전력증강계획이 있는데 이것은 내가 보건대 모든 것이 처음에 계획했던 것보다는 훨씬 더 순조롭게 빨리 진행이 되고 있습니다. 그러나 미국행정부가 우리한테 약속한 것은 미국국회라든지 여러 가지 문제가 있어서 매년 예산이 깎이고 심지어는 주는 데 끝머리에 꼬리를 달아서 한국의 인권이 어떻고 하는 우리의 자존심까지 깎이는 그러한 말을 하고 있습니다. 원래는 그것이 내년까지 끝나게 되어 있었던 것인데 지금 현재 미국의 형편으로 보아서는 77년까지 갈는지, 78년까지 갈는지 아직까지 확실히 알 수 없는 그런 단계에 있습니다. 그러나 우리가 요구한 것이다 온다 하더라도 아까 차트에서 보신 것과 같이 무상으로 받겠다는 것이 3억 몇천 달러 군사차관으로 빌리자는 것이 약 5억~8억 달러 정도 되는 것입니다. 그것이 언제까지 다 들어올는지는 지금 예측하기 어렵지만 그것이 다 들어온 후에는 미국의 대한 군사원조는 없는 것입니다. 나는 원래 처음부터 작정을 하고 있습니다. 또 그렇게 될 것입니다. 내 생각에는 그 이상 더 받을 필요도 없습니다. 그 다음에는 우리 것을 만들어서 우리가 써야 되겠습니다. 미국의 방침에 일희일비하는 처지에서 우리는 빨리 탈피해야 합니다."

대통령은 자주국방력을 급속히 강화하기 위해서는 미국이 지원하는 군장비 현대화계획만으로는 불충분하다고 판단하고 우리 자체의 예산으로 독자적으로 군의 전력증강 계획을 수립하라고 국방부에 지시했고, 이 지시에 따라 군전력증강 5개년계획이 1973년에 수립되었다. 대통령은 이 계획에 '율곡사업'이라는 별칭을 부여했다. 일찍이 임진왜란 전에 '10만 양병론'을 주창했던 율곡 이이의 부국강병(富國强兵) 정책을 오늘에 실천해야 한다는 뜻에서 그렇게 한 것이다. 이것은 71년도의 주한미군 철수와 앞으로 추가 철수에 대비하여 국방력을 강화해야 할 필요를 충족시키기 위한 것이었다. 대통령은 군전력증강 5개년계획에 소요되는 예산을 확보하기 위해서 방위세제도를 신설하기로 했다.

1975년 6월 27일, 정부·여당 연석회의에서 대통령은 방위세제도를 신설하게 된 취지와 그 목표에 대해 설명했다.

"방위세는 한 마디로 국가안보를 위해서 자주국방을 구축하자는데 그 근본목적이 있습니다. 월남이 공산화되자 우리 국민 중에는 해외로 도망칠 생각을 하는 사람이 있었는가 하면, 믿을 데는 대감 뿐이라는 식으로 미국에만 기대고 있는 사람도 있고, 미국의 대한

(對韓) 공약준수 성명의 홍수 때문에 안보의식이 다소 둔화된 경향도 있었습니다. 전쟁이 나면 미국이 지켜 줄 것은 확실하지만 그렇다고 미국만 처다보고 살겠습니까? 미국이 공약준수를 다짐하고 나서는 시기에 우리로서는 적어도 단독전의 경우에는 승리할 수 있는 능력 수준까지 우리 자체의 방위력을 길러야 합니다. 미군이 철수하고 원조를 삭감한다고 할 때 가서야 비로서 법석을 떨어가지고는 늦습니다. 미국의 지원이 있는 여건하에서 우리 국민들이 돈을 좀 내자는 뜻에서 방위세를 신설한 것이며, 그것도 5년간의 시한으로 하는 것입니다. 이 정도는 해봐야 자주국방을 이룩할 수 있습니다. 미국의 지원이 있는 이 시기가 시기적으로 가장 적당하다고 봅니다. 국방비 3천 8백 44억은 대부분이 먹고, 입는 것과 월급, 기름, 수리비 등 유지관리비에 쓰여지고, 무기생산, 장비현대화 등 투자비에 쓰이는 돈은 얼마 안 됩니다. 따라서 현재의 유지관리비 대 투자비 율로 해서 자주국방을 이룩하려면 25년이 걸릴 것인데, 이것을 5년 내에 성취해 보자는 것이 방위세 제도의 목표입니다. 방위성금이 있지마는 투자효과를 생각할 때 이것 가지고는 안 됩니다. 팬텀기 몇 대 가지고 전쟁을 할 수 있습니까? 육·해·공군 등 각 군에서 중요한 것을 고루 가지고 있어야 전쟁에 승리할 수 있는 것입니다. 방위성금을 받으니까 이것을 정치자금으로 떼먹었다는 망발을 하는 자가 있는데, 방위성금의 사용내역을 모든 국민에게 설명해 줄 수는 없으나 국회 국방위원들에게 설명해 주도록 하겠습니다. 그러나 극비사항은 설명해 줄 수는 없습니다. 문제는 방위세 신설이 서민층과 물가 그리고 제4차 5개년계획 수행에 어느 정도의 영향을 줄 것인가 하는 것인데, 국민들이 싫어하겠지만 큰 부담은 안 될 것입니다. 이 방안은 오랜 검토 끝에 마련된 것으로 이 정도면 물가와 건설에 큰 영향이 없다고 봅니다. 자주국방을 이룩하여 힘을 길러야만 전쟁

이 날 것이냐 안 날 것이냐 하는 데 대한 불안도 적어지고 외국인 투자도 늘어날 것이며, 국민정신면에서도 사기가 앙양되고, 건설도 촉진될 수 있을 것입니다."

북괴 무장특공대의 현충문 폭파만행

1970년 6월에, 북괴의 중대한 도발사건이 2건 발생했다.

그 하나는, 1970년 6월 5일, 서해의 휴전선 부근에서 우리의 어선단 보호임무를 수행하던 우리 해군 방송선의 피랍사건이었다. 시속 3노트, 120톤급 이 방송선은 이날 오후 12시 30분 휴전선 남쪽 4마일 해상에서 어선단 보호, 대북한 방송임무를 수행하던 중 갑자기 북괴 고속정 2척이 접근해 오는 것을 보고 이에 대응하여 선장 이하 승무원 20명이 사력을 다해 싸웠으나 북괴 고속정의 75mm 기관포 공격으로 기관실이 파괴되어 이날 오후 1시 40분 침몰 직전에 북으로 납치되어 갔다. 이 해군선박 납북사건은 휴전 이후 처음 있었던 일로서 우리 국민들에게 큰 충격을 주었다.

또 다른 하나는, 사건 당시에는 언론에 발표되지 않은 것으로, 6월 22일에 발생한 서울 동작동의 국립묘지 현충문 폭파사건이었다. 22일 새벽 3시 50분쯤 특수훈련을 받은 북한 무장특공대 3명이 서울 동작동 국립묘지 안에 잠입하여 추념제단(追念祭壇) 앞에 있는 현충문 지붕 위에 올라가 전자식 폭탄을 장치하려다 그들의 실수로 폭발하는 바람에 1명은 현충문에서 약 10m 떨어진 잔디밭에 피투성이 시체로 발견되었고, 잔당 2명은 군경, 예비군의 맹렬한 추격전 끝에 계양산에서 사살되었다. 이들 무장특공대들은 6·25기념식 때 정례적으로 참석하는 대통령을 비롯한 정부요인들을 암살할 목적으로 현충문에 전자식 폭탄을 장치한 후 현장에서 2백~3백m 떨어진 곳에서 원격조종으로 폭파시키려고 했던 것이다.

평화통일 기반 조성을 위한 대통령의 8·15 제의

1970년 8월 15일, 제25주년 광복절에 대통령은 평화통일 기반 조성을 위한 접근방법에 관한 구상을 밝혔다. 이것이 대통령의 '8·15 선언'이다.

"오늘 우리 민족이 비할 데 없는 감격과 환희 속에 맞이했던 조국 광복, 그날로부터 꼭 4반세기가 되는 날입니다. 25년 전, 전국 방방곡곡의 거리거리에서 태극기의 물결을 수놓으며 자유해방 만세의 환호성을 소리 높이 외치던 그날, 우리 온겨레는 정녕 티끌만한 사심도 타산도 없는 순수한 애국 애족의 마음으로 다함께 우리 민족 재기의 출발을 기뻐하였고, 우리 역사의 새로운 광영을 다짐하였던 것입니다.

─억압과 예속에서 벗어나고 잃었던 조국을 되찾아,

─다시는 조상들이 당했던 불우한 처지를 되풀이하지 않으리라 굳게 맹세하며,

─새로운 번영의 민족국가를 건설해 보겠다는 푸른 꿈을 펼쳐 보던, 그날의 벅찬 감격과 불타오르던 정열은 영원히 우리의 가슴 속에 간직될 불멸의 봉화가 아닐 수 없습니다. 그날로부터 어언 25년이 경과하였습니다. 25년이란 세월은 한 인간이 유아기로부터 소년기와 청년기를 넘어서 이제 그 완숙을 눈앞에 바라보는 '한 세대'에 해당하는 시간인 것입니다. 이는 또한 한 민족국가에 있어서도 그간의 성장도를 엄숙히 평가해 보아야 할 역사상의 이정표라고 나는 생각합니다. 이제, 성년한국의 자랑스러운 모습을 내외에 크게 과시하고 있는 이 시점에서 다시 한 번 광복절을 맞이하는 우리들의 감회는 자못 무량한 바가 없지 않습니다."

대통령은 이어서 오늘날 우리는 민족의 무한한 저력을 재발견하

고 우리의 의지와 노력으로 어떠한 큰일도 이룩할 수 있다는 자신과 긍지를 일깨우게 되었다는 사실을 강조했다.

"지난 25년간의 광복한국사는 한 마디로 말하여 드물게 보는 '격동의 시기'였고, 고난과 시련의 연속이었습니다.

─광복의 감격과 환희가 국토분단의 충격과 불행 속에 하루아침에 물거품처럼 사라졌는가 하면,

─번영의 희망과 기대는 북괴가 도발한 참혹한 전란 속에 한 조각 허공에 뜬구름처럼 흩어져 버렸고,

─나아가서 정부수립 이후의 혼돈과 정체는 급기야 두 차례의 정치적 격동의 소용돌이를 치르지 않을 수 없게 하였습니다.

스스로의 손으로 쟁취한 것이 아니라, 타력에 의하여 주어진 광복을 분간 소화할 만한 주체적 역량을 갖추지 못하였던 우리에게 있어서, 이러한 시련과 진통은 피할 수 없었던 필연의 결과였다고 할 수 있는 것입니다. 그러나, 이러한 고난들은 결코 헛된 것이 아니었습니다. 우리는 비극을 당하여 결코 좌절되지 않았으며, 역경 앞에 끝내 굴하지 않았습니다. 장구한 민족사를 통해서 수없이 많았던 내외의 우환을 강인한 의지와 거족적인 항쟁으로 이겨내고, 조국의 독립을 보전하여 왔던 굳세고도 억센 우리 민족 본연의 잠재적 역량이 시련 극복의 도정에서 서서히 그 빛을 나타내기 시작한 것입니다. 이렇게 싹터 오른 민족적 자각이 응결하여 잠자고 있던 생명력과 창조력에 점화되고 민족중흥의 전진 대열을 정비한 역사적 전환점을 이룩한 것이 바로 지난 60년대였습니다.

그로부터 8, 9년, 우리들은 조국근대화과업을 위해서 온갖 노력을 기울여 왔으며, 많은 성과를 거두었습니다.

그리하여 오늘날 온세계는, 50년대의 전란한국이 이제 신생국 발전의 모범국가로 등장했다는 새로운 인식을 가지고 우리 민족에 대

해서 선망과 경애의 눈으로 쳐다보게끔 되었습니다. 그러나 내가 무엇보다도 값 있게 생각하고 자랑으로 여기는 것은, 우리가 거둔 외형적 성과보다도 이것을 이룩하는 과정에서 우리 민족의 무한한 저력을 재발견하고, 우리의 의지와 우리의 노력으로 어떠한 큰일도 이룩할 수 있다는 자신과 긍지를 일깨우게 되었다는 것입니다.

이제, 우리는 60년대에 착수한 중흥과업을 기필코 완수해야 할 사명의 70년대에 들어섰습니다. 새로운 4반세기의 역사의 장이 시작되려는 이 순간, 우리 모두가 다시는 지난날의 역사적 전철을 되풀이하지 않아야 하겠다는 결의와, 우리 후손들에게는 보람찬 유산을 물려주어야 한다는 사명감을 가일층 드높여야 할 것입니다."

대통령은 이어서 우리 민족의 비원인 조국의 평화통일이 안 되는 근본 원인은 김일성과 그 일당의 민족반역집단이 무력적화통일을 획책하고 있기 때문이라는 사실을 설명했다.

"오늘 광복 제25주년을 맞이하면서 우리 온겨레가 너, 나 할 것 없이 한결 같이 가슴 아프고 서글프게 생각하는 것이 있으니, 그것은 다름 아닌 국토분단의 비극입니다. 통일을 향한 민족적 비원은 지난 4반세기 동안 하루도 우리의 뇌리에서 사라진 일이 없었으나, 한편 통일의 전망은 수많은 난관과 애로에 가로 막혀 결코 밝다고 말할 수 없는 현실에 놓여 있는 것입니다. 그 원인이 어디 있느냐?

그것은 한 마디로, 김일성과 그 일당의 민족반역집단이 북한 땅에 도사리고 있기 때문입니다. 그들 광신적이며, 호전적인 공산집단은 조국광복의 첫날부터 전한반도를 폭력으로 적화하기 위해서 시종일관 광분해 왔습니다. 6·25 남침의 참혹한 동족상잔에 이어서 휴전 후 오늘날에 이르기까지 7,800여 건이 넘는 무력도발을 자행해 왔고, 최근에는 무수한 무장공비를 남파시키고 있는 것이 바로 그 실중입니다. 정녕, 김일성과 그 도당은 마땅히 역사와 국민의 준엄한 심판을 받아야 할 전범자들임에 틀림없습니다. 그럼에도 불구하고 이들 도당은 언필칭 평화통일이니, 남북협상이니, 연방제니, 남북교류니 하는 등 파렴치한 상투적 선전을 되풀이하고 있습니다. 이러한 북괴의 저의가 어디에 있는가 하는 것은 이미 청천백일하에 드러나 있습니다. 그것은 두말할 필요도 없이 그들 스스로가 저지른 전범행위와 긴장 조성의 책임을 전가해 보려는 적반하장의 흉계인 것이며, 무장공비 남파를 위장 은폐하고 소박한 일부 사람들을 현혹케 함으로써 감상적 통일론을 유발해 보려는 간사한 술책인 것이며, 국제여론의 오도를 노리는 야비한 속셈인 것입니다. 이 허위와 기만에 가득 찬 북괴의 작태를 그대로 믿는 사람은 이 지구상에 한 사람도 없다는 것을 나는 단언합니다. 무릇, 공산주의의 정치체제는 기본 인권의 유린과 철의 기율에 의한 전체주의적 일당 독재입니다. 그중에서도 북괴 김일성 체제는, 같은 공산권 내에서조차도 빈축의 대상이 되고 있는 전형적인 극좌 모험주의와 역사 위조를 일삼는 개인신격화가 판을 치는 폐쇄사회입니다. 오늘의 북녘 땅은 그러한 전횡과 공포가 휩쓰는 가운데 전쟁준비에 광분하는 하나의 병영으로 화하고 말았습니다. 우리는 지금 그렇듯 역사와 민족과, 천륜과 양심을 외면한 흉악한 무력도발집단과 대치하여 통일문제를 다루어야 하는 어려운 상황에 처해 있는 것입니다. 여기에 우리 민족의 비원인 조국 통일의 난관이 있는 것입니다. 그러나, 국토통일이 아무리 절실한 우리 민족의 지상명령이라 하더라도 동족의 유혈을 강요하는 전쟁만은 피하여야 하겠고, 통일의 길이 아무리 험난하다 할지라도 꾸준한 인내와 최대한의 양식을 발휘해서 평화적으로 해결지어야 할 것입니다. 동시에 우리는, 김일성 일파의 전범집단들이 끝내 무력적화통일의 야욕을 버리지 못하고 폭력적인 침략을 감행하여 왔을 경우에는 이를 단호히 격퇴할 수 있는 '힘의 배양'도 또한 게을리해서는 안 된다는 점을 깊이 명심해야 할 것입니다."

대통령은 이어서 우리의 통일노력이 본격화될 수 있는 시기는 70년대 후반기가 될 것으로 전망하면서 평화통일 기반조성을 위한 접근방법에 관한 구상을 천명했다.

"나는 이미 수차에 걸쳐서 통일 노력의 본격화는 70년대 후반기에나 가능할 것이라고 말한 바가 있습니다. 그것은 그 시기에 이르면 우리의 주체역량의 충실과 국제적 여건의 성숙으로 통일의 실마리가 잡힐 수 있으리라고 내다보고, 특히 북한의 폐쇄적인 사회체제도 시대의 진운인 자유화 물결에 의해서 스스로 변질될 것이며, 또한 우리의 자유의 힘이 북녘까지 넘쳐흐를 것을 확신하고 있기 때문입니다. 그러한 시기를 전망하면서, 나는 광복 4반세기에 즈음한 뜻 깊은 오늘 이 자리를 빌어서 평화통일의 기반 조성을 위한 접근방법에 관하여 나의 구상을 밝히려고 합니다.

여기에는 반드시 이루어져야 할 선행 조건이 있는 것입니다. 즉, 북괴가 지금과 같은 침략적이며 도전적인 행위를 계속하고 있는 한, 그들이 무슨 소리를 하든 그것은 가면이요, 위장이요, 기만이라고밖에 볼 수 없는 것입니다. 따라서 긴장 상태의 완화 없이는 평화적방법에 의한 통일에의 접근은 불가능한 것이므로, 무엇보다도 먼저이를 보장하는 북괴의 명확한 태도 표시와 그 실천이 선행되어야하겠다는 것입니다. 따라서 북괴는 무장공비 남파 등의 모든 전쟁도발 행위를 즉각 중지하고 소위 '무력에 의한 적화통일이나 폭력혁명에 의한 대한민국의 전복을 기도해 온 종전의 태도를 완전히포기하겠다' 하는 점을 명백하게 내외에 선언하고, 또한 이를 행동으로 실증해야 합니다. 이러한 우리의 요구를 북괴가 수락, 실천하고 있다는 것을 우리가 확실히 인정할 수 있고, 또한 유엔에 의해서도 명백하게 확인될 경우에는, 나는 인도적 견지와 통일 기반 조성에 기여할 수 있으며, 남북한에 가로 놓인 인위적 장벽을 단계적으로 제거해 나갈 수 있는 획기적이고도 보다 현실적인 방안을 제시할 용의가 있다는 것을 밝히는 바입니다. 또한, 북괴가 한국의 민주·통일·독립과 평화를 위한 유엔의 노력을 인정하고 유엔의 권위와 권능을 수락한다면, 유엔에서의 한국 문제 토의에 북괴가 참석하는 것도 굳이 반대하지 않을 것입니다.

'이러한 나의 구상에 덧붙여서 한 가지 더 말하고 싶은 것은, 북괴에 대하여 '더 이상 무고한 북한동포들의 민생을 희생시키면서 전쟁준비에 광분하는 죄악을 범하지 말고, 보다 선의의 경쟁, 즉 다시 말하자면 민주주의와 공산독재의 그 어느 체제가 국민을 더 잘살게 할 수 있으며, 더 잘살 수 있는 여건을 가진 사회인가를 입증하는 개발과 건설과 창조의 경쟁에 나설 용의는 없는가?' 하는 것을 묻고 싶은 것입니다.''

대통령은 끝으로 서기 2000년 무렵의 세계 속에서 대한민국이 서 있어야 할 미래의 좌표를 내다보면서 지금은 그 준비기간이라는 점을 강조했다.

"금년은 우리나라가 처음으로 세계에 문호를 개방한 19세기 후반의 개화기로부터 근 백 년이 되는 해이기도 합니다. 그로부터 1세기, 우리 민족은 낙후와 예속과 전란과 혼돈이 겹친 수난의 길을 걸어왔습니다. 그러나 우리 민족은 그 시련을 용케도 참고 이겨냈으며, 이제 우리 앞에는 새로운 중흥의 여명이 밝아오고 있습니다. 이것은 정녕 마지막 중흥의 기회라고 해도 과언이 아닐 것입니다. 또, 한 가지 기억해 두어야 할 것은 오늘로서 시작되는 앞으로의 4반세기를 넘기면 금세기의 말이 된다는 것입니다. 서기 2000년 무렵의 세계와 그 속에서 우리 대한민국이 서 있을 좌표가 어디이겠는가 하는 것을 정확하게 예측할 수 있는 사람은 아무도 없을 것입니다.

그러나 적어도 그 때의 우리 조국은,

─국토통일을 이룩한 지 이미 오래된 강력한 민족국가로서,

─온국민이 다 함께 번영을 구가할 수 있는 풍요한 선진복지국가로서,

─세계사의 주류에 당당히 참여하고 기여해 나가는 보람찬 모습으로 변모해 있어야 할 것입니다.

지금은 착실한 그 준비기간인 것입니다.

1970년대는 이렇듯 과거와 미래를 연결하는 우리 근대민족사의 도정에서 민족중흥의 성패를 가름하는 중요한 위치를 점하고 있는 시기인 것입니다. 그리고 이 연대의 중흥 과업을 성취하는 여부는 우리의 힘을 어느 만큼 '생산적'인 목표에 집결시키느냐에 달려 있습니다. 민족의 단결, 힘의 집중, 그것은 정녕 민족중흥의 성패를 좌우하는 열쇠입니다. 우리의 당면 과제인 자립경제와 자주국방을 이룩하는 것도 민족의 단결이며, 민족의 염원인 국토통일을 성취하는 것도 우리의 단결된 힘입니다.

국민 여러분!

25년 전 8·15에 구가했던 그 감격과 환희를 기어이 성취할 조국 통일의 그날, 보다 더 벅차게 노래할 수 있도록 우리 다 같이 단결하여 전진합시다."

대통령이 민주주의와 공산독재의 그 어느 체제가 국민을 더 잘살게 할 수 있으며, 더 잘 수 있는 여건을 가진 사회인가를 입증하는 개발과 건설과 창조의 경쟁에 나서라고 촉구한 것은 2년 전인 1968

년 11월 30일, 수출의 날 행사 때 김일성에게 무력도발의 무모함을 경고하면서 충고했던 내용을 광복절 경축사에서 공식으로 제의한 것이다. 북한에서는 김일성 도당의 철저한 공산주의 세뇌교육으로 말미암아 민족의식은 거의 마비되었으며, 그들의 철저한 통제와 탄압 때문에 자유는 말살되었다. 북한주민들은 언론, 집회, 결사, 사상, 학술의 자유는 말할 것도 없고 심지어 거주와 통신, 교통의 자유마저 박탈, 통제당하고 있다. 따라서 김일성 도당이 계속 북한주민의 자유와 권리를 박탈하고 있는 한, 남북한의 평화적 교류며, 전한국의 자유선거며 하는 것이 다 허울 좋은 기만적 선전에 불과한 것이다. 북한자체 내에 거주와 통신, 교통과 언론, 사상과 결사의 자유가 허용되지 않는 상황에서 무슨 남북한의 교류가 가능하겠으며, 또, 북한자체 내에 자유로운 선거에 의한 정부선택의 권리가 허용되지 않는 상황에서 무슨 전한국의 자유선거가 가능하겠는가? 따라서, 남북한 평화통일의 선결요건은 북한에 인간의 기본권리와 정치적 및 경제적 자유가 보장되는 민주사회를 건설하는 것이다. 그런데 가난한 개발도상국가가 민주사회를 건설하기 위해서는 무엇보다도 먼저 국민생활을 향상시킬 수 있는 경제발전을 이룩해야 한다는 것이 대통령의 확고한 신념이었다. 그래서 대통령은 김일성과 그 도당들에게 무력통일을 위한 전쟁준비를 중단하고 전쟁준비에 투입해 온 재원과 노동력을 북한주민들을 잘살게 만들 수 있는 경제 건설을 하는 데 전용할 것을 촉구하고, 그것이 궁극적으로는 북한사회의 민주화를 가져오고, 남북한이 평화적으로 통일될 수 있는 길이라는 점을 강조한 것이다.

대통령은 북한공산주의자들과의 대결에 있어서 우리는 경제건설에 부단한 노력을 기울여야 된다는 점을 강조해 왔다. 여기에는 두 가지의 이유가 있었다.

그 하나는, 경제건설은 국방력을 강화하는 원동력이 된다는 것이다. 수출주도형 공업화를 추진하고 있는 우리 경제가 계속 성장하면 외화획득이 증가하여 이 외화로 우리에게 긴요한 무기를 구입해 올 수 있고, 또 중화학공업이 발전하게 되면 우리가 필요로 하는 각종 군사장비와 무기를 생산할 수 있게 되며, 군사력 증강에 크게 기여할 수 있다. 또 이렇게 국방력이 강화되면 우리는 안심하고 경제건설을 더 지속적으로 추진할 수 있게 된다. 경제건설과 국방의 이러한 상호보완 관계를 생각할 때 국방은 곧 건설이며 건설은 곧 국방이 된다는 것이다. 우리 경제가 고도성장을 지속하고 증대하는 경제력으로 우리의 군사력이 증강되면 김일성 집단은 무력남침이라는 무모한 모험에 모든 것을 걸려는 유혹이나 망상에서 깨어나게 될 것이다. 김일성 집단이 아무리 무력적화통일에 눈이 멀어 있다고 하더라도 저들도 저들 나름대로 우리의 국력과 우리의 대결의지를 분석평가해 볼 것이고, 전쟁을 도발할 경우 승패의 확률도 스스로 계산해 볼 것이며, 무력 남침이 저들의 자멸을 자초하게 된다는 것을 안다면 절대로 남침을 감행하지 못한다는 것이다.

또 하나의 이유는, 경제력이 군사력 증강의 바탕이 된다는 차원보다는 훨씬 높고 원대한 차원의 다른 목표를 달성하려는 데 있었다. 우리 시대, 우리 민족의 궁극 목표인 평화통일이 바로 그것이다. 1961년 집권 후부터 79년 타계한 그날까지 대통령이 일관되게 추구한 기본적인 통일정책은 '경제발전을 통한 평화통일'이다. 경제건설을 촉진하여 모든 분야에서 북괴를 압도하는 국력을 증대시켜, 이러한 국력의 바탕 위에서 평화적으로 조국통일의 길을 모색해 나간다는 것이다. 대통령은 만일 북괴가 또다시 6·25와 같은 남침을 강행해 온다면 우리도 무력으로 이를 격퇴하고 국토통일의 계기로 마련하겠다는 확고한 대결의지를 표명하고 북괴에 대해 경거망동을 하지 말 것을 기회 있을 때마다 경고했다. 그러나 대통령은 우리가 진정으로 원하는 것은 결코 전쟁을 통한 무력통일이 아니라 번영을 통한 평화통일이라는 것을 분명하게 천명했다. 이것이 바로 '선 건설 후 통일' 원칙이 추구하는 목적이었다.

즉, 우리는 경제건설을 통해서 우리 국민들이 가난의 질곡에서 벗어나 잘살 수 있는 번영된 사회를 건설하는 데 있어서 우리의 개방적인 민주사회의 시장경제가 북괴의 폐쇄적인 공산사회의 명령경제에 비해서 월등하게 우수하다는 체제의 우월성을 국내외에 과시함으로써 종국에 가서는 북한 공산주의자들로 하여금 민주주의와 시장경제의 우월성을 인정하고 뻗어나는 우리의 경제력과 군사력 앞에 무력적화통일의 야욕을 포기하고 우리의 평화통일 노력에 합류하도록 만든다는 것이다. 대통령은 이것이 지극히 어려운 일이고, 요원한 일이고, 불가능한 일일 수도 있다고 생각했다. 그러나 우리가 전쟁을 방지하는 평화적 방법으로 통일하자면 아무리 어렵고 많은 시간이 걸리더라도 계속 도전하여 성사시켜야 한다고 생각했다. 그것은 전쟁에 대한 유일한 대안이었기 때문이다. 그래서 대통령은 김일성 집단에게 전쟁준비를 중단하고 경제건설로 수출을 증대하여 북한주민의 생활을 향상시키는 것이 현명한 일이라고 충고했고, 남북한의 어느 체제가 국민을 잘살 수 있게 할 수 있는가를 입증하는 선의의 개발경쟁을 하자고 제의했던 것이다. 대통령은 남북한 간의 체제경쟁에 있어서 우리의 자유민주사회는 반드시 승리하게 되어 있고, 북괴의 공산주의 독재사회는 결국 패배하게 되어 있다는 확신을 가지고 있었다.

북한은 김일성을 교주로 섬기는 광신적인 사교(邪敎)집단이다

8·15해방 후 소련의 지원으로 수립된 김일성 정권은 북한 땅에

공산주의 이념과 체제를 그대로 이식하였을 뿐 아니라, 공산권 내에서도 가장 폐쇄적이고 호전적인 김일성의 일인독재체제를 확립했다. 북한사회에서 김일성의 명령은 곧 최고의 국법이 되고 그 명령은 논쟁의 대상이 될 수 없다. 김일성은 충성, 진리, 도덕 문제에 대한 최고의 결재자다. 그의 말은 곧 진리이며 제사의식처럼 계속 반복된다. 김일성은 자신의 통치권에 대해 어느 누구의 도전도 용납하지 않으며, 그의 행위에 대하여 평가를 내릴 수 있는 어떤 권위의 존재도 인정하지 않는다. 북한에는 독립된 언론기관도 없고 사법부도 없으며, 야당도 존재하지 않는다. 김일성은 자신과 공산주의를 비판할 자유를 허용하지 않는다. 김일성과 공산주의 체제에 대한 비판은 음모로 간주되고 당의 지배권을 획득하려는 당내 분파집단은 반동이나 반역으로 숙청되거나 처형된다. 김일성은 이른바 사회공안원이라는 비밀경찰조직을 사회 구석구석에 유지하고 있다. 이들은 김일성에 대한 불만과 저항의 기미가 보이는 정적이나 주민을 색출하여 '반혁명분자'니 '인민의 적'이니 '부르주아지 잔재'니 '제국주의자의 스파이'니 '우익기회주의자'니 하는 온갖 누명을 씌워 재판도 없이 강제수용소에 투옥하고 처형한다. 김일성은 또한 악마와도 같다는 '인질제도'를 유지하고 있다. 이것은 자신의 생명에 대한 위협은 감수하겠다고 생각하는 용기 있는 사람도 가족의 생명에 대한 위협 앞에는 쉽게 굴복한다는 인간심리를 악용하여 김일성과 공산주의에 대한 불만과 저항을 압살하고 이른바 '반동분자'를 색출하여 처벌하는 탄압수단이다. 김일성과 그 일당의 비인간적인 잔인성은 여기서 그치지 않는다. 그들은 자식들에게 그 부모를 고발하고 공개비판하도록 강요한다. 이것이야말로 인류역사에서 일찍이 볼 수 없었던 가장 반인류적인 만행이요 악행이 아닐 수 없다. 북한 공산주의자들은 가장 잔혹한 김일성 독재체제를 확립해 놓고 공산당의 명령과 강제로 전쟁준비를 위한 공업화를 추진했다. 북한 공산주의자들은 공업화의 방향과 진로뿐만 아니라 그 과정과 결과까지 치밀하게 계획하여 이를 최단시일 내에 완수하려 하였다. 특히 그들은 소비재 생산을 위한 경공업과 농업의 발전을 뒤로 미루고 군사력 증강에 필요한 무기를 생산할 중공업을 우선적으로 발전시켰다. 그들은 중공업 발전을 위해 인간개조를 외치면서 국민들의 전근대적인 사고와 행동의 요소를 반동(反動)으로 몰아 가차 없이 응징하고 세뇌(洗腦)를 통해 근대적인 산업기술과 관리기술을 함양시켰고, 끊임없는 자아비판과 희생을 요구하면서 쉴 새 없이 강제노동에 전국민을 동원했다. 그러나 중공업 발전을 위한 공산당의 명령과 강제는 필연적으로 엄청난 인적, 물적인 비용과 희생을 수반했다. 빈약한 국민소득과 국가자원의 대부분을 무기생산을 위한 중공업에 집중적으로 투입한 결과 생필품을 생산해야 할 경공업과 농업은 침체의 늪에 빠졌고, 북한주민들은 기아선상에서 헤매이게 되었다. 북한 땅을 지상낙원으로 만들 수 있다던 공산주의 명령경제는 북한주민들을 굶주림과 질병의 나락으로 떨어뜨리고 말았다. 북한 공산주의자들의 폭정과 실정에 대한 주민들의 불만과 고통은 증대했다. 북한주민들이 겉으로 내놓고 표시하지는 못하고 있지만 그들도 인간인 이상 김일성과 그 도당의 폭정과 전쟁준비로 인한 고통과 불행에 대해 불만과 불평이 없을 수 없다. 김일성과 공산당도 이것을 모를 리 없다. 그래서 그들은 북한주민의 불만의 폭발을 막기 위해서 여러 가지 수법을 병행하며 구사했다. 그 하나는 비밀경찰과 인질제도를 이용하여 북한주민을 일 년 열두 달 하루 24시간 감시하고 통제하며, 숙청하고 처형하는 것이다. 김일성 독재체제의 폭정이 날이 갈수록 더욱 포악해질 수밖에 없는 원인의 하나가 바로 여기에 있는 것이다. 김일성 도당이 북한주민들의 불만의 폭발을 막기 위해 사용한 또 하나의 수법은 끊임없이 위기의식을 조성하는 것이다. 김일성은 북한주민을 전쟁준비에 동원하기 위해 적의 존재와 그 위협을 항상 강조하고 있다. 흉악무도한 침략세력인 미제국주의자와 그 주구인 한국정부가 북한을 공격하려고 전쟁준비에 광분하고 있다. 따라서 북한도 전쟁에 필요한 무기를 생산할 수 있는 군수산업을 발전시켜 군사력을 증강해야 한다는 것이다. 한마디로 김일성은 남조선 침략세력의 전쟁도발에 대응한다는 거짓 명분을 내세워 북한사회를 하나의 거대한 병영으로 만들었다. 이러한 병영사회 속에 북한주민 전체가 흡수되어 인간다운 삶을 박탈당하고 있으나 그것은 '적의 위협'에 맞서 적과의 투쟁에서 승리를 쟁취하기 위해 기꺼이 참고 또 참아야 한다고 세뇌공작을 함으로써 북한주민의 불만을 미제국주의자와 남한의 반동정부에로 배출시켰다. 북한 공산주의자들은 북한주민의 불만이 고조될 징후가 보일 때마다 대남무력 도발을 자행하고는 이것은 북침을 준비하는 남한의 반동정권과 미제국주의자의 도발이라고 북한주민을 속이고 위기의식을 조성하여 북한주민의 불만에 대한 배출구로 삼고 있는 것이다. 이것은 김일성이가 계속 대남, 대미 무력 도발을 감행해 오는 중요한 이유의 하나였다. 60년대 후반만 해도 68년 신년 벽두의 1·21사태와 미해군 정보함 푸에블로호 납북사건, 그리고 69년 4월 15일 EC-121 미정찰기 격추사건 등이 그러한 도발의 실례였다.

김일성과 북한공산당이 북한주민들의 불만의 분출을 막기 위해 구사한 또 다른 수법은 북한사회를 외부세계에 대해 완전히 폐쇄하고 북한주민을 허위사실로 기만하는 것이다. 북한 공산주의자들은 북한의 생활수준이 남한보다 훨씬 높으며, 남조선 인민들은 미제국주의자들과 반동정권의 착취와 억압으로 비참한 생활을 하고 있고, 미제의 구호물자로 연명하는 거지들이라고 허위선전을 한다. 이러한 허위와 기만을 은폐하기 위하여 김일성은 북한사회를 폐쇄하고 북한주민과 외부세계와의 접촉과 교신을 금지시켰다. 북한주민은 외국의 신문과 서적의 구독을 통해 외국의 사회생활을 연구하는 일이 금지되었고, 그들 자신의 생활수준과 남한 국민의 생활수준을 현실적으로 비교할 수 있는 길이 막혔다. 뿐만 아니라 북한주민의 해외여행을 금지하고 북한 내에서조차도 이주의 자유를 제한하고 통제했으며 개인의 사적인 영역을 용인하지 않았고, 사교적인 교류도 허용하지 않았다. 예컨대 노동자는 서로 단합해서는 안 되고 군대식 규율에 따라 노동해야 했고, 그가 무엇을 만들고 있는가를 자기의 가족에게조차도 말할 수가 없었다. 관료는 자기의 일에 관하여 이야기할 수 없었다. 심지어 부모 자식 간에도 자기들이 하는 일에 대하여 서로 논의하는 것이 허용되지 않았다. 김일성 도당은 비밀경찰, 인질제도, 허위선전, 위기의식 조성 등으로 북한주민의 눈을 가리고 귀를 막고 입을 봉합해 놓고는 김일성 개인의 우상화를 위해 모든 수단을 동원했다. 어린이의 초보독본에서부터 신문, 극장, 영화, 텔레비전 등 교육, 학문, 예술, 오락에 이르는 모든 수단이 이른바 '위대한 어버이 수령 김일성'의 우상화를 위해 1년 내내 동원되고 이용되었다. 이처럼 김일성 개인에 대한 신격화와 우상숭배를 강요하는 단계에 이르러 북한공산주의는 드디어 김일성을 교주로 섬기는 광신적인 사교(邪敎) 집단으로 전락했다. 광신자들은 자기의 욕망을 충족시켜 줄 환상적 상황을 가정하고 그 실현의 가능성을 믿고 폭력에 호소한다. 북한 공산주의자들은 바로 이러한 광신자들의 집단이다. 그들은 김일성을 신격화했다. 그리고 북한주민들에게 김일성을 어버이 수령으로 숭배하고 김일성 교시에 따라 살아가도록 세뇌했다. 그 결과 북한주민들은 김일성이 나타나기만 하면 발을 구르고 눈물을 흘리며 김일성을 찬양하는 자동인형 같은 존재가 되고 말았다. 북한주민들에게는 국민으로서의 자유나 권리가 없다. 그들에게는 오직 김일성 한 사람을 위해 살고, 김일성 한 사람을 위해 죽는 자유만이 있을 뿐이었다. 그리하여 북한은 2천만 북한주민이 김일성 한 사람을 신(神)처럼 섬기는 노예사회로 굳어 버렸다. 사람들은 전지전능한 신의 절대명령에 따라 행동하고 있다고 믿고 있을 때는 그들이 따라야 하는 명령에 따른다. 이것이 바로 사교의 교주와 그를 믿고 모든 것을 그에게 헌납하는 신도들이 엮어내는 광신의 모습이다. 오늘날 북한주민들은 김일성이라는 그들의 교주가 명령하는 대로 전쟁준비를 위해 동물처럼 노예생활을 강요당하면서도 김일성이 연설할 때마다 '어버이 수령'을 합창한다. 그리하여 자기 자신을 신격화하고 우상화하여 개인숭배의 향연(香煙)에 도취된 채 전쟁준비에 눈이 멀어 있는 김일성이라는 사신(死神)의 손길이 북한 땅을 뒤덮고 있는 것이다. 결국, 북한은 성장과 발전이 정지되고 점차 퇴화와 몰락의 나락 속으로 함몰될 수밖에 없는 운명에 놓이게 되고 말았다. 한마디로 북한 공산주의자들은 필연적으로 멸망하게 되어 있다.

이것이 김일성의 공산주의체제에 대한 대통령의 기본인식이었고, 그 체제의 종말에 대한 대통령의 예단이었다. 대통령은 자신의 예단에 대해 확고한 신념을 갖고 있었다.

미국은 한국이 북한에 대화를 제의하기를 희망했다

1968년 1월 21일 북괴 무장 게릴라의 청와대 기습미수 사건, 1월 23일 미 해군 정보함 푸에블로호 납북사건, 1969년 4월 15일 동해 상공에서 북괴전투기의 EC-121 미정찰기 격추사건 등 한국과 미국에 대한 북괴의 계속적인 무력도발은 이 지역의 평화와 안전에 대한 심각한 위협이 되고 있었다. 그리하여 우리나라와 미국의 학계와 정계에서는 북괴가 한국과 미국에 대해 계속 무력도발을 하는 이유가 무엇이냐, 북괴의 무력도발을 막고 한반도에서 또 다른 전쟁의 재발 위험을 없앨 수 있는 현실적인 방안은 무엇이냐 하는 데 대해 여러 가지 논의가 이루어지고 있었다. 북괴가 왜 호전적으로 나오느냐 하는 데 대해서는 여러 가지 주장이 있었으나, 가장 큰 설득력을 얻고 있는 주장은 이른바 '좌절론'이었다. 이 주장에 의하면 북괴는 남북한 간의 국력의 격차가 점점 커짐에 따라 '좌절감'에 빠져 있으며, 초조감과 절망감마저 갖게 되어 합리적인 판단보다는 비이성적이며, 충격적인 결정을 할 가능성이 있다는 것이다. 좌절감에 가득 찬 쪽은 우선 자극적이며 공격적인 언동을 계속하고, 다음 단계에서는 자신이 사용하는 언동에 스스로 마취되어 남들이 도저히 납득할 수 없는 무모한 행동을 하게 된다는 것이다. 김일성이 '우리는 모든 전쟁준비를 완료했다'느니 '우리는 1970년에 무력적화통일한다'는 등 침략적인 발언을 되풀이하고 있는 것은 바로 좌절감에 빠진 사람의 첫 번째 증상을 그대로 보여주는 것이며, 최근의 무력도발들은 두 번째 단계의 증상을 나타내는 것이라는 것이다. 이러한 북괴의 도발을 막고 한반도에 평화와 안정을 가져올 수 있는 방안은 무엇이냐 하는 데 대해서는 이른바 '두 개의 한국'론과 '남북한 관계의 동서독식 관계화' 주장이 가장 현실적인 정책대안으로 논의되고 있었다. 69년 미국 버클리대학교 동아시아연구소장 로버트 스칼라피노 교수는 〈미국과 아시아〉라는 논문에서 '두 개의 한국'론을 전개했다. 그는 한반도의 당면과제는 '통일'이 아니라 남북한의 '평화공존'이라고 보았다. 한민족이 궁극적으로는 통일을 이룩해야겠으나, 지금처럼 적대의식과 대결로 가득 차 있는 위기상황에서는 우선 긴장을 완화하면서 공존의 길을 찾아 그 바탕 위에서 교류와 협력을 추진해 나가는 것이 현실적이며 바람직하다는 것이다. 이를 위해서 남북한을 두 개의 '주권독립국가'로 인정하자는 것이다. 지금처럼 남북한을 각각 분단국가라고 규정해 놓고 있으면 서로 상대방을 흡수통합하려는 민족주의적 열망에서 '내전'까지 치르게 될 위험성이 있으나, 두 개의 '주권독립국가'로 공인해 놓으면, 통일에 대한 열망도 현실화되고, 남북한 간의 무력 충돌도 '내전'이 아니라, '국제전'이 되기 때문에 전쟁을 일으키기가 더 어려워지게 된다는 것이다. 그는 남북한을 각각 '주권독립국가'로 공인하는 방법으로 남북한에 대한 동·서 양진영의 교차승인과 남·북한의 유엔 동시가입안을 제시했다. 한국만을 승인하고 있는 미국과 일본 등 서방세계는 북한도 승인하고, 북한만을 승인하고 있는 소련과 중공을 비롯한 공산세계는 대한민국도 승인하라는 것이다. 또 남·북한은 각각 유엔에 가입하라는 것이다. 이 바탕 위에서 남·북한은 불가침협정을 맺고 서울과 평양에 각각 자신의 대표부(또는 대사관)를 설치하라는 것이다. 즉 국제사회에서 공인된 '두 개의 코리아'를 남·북한 스스로 제도화하라는 것이다. 남·북한 관계가 이렇게 제도화될 때에는, 어느 한쪽이 다른 쪽을 무력 공격하기도 어려우며, 상대방 내부에서 반란이 일어나도 지원할 수 없다. 설령 어느 한쪽이 다른 쪽을 무력 공격한다고 해도 그것은 내전 또는 민족해방전쟁으로 간주되지 않고 주권국가 사이의 전쟁으로 취급된다. 다시 말해 남·북한 사이에는 더 이상 민족해방전쟁의 논리가 성립될 수 없게 된다는 것이다.

한편 모튼 아브러모위츠 박사는 남북한 관계를 동·서독 관계로 전환시키는 것이 긴요하다고 주장했다. 즉, 남·북한 분단을 국제적으로 합법화시킴으로써 한반도를 안정시키자는 것이다. 그는 서독이 동독에 대해 '동방정책'을 썼듯이, 남한이 북한에 대해 '북방정책'을 쓸 것을 강력히 권고했다. 즉, 소련과 중공 및 동유럽과의 관계를 점진적으로 개선시켜 마침내 국교에 이르게 하라는 것이다. 동방정책이란 1969년 서독의 수상이 된 빌리 브란트(Willy Brandt)가 미국의 강력한 지원을 얻어 추진한 대공산권 정책이었다. 그것은 냉전의 산물인 동서의 대립과 불신을 완화시켜 평화공존을 확립하고, 동서의 긴장완화로 유럽의 안전보장을 이룩하고 경제적 문화적 교류를 촉진하려는 것이었다. 브란트 수상은 소련과는 무력불행사선언 예비교섭을 진행시키고, 폴란드와의 교섭도 시작했다. 동독과도 수상회담을 추진해서 성사시켰다. 브란트 수상의 동방정책은 2차대전 후 독일에 형성된 분단의 현실을 기정사실화하는 현실적인 정책으로, 전후 유럽에 있어서 20여 년의 단절의 벽을 뛰어넘은 획기적인 사건으로 평가되고 있었다. 아브러모위츠 박사는 한국도 서독의 동방정책처럼 북한 등 공산권과 관계를 개선하는 '북방정책'을 전개하는 것이 좋지 않겠느냐는 의견을 표명했다. 이른바 '두 개의 한국'론이나 '남북한의 동서독화'론을 제안하고 있는 학자들은 역대 미행정부의 외교정책에 대해 자문과 조언을 제공하고, 정책에 대한 비판과 대안을 제시해 온 전문가들로서, 미행정부는 이들의 의견과 제안을 존중하고 실제로 외교정책에 이를 반영하고 있었고, 닉슨 행정부도 이들의 주장이 남북한 간의 긴장을 완화하는 데 도움이 될 수 있는 현실적인 방안으로 검토하고 있었다. 1969년 8월 21일의 한·미 정상회담을 앞두고 닉슨 대통령이 포터 주한 미국대사에게 주한미군 1개 사단 철수 문제에 대한 현지 대사로서의 의견을 묻자 포터 대사는 '서서히 한다면 가능한 일이라고 생각한다'는 소견을 피력했다. 그때 닉슨 대통령은 주한미군 철수문제와 이에 대한 후속 조치의 일환으로 남북한 간의 긴장완화 조치에 관해 곧 훈령을 보낼 터이니 한국정부와 협의해 보라는 지시를 했다. 69년 닉슨은 대통령에 취임한 직후 세계적 차원에서 이른바 냉전구조를 평화구조로 바꾸어 화해와 협력의 새로운 국제질서를 형성하려는 원대한 계획을 추진하기 시작했다. 그러한 계획의 일환으로 미국은 소련과 전략무기제한 협상을 추진하고, 중공과는 관계개선을 모색하기로 결정했다. 그리고 남북한이 미국, 소련 및 중공과 각기 군사동맹을 맺고 있고 냉전구조가 가장 오랫동안 고착되어 있는 데다가 북한의 호전적인 무력도발로 긴장이 고조되어 있는 한반도에서 남북한 간의 긴장완화 노력이 다른 어느 지역보다도 더 필요하다고 생각하고 있었다. 그래서 남북한 간에도 긴장이 완화되고, 가능한 분야에서 교류와 협력이 이루어질 수 있게 되기를 희망하고 있었고, 이를 위해서 한국정부가 먼저 북한에 대해 대화를 제의하는 것이 좋지 않겠느냐는 생각을 하고 있었다는 것이다. 그 후 닉슨 대통령은 한·미 정상회담에서는 이 문제에 대한 언급을 하지 않았고 또 주한미군의 철수는 생각하지 않고 있다고 확약했다. 그러나 이 확약은 곧 빈말이었음이 드러났다.

1970년 2월 18일 닉슨 대통령은 이른바 '닉슨 독트린'을 골자로 하는 외교백서를 발표하고 주한 미제7사단 철수계획을 확정지었다. 그 직후에 포터 대사는 청와대로 대통령을 예방하고 주한미군철수계획에 대한 공식 통보가 곧 있을 것이라고 말하고, 본국 정부로부터 미국은 한국군 현대화계획을 지원하여 국군의 전투력을 강화하는 노력을 할 것이며, 동시에 남북한 간에 전쟁 재발의 위험을 제거하고 한반도에 긴장완화를 이룩할 수 있는 노력도 병행되기를 희망한다는 뜻을 대통령에게 전하고 대통령의 의견을 들어보고 보고하라는 지시를 받았다고 말했다. 1970년 2월 24일부터 3일간 미상원 외교위원회에서 진행된 비밀청문회에서는 닉슨 행정부가 계획하고 있는 주한 미지상군 1개 사단 철수문제와 관련하여 미행정부 고위관리들이 증언을 했고, 포터 주한미대사도 증인 중의 한 사람이었다. 주한미군 철수 후에 미행정부가 취할 사후조치에 관한 질의와 응답이 오가던 중에 남북한 간의 긴장완화 문제에 대한 질의가 있자 포터 대사가 증언했다.

'닉슨 대통령은 한반도에 고조되고 있는 긴장을 해소하기 위해 한국이 북한과 대화를 시도해 보기를 희망하고 있으며, 본직은 이 문제를 한국정부와 협의해 보라는 지시를 받았다. 얼마 전에 한국과 북한 간에 대화가 가능한 범위와 영역에 대해서 알아보기 위해 북한으로도 눈을 돌리는 것이 좋지 않겠는가 하는 미국정부의 견해를 놓고 한국정부와 협의하는 권한을 워싱턴으로부터 위임받았다. 우리는 이러한 방향으로 눈을 돌리는 가능성에 대해서 한국 수뇌와 차분하게 협의해 왔다. 한국정부가 어떤 일을 제시할 필요를 느끼는 시기가 아마도 빠른 시일 내에 다가올 것이다.'

포터 대사는 2월 18일 청와대로 대통령을 예방하고, 주한 미지상군 철수문제와 한반도 긴장완화 문제에 대한 닉슨 대통령의 요망을 전달하는 자리에서 그동안 남북대화 문제에 대해서는 대화가 가능한 범위와 영역에 관해 외무부 간부들과 협의해 왔다는 사실을 밝혔다. 그는 미국의 한반도문제 전문가들이 제안했고 또 닉슨 행정부에서도 관심을 가지고 있는 이른바 '두 개의 한국'론과 '남북한 관계의 동서독관계화'론을 중심으로 이 방안들이 남북한 간의 대화에 있어서 의제로 삼는 것이 가능한 것인지에 관해 수차 협의하였으나 외무부 간부들은 부정적인 반응을 보였다고 말했다. 그는 대한민국의 국내법상으로 보나 남북대결의 현실에서 보나 그것이 불가능하다는 외무부 당국자들의 의견을 충분히 이해하고 있으나, 현재의 상황을 극복하고 새로운 현실을 창조해 나간다는 차원에서 대통령께서 특단의 조치를 해주시기를 바란다고 말했다. 그동안 우리 정부는 '두 개의 한국'론이나 '남북한 관계의 동서독관계화'론 모두 북괴를 독립국가로 인정하는 것으로 현시점에서는 생각할 수 없는 것이라는 입장을 견지해 왔다. 대통령은 미국의 한반도전문가들이 제안하고 있는 이른바 '두 개의 한국'론이나 '남북한 관계의 동서독관계화'론에 대해서는 우리 학계나 정부 내에서 연구한 보고서도 있어서 여러모로 검토해 봤다고 말했다. 대통령은 먼저 미국의 학자들이 북괴가 우리와의 국력차이가 커짐에 따라 초조감과 좌절감에 빠져 무모한 도발을 계속하고 있다는 이른바 '좌절론'은 한반도 긴장의 근본 원인이 어디에 있는가를 올바로 파악하고 있는 것이라고 평가했다. 대통령은 김일성이가 70년대 전반기를 무력남침의 결정적인 시기라고 공언하고 있기 때문에 이 시기가 우리나라의 안보에 있어서 중대한 시련기가 될 것으로 전망한다는 것을 기회가 있을 때마다 강조해 온 사실을 상기시켰다. 즉, 70년대 전반기는 우리가 추진하고자 하는 3차 5개년계획과 시기적으로 일치하고 있는데, 만약 북괴가 이 시기를 놓치고 앞으로 시간이 가면 갈수록 대한민국의 국력과 북괴의 힘과는 엄청난 차이가 자꾸 벌어져 무력을 가지고 대한민국을 뒤집어엎을 기회가 없어진다. 다시 말하자면, 시간이 가면 갈수록 북한괴뢰는 대한민국에 대한 무력남침의 기회를 영영 놓치고 말게 된다는 것을 김일성 자신도 알고 있기 때문에 초조한 나머지 대한민국이 빨리 커지기 전에 무력으로 적화통일을 해치워야 하겠다고 생각하고 그 시기를 70년대 전반기로 잡고 있다. 김일성이 최근 한국과 미국에 대해 도발하고 있는 것은 한·미 양국의 대결의지와 능력을 시험해 보려는 계획된 공격이다. 따라서 '좌절론'은 북괴의 무력도발 원인을 정확하게 인식하고 있다고 생각한다는 것이다.

대통령은 이어서 이른바 '두 개의 한국'론과 '남북한 관계의 동서독 관계화'론에 대한 소신을 피력했다. 대통령은 이 방안들이 한반도에서 전쟁의 위험성을 제거하는 방안으로서는 합리적인 것이라고 생각된다고 말했다. 무력으로는 통일이 성사될 수 없고 합의에 의해 평화통일이 이루어질 시기를 기약할 수도 없는 현상황에서 엄연한 사실로 존재하는 있는 그대로의 현실을 인정하고 있는 점에서 그 두 방안은 현실적인 것이라고 평가될 수도 있다는 것이다. 그러나 대통령은 그 두 개의 정책 대안을 현상황에서 대한민국의 국가정책으로 채택하는 데에는 여러 가지 문제가 있다는 점을 지적했다. 무엇보다도 북괴를 '주권국가'로 인정한다는 것은 대한민국이 한반도에 있어서 유일 합법정부임을 규정하고 있는 우리 헌법을 개정하지 않고는 있을 수 없다는 것이다. 또 동서독 관계처럼 전환하는 것도 분단 후 6·25전쟁을 겪고 현재 휴전상태에 있는 남북한 관계와 동서독 관계는 여러 가지 면에서 다르기 때문에 당장 쉽게 이루어질 수 없다는 것이다. 대통령은 '두 개의 한국'론이나 '남북한 관계의 동서독관계화' 문제는 국제정세가 호전되고 특히 김일성 체제에 변화가 일어나게 될 장래의 어떤 시기에 가서 고려할 장기적인 정책 과제로 계속 연구하도록 하겠다는 뜻을 피력했다.

대통령은 끝으로 남북대화문제에 대한 구상을 밝혔다. 대통령은 먼저 남북대화문제에 있어서는 우리가 대화 제의를 하기에 앞서 먼저 북한의 폭력 포기가 선행돼야 한다. 즉, 폭력 포기가 대화제의의 전제가 돼야 한다는 점을 강조했다. 북한이 무력적화통일이나 폭력에 의한 대한민국 전복 정책을 포기하지 않은 한 우리가 그들과 대화를 한다는 것은 아무런 의미가 없으며, 또 아무런 성과도 기대할 수 없다는 것이다. 대통령은 투쟁의 성격을 바꾸려면 먼저 투쟁의 수단을 바꿔야 한다는 점을 지적했다. 다시 말해서 대화의 범위나 영역을 생각하기에 앞서 대화의 전제로 폭력의 포기가 선행돼야 한다는 것이다. 폭력은 투쟁을 완강한 것으로 만들고 증오와 복수심을 조장하여 당초의 투쟁을 더욱 격렬한 것으로 만들지만, 투쟁에서 폭력을 포기한다는 것은 최초의 타협이며, 최초의 협력이며, 통합에 이르는 첫걸음이다. 폭력을 포기한 다음에 대화를 통해 현안문제를 해결하여 투쟁을 종식시키고 공존과 협력의 단계로 진입하는 것이 긴장완화라는 목표에 도달하는 올바른 순서가 아니겠느냐는 것이다. 대통령은 6·25전쟁이 휴전상태로 고착된 이래 남북한 간의 적대관계는 완화되기보다는 오히려 악화되어 왔다는 사실을 상기시켰다. 남북한은 동북아시아 지역에서 민주주의와 공산주의가 대결하는 이념적인 적수(敵手)로서 정치, 경제, 군사적으로 상대방의 발전과 우위를 용납하지 않고 있으며, 미국·소련·중공 등 핵보유 강대국과 각기 군사동맹을 맺고, 상대방의 힘과 목표에서 감지할 수 있는 위협에 대응하기 위해서 군비증강을 지속하고 있다. 북한은 무력적화통일을 하기 위해서 휴전 직후부터 군비증강에 주력해 왔고, 우리는 북한의 또 다른 침략을 억지하기 위해 자주국방력을 증강해 왔다. 그러나 남북한 간의 군비경쟁이 끊임없이 지속되어서는 안 된다고 생각한다. 전쟁이 아닌 평화적 방법에 의한 남북한 통일을 위해서 그것은 필수조건이다. 한반도에 이해관계가 있는 미, 중, 소, 일 등 이른바 4대 열강이 한반도에서 또 다른 전쟁이 재발되는 것을 원치 않고 있는 상황에서 남북통일은 전쟁에 의해 이루어지기는 어렵게 되어 있다. 따라서 남북통일이 이루어지려면 그것은 남북통일을 위해서 사용될 기회가 거의 없을지도 모를 무기생산을 위해서 군비경쟁을 계속한다는 것은 무슨 소용이 있는가? 그것은 남북한 모두에게 귀중한 국력을 소모하고 남북한 동포에게 재정적 부담과 생활상의 고통을 가져다 줄 뿐이다. 그 귀중하고 막대한 재원을 군비확장이 아닌 경제건설에 투입하는 것이 궁극적으로는 한반도에서 전쟁을 막고 신뢰를 회복하고, 평화를 정착시켜 평화적인 남북통일을 이룩할 수 있는 길이라고 본다. 하루라도 빨리 군비경쟁의 악순환의 고리를 끊어야 한다. 이러한 악순환의 고리를 끊어버리기 위해서는 1950년대부터 우리보다 훨씬 먼저 군비증강에 총력을 기울여 왔고 또 대남 무력도발을 계속하고 있는 북한이 더 이상의 군비증강을 먼저 중단하고 군비증강 재원을 북한동포의 생활수준을 높일 수 있는 경제 건설에 전용하는 것이 이 문제를 풀어나가는 선순서가 돼야 한다. 그래서 나는 68년 11월 30일 수출의 날에 북한에 대해 경제건설에 힘쓰라고 촉구한 바 있다. 즉, 모든 전쟁행위를 중지하고 경제건설을 많이 하고 수출을 많이 해서 북한주민들이 보다 잘살 수 있는 터전을 마련하는 것이 현명한 일이라는 점을 강조했다. 북한의 침략을 억지하기 위해 자주국방력을 강화하면서도 남북한이 서로 공멸을 가져올 군사력을 증강하고 있다는 사실을 생각할 때마다 남북한의 공존을 보장하는 평화를 정착시키는 것이 우리시대의 피할 수 없는 도덕적 의무라는 것을 통감하고 있다. 남북한이 이러한 의무를 인정하고 구체적인 행동으로 이 의무를 실행한다면 그것은 전쟁이 아닌 대화에 의해 평화통일의 길로 들어서는 출발점이 될 수 있다고 믿고 있다. 그러나 김일성은 70년대 초반에 무력 적화통일을 하겠다고 공언하고 있다. 전쟁을 해서라도 한반도를 공산화하겠다는 것이다. 대통령은 북한은 경제건설에서도 한국을 이길 수 없지만 군비경쟁에 있어서도 한국을 이길 수 없다는 확신을 피력했다.

70년대 전반까지는 군비증강을 먼저 시작한 북한이 한국을 다소 앞서가고 있었지만, 70년대 후반에는 남북한 군사력이 비등해지고 80년대 이후에는 한국이 북한을 앞지르게 된다. 군비경쟁에 있어서 그 승패를 결정짓는 것은 경제력이고 한국의 경제력은 급속히 성장하는데 북한의 경제력은 침체의 늪에 빠져있기 때문에 시간이 지날수록 북한은 군비경쟁에서도 한국을 이길 수 없다는 것이다. 따라서 우리가 70년대 전반기에 김일성이가 노리는 무력에 의한 적화통일

획책을 막고 이 고비를 무사히 넘기면 김일성도 남북한 간의 엄청난 국력차이 때문에 무력통일이 불가능하다는 것을 깨닫고 그러한 야욕을 포기하지 않을 수 없게 될 것이며, 그때부터는 우리가 월등한 국력을 가지고 평화통일의 길을 여는 데 주도권을 갖게 될 것이다. 그 무렵에 가면 남북한 간의 긴장완화와 공존의 구조를 마련하는 문제를 생각할 수 있게 될 것으로 본다. 문제는 김일성의 의도다. 그가 과연 적화통일을 위한 무력을 포기하고 남북한 공존을 위한 평화의 기틀을 마련하기 위해 노력하려는 생각을 갖고 있는지, 아니면 추호도 그런 생각을 갖고 있지 않은지를 알아보는 것이 가장 중요한 선결문제라고 본다. 따라서 현시점에서는 북괴에 대해 '폭력의 포기'를 촉구하고 그들의 반응에 따라 다음 단계의 대응책을 마련하는 것이 바람직한 일이라고 생각한다는 것이다. 대통령은 이러한 자신의 구상을 해마다 통일문제에 대한 정책을 밝히는 8·15 광복절에 내외에 천명할 계획을 준비하고 있다고 말했다. 대통령은 자신의 이러한 정책이 한국의 '대화 제의'를 바라는 닉슨 대통령의 기대에는 못 미치는 것일지 모르나 우리로서는 현단계에서 최선의 선택이라는 것을 이해해주기 바란다는 뜻을 전해 줄 것을 당부했다. 포터 대사가 미상원외교위원회의 비밀청문회에서 '아마도 빠른 시일 내에 한국정부가 어떤 일을 제시할 시기가 다가올 것이다'고 말한 그 '어떤 일'은 바로 대통령의 8·15구상을 염두에 두고 한 말이었다.

북괴는 8·15제의를 거부하고 한국정부를 뒤집어엎겠다고 공언했다

1971년 1월 11일, 연두기자회견에서 대통령은 북괴는 8·15선언을 전면 거부하고, 남한의 이용가능한 모든 것을 동원해서 한국정부를 전복하겠다고 공언한 사실에 대해 설명했다.

…(중략)… '북한괴뢰는 8·15 선언에 대해서 반응을 보였는데, 악의에 찬 욕설과 비방을 되풀이하면서 이것을 전면으로 거부했습니다. 작년 11월에 소위 그들의 제5차 전당대회에서 그들은 무엇이라고 응수했느냐 하면, '우리의 전인민은 모두 총을 쏠 줄 알며, 또는 총을 메고 있다', '온나라의 모든 지역이 철옹성같이 방위시설을 쌓아 놓았다', '중요한 산업시설은 모두 요새화되었다', '우리는 이제 모든 전쟁준비가 완료되었다'고 호언장담을 했습니다. 또한 그들은 말하기를, '북한은 남한혁명의 기지이며, 남한의 모든 이용 가능한 것을 동원해서 대한민국 정부를 전복하겠다'고 했는데, 물론 이런 것은 그들이 처음으로 한 것도 아니고 새로운 소리도 아닙니다. 그들은 소위 평화적 통일이라는 것을 흔히 잘 들고 나오는데, 북한괴뢰가 말하는 평화통일론의 뜻이 무어냐 하는 것을 잘 분석을 해 볼 때에, 그들이 말하는 평화통일이라는 것에는 전제가 붙어 있는 것입니다. 그것이 무엇이냐 하면 대한민국 정부를 반드시 전복하고 뒤집어 엎어야 되겠다, 그리고 난 뒤에 남한에 남아 있는 좌익단체, 소위 공산당에 동조하는 세력들과 함께 통일에 대한 문제를 다루겠다는 뜻입니다. 결국, 그들이 말하는 평화통일이라는 것은 정치적으로 국제사회에서 하나의 선전용으로 써먹는 용어이지 그 내용은 무력적화통일이란 말과 동의어, 즉 표현은 다르지만 뜻은 똑같다, 이렇게 보아야 할 줄 압니다. 따라서 흔히 우리 국내 인사들 중에 북한괴뢰가 무슨 평화통일이니 무어니 들고 나오는 이야기에 대해서 자칫 잘못하다가는 그들의 뜻을 오해하고 그들의 선전에 현혹되는 경우가 있을 수 있는데, 이것은 우리가 경계해야 될 줄 압니다.

북한괴뢰가 왜 이렇게 나오지 않을 수 없느냐 하는 문제를 우리가 한 번 생각해 볼 때에, 이것은 우리가 김일성 독재정권의 기본성격을 잘 이해한다면 충분히 알 수 있을 것이라고 봅니다. 김일성이가 지난 20년 동안, 이 지구상에서는 유례를 찾아 볼 수 없는 무서운 독재체제를 다져가면서 정권을 유지해 온 그 수법을 우리가 안다면, 김일성이가 현단계에 있어서 이런 방법 외에는 다른 도리가 없지 않겠는가 하는 것입니다. 오늘날 김일성이를 둘러싸고 있는 소위 극렬분자, 극단적인 과격분자들은 김일성이를 우상화해 놓고 여기에 반발이나 대항할 만한 세력은 모조리 무자비하게 숙청을 해버렸습니다. 그리고 현체제를 유지해 나가기 위해서 그러한 독재 체제에 대한 국민들의 불평과 불만이 자꾸 높아짐에 따라 그러한 불평 불만을 어디로든가 다른 데로 배출시킬 필요가 생겼습니다. 그들은 대한민국에 대한 침략에서 그 배출구를 찾고 있는 것입니다. 즉, 무슨 이야기냐 하면, 남한에서 지금 북한을 치려고, 쳐들어오려고 전쟁준비를 하고 있으니까 북한도 전쟁준비를 해야 된다는 이러한 이야기입니다. 그렇게 해서 북한주민들에게 항상 위기의식과 전쟁 공포 분위기를 조성해서 그들 체제 내의 모순이라든지 부조리를 은폐하려고 하고 있습니다. 지금 대한민국 국민이나 또는 북한에 살고 있는 우리 동포들이나 한반도에 평화가 찾아오고 남북 간에 지금까지 얼어붙었던 여러 가지 긴장이 점차 해빙이 되고 평화통일에 대한 분위기가 조성된다면, 전부 다 쌍수를 들고 환영할 줄 압니다. 단, 이런 상태를 가장 싫어하고 두려워하는 존재가 있다 이것입니다. 이것이 바로 김일성이를 둘러싸고 있는 김일성 독재집단들입니다. 왜냐하면, 그들의 철의 장막이 하나하나 꺼풀이 벗겨지고 북한 인민들의 눈 또는 귀에 이제까지는 듣도 보도 못하던 새로운 소식이 하나, 둘 들려오게 된다든지. 또는 남쪽에서부터 부드러운 자유화의 바람이 솔솔 북으로 불어 닥쳤을 때에 여기에 대해서 제일 당황하는 것은 누구이겠느냐, 이것은 두 말할 것도 없이 김일성이를 둘러싸고 있는 김일성 독재집단들일 것입니다. 따라서 현재와 같이 극렬적인 폭력혁명론자들이 김일성이를 둘러싸고 북한 땅에 도사리고 있는 한 평화적통일 문제는 당분간 그 해결을 기대하기가 어렵다. 이렇게 보는 것입니다.'

대통령은 이어서 평화통일의 길은 우리 국력배양에 있다는 점을 역설했다.

"그렇다면, 통일에 대한 전망은 영영 절망적이냐, 희망이 없느냐. 그렇지도 않다고 우리는 보는 것입니다. 비관을 할 필요도 없다. 그러면 통일의 시기를 앞당기기 위한 방법은 무엇이겠느냐, 이것 역시 우리의 국력을 배양하고 우리의 국력이 빨리 성장해서 모든 면에서 북한괴뢰를 압도하는 그러한 시기가 결국은 평화통일에 대한 길이 트이는 시기다. 그렇게 우리는 보고 있습니다.

만약, 앞으로 우리의 국력이 성장하고 모든 면에 있어서 북괴를 능가하고 압도할 그런 시점에 도달하였을 때에, 결국은 북한괴뢰라는 것은 국제사회에 있어서 점차 약화되고 또는 고립될 것이 틀림없습니다. 남한에서부터 북한 땅으로 자유화의 물결이 솔솔 밀어들게 될 것 같으면, 결국은 김일성 독재체제의 동요를 가져오게 될 것이다. 변질을 가져올 것이다. 아무리 김일성이가 무력을 가지고 적화통일을 하려고 하더라도 도저히 전쟁이라든지 무력만 가지고는 해결이 안 된다. 이렇게 체념했을 때에 그때에 비로소 평화적 통일에 대한 길이 트이기 시작한다. 이렇게 우리는 보는 것입니다. 따라서 우리는 그 시기가 올 때까지는 국력을 기르는 데 총력을 경주해야겠는데, 우리가 지금 하고 있는 모든 이 노력은 통일을 위한 기반 조성 작업인 것입니다. 북한괴뢰가 평화적 노력을 거부했다 해서 우리는 실망할 필요는 없습니다. 마지막으로 내가 되풀이해서 이야기하고자 하는 것은 최근 일부 분단국가에서 일어나고 있는 긴장 완화의 움직임이라는 것은 결코 우연히 일어난 것은 아니라는 것입니다. 오랫동안에 국민들의 꾸준하고도 착실한 국력의 배양, 여기에서 나오는 그 국민들의 자신에 넘치는 실력이 바탕이 됨으로써 비로소 가능한 일이라는 것입니다. 우리도 자립경제와 자주국방을 양대 지주로 삼고, 우리 국민이 한데 뭉쳐서 국민총화의 바탕 위에 사회 각 분야의 발전과 그리고 유리한 국제환경의 조성을 위한 외교적 노력을 앞으로 계속해 나간다면, 어느 단계에 가서는 반드시 통일의 길이 열리리라고 우리는 확신하는 것입니다. 나는 지금 세계적인 안목에서 작금 분단국가의 현황과 여러 가지 변화의 추세, 또는 앞으로의 전망을 예의 주시하고 있습니다.'

대통령은 이어서 앞으로 2, 3년은 우리의 안보에 있어서 하나의 시련기가 될 것이라고 경고했다.

"한반도를 둘러싼 주변정세를 관찰해 볼 때, 확실히 지금 우리 주변에는 심상치 않은 문제들이 하나, 둘 일어나고 있다 하는 것을 느끼게 됩니다. 즉, 호전적인 중공이 국제사회에서 점차 그 지위가 높아져 가고 콧대가 높아져 간다는 사실, 또는 미국은 닉슨 독트린이니 또는 무슨 불개입정책이니 해서 점차 아시아지역에서 손을 떼려고 하고 있고, 거기에 따르는 힘의 공백을 당장 메울 만한 어떤 대안도 뚜렷한 것이 없다, 또한 그렇다고 해서 아시아지역의 국가들이 그들 스스로의 힘으로 그들 자체의 국방이나 안보를 감당할 만한 힘도 아직까지 생기지 않았다, 이렇게 볼 때에 여기에 어떠한 현상이 일어나겠느냐 하는 문제입니다. 여기에는 필연적으로 우리가 역학적으로 보더라도 하나의 힘의 불균형 상태가 생기지 않겠느냐, 평화라는 것은 상대적인 힘이 서로 균형을 이루고 있을 때 유지되는 것인데, 한쪽이 가령 허물어진다, 그 균형이 무너졌을 때에는 평화가 유지되기 어렵다는 것입니다. 지금까지 아시아에 있어서 우리는 이러한 힘의 우위의 입장, 이러한 균형된 입장을 유지해 왔기 때문에 지금까지의 평화가 유지되었다는 것, 앞으로 이런 것이 허물어졌을 때에 있어서 이 지역에 어떠한 새로운 불안이 조성되지 않겠느냐 하는 것을 염려하지 않을 수 없다 하는 이야기입니다. 문제는, 이러한 여러 가지 정세의 움직임을 호시탐탐 남침의 기회만을 노리고 있는 북한괴뢰들이 눈치채지 못할 이유가 만무하다는 데 있는 것입니다. 북괴는 반드시 이러한 기회를 노리고 있을 것입니다. 북괴는 또한 이러한 시기를 이 지역에 있어서 힘의 공백이라고 생각하거나 또는 우리 측에 어떠한 허점이 생겼다고 판단할지도 모르겠습니다. 내가 전에부터 여러 번 70년대의 전반기, 특히 앞으로 향후 2, 3년간이 우리의 안보에 있어서 대단히 중요한 시기다, 우리의 안보상 하나의 시련기가 될 것이라고 말한 이유가 바로 이러한 모든 정세 분석에서 나온 결론이었던 것입니다. 북한괴뢰가 최근에 중공에 붙어서 중공을 업고, 이러한 정세에 편승해서 또 무슨 흉계를 꾸밀지도 모른다 하는 점에 대해서 우리는 각별히 경계를 해야 되리라고 생각합니다."

김일성 도당은 공산권 내에서도 가장 교조적인 폭력혁명의 광신도들이며, 잔악하고 포악한 숙청과 살인으로 전후 20여 년간 권력을 유지해 온 자들이다. 공산세계를 풍미하고 있는 자유화가 북한에서는 좌절되고 독재체제가 유지되고 있는 것만 보아도, 이들의 권력유지 방법이 얼마나 잔악하고 포악한 것인가는 누구나 쉽게 짐작할 수 있는 것이다. 그 당시 북한에서는 김일성 개인의 우상화가 강요되고 있었다. 북한 공산주의 사회에서 김일성은 신(神)이요, 교조(敎祖)였다. 이곳에서는 김일성에 도전할 만한 인물도 있을 수 없고, 김일성 개인의 판단과 결정이 북괴의 모든 정책을 좌우하고 있으며, 북괴가 전쟁을 도발하는 것이나 도발하지 않는 것이나 오직 김일성 한 사람이 결정했다. 김일성을 견제할 세력이란 존재하지 않았다. 따라서 김일성이 자기 생전에 무력으로라도 통일을 해야 한다는 개인적인 야욕 때문에 이성을 상실한 나머지 오산에 의해 또 다시 전쟁을 도발할 위험성은 항상 존재했다. 다시 말해서, 김일성과 몇몇 극렬폭력혁명론자들이 북한에 도사리고 있는 한, 한반도에 있어서 긴장이 완화되기는 어려우며, 김일성이 침략전쟁을 적화통일의 수단으로 삼을 위험은 상존하고 있었다. 이러한 위험이 가장 큰 시기를 대통령은 70년대 전반기라고 전망한 것이다.

김일성은 이른바 '국방에 있어서의 자위'를 강조했는데 이것은 두 가지 의미를 지니고 있었다.

그 하나는 1962년 쿠바위기에 대한 소련의 태도, 월남전쟁에 있어서 소련과 중공의 소극적 원조방식을 지켜본 김일성은 북괴가 안보상 중대한 위기에 직면하였을 경우 과연 소련, 중공이 자국의 운명을 걸고 북괴를 구원해 줄 것인가에 대해 불신감을 갖게 되었고, 이 때문에 원칙적으로 자기 힘에 의한 자기방어의 능력을 갖추고자 하는 것이었다.

또 하나는 소련이나 중공이 지원하지 않거나 또는 지원을 받지 않고라도 남침을 강행하여 승리할 수 있는 대내외적 조건이 성숙한다면 단독으로라도 남침전쟁을 도발한다는 것이다. 대내외적인 조건의 성숙에 있어서 김일성이 가장 중요시한 것은 미국의 아시아 정책 변화와 이에 따른 한·미 공동방위 체제의 변동, 특히 주한미군의 철수와 월남전의 종결 형태였다. 대통령은 71년 주한 미제7사단의 철수와 주월미군의 일방적인 철수 및 월남 포기 징후는 김일성이 한반도 내에서도 무력적화통일의 기회가 왔다고 오판할 위험성을 증대시키기에는 충분한 것이라고 보고 있었다.

북괴 단독의 전쟁도발을 분쇄할 자주국방력을 보유하고 있어야 한다

71년 1월 21일, 치안 및 예비군관계관 중앙회의에서 대통령은 북괴는 중·소의 지원 없이 단독으로 전쟁을 도발할 위험성에 있으며, 이러한 북괴 단독의 침공에 대해서는 우리 단독의 힘으로 이를 분쇄할 수 있는 자주국방력을 보유하고 있어야 한다는 점을 강조했다.

"최근 이 지역의 안보문제를 논하는 일부 외국인사들 중에는 소련이나 중공이 6·25 때처럼 북괴를 지원할 가능성이 희박하다는 점 등을 들어 북괴가 전쟁 도발을 할 수 없을 것이라고 보는 사람이 있는 것 같습니다. 그러나 이러한 견해는, 김일성과 그 추종자들의 본질이 어떠한 것이며, 그들의 궁극 목표가 무엇이며, 그들이 무엇을 노리고 있는가에 대한 올바른 인식 부족의 소치라고 하지 않을 수 없습니다. 우리는 북괴가 이미 모든 전쟁준비를 완료했을 뿐 아니라, 산악전, 야간전, 해상침투, 공중침투 등 한반도의 지형에 맞는 새로운 군사교리를 개발하여, 독자적인 작전 능력을 강화하는 데 광분하고 있다는 사실을 중시해야 합니다. 이것은 무엇을 뜻하느냐. 북괴가 북한주민에게 선전하는 것처럼, 남한에서 먼저 공격을 해서 북진해 오는 것을 막기 위한 것은 절대로 아닙니다. 기회만 있으며 남침을 하려고 노리고 있다는 명백한 증거라고 봐야 합니다. 설사, 6·25 남침과 같은 전면전쟁은 아니라 하더라도 월남과 같은 게릴라전이나, 중동의 소위 '6일 전쟁'과 같은 기습공격으로 나올 극좌 모험주의자들이 바로 김일성과 그를 둘러싸고 있는 극렬과격분자들이라는 것을 우리는 한시도 잊어서는 안 되겠습니다. 내가 이미 지난해에 북괴 단독의 침공에 대해서는 우리 단독의 힘만으로써도 능히 이를 분쇄할 수 있는 자주국방력을 언제든지 확보하고 있어야 한다고 말한 근거는 바로 이러한 데 있었던 것입니다. 최근 무장공비의 준동은 다소 뜸해진 감이 없지 않으나, 우리는 무장공비나 간첩의 침투가 일시적으로 늘었다 또는 줄었다 하는 것을 가지고 북괴의 남침 야욕이 늘었다 줄었다는 판단의 기준으로 삼아서는 안 됩니다. 오히려, 그들이 그동안 숨을 죽이고 있는 저의가 무엇인가를 똑똑히 간파해야 하겠고, 언제 어떠한 형태로 도전해 올 것이냐 하는 데 대한 정확한 판단 밑에 만반의 대비책을 갖추고 있어야 합니다.'

북괴는 앞으로 기습공격으로 승부를 결정하려고 시도할 것이다

1971년 8월 5일, 71년도 '을지연습' 종합강평회에서 대통령은 앞으로 북괴는 반드시 기습공격으로 속전속결, 최단시일 내에 승부를 결정하려고 시도할 것이라고 예단했다.

…(중략)… "앞으로 우리가 예상하는 전쟁은, 그것이 비록 전면전쟁이건 또는 국지전쟁이건, 적은 반드시 기습적인 공격으로서 속전속결, 최단시일 내에 승부를 결정하려 시도할 것입니다. 이것은 명백하며, 따라서 우리는 여기에 대비를 해야 합니다. 우리가 앞으로 한반도에서 일어날 수 있는 전쟁의 양태를 이야기할 때, 일반적으로 국지전과 전면전쟁의 두 가지를 예상하고, 전면전쟁이 될 경우 주로 20년 전에 우리가 겪은 6·25전쟁을 연상하는 것 같습니다. 그러나 앞으로 일어나는 전쟁은 6·25와는 상당히 양상이 달라질 것이라는 것을 우리가 미리 알아야 되겠습니다. 적은 그때보다도 훨씬 더 대담한 방법으로, 기습적으로 우리의 의표를 찌르는, 어떻게 보면 미련할 정도의 방법으로서 도전을 해 올 가능성이 많습니다. 따라서 우리는 여기에 대해 여러 가지로 대비를 해야 되겠습니다. 그렇지 못할 때에는 또다시 6·25와 같은 전철을 밟게 될 것입니다.

우선 사전에 적의 의표를 확실히 탐지해야 되겠습니다. 군의 정보기관은 물론이요, 정부 내에 있는 모든 정보기관이 평소부터 그 정보기능을 100퍼센트 발휘해서 적의 기습을 사전에 탐지하고, 미연에 방지, 대비하는 데 전력을 경주해야 되겠다는 것입니다. 절대로 기습을 당해서는 안 되겠습니다.

요즈음 적이 전쟁을 도발하려는 징후가 대단히 농후해졌습니다. 그러나 어느 정도까지 사전에 그 징후를 탐지했다 하더라도, 우리가 적의 기도를 100퍼센트 완전히 알 수는 없기 때문에, 적이 공격할 때 그 공격개시의 시기라든지 또는 그 장소의 선택이라든지, 방법에 따라서는 적은 기습의 효과를 올릴 수가 있고, 우리는 공격을 당했을 때 처음에는 상당한 충격과 혼란을 가져온다는 것을 예측해야 되겠습니다. 그렇기 때문에 나는 그동안 몇 번 실시하는 이 연습 때마다, 전쟁이 발발된 그 초기의 3, 4일 동안의 상황이 가장 중요하다고 보는 것입니다. 왜냐하면, 전쟁 초기에 어려운 고비를 우리가 잘 넘기고 잘 견디면, 여기에 대한 적절한 대응책을 강구할 수 있고, 또 정부나 국민이 자신과 침착성을 잃지 않고 대치해 나갈 수만 있다면, 그 전쟁은 한 절반 자신 있는 전쟁이라고 보아도 괜찮을 것입니다."

대통령은 이어서 우리가 적의 기습공격을 당했을 때의 가상적인 상황에 대해 설명했다.

"적으로부터 기습공격을 당했을 때를 한 번 가상해 봅시다. 적은 전휴전선에 걸쳐서 일제히 공격할 것이며, 동시에 그와 시간을 전후해서 동서 해안으로 적이 기습상륙할 것입니다. 또한 적은 공수부대를 우리의 후방 깊숙이 대량으로 공중 투하할 것입니다. 만약에 앞으로 공산당이 우리 대한민국에 지하조직을 가지게 된다면, 이러한 조직이 적의 기습에 호응해서 일제히 도처에서 일어날 것입니다. 동시에 적은 그들이 가지고 있는 공군세력으로 공중공격을 해 올 것입니다. 이러한 여러 가지 행동이 거의 같은 시간에 기습적으로 이루어질 것입니다.

그러면 우리는 여기에 대해서 어떠한 대응책을 강구할 수 있겠습니까? 가장 처음에 움직이는 것은 역시 군일 것입니다. 다음에는 정부가 즉각 계엄령을 선포한다든지, 동원령을 하달한다든지, 전시국가지도회의를 소집해서 우리가 가지고 있는 충무계획에 따라서 하나하나 대응조치를 취해 나갈 것입니다. 우리 국민들은 어떻게 되겠습니까? 국민들은 초기에 반드시 상당한 불안과 공포에 쌓여서 혼란을 가져올 것이라고 예측해야 될 것입니다. 초기에 우리 군이 신속과감한 행동으로 적의 침투를 효과적으로 저지할 수 있고, 또한 정부가 침착하고 자신 있는 행동으로서 사전계획에 따라 하나하나 잘 처리해 나가게 될 때에는, 처음에 불안과 공포를 느끼던 국민들도 점차 냉정을 되찾게 될 것이고, 정부가 하는 일에 대해서 신뢰감을 가지게 될 것이며, 시간이 흐르면 흐를수록 불안과 공포감은 오히려 적에 대한 적개심으로 변해서 정부가 하는 일에 대해 자진해서 적극 협력을 하게 될 것입니다. 이렇게 되면, 우리의 초기 대응책이 상당한 성공을 거둔 것이라고 생각할 수 있으며, 이 전쟁은 우리가 충분히 버티고 나갈 수 있는 전쟁이라고 할 수 있을 것입니다. 반대로 적의 입장에서 볼 때는 기습의 효과란 거의 반감됐다고 볼 수 있을 것입니다.

만약에 이와 반대로, 우리가 적의 기습공격을 사전에 탐지하지 못하고, 그야말로 기습을 당했다면, 군도 초기전에 적절한 대응책을 강구하지 못하고 전방에 있는 부대들이 적의 기습을 받아 지리멸렬 상태에 들어갔다면, 또한 정부도 평소에 여기에 대한 사전계획도 없고 훈련도 없이 있다가 갑자기 당해서 어찌할 바를 모르고 허둥지둥하는 상황이 벌어진다면, 국민들의 불안과 공포와 혼란은 극도에 도달해서 수습할 수 없는 상태가 될 것입니다. 이것은 대단히 비극적인 상태입니다. 이 전쟁은 초기에 벌써 적에게 졌다고 볼 수 있으며, 이것을 다시 수습하고 태세를 정비하여 반격을 하는 데는 상당한 어려움이 있을 것입니다. 또, 반대로 적의 입장에서 볼 때에 적은 기습의 효과를 100퍼센트 올렸다고 볼 수 있을 것입니다. 그렇기 때문에, 우리는 항시 적의 기습을 경계해야 될 것입니다. 적의 이러한 기습공격을 미연에 탐지하고 미연에 방지하는 데 최선의 노력을 다해야 되겠고, 최선의 노력을 다했다 하더라도 불시에 기습을 당할 경우가 있으므로 평소부터 이에 대한 훈련을 하고, 여기에 대해서 적절히 대처할 수 있는 만반의 태세를 갖추고 있어야 되겠습니다. 우리가 충무 계획을 다듬고, 또 1년에 한 번씩 종합적인 연습을 하는 목적이 바로 여기에 있는 것입니다."

대통령은 이어서 서울시민 철수계획의 대원칙을 제시했다.
"그 다음에 몇 가지 부분적인 말씀을 드리겠습니다. 국무총리도 지적이 있었고, 다른 분의 강평에도 있었습니다만, 이번 연습 중에도 내가 느낀 것은 서울시민의 철수계획과 정부 각 기관의 이동계획은 아직까지 여러 가지로 재검토할 여지가 많다는 것입니다. 이것은 이번 연습이 끝나고 난 뒤에 서울시 단독으로보다도 군과 이번 연습의 연습기획단 및 안보사무국에 있는 여러분과 같이 좀 더 세밀히 검토를 해서 거의 완벽에 가까운 계획을 만들어야 되겠습니다. 정부의 이동계획도 마찬가지입니다. 대충 되어 있는데 그것이 명확하지 않습니다. 서울에 남는 요인이 누구고, 남는 기관이 무엇이며, 또 후방으로 철수하는 인원과 기관이 무엇이며, 언제 이동하며, 어떠한 방법으로 어느 곳으로 이동한다는 것이 좀 더 명확히 되어 있어야 하겠습니다. 요전 연습기간에도 전쟁 초기에 있어서, 특히 서울시민의 철수와 정부의 이동이 질서 정연하게 잘될 것 같으면 전쟁 초기에 있어서 우리의 혼란을 막을 수 있고, 만약 그와 반대로 이것이 잘 안 되면 상당한 혼란을 가져올 수 있으며, 전쟁 수행에 막대한 지장을 가져온다는 것을 강조했었습니다. 특히, 서울에는 인구가 과잉밀집 상태에 있어 5백여만이나 모여 있을 뿐 아니라, 한수 이북에 있는 주민들이 서울로 몰려 들어올 가능성도 있습니다. 그러나 여기는 불행하게도 한강이라는 강이 있고, 현재로서는 불과 두 서너 개의 다리밖에 없는데, 이것도 전쟁이 발발됐을 때에는 초기에 파괴될 가능성이 다분하기 때문에, 우리는 언제든지 이를 예상하여 이에 대한 대책을 잘 세워놔야 되겠습니다. 이것은 여러분들이 앞으로 연구를 하면 좀 더 완벽한 계획이 나올 줄 압니다만, 나는 여기에 대해서 몇 가지 대원칙을 세웠으면 좋겠다고 생각합니다.

첫째는, 정부에 있어서 여기에 남을 사람과 뒤로 철수할 사람, 시민들 중에도 꼭 남을 사람과 후방에 갈 사람, 이것을 확실히 구분을 하고, 우선 민간사람들 중에서 자기 발로써 후방으로 철수할 수 있는 사람, 이들을 전부 정부가 수송하여 철수시켜 줄 수 없기 때문에, 전쟁이 발발하기 전에, 이러한 사태를 미리 예측할 수만 있다면 상당한 시간여유를 주고 자유롭게 후방으로 철수하도록 해야 할 것입니다. 그 전에 정부가 책임을 지고 어느 지점까지 이동을 시켜 줘야 되고, 이동을 시켜 준 후에도 그 사람들에 대해서 먹는 것 기타 모든 편의를 책임지고 봐 줘야 될 요원은 확실히 구별을 해야 할 것입니다. 그러면, 가라고 해도 가지 않고 여기 남아 있는 사람은 어떻게 하겠느냐, 그것은 정부가 서둘러서 빨리 나가라고 내쫓을 필요는 없다고 생각합니다. 그러나 자기 친척이나 일가친척 어디 아는 데가 있고, 또 자기가 돈이 없어서 후방으로 어디로 갈 만한 사람을 제외하고도, 이것은 전쟁이 발발하기 전이나 또 한강 다리가 끊어지기 전에 이야기인데, 일반시민들 중에는 후방으로 철수하고 싶지만 가지 못하는 사람이 있을 것입니다. 이러한 사람은 언제까지 정부가 가지고 있는 기차라든지 버스든지 모든 도로를 개방하여 빨리 철수하도록 해야 할 것입니다. 그대로 나가지 않고 남아 있는 사람은 정부가 계획적으로 이동을 시켜야 될 요원들을 완전히 이동시킬 때까지 서울시에 그대로 두었다가 꼭 이동을 시킬 필요가 있으면 그때에 가서 해도 늦지 않다고 생각합니다. 이렇게 몇 단계로 나누고 원칙을 세웠으면 좋겠습니다. 지금까지는 전쟁 발발 전에 철수를 개시하는 경우를 말씀드렸습니다만, 적으로부터 기습공격을 당해서 전쟁이 터지고 나서부터 이동을 개시할 경우는 또 달라질 것입니다. 그리고 한강 다리가 그대로 남아 있는 상태로서 철수를 할 경우와 한강 다리가 파괴됐을 때 철수하는 경우가 다를 테니까, 이와 같은 몇 가지 경우를 나누어 가지고 어떤 대원칙을 세우면 유사시에 가장 적합한 계획이 나오지 않겠습니까? 사람이 수백만인데 다리는 몇 개 되지 않고, 수송편은 얼마 되지 않으니 서울시에서 계획을 세우는 사람들이 상당히 어렵게 생각하는 것 같습니다. 물론 어려운 문제겠지만, 몇 가지 원칙을 세운 후 계획을 수립하면, 전쟁이 벌어졌을 경우 정부가 계획한 그대로는 되지 않는다 하더라도 대충 정부가 계획한 대로 실시될 수 있을 것이고, 꼭 나가야 될 사람이 아직도 남아 있다는 등의 문제는 그때 가서 조치를 해도 늦지 않고, 또 할 수 있다고 나는 생각합니다."

대통령은 이어서 북괴가 기습공격을 감행했을 때 가장 중요한 시기인 개전 초기의 30일 동안 남의 도움 없이도 전쟁을 지속하기 위해서 전쟁에 긴요한 물자들은 적어도 30일분 이상 확보하고 있어야 한다는 점을 강조했다.

"그 다음 동원계획에 대해서 말씀드리겠습니다. 이것도 과거 연습 때보다는 많은 발전을 가져왔다고 생각합니다. 지난번 연습강평 때 여러분들에게 우리는 앞으로 30일 동안 남의 도움이 없더라도 전쟁을 지속할 수 있는 모든 동원계획을 최우선적으로 세우자고 강조했었습니다. 특히, 군에서 세운 M+45계획, 물론 M이란 것은 전쟁 전부터 시작하는 수도 있고, D데이와 M일이 같은 날이 될 수도 있겠습니다만, 전쟁준비를 시작해서부터 45일 동안의 인적, 물적 자원 동원계획을 최우선적으로 우리가 연구 보완을 해 나가야 하겠다는 것입니다. M+45일 사이에 있어서 미국으로부터 원조를 받는 소위 'Q·T계획'은 돈으로 따지면 10억 달러 가량이 된다고 하는데, 그 가운데 있어서도 우리 국내에서 조달할 수 있고 우리가 만들 수 있는 물건은 가급적 우리 돈으로 충당하고, 대신 그것은 우리가 만들 수 없는 장비라든지 무기를 받도록 하자고 국방장관에게 지시했었습니다. 그것이 약 2억 4천만 달러 정도 된다고 합니다만, 그것도 지금 당장 그 액수를 우리가 부담할 것이 아니라, 우선 10억 달러는 미국으로부터 지원받는 것으로 하고, 그 외에 우리가 평소에 마련해야 될 물자를 연차적으로 비축해 나가자는 것입니다. 그것이 몇 년 후에 완전히 되는지 모르지만, 그것이 거의 다 된 다음 단계에 가서 그 10억 달러 중의 2억 4천만 달러의, 국내에서 조달할 수 있는 물자를 조달하여 비축해 나가면서 국내에서 만들 수 없는 것을 받자는 것입니다. 또 한 가지 느낀 점은, 예를 들면 68년도 CPX (지휘전술훈련) 때 주요한 기관은 지하에 들어가도록 지하화계획을 하라고 지시했었는데, 첫 해에 각 기관에서 일부 예산을 확보해 지하시설을 일단 착수했다가, 돈이 많이 드니까 이듬해부터 전부 포기해 버렸습니다. 나는 그것이 잘못이라는 것입니다. 가령, 어느 도의 도청이 지하로 들어갈 수 있는 시설을 만드는 데 상당한 예산이 필요하다면 첫해에 얼마를 들여 가지고 어느 정도 공사를 하고, 다음 해는 어떻게 하여 3년째 완성되는 지하시설도 있을 것이고, 어떤 것은 5년 만에 완성되는 것도 있을 것이며, 또 5년 이상 걸리는 시설도 있을 것입니다. 각기 예산 범위 내에서 연차적으로 이렇게 해 나가면 어느 땐가 가서는 완성이 될 것입니다. 돈이 많이 든다고 해서 첫해에 시작만 해 놓고 이듬해부터는 예산 배정도 하지 않은 채 그대로 포기하는 일이 있어서는 안 되겠다는 것입니다. 다른 물자 비축 계획에 있어서도 마찬가지로, 하나하나 꾸준히 해나가야 되겠습니다. 만약, 지금 하고 있는 우리의 이러한 계획이 한 10년 전에 착수되어 그동안에 매년 연차적으로, 많은 예산은 아니지만, 예산 범위 내에서 계속 사업으로 해왔다면, 그러한 전쟁준비, 물자의 비축 또는 지하시설 등이 상당히 진척되었을 것입니다. 그러나 지금부터라도 늦지는 않았습니다. 지금부터 우리가 꼭 해야 될 것은 당년에, 안 되는 것은 연차적으로 해서 꼭 완성해 나가야 합니다. 그리고 또 창고에 비축돼 있는 물건들은 너무 오래 두면 뒤에 쓰지 못하는 그런 결과가 올지도 모르니까, 확보한 물자는 너무 낡아 보인다든지 고물이 된 것은 새로 만든 물건과 바꿔 오래된 것은 쓰고 새 물건은 비축해야 할 것입니다. 예를 들면, 군인들이 입을 군복을 몇 십만 착 만들어 창고에 저장을 했다 하더라도 앞으로 5년이나 10년 동안 뒤 가지고는 쓰지 못할 것입니다. 매년 새로 만들어서 새 것을 저장하고, 오래된 것은 현역군인들이 입도록 해서 보관품과 비축 물자의 관리도 우리가 잘 해 나가야 되겠습니다.

또 한 가지는 전시에 있어서 인적 자원의 동원 계획인데, 이것도 아까 누가 언급했습니다만, 이 계획은 그야말로 도상연습이고, 어느 부문은 탁상공론 같은 인상을 갖게 됩니다. 지금과 같이 당장 전쟁이 일어나지 않는 상태에서도 정부가 소집영장을 낸다든지, 동원령을 하달해서 사람을 모으려면, 정부가 가지고 있는 계획보다는 상당한 차질이 생길 것입니다. 하물며 전쟁이 일어났다, 서울시민들이 후방으로 철수를 한다, 또 후방에 있는 주민들도 모두 불안을 느껴 가지고 상당한 이동이 생겼다 할 경우에, 이 계획을 보면 M+45일 까지만 해도 57만이라는 인원을 동원해야 되고, 기타 보사부 같은 데서 근로 동원을 위한 상당한 인원을 확보해야 되는데, 이것이 지금 연습상에선 영장만 발부하면 자동적으로 그만한 인원이 지정된 장소에 와서 대기하는 것처럼 되어 있으나, 실제로 그렇게는 안 될 것입니다.”

대통령은 끝으로 현재의 서울방위계획과 전국방위계획이 예상하고 있는 것보다 훨씬 더 우발적인 사태가 발생했을 때, 이에 대비하는 계획을 유엔군과는 별도로 우리 단독으로 수립해 두고 있어야 한다는 점을 강조했다.

“그 다음에 또 한 가지는, 총리가 지적을 했습니다만, 수도방위에 대한 작전계획 또는 작전개념은 물론, 현재 우리 군에서 가지고 있는 현존 한국방위계획을 앞으로 계속 발전시켜 나가야 되겠지만, 유엔군과 합의 안 된, 우리가 단독으로 만든 계획이라 하더라도, 유사시에 우리가 현재 가지고 있는 계획보다도 훨씬 더 우발적인 사태가 벌어졌을 때 여기에 대비하는 계획이 있어야 하겠습니다. 지금 현재 계획은 적이 공격을 하여 서울까지 내려오자면, 단계적이며 축자적인 아군의 저항과 이동에 따라 서서히 내려오게 되어 있는데, 전쟁이 일어나면 반드시 그렇게 되지는 않을 것입니다. 적이 우리의 계획에 그렇게 맞추어 주지는 않을 것입니다. 무엇인가 아주 대담하고 기습적인 무모한 방법으로, 우리 계획의 의표를 찌르는 행동으로 나올 가능성이 다분하기 때문에, 서울이 지금 우리가 가지고 있는 기존 방어계획처럼 한 일주일 가도 끄떡 없이 견딘다는 것이 아니라, 좀 더 대담한 가정을 세워야 하겠습니다. 초기에 돌파구가 크게 뚫렸다, 그 돌파구가 급속히 확대되어 크게 위기에 직면하는, 또 경우에 따라서는 한수 이북을 완전히 적에게 점령당하는 사태까지도 가정해서, 그런 경우에 우리가 군사적으로 또는 비군사적으로 어떠한 대비책을 강구해야 되겠느냐는 것을 평소에 반드시 연구하여 여기에 대한 대비책을 검토해 둬야 한다고 생각합니다. 또, 경우에 따라서는 후방에 대규모의 적 게릴라 부대의 침투로 후방이 크게 교란당해서, 인적 동원이라든지 물자의 동원이 현행 우리 계획 그대로 맞아 들어가지 않고 큰 차질을 가져왔을 때, 어떻게 하느냐 하는 어려운 연습도 앞으로 해봐야 되겠다는 것입니다.

이제까지 을지연습을 서너 번 했기 때문에, 연습하는 요령들은 대충 알았을 것입니다. 이제부터는 좀 더 연습의 내용을 어렵게 해서, 극적인 우발사태에 대해서도 우리가 대비할 수 있는 능력을 길러 보자는 것입니다. 이와 같은 어려운 연습을 해보면, 실제 전쟁이 났을 때, 그보다 더 쉬운 상태라면 충분히 대비를 할 수 있다는 것입니다. 전쟁이라는 것은 6·25 때를 보더라도 전국민들이 전란에 화를 입었지만, 실제 적과 맞서서 싸우고 전쟁에 참여하는 인구라는 것은 그리 많은 숫자가 아닙니다. 6·25 당시에는 대다수의 국민들은 후방으로 피란 가서 전쟁이 그저 어떻게 되는가 하고 관망만 하고 있었는데, 앞으로의 전쟁은 그렇게 해서는 안 되겠고, 모든 국민들이 전쟁에 참여하고, 무엇인가 협조를 할 수 있는 체제를 평소부터 갖춰야 되겠습니다. '전시국가지도회의' 산하에 총력전 체제를 갖출 수 있는 기구를 두어, 예를 들면, 문화인들은 자기들끼리 뭉쳐서 어떠한 일을 함으로써 이 전쟁에 어떻게 기여한다, 예술인들은 무엇을 한다, 경제인들은 무엇을 한다, 학생들은 어떻게 전쟁에 기여시킨다 등등을 우리가 좀 더 연구 발전시켜 나가야 되지 않겠느냐는 것입니다. 오늘 이 자리에서 지적된 점, 연습시간 중에 여러분들이 발견한 여러 가지 문제점들은 앞으로 더 연구를 해서, 또 자체연습을 통해서 '충무계획'을 더욱 보완해 주기 바랍니다. 끝으로, 이번 연습을 준비하고 실시한 연습총감 이하 관계관 여러분들의 노고에 대해서 심심한 사의와 치하를 드리는 바입니다.'

대한민국의 심장부 서울은 반드시 사수한다

1968년 초부터 북괴의 무장 게릴라 침투와 무력 도발이 격화되고 김일성이 70년대 초의 무력적화통일을 공언함에 따라 정부는 향토예비군 창설 등 자주국방계획을 추진하면서, 비상계획, 즉 충무계획을 실시했다. 이것이 바로 '을지연습'이었다. 이 을지연습의 주된 목적은 전시에 소요되는 인적, 물적 자원의 동원능력을 정확히 판단하여 전쟁 수행을 효과적으로 수행할 수 있도록 하는 데 있었다. 대통령은 현대전은 국가총력전이라고 보고 있었다. 따라서 전쟁이 나면 국가가 가지고 있는 모든 인적, 물적 자원을 최대한으로, 가장 신속히, 가장 효과적으로 동원해서 전쟁 목적 수행에 사용할 수 있는 평소의 체제가 되어 있어야 한다고 생각하고 있었다. 왜냐하면, 아무리 자원이 풍부한 나라라고 할지라도 평소에 신속하고도 효율적인 동원을 할 수 있는 체제가 되어 있지 않는다면 전쟁에 이길 수 없기 때문이라는 것이다. 특히, 우리나라와 같이 여러 가지 자원이 부족한 형편에 있어서 이러한 부족을 보완하는 데는 동원의 신속성이 가장 중요하다고 생각했다. 68년부터 매년 1회씩 실시된 이 을지연습에는 국가안전보장회의 관계요원과 정부 각 부처, 각 시·

도, 그리고 정부산하 주요기관에 배치되어 있는 비상기획관들이 참여하였고, 연습의 구상과 세부적인 시나리오는 통제단이 작성하였으며, 실제 연습은 실시단이 사전에 충분한 연구와 준비를 갖추고 실시했다. 을지연습에서 대통령이 해마다 일관되게 우리가 가장 우선적으로, 중점적으로 추진해야 한다고 강조한 비상계획은 중요한 기관의 지하화 계획, 전시 통신수단의 계속적인 유지방책, 수송대책, 서울과 한강 이북 주민들의 철수계획, 민방공대책, 예비군의 운용문제, 각종 중요한 시설에 대한 방호계획, 물자동원계획 등이었다. 이 계획들은 모두가 북괴의 '기습공격'에 대한 대책이었다.

기습공격은 오래전부터 전쟁에 관한 연구의 주제가 되어 왔다. 1941년 12월 7일 일본이 미국 하와이의 진주만을 기습 공격했을 당시, 미국 정보활동의 실패를 연구한 월스테터(Roberta Wohlstetter)는 기습공격은 중요한 정보와 하찮은 정보를 구별할 줄 모르는 잠재적 희생국가의 무능과 관계가 있다고 말했다. 임박한 침공의 증거는 흔히 애매모호하거나 모순되거나 아무런 관련성이 없는 다른 정보들의 홍수에 묻혀 버린다는 것이다. 1941년 6월 소련에 대한 히틀러의 기습공격을 다룬 훌륭한 학술연구에 의하면 침략자는 그의 활동은 알리지만, 목적에 관해서는 고의적으로 기만한다는 것이다. 실제로 히틀러는 1941년 소련 변경에서의 독일의 군사력 증강을 감추려고 하지 않았고 또 그 규모가 너무 방대하여 숨길 수도 없었다. 그러나 히틀러는 독일은 전쟁보다는 협상을 개시할 것이라는 구체적인 최후통첩을 보낼 것이라는 인상을 주었고, 소련의 스탈린은 이것을 믿기로 했다. 이러한 생각은 결코 새로운 것이 아니다. 기원전 500년경에 중국의 손자는 '모든 전쟁은 기만에 바탕을 두고 있다.'고 말했다. 1950년 6월 25일, 북괴의 기습남침은 바로 기만에 의한 전쟁도발이었다. 북괴는 남침 얼마 전까지 남북협상을 하자느니, 평화통일 방안을 협의하자느니 하는 평화공세로 우리 정부를 기만했고, 우리 정부는 이것을 믿고 있었다. 소련과 우리나라의 경우는 잠재적 침략국가의 거짓말을 진담으로 믿고 있다가 당한 기습공격이었다. 소련이나 우리나라의 경우와는 달리 잠재적 침략국가의 진담을 믿지 않고 있다가 기습공격을 당한 경우도 있다. 1973년 10월, 이집트군과 시리아군이 이스라엘을 침공한 이른바 중동의 10월 전쟁이 그러한 실례의 하나다. 중동의 10월 전쟁에 있어서 기습공격은 기만이나 모호하고 모순된 정보에 바탕을 둔 것이 아니다. 그것은 이집트의 반복된 명백한 침공위협을 이스라엘이 믿지 않았기 때문에 일어난 것이다. 이집트 사다트(Sadat) 대통령은 그가 하고자 하는 일을 대담하게 공언했다. 그러나 이스라엘은 사다트를 믿지 않았다. 사다트는 1971년 이래 매년 전쟁을 하겠다고 위협해 왔다. 해마다 '결정의 해'라고 소리높이 선언했다. 그러나 그 위협은 한번도 실현된 적이 없다. 그래서 전쟁을 하겠다는 그의 새로운 위협은 엄포로 일축되었다. 사다트는 군사력 동원을 반복했지만 실제로는 침공을 하지 않자, 그가 전쟁을 하겠다고 위협해도 이스라엘은 별다른 경계를 하지 않아도 된다고 생각했고, 이집트의 군사력 동원은 이스라엘의 공격에 대한 공포 때문이라고 평가했다. 1973년 10월 이전에 미국과 이스라엘의 모든 분석가들은 이집트와 시리아는 그들의 빼앗긴 영토를 무력에 의해 회복할 수 있는 군사력을 결여하고 있으며, 이집트와 시리아군은 이스라엘에 대한 군사행동을 해봤자 패배할 것이므로 침공하지 않을 것이라고 생각했다. 이스라엘은 사다트의 이행되지 않았던 침공 위협은 그의 의도를 은폐하고 있다는 것을 이해하지 못했고, 적군의 능력을 과소평가하고 아군의 능력을 과신한 나머지 적의 반복적인 침략 위협을 믿지 않고 방심하고 있었다. 이스라엘은 자신의 가정(假定)에 대해 지나치게 자기 만족적이었다. 이것이 이집트와 시라아가 기습공격에 성공한 주된 이유였다.

1950년 우리를 기만한 직후 기습남침을 감행했던 6·25 때와는 달리 김일성은 1960년대 후반부터는 70년대 초에 무력 적화통일을 하겠다고 공언해 왔다. 그러나 우리나라 야당은 이 말을 믿지 않고 있었다. 미국이 소련, 중공과 화해를 추진하고 있고, 소련과 중공이 북괴의 전쟁 도발을 지원하지 않을 것이며, 또 주한미군이 버티고 있기 때문에 북괴가 전쟁을 도발할 가능성은 없다고 주장했다. 그러나 대통령은 북괴가 단독 남침을 감행해 올 가능성을 배제할 수 없으며, 특히 기습공격의 가능성이 크다고 보고 있었다. 북한은 비무장지대에서 25마일 떨어져 있는 서울의 장악을 목표로 전면공격을 개시할 수 있는 큰 군사력을 보유하고 있었으며, 최단 경보시간에 기습공격을 감행할 수 있도록 병력을 배치하고 있었다. 특히 지난 수 삼년 간에 북한군의 훈련은 공격기술의 숙달에 많은 시간을 할애하였으며, 전면전을 감행할 수 있는 태세를 갖추고 있었다. 전면적인 침공은 산악을 통하여 수도에 이르는 전통적인 회랑(개성—문산 회랑, 철원—의정부 회랑)에 초점을 둘 것이다. 북한군이 이들 침공 로를 따라 한국군기지에 가공할 만한 화력을 집중시킬 것이다. 북한의 보병, 기계화부대 및 특공대가 다 같이 한국방위시설의 약점을 목표로 할 것이며, 이렇게 하여 북한은 막대한 탱크와 병력의 손실에도 불구하고 그들의 기갑부대를 투입시킬 수 있을 것이다. 한국군과 주한미군은 비무장지대 근접지역과 서울 북방에 대한 침공저지를 위한 한·미 '전진방위 전략'을 세우고 화력과 공군력을 중요시하고 있었다. 그러나 북한은 휴전선 일대에 5,000내지 6,000기의 대공포를 배치해 놓고 있었고 각종 군사시설을 지하화하고 견고하게 구축하였으며 병력도 증강시켜 놓고 있었다. 이러한 북한의 증강된 화력과 병력은 비무장지대 북방에 대한 한·미 공군의 잠재적 우월성을 어느 정도 무력화시킬 수 있고, 한·미 전진방위전력 수행을 어렵게 만들 수 있는 수준에 이르고 있었다. 북한은 또한 침략 초기에 중공이나 소련으로부터 재공급 없이도 90일 동안 전면공격을 감행할 수 있는 상당량의 탄환과 식량과 기타 보급품을 비무장지대(DMZ)의 북한 측 근처에 비축해 놓고 있었다. 주한미군은 대체로 북한군이 비무장지대 남방 제1방위선을 돌파하기 전에 그들에게 최대한의 사상자를 내게 하기 위하여 서울 전방에 배치되어 있었다. 이들은 북괴군의 공격시 그 전진을 늦추기 위해 후퇴작전을 단계적으로 전개하면서 미공군이 증파되기를 기다릴 것이다. 주한미군의 일부 공·해군력이 거의 즉각적으로 동원될 수 있을 것이다. 그러나 북괴군의 초기 우세를 극복하기 위해서는 상당수의 미군 추가병력이 필요하며 이러한 응원 병력은 조속히 도착하여 서울 북방 지역에 대한 북한군의 공격을 무력화시켜야 한다. 그러나 문제는 시간이다. 주한미군과 미국의 관리들은 북괴의 기습공격에 있어서 서울의 운명은 초기의 수 일 내에, 즉 미국이 하와이와 미국 서부해안에 있는 미지상군을 급파하기로 결정하는 경우 이들이 한국에 도착하기 이전에 이미 결정될 것이라고 생각하고 있었다. 다시 말해서, 주한미군과 미국 관리들은 북괴가 서울 점령을 목표로 하는 기습공격을 감행했을 때 서울을 방어할 수 있는 병력을 동원할 수 있는 능력이 문제가 된다는 것을 시인하고 있었다. 만일 일본 본토나 오키나와에 있는 미공군이 신속하게 증파되지 않거나 또 미국이 하와이와 서부해안에 있는 미지상군을 증파하지 않는다면 후퇴하던 미군은 서울 이남으로 급속하게 빠져 나올 것이며 북괴군은 서울 남쪽까지 밀고 내려올 것이다. 대통령은 이러한 상황 발전의 가능성을 예상하고 있어야 한다고 생각했다. 그 당시 미국은 월남전에서 미군을 철수시키기 시작했고, 주한 미군철수도 확정되어 있었으며, 5년 내에 주한미군을 완전 철수시킨다는 미국의 계획도 공개되었다. 또 6·25 남침 때 압록강까지 진격했던 미군(유엔군)은 중공군이 참전하여 밀고 내려오자 단숨에 서울을 버리고 오산 이남까지 후퇴한 전례가 있었다. 따라서 대통령은 우리나라로서는 전쟁 초기에 미지상군의 개입 없이 우리 단독으로 서울을 방어할 수 있는 전략과 대비책을 마련해 둘 필요가 있다고 생각하고 있었다. 대통령은 만일 북괴가 전쟁을 도발해 오면 서울 전방에 배치되어 있는 주한미군은 즉각 후방으로 빼돌리고 우리 국군을 그 지역에 투입하여 초기의 3, 4일 또는 30일 동안 후퇴 없이 적을 저지한다는 전략 구상을 가지고 있었고, 이를 위한 여러 가지 비상계획을 마련해야 한다고 생각하고 있었다. 서울은 정치, 경제, 사회, 문화, 예술, 교육 등 우리나라의 모든 분야가 집결되어 있는 한국의 심장부이며 생명선이다. 따라서 서울은 반드시 사수한다는 대통령의 결의는 확고했다.

제3장 남북한 당국자 간에 대화의 길이 열리다

대한적십자사의 이산가족 재결합 제의를 지원하겠다

분단된 조국의 통일을 전쟁이 아닌 평화적 방법으로 이룩해야 하겠다는 것은 통일에 대한 대통령의 기본정책이다. 그리고 통일에 대한 우리의 소망이 아무리 절실하다 하더라도 조급하게 서둘러서는 안 되며, 시간이 걸리는 한이 있더라도 현실적으로 실천 가능한 일부터 착실하게 해결해 나가는 성실한 자세를 견지해 나간다는 것이 대통령의 통일을 향한 접근방법이었다. 대통령의 이런 기본정책과 접근방법에 따라 1971년 8월 12일, 대한적십자사는 북한적십자사에 대해 남북한의 1천만 이산가족의 재결합 방안을 직접 협의할 것을 제의했다. 북한적십자사는 8월 14일 이를 수락했다. 71년 8월 15일 제27주년 광복절 경축사에서 대통령은 우리 대한적십자사의 '복음의 제의'가 실현될 수 있도록 온갖 협조와 지원을 아끼지 않을 것이라고 천명했다.

…(중략)… "세계의 모든 나라들이 평화를 갈구하고 있고, 모든 문제를 무력이 아닌 평화로운 방법으로 해결하려는 새 물결이 국제사회에 도도히 흐르고 있는 오늘 이 마당에, 만약에, 북괴가 오늘이라도 대오각성하여 종전의 호전적 정책과 교조주의적 작풍을 깨끗이 버리고, 이 국제적인 새 물결 속에 흔연히 뛰어들어 올 수만 있다면, 이는 세계평화를 구축하는 일대 전기가 될 것은 물론이요, 조국의 평화통일을 위한 일대 서광이라고 아니할 수 없을 것입니다.

통일로 박 대통령은 통일에 대한 강한 신념과 의지로 남북대화를 추진해 나갔다. 그러나 여기에는 먼저 국력신장이 있어야 한다고 강조했다.

나는 오늘 다시 이 자리를 빌려, 북괴에 대해 지금이라고 늦지 않았으니 우리의 평화통일 제의를 하루속히 수락하고, 무력과 폭력을 포기할 것을 거듭 촉구하면서, 평화통일만이 우리가 추구하는 통일의 길임을 다시 한 번 중외에 천명하는 바입니다.

나는 그들이 진정으로 무력과 폭력을 포기하고 진지한 새 자세로 나온다면 평화통일을 위한 대화의 광장은 언제든지 마련될 수 있을 것임을 확언해 둡니다.

특히, 이번에 우리 대한적십자사가 제의한 인도적 남북회담은 1천만 흩어진 가족을 위해서 뿐만 아니라, 5천만 동포들의 오랜 갈증을 풀어주는 복음의 제의로서 나는 이를 여러분과 함께 환영하며, 그 성공을 빌어 마지않습니다.

수천년 동안 지켜온 단일 민족으로서의 영광된 역사는 결코 인위적으로는 단절될 수 없는 것이며, 이와 같은 인도적인 문제는 정치 문제에 앞서서라도 시급히 해결되어야 할 것으로 믿습니다.

나는 우리 대한적십자사의 제의가 성공적으로 실현될 수 있도록 온갖 협조와 지원을 다할 것을 밝혀 두는 바입니다.”

남북적십자회담 중에 남파 무장공비는 우리 양민을 학살했다

1971년 10월 1일 제23회 국군의 날 행사에서 대통령은 북괴는 남북적십자회담에 응해 오면서도 무장간첩 침투를 증가시키고 있다는 사실을 지적하고, 우리는 과거나 현재나 북괴의 말과 행동이 다르다는 것을 명심해야 한다는 것을 강조했다.

…(중략)… “우리는 뜻깊은 이날을 맞이하여, 조국의 평화통일을 희구하는 간절한 염원을 다시금 내외에 천명하면서, 안전보장을 위한 우리의 기본 자세와 결의에 대한 국민적 합의를 더욱 굳게 다짐해야 하겠습니다.

내외신 기자들 앞에서 남북회담을 제의하는 최두선 대한적십자사 총재(1971. 8. 12)

조국의 통일을 전쟁이 아닌 평화로운 방법으로 이룩해야 하겠다는 우리의 염원은 날이 갈수록 더욱 뜨거워지고 있습니다.

그러나 이 소망이 아무리 절실하다 하더라도 우리는 결코 조급하게 서둘러서는 안 되며, 비록 시간이 걸리는 한이 있더라도 현실적으로 실천 가능한 일부러 착실하게 해결해 나가는 성실한 자세를 견지해 나가야 합니다.

이런 입장에 따라 대한적십자사는 인도적 문제 해결을 위한 남북적십자회담을 제의했던 것이며, 우리 정부와 국민은 온겨레의 열망 그대로 이 회담이 성공할 수 있도록 모든 지원과 협조를 다 하고 있는 것입니다.

그러나 북괴는 이 회담에 응해 오면서도 무장간첩의 침투를 종전보다도 더 증가시키고 있을 뿐 아니라 회담장소와 얼마 떨어지지 않은 김포반도에 무장공비를 침투시켜 무고한 양민을 학살하는 등,

반민족적인 만행을 서슴지 않고 있습니다.

이것은 무엇을 말하는 것입니까. 북괴집단은 과거나 현재나 말과 행동은 전혀 다르다는 것을 재인식해야 하겠다는 것입니다. 그들이 하는 소리는 아직도 우리가 액면 그대로 받아들이거나 믿어서는 안 되겠다는 것입니다."

북괴는 남북적십자회담을 정치선전 무대로 악용하고 있다

1971년 10월 27일 대한적십자사 창립 제22주년 기념식에서 대통령은 북괴가 남북적십자회담을 정치선전 무대로 이용하고 있어서 회담의 앞길이 걱정된다고 언명했다.

"대한적십자사는 특히 금년에 들어 4반세기에 걸친 국토분단과 6·25전란으로 빚어진 1천만 이산가족의 인간적 고통을 덜어 주기 위한 남북 가족찾기 운동을 제의해서, 역사적인 남북적십자 회담을 주도하고 있습니다.

조국의 평화통일에 대한 5천만 민족의 염원은 날이 갈수록 간절해지고 있으며, 그럴수록 남북으로 흩어진 가족들의 재회를 갈구하는 민족의 뜨거운 소망은 더욱 커가고 있습니다.

나는 우리 대한적십자사가 이 염원을 풀어주는 데 획기적인 성과를 거둘 것으로 기대해 마지않으며, 또한 이 회담이 성공할 수 있도록 가능한 모든 지원을 다 할 것입니다.

그러나 대한적십자사와 우리 국민들이 티없이 순수한 민족의 양심과 인도주의를 바탕으로 하여 이 남북적십자회담을 이끌어 나간다 해도 최근 북괴의 동향으로 미루어 볼 때, 이 회담의 전도를 낙관할 수는 없는 것입니다.

지금 북괴는 적십자회담에 응해 오면서도 휴전선 일대에 계속 무장간첩을 침투시켜, 우리 국군의 배치상황 등 각종 정보를 수집하는 군사정찰활동을 강화하고 있을 뿐 아니라, 무고한 양민마저 무차별 학살하는 만행을 서슴지 않고 있습니다.

이것은 그들이 평화선전의 가면을 쓰고 우리의 인도주의적 회담 제의를 수락했다는 그들의 정치적 흉계를 백일하에 드러낸 것이라고 할 수 있을 것입니다.

또한, 북괴측은 적십자예비회담이 시작된 지 얼마 되지도 않았는데, 벌써부터 상투적인 정치선전 무대로 이 적십자회담을 이용하려는 속셈을 드러내는 발언을 하기 시작했음을 볼 때, 이 회담의 전도를 적이 걱정하지 않을 수 없는 것입니다.

우리 대한적십자사는 비록 시간이 다소 걸리는 한이 있더라도, 이번 회담을 기어코 성공시켜야 하겠다는 확고한 신념과 끈질긴 인내력을 갖고, 예비회담을 착실히 운영하여 실천 가능한 것부터 하나씩 정리해 나가는 민주사회의 성실성과 효율성을 그들에게 설득, 이해시켜야 할 것입니다.

나는 뜻깊은 이날을 맞이하여 남북적십자회담이 반드시 성공되어야 한다는 신념을 다시금 천명하면서, 이와 아울러 우리 국민들의 반공정신을 바탕으로 하는 국민적 단합을 다시 한 번 강력히 호소하는 바입니다.

지금 안으로는 남북적십자회담이 진행되고 있으며, 밖으로는 긴장완화를 위한 주변 국가들의 움직임이 두드러지게 눈에 뜨인다고 해서, 북괴나 공산진영이 그들의 이념상 어떤 본질적인 변화를 일으켰다고 생각하는 과오를 범하는 일이 절대로 있어서는 안 되겠습니다.

이럴 때일수록 우리들은 반공정신을 더욱 굳게 가다듬고 사회질서 확립과 안녕을 유지해야 할 것이며, 이를 바탕으로 하여 모든 국민들이 일치 단결해서 이 역사적인 전환기를 슬기롭고 의젓하게 극복해 나갈 수 있도록 노력해야 할 것입니다."

국가안보태세 강화 방침 지시

1971년 10월 29일 대통령은 국방부장관, 중앙정보부장, 국가안보 상임위원회 사무처장, 외무부장관에게 이 지점에서 북괴와 대비 우리의 가장 큰 취약점을 적출하고 이를 보완·시정하는 방법과 그 조치시기를 연구·검토하여 종합된 건의를 보고하라고 지시했다.

제목 : 국가안보태세 강화
수신 : 배포처 참조 1971. 10. 29.
1. 자유민주주의를 국시로 삼고 있는 대한민국의 현체제와 전체주의 공산독재체제를 표방하고 있는 북한 공산집단을 비교할 때 장기적인 안목으로는 우리 체제가 월등히 우월하고 국가건설면에 있어도 능률적이라는 우리의 신념에는 추호의 변동이 있을 수 없으나, 단기적인 안목으로 남북간 정세를 대비해 볼 때에는 북괴의 적화통일전략과 그들이 지금 광분하고 있는 남침을 위한 전쟁준비상태 등을 감안하여 현하 우리의 국방과 안보태세에는 허다한 취약점이 있다는 것을 솔직히 시인하지 않을 수 없다. 따라서 지금 당장이라도 북괴가 어떠한 계기에 어떠한 구실을 잡아 기습남침을 시도한다면 현 우리의 태세로서 효과적으로 즉각 분쇄하고 격퇴할 수 있는 만전의 대비가 되어 있다고 나는 생각되지 않음.
2. 상기 1항의 우리의 판단이 솔직하고 거짓 없는 상황판단이라면 국방과 안보를 담당하는 관계당국이나 정부로서는 이에 대한 시급하고도 적절한 대책이 강구되고 조치가 이루어져야 마땅하거늘 여러 가지 현실적인 제약에 얽매이어서 알면서도 아무런 조치가 이루어지지 않고 앉아서 걱정만 하거나 지의준순(遲疑浚巡)한다는 것은 가장 경계해야 할 우리의 태도라고 나는 확신하는 바입니다.

3. 따라서 이 시점에 우리가 서둘러서 해야 할 일은 지금 이 시점에 있어 북괴와 대비하여 우리의 가장 큰 취약점이 무엇인가 하는 것을 명백히 적출하고 또 이것을 명백히 인식을 해야 하는 일이며, 다음에는 이것을 여하히 보완하고 시

국가비상사태 선언을 보도한 신문지면(1971. 12. 6)

정하는가 하는 방법을 모색해 내야 하며, 언제까지 조치해야 하느냐 하는 시간문제가 될 것임.

4. 이 문제에 대하여 하기 관계기관에서는 연구검토하고 종합된 건의를 래 11월 15일까지 보고해주시기 바랍니다.

관계기관 : 국방부. 중앙정보부. 안보사무처. 외무부. 끝

1971. 10. 29.

대통령 박정희

배포처 : 국방부장관. 중정부장. 안보사무처장. 외무장관.

국가비상사태 선언

1971년 12월 6일 대통령은 국가비상사태를 선언하고 국가안전보장을 위해 정부와 국민들이 견지해야 할 정신자세와 행동강령을 천명했다.

'최근 중공의 유엔 가입을 비롯한 제국제정세의 급변과, 이의 한반도에 미치는 영향 및 북한 괴뢰의 남침 준비에 광분하고 있는 제 양상들을 정부는 예의주시, 검토해 본 결과, 현재 대한민국은 안전보장상 중대한 차원의 시점에 처해 있다고 단정하기에 이르렀다.

따라서, 정부는 국가비상사태를 선언하여 온국민에게 이 사실을 알리고, 다음과 같이 정부와 국민이 혼연일체가 되어, 이 비상사태를 극복할 결의를 새로이 할 필요를 절감하여 이에 선언한다.

다음

1. 정부의 시책은 국가안보를 최우선으로 하고, 조속히 만전의 안보태세를 확립한다.

2. 안보상 취약점이 될 일체의 사회불안을 용납하지 않으며, 또 불안 요소를 배제한다.

3. 언론은 무책임한 안보 논의를 삼가야 한다.

4. 모든 국민은 안보상 책무 수행에 자진 성실하여야 한다.

5. 모든 국민은 안보 위주의 새 가치관을 확립하여야 한다.

6. 최악의 경우, 우리가 향유하고 있는 자유의 일부는 유보할 결의를 가져야 한다.'

① 북괴의 전쟁도발 위험

국가비상사태 선언과 동시에 대통령은 특별담화를 발표하고 우리나라가 직면한 현 시국을 국가안보상의 위기라고 판단하게 만든 요인들에 관해 설명했다.

대통령은 먼저 급변하는 국제정세가 우리의 안전보장에 중대한 영향을 가중시키고 있다는 사실을 지적했다.

"친애하는 국민 여러분!

나는 국가를 보위하고 국민의 자유를 수호할 대통령의 책임으로서, 최근의 국제정세와 북괴의 동향을 면밀히 분석, 검토, 평가한 결과, 지금 우리 대한민국의 안전보장은 중대한 위기에 처해 있다고 판단되어, 오늘 전국민에게 이를 알리는 국가비상사태를 선언하였습니다.

최근 급변하는 국제정세는 우리의 안전보장에 중대한 영향을 미치고 있습니다.

국제사회의 일반 조류는 확실히 대결에서 협상으로, 이른바 평화 지향적인 경향으로 흐르고 있다 하겠습니다.

그러나 이것은 어디까지나 핵전쟁의 교착상태하에서 강대국들이 주도하려는 현상유지의 한 양상일 뿐, 우리 한반도의 정세는 결코 이러한 흐름과 병행하여 발전되고 있는 것은 아닙니다.

오히려, 한반도의 국지적 사정은 핵의 교착상태로 인해, 강대국들의 행동이 제약받게 되는 일반경향을 역이용하여 침략적인 책동을 멈추지 않고 있는 북괴의 적화통일 야욕 때문에 긴장은 더욱 고조되고 있다는 사실을 우리는 똑똑히 인식해야 하겠습니다.

지구 한모퉁이에 있는 이 한반도의 국지적인 긴장은 현상 유지라는 열강 위주의 차원에서 볼 때는 대수롭지 않게 생각할는지도 모릅니다.

그러나, 이 국지적인 긴장 속에서 살고 있는 것이 우리 민족일진대, 이 국지적 긴장은 곧 우리들의 사활을 가름하는 초중대사라고 아니할 수 없습니다.

우리 민족에게는 영원히 잊을 수 없는 비극의 6·25전쟁 때, 북괴를 도와서 남침에 가담하였던 중공, 그 중공이 이제는 유엔에 들어가서 안보이사국이 되었습니다.

그들이 앞으로 유엔에서 과연 무엇을 할 것인지는 두고 보아야 할 일이지만, 지난번 중공대표가 유엔에서 한 첫 연설에는 우리가 그냥 넘길 수 없는 여러 가지 대목들이 들어 있었던 것을 알고 있습니다.

대한민국 정부가 한반도에서 유일한 합법정부라는 유엔 결의나 북괴와 중공을 침략자로 규정한 유엔 결의 등을 처음부터 무시하고 드는 부정적인 태도라든가, 대한민국을 공산침략으로부터 수호하기 위하여 유엔 결의로서 창설된 유엔군이나, 국제연합한국통일위원회도 당장 해체하라는 등, 북괴가 늘 주장하던 것을 그대로 대변하고 있는 것을 보더라도, 앞으로 우리의 안보상에는 중대한 시련을 예측해야 할 것입니다.

또 우리 우방 미국의 사정을 살펴볼 때, 미국도 우리가 언제까지나 우리의 안보를 종전과 같이 의지하거나 부탁하기에는 어려운 실정에 있는 것입니다.

미국의회에서 의원 법안을 둘러싸고 거듭된 논란은 수원국가들의 자주안보를 촉구하는 신호라 아니할 수 없으며, 주한미군의 추가 감군 문제도 이미 논의 중에 있는 것으로 보입니다.

인접 우방 일본도 중공 및 북괴와의 접촉을 더욱 잦게 하기 시작했으며, 아시아서의 공산주의 위협이 얼마나 심각한 것인가 하는 것은 직접 경험해 본 우리들이 아니고서는 역시 실감하지 못하는 것 같습니다.

이러한 국제정세 변동에 더하여 북괴의 움직임을 면밀히 살펴볼 때, 우리의 국가안보는 실로 중대한 차원에 이르고 있는 것입니다.

북괴는 '김일성 유일사상'의 광신적인 독재체제를 구축하여 북한 전역을 요새 병영화하고 전쟁무기 양산에 광분하고 있습니다.

또 50만 현역군 외에도 즉각 전쟁에 동원할 수 있는 150만 노농적위대와 70만 붉은청년근위대를 만들어, 현역군 못지 않은 장비와 훈련으로 남침 준비를 끝내고 있으며, 이들의

박 대통령의 국가비상사태 선포를 보도한 신문 호외를 받아든 시민들(1971. 12. 6)

노농적위대는 연간 500시간 이상의 군사훈련을 의무적으로 받고 있습니다.

또한 그들은 나어린 중학생과 심지어는 나약한 부녀자 및 노인들에게까지도 사격훈련을 강요하고 있습니다.

한편, 북괴는 우리 대한적십자사가 제의한 남북가족찾기운동에 응해 오면서, 한쪽에서는 회담이 진행 중인데도 한쪽으로는 무장 간첩의 침투를 더욱 격화하고 있으며, 그 방법도 또한 전에 없이 더

악독해지고 있습니다."

18세기 말엽에 철학자 칸트(Immanuel Kant)는 〈영구평화〉라는 소론(小論)에서 세계평화는 불가피한 것이라고 말했다. 즉, 모든 국가들이 똑같은 정의감을 공유하기 때문에 또는 한 주기마다 그 파괴력이 계속 증대되는 전쟁이 인간에게 전쟁의 무익함을 깨우쳐 줄 것이기 때문에 세계평화가 이루어진다는 것이다.

20세기 중반에 미·소가 개발한 핵무기는 칸트의 예언대로 핵강대국인 미·소로 하여금 핵전쟁의 무익함뿐 아니라 유해함을 깨닫게 하여 평화를 지향하지 않을 수 없게 만든 요인이 되었다.

수시간 내에 수천만 명을 살상할 수 있고 대량파괴가 가능한 핵무기에 의해 전쟁 당사국들의 대도시가 몇 시간 안에 불에 타 재가 되고, 산업시설과 문화유산이 모두 파괴되고 수백만, 수천만 명의 무고한 사람들이 살육되며, 야만적이고 동물적인 생활만이 가능하게 되어 '살아남은 자가 죽은 자를 부러워하게 될 때' 이념이나 체제 유지 따위를 위한 전쟁이 무슨 의미가 있는가 하는 데 대해 미·소 양국이 각성의 눈을 뜨게 된 것이다.

그래서 '평화에 대한 대안은 없다'는 소리가 힘을 얻게 되었고 평화는 하나의 도덕적 명령이 되었으며, 핵강대국들은 이 책임을 회피해서는 안 된다는 생각을 하게 된 것이다.

그 뒤 미·소 양국은 조심스럽게 미리 준비된 협상을 통해서 서로 상대에게 한 발씩 물러설 기회를 열어주는 분위기를 조성하는 데 힘쓰기로 했다.

냉전시대를 주도한 두 앙숙인 미·소 핵강대국이 양국의 현안 문제에 대해 솔직하게 의견을 교환하고 이를 신속하고 원만하게 해결할 수 있는 대화의 통로를 통해서 적대관계 긴장을 완화하고 양국

비상 체제 확립

1972년 양자 원단

대통령 박정희

의 국제분쟁 개입을 자제하도록 했다.

냉전기간에 국제정치를 좌우한 미·소 양국의 이런 태도 변화는 미·소 양국의 대외정책과 군사전략에도 큰 영향을 주었을 뿐만 아니라, 국제정치 전반에 큰 변화를 가져왔다. 미국은 평화공존에 적합한 새로운 국제질서를 모색하였고, 미국의 범세계적 동맹기구가 차차 변질되기 시작했다.

북대서양조약기구(NATO)와 바르샤바조약기구(WTO) 사이에 해빙의 분위기가 대두되기 시작했고, 동유럽과 서유럽 개별국가 사이에 쌍무협력관계가 진전되고 있었으며, 서독 빌리 브란트 총리가 추진한 '동방정책'으로 서독과 동독이 화해와 공존의 움직임을 보였고, 중공의 유엔 가입과 미국과 일본의 중공과의 관계 개선 노력 등 국제정세는 급속하게 변화했다.

이런 변화를 배경으로 미국의 닉슨 대통령은 '협상과 평화의 시대'가 도래하고 있다고 선언했다. 그것이 70년대 초였다. 그러나 강대국들 간의 긴장완화 움직임은 세계평화와 안정에 기여하는 측면도 있었으나, 다른 한편으로는 위험을 수반했다.

국제질서 변동은 언제나 진통과 위험을 수반하기 마련이며, 그런 위험은 으레 열강 간 관계가 재편됨에 따라 힘의 공백상태가 생기는 지역에서 가장 두드러지게 나타났다.

즉, 세계의 어느 한 지역의 긴장 완화를 위한 노력이 다른 지역에서 새로운 분쟁을 야기시키고 지속시키는 경우가 있었는가 하면, 긴장 완화를 위한 강대국의 자제가 국제정치의 다원화 추세를 촉진하여 변두리 지역의 국제분규가 유발되는 경우가 있었으며, 또 강대국들이 분쟁 확대를 원하지 않아 사태를 외면함으로써 지역분쟁이 장기화하고 만성화하는 경우가 있었다. 이런 국지적 긴장의 대표 지역이 한반도였다.

따라서 70년대 초 한반도의 현실은 이른바 '협상과 평화의 시대'와는 거리가 멀었다.

1969년 아시아 자유국가들의 국방은 1차적으로 아시아 자유국가 국민 자신이 책임져야 한다는 '닉슨 독트린'이 발표되었고, 71년 2월에는 주한미군 1개 사단이 철수했으며, 휴전선 방어는 우리 국군이 맡게 되었다. 게다가 월남전쟁에 대한 미국의 반전운동이 확대되고, 주월남 미군 철수가 본격화됨에 따라 주한미군 추가철수에 대한 불안감이 조성되었다. 이런 상황에서 유엔에 가입한 중공은 북괴의 주장과 정책을 지지하고 나섰다.

이른바 강대국권력정치에서는 적과 동지 구분이 단순하지 않다. 이해관계에 따라 어제의 동지를 헌신짝처럼 내버리는가 하면, 어제의 적이 오늘의 동지가 될 수가 있고 또 오늘의 적이 내일의 협상 상대가 될 수 있는 것이 강대국 권력정치의 현실이다. 강대국의 이해관계 앞에는 의리도, 법도, 인정도 무력하다. 옛 동맹관계도 새로운 이해와 새로운 역학관계에 따라 부단히 변한다. 강대국들은 그들 위주의 질서와 이익 옹호를 위해 중소국가들을 희생 제물로 삼는 것을 지극히 당연한 것으로 생각하는 경향이 있다. 힘 있는 강대국

닉슨의 중공 방문을 발표하기 위해 기자회견장으로 들어가고 있는 닉슨 대통령과 키신
저 보좌관(1971. 7. 16)

들은 힘 없는 중소국가들에 대해서는 어떤 일도 서슴지 않는다. 강
대국들이 그들의 국익을 위해서 서로 담합하고 흥정할 때 중소국가
들은 뜻밖의 희생을 당하는 경우가 많다.

1971년 중공수상 주은래와의 비밀회담에서 키신저 미국대통령 특
별보좌관이 미·중 관계정상화를 위해서 우리나라 국익에 손상을 가
져 올 양보를 한 것은 그 실례의 하나였다.

즉, 71년 7월 9일 닉슨 대통령의 안보담당특별보좌관 헨리 키신
저는 태국 방문 기간 중 극비리에 중공을 방문하여 북경 인민대회
장에서 중공수상 주은래와 미·중 국교정상화 문제를 두고 협의했
다. 이 회담에서 두 사람은 한반도 문제와 관련된 몇 가지 문제에
대해 의견을 조율했다.

그 당시 미국은 소련을 견제하기 위해 중공과의 화해를 모색하고
있었는데 이런 화해를 촉진하는 데에는 미국의 한반도 정책에 대한

중공의 우려를 불식시킬 필요가 있다고 생각했다. 그래서 키신저는 몇가지 제안을 했다.

그 하나는 주한미군이 언젠가 한국에서 철수할 경우 미국은 일본 자위대 군사력이 한국에 진출하지 않도록 하겠다는 것이다. 다시 말하면, 미국은 일본 자위대를 주한미군 대역(代役)으로 삼지 않겠다는 것이다. 즉 일본의 대륙진출을 막겠다는 것이다.

다른 하나는 미국은 71년에 이어 앞으로 주한미군 상당수를 철수시킬 계획이며, 한국군이 휴전선을 넘지 않도록 최선을 다하겠다는 것이다. 즉, 나머지 주한미군은 북한의 대남공격을 억지하기 위해서뿐만 아니라 한국의 대북공격을 저지하기 위해서 한국에 주둔하고 있다는 것이다.

또 다른 하나는 미국은 유엔을 비롯한 국제사회에서 '조선민주주의인민공화국'의 법적 지위를 인정할 계획을 갖고 있다는 것이다.

이것은 대한민국이 한반도의 유일한 합법정부라는 종래 미국의 대한반도정책의 본질을 포기하고 북한을 국가로 인정하겠다는 것이다.

키신저는 중공이 지원하고 있는 북한의 안보문제에 대한 중공의 우려를 씻어주기 위해서 중공과 북한에게는 유리하지만 한국에는 불리한 중대한 양보를 했으며, 주은래는 키신저에게 이를 거듭 확인하고서 수용하였다는 것이다.

핵강대국인 미국과 중공은 국교정상화라는 그들의 국익을 위해 약소국인 한국의 국익과 관련된 문제를 한국의 참여나 동의 없이 그들만의 비밀협상에서 흥정한 것이다.

이것은 우리에 대한 도전은 비단 공산주의 세력뿐만 아니라 우리의 우방으로부터도 올 수 있다는 것을 보여 주는 사건이었다. 이것이 바로 이른바 강대국들이 주도하는 국제권력정치의 실상이었다.

대통령은 우리 근세사에서 우리가 일본에게 나라를 빼앗긴 것은

1차적으로 거기에 대항할 국력을 키우지 못한 우리 조상의 책임이지만, 또 한편 당시의 국제열강들의 움직임에 크게 좌우되었던 것도 사실이라고 보고 있었다. 미국을 비롯한 서구 열강은 러시아의 극동 진출을 막기 위해서 일본의 한반도 지배를 오히려 묵인했고, 그로 인해 우리에게 극히 불리한 국제환경이 조성되었다는 것이다.

물론 그 당시 서구열강 세력이 한반도에 밀물처럼 닥쳐왔을 때, 우리에게도 이에 자주적으로 대응할 기회가 전혀 없었던 것은 아니다. 이미 이 땅에도 사회 각계에서 개화의 기운이 싹트고 있었고, 격변하는 국제정세에 대처하고 세계사의 진운에 발맞추기 위해 부국강병의 필요를 역설하고 실천한 우국지사가 적지 않았다. 그러나 불행히도 이들의 의지와 노력을 통합하고 조직화할 구심점이 형성되지 못했던 탓으로 근대화과업은 제대로 추진되지 못하였고, 우리나라는 각축하는 국제열강의 틈바구니에서 우왕좌왕하다가 끝내 그 희생의 제물이 되고 말았다. 그 당시 지도층과 국민이 투철한 자주정신으로 일치단결하여 국력배양에 심혈을 기울였던들 국권을 빼앗기는 비극만은 피할 수 있었을 것이다. 그러나 당시 우리 지도층은 격변하는 국제정세 변화를 올바로 파악하지 못한 채, 사대와 의리, 그리고 분열과 파쟁의 수렁에 빠져 있었고, 그로 인해 세계사의 대열에서 낙오됨으로써 우리 민족사에 지울 수 없는 한을 남기게 되었다는 것이다.

대통령은 우리 세대는 절대로 이런 과오를 되풀이해서는 안 된다고 생각했다. 만일 우리가 또 다시 이런 과오를 저지른다면 우리 민족의 앞날에는 희망이 있을 수 없다고 단언했다.

그러나 피도 눈물도 없는 강대국들의 권력정치 행태가 우리 눈앞에서 재연되고 있는 것을 보면서도 이 나라 야당의 지도자라는 사람들은 그 뼈저린 역사의 전철을 밟고 있었다. 그들은 이른바 동서 긴장완화의 움직임을 보고 당장 세계평화가 이루어지고, 한반도에도 평화가 정착될 수 있다고 주장하는가 하면, 심지어 71년 야당 대통령후보는 향토예비군 완전폐지, 학생교련 폐지, 4대국보장론, 남북한연방제, 김일성과의 통일회담 제의 등으로 국론분열을 조장했다.

대통령은 야당 정치지도자의 이런 행태는 김일성의 남침 유혹을 증대시킴으로써 그의 전쟁도발을 부추기는 결과를 가져올 수 있는 위험하고 무책임한 행동이라고 개탄했다.

남북한 군사력의 균형자 역할을 해 온 주한미군 철수, 아시아 우방에 대한 미국의 군사개입과 지원 축소, 중공의 득세 등이 이 지역에 힘의 공백상태를 가져올 수 있는 중요한 요인이 되고 있는 상황에서 국가안보문제를 둘러싼 우리 내부의 국론분열을 지켜본 김일성이가 마냥 앉아서 보고만 있을 리가 없다는 것이다.

김일성이는 그동안 모든 전쟁준비를 완료하고 70년대 초반이야말로 무력에 의한 적화통일의 결정적 시기라고 공언해 왔고, 60년대 후반부터는 동서화해의 진전으로 강대국들의 행동이 오히려 제약받게 되는 것을 역이용하여, 휴전선에 군사력을 집결시켜 무력침공의 위협을 현저하게 증가시키기 시작했고, 그로 인해 한반도는 또다시 세계에서 가장 위험한 긴장지역으로 부상했으며, 그 누구도 전쟁이 재발하지 않으리라고 단언할 수 없는 위기 상황이 조성되었던 것이다.

우리는 이러한 역경 속에서 전쟁을 막고 평화를 유지함으로써 우리 민족의 생존과 안전을 지켜 나가야 했고, 이를 위해서 무엇보다도 필요한 것은 우리의 국력이었다.

그래서 대통령은 자립경제와 자주국방 건설로 국력을 계속 증강해 왔고, 국가위기를 극복하기 위해서는 이 국력을 조직화하고 즉각

동원할 수 있는
비상체제를 갖추
어 놓고 있을 필
요가 있다고 생각
한 것이다.

②6·25남침 전
야 상황의 재현
대통령은 이어
서 백리 북쪽에
공산 마수가 도사
리고 있다는 사실
을 망각하고 태평
무드에 젖어 있는
우리 사회의 내부
사정은 6·25남침
을 자초했던 국내
상황을 방불케하
고 있다는 사실을
지적했다.

세계를 놀라게 한 닉슨의 중공 방문 발표
닉슨 미국 대통령의 중공 방문 소식을 전하는 1971년 7월 17
일자 국내신문.

"이렇듯 외부로부터의 위협이 절박한 이때, 과연 우리 내부 사정
은 어떠한지 냉엄하게 살펴봅시다.

향토예비군이나 대학군사훈련마저도 그 시비가 분분할 뿐 아니
라, 진정으로 국가를 위하는 안보론보다는 당리당략이나 선거전략
을 위한 무책임한 안보론으로 국민을 현혹시키고 있으며, 또한 혹세
무민의 일부 지식인들은 언론자유를 빙자하여 무책임한 안보론을

분별없이 들고 나와 민심을 더욱 혼란케 하고 있는 것이 오늘의 실정입니다.

이와 같이 무절제하고 무궤도한 안보 논의는 국민의 사기를 저하시킬 뿐 아니라, 국민의 단결과 국론의 통일을 저해하고, 나아가서는 국가안보에게 크게 유해로운 결과를 가져오는 것입니다.

지금 이 시각에도 백리 북쪽에 공산 마수가 도사리고 있다는 사실을 잊어버리고, 태평 무드에 젖어 있는 오늘 우리 사회의 단면을 돌이켜 볼 때, 나는 6·25전쟁의 전야를 회상하지 않을 수 없습니다.

6·25의 쓰라린 경험을 벌써 잊어버린 국민들이 많은 것 같습니다.

설마설마하다가 당한 6·25의 그날을 되새겨 볼 때, 오늘의 해빙이니 평화 무드니 하는 이들 유행어는, 또 다시 우리 사회에 설마설마 하는 소리가 고개를 쳐들게 하지 않을까 나는 심히 걱정하는 바입니다.”

더글러스 맥아더 장군은 제2차 세계대전이 발발하기 바로 직전에 다음과 같은 경고를 했다.

‘전쟁에서 실패의 역사는 ‘너무 늦었다’는 두 마디로 요약될 수 있다. 잠재적인 적국의 목적을 이해하는 데 너무 늦었고 치명적인 위험을 깨닫는 데 너무 늦었고, 준비하는 데 너무 늦었고, 저항을 위해 가능한 모든 힘을 단합하는 게 너무 늦었고, 우방과 행동하는 데 너무 늦었다.’

맥아더는 1940년경에 필리핀에 있었으며, 지평선 너머에 전운이 감도는 것을 보았고, 필리핀에 주둔한 미군의 증강을 요청했고, 전쟁의 위험을 경고했다. 그러나 많은 사람들은 ‘그래서 어떻다는 건가’ 하고 말했다. 그의 전쟁대비책 건의와 경고는 무시되었고, 결국 미국은 일본의 기습침략을 당했다.

대통령은 1950년 6월 25일 북괴의 기습남침도 결국은 전쟁위기를 예방할 수 있는 시간이 있을 때 그 예방책을 강구하지 못함으로써 자초한 재앙이었다고 보고 있었다.

북괴의 6·25 기습남침은 미국에 그 책임이 있다고 주장하는 사람들이 있었다. 즉, 미군이 철수하지 않았거나, 미국이 아시아 태평양 방어지역에서 한국을 배제시키지 않았다면, 또 미군이 철수하기 전에 한국군의 자위능력을 충분히 길러주었더라면, 북괴는 남침을 하지 못했을 터인데, 미군은 철수하며 한국군 자위능력을 길러주지 않았고, 아시아방어선에서 한국을 제외시킴으로써 북괴남침의 길을 열어 주었다는 것이다. 이러한 주장이 한때는 정설이 되다시피 설득력을 얻고 있었다.

그러나 대통령은 6·25남침의 책임이 전적으로 미국에 있다는 것은 사실의 한 면만을 강조한 것에 지나지 않으며, 미국보다는 오히려 우리나라의 위정자와 정치인들의 책임이 더 컸다고 보고 있었다.

그 당시 우리의 국방에서는 방심이 지배했고, 외교에서는 허세가 지배했다는 것이다. 국방에 대한 아무런 대비책을 강구하지도 않으면서 북괴가 남침하면 우리가 북진하여 점심은 평양에서, 저녁은 신의주에서 먹는다는 공허한 헛소리를 늘어놓고 있었고, 김일성의 목표는 남북협상을 통한 평화통일이라고 믿고 있었으며, 북괴가 기습남침을 하리라고는 예상하지 못하고 그저 그날그날 일어나는 여야의 정쟁에 관심을 쏟거나 눈앞에 보이는 당면문제에만 급급하면서 허송세월했다. 그 결과 북괴가 남침을 감행해 왔을 때 우리는 우리의 자력으로 침략자를 격퇴할 수 있는 국방력이 준비되어 있지 못했다. 미군을 주축으로 하는 유엔군의 참전으로 전세는 역전되어 대한민국 공산화는 모면했다. 그러나 3년간 계속된 전쟁에서 우리는 수백만 인명이 희생되고, 국토가 폐허가 된 값비싼 대가를 치렀다는 것이다.

대통령은 현존하는 국가위기에 대한 사전대비책을 소홀히 하여 침략자에게 유린당하는 일이 있어서는 안 된다고 생각했다. 우리가 6·25 남침을 자초한 그 과오를 되풀이하지 않기 위해서는 그러한 실패의 역사를 잊어서는 안 되며 그 교훈을 명심해야 한다는 것이다.

그 교훈이란 한마디로 침략을 예방할 수 있는 대비책을 침략을 당하기 전에 마련해 두고 있어야 침략을 억지할 수 있다는 것이다. 다시 말하면 적의 잠재적인 침략 징후가 포착되면 그 즉시 침략억지대비책을 준비해 두고 있어야 한다는 것이다.

그러나 적의 침략적 도발의 초기단계에서는 그것이 '현존하는 위기'인지 또는 '잠재적인 침략의 징후'인지가 분명하게 드러나지 않아서 위기극복을 위한 국민의 희생과 고통이 수반되는 정책을 추진하기가 쉽지 않다.

왜냐하면 무력도발은 그 초기에는 애매한 형태를 취하고 있고, 도발의 규모가 어느 정도며, 도발 목표가 무엇인지가 확실하지 않기 때문에 일반국민들은 침략 위기의 존재를 실감하지 못하고 있기 때문이다.

즉, 위기의 존재나 그 부재가 불투명한 회색지대에 묻혀 있어서 위기의 존재에 대한 국민적 합의가 없거나 국론이 분열될 수 있기 때문이다. 그 결과 통치자가 위기 발생을 사전에 예방하기 위해서 국민의 희생과 고통이 수반되는 정책을 결정할 경우, 국민들은 그러한 정책의 필요성과 적절성을 이해하지 못하고, 이를 선뜻 지지하기보다는 오히려 반대하는 경향이 나타나게 된다.

어려운 일과 쉬운 일, 고통스러운 일과 편안한 일 가운데서 어느 것을 선택하느냐 하는 문제에 직면하게 될 때에 국민들은 편하고 쉬운 일을 선택하는 경향이 있다.

일반적으로 전쟁과 평화 가운데 어느 하나를 선택해야 하는 중대한 사태에 직면하고 있는 때조차도 국민들은 전쟁에 대비하는 힘든 일을 하기보다는 전쟁의 위험이 없는 태평성대라고 믿고 싶어한다.

전쟁에 대비하는 정책은 국민들에게 부담스러운 생활을 요구한다. 그래서 국민들은 이에 대해 부정적이다. 평화시에 전쟁대비를 해도 좋으냐고 물으면 '안 된다'는 반응이 지배적이다. 세금이 늘어나고 국가예산이 국방비에 집중 배정되어 다른 분야는 정체되며 국민들이 동원되고 조직화되는 등 자유가 제한되는 것이 싫다는 것이다. 그리고 국민들은 전쟁을 우려하고 이를 피하고 싶어한다.

바로 이러한 사실 때문에 민주국가의 통치자는 공산주의 독재자의 잠재적인 침략위협에 직면하여 이에 대응할 수 있는 대비책을 마련할 그 시기와 방법을 결정할 때 어려움에 직면하게 된다. 왜냐하면 공산주의 독재자들은 과거 군주처럼 자기의 영광을 위해 몇십만 명의 병사와 수백만 명의 국민을 죽음으로 몰아넣은 전쟁을 도발할 수 있지만, 민주주의 국가의 통치자는 누구에게나 명백하게 드러난 눈앞의 위기가 아니면 국민을 전쟁에 동원하기가 어렵기 때문이다.

그러나 대통령은 국민들이 전쟁을 두려워하고 전쟁을 원하지 않는다고 해서 전쟁 위기에 대한 대비책을 강구하지 않는다면 그것은 전쟁을 자초하는 결과를 가져온다는 사실을 통찰하고 있었다. 뿐만 아니라 그것은 국토를 보위하고 국민의 생명과 재산을 보호해야 하는 대통령의 제1차적인 의무와 책임을 방기하는 것이 된다는 것이다. 따라서 대통령은 잠재적인 국가위기에 대처할 수 있는 대비책을 마련하는 데 기민하고 단호했다.

김일성이가 모든 전쟁준비를 완료해 놓고 70년대 초반에 무력적 화통일을 하겠다고 남침 기회를 노리고 있는 판국에 국민들이 전쟁을 피하고 싶다고 해서 피할 수 있는 것이 아니다. 또 우리가 전쟁을 두려워하면 할수록 김일성은 전쟁위협을 더욱 강화하여 이 땅에 이른바 '남조선혁명'의 여건을 조성함으로써 종국에는 저들이 말하는 '통일전쟁'을 감행할 것이 뻔하다는 것이다. 우리가 또 다시 설마 설마하다가 전쟁위기 대비책을 마련해 놓지 못한다면 우리 스스로 북괴에게 남침의 기회를 제공하는 꼴이 되고 만다는 것이다.

대통령은 국가와 국민을 위해 반드시 필요하다고 생각하는 정책을 결정할 때 결코 여론에 좌우되거나 인기에 미혹되지 않았다. 대통령은 언제나 자신의 경국의 철학과 신념에 따라 국가정책을 결정했다.

대통령은 6·25전쟁에서 온갖 고통을 맛보고 고통과 죽음 속에서 살아남았으며, 그 과정에서 전쟁을 직접 해보지 못한 사람들과는 전혀 다른 관점에서 인생과 사물을 관찰하였다. 그리고 자기 자신의 존재보다 훨씬 큰 국가와 민족을 위해서 스스로 심신을 바쳐 싸웠던 기억들은 대통령의 생활과 신념을 바꾸어 놓았으며, 남달리 투철한 국가관과 사생관(死生觀)을 그의 가슴 깊은 곳에 심어 놓았다.

대통령은 결코 자신에 관해서 걱정하지 않았다. 그가 자나깨나 걱정한 것은 이 나라가 또다시 북괴의 무력적화 통일획책의 제물이 될지도 모른다는 그 위험성이었다.

대통령은 이런 불행이 이 땅에 재현되지 않도록 하기 위해서 자신의 모든 것을 바쳤고, 국민에게도 모든 것을 요구했다. 의사가 환자의 생명을 구하기 위해서 수술의 고통을 참고 견디어 줄 것을 요구하듯이, 대통령은 국가위기를 극복하기 위해서 국민은 하기 싫은 일도 해야 한다고 요구했고, 국민의 일부 자유를 제한하거나, 국민의 희생을 수반하는 조치를 단행하고 애국하는 마음으로 이를 감수해줄 것을 요청했다. 이것이 비상사태를 선언한 목적이었다.

비상사태 선언 결정과정에서는 정부와 여당 일각에서 시기상조라는 의견도 제시했다. 적의 도발과 성격과 의도가 분명히 드러나지 않은 초기단계에서 야당과 국민의 반대를 각오하면서까지 비상사태를 선포하는 것보다는 위기가 심각해져 적의 의도가 분명해질 때까지 기다렸다가 모든 국민들이 위기에 대한 공포심에서 일치단결하여 필요한 조치를 취하라고 요청할 때, 그때에 비상사태를 선언하는 것이 바람직한 것이 아니냐는 것이었다.

그러나 대통령 생각은 확고했다. 무력도발 초기에 불분명하게 보였던 그 규모와 목표가 너무나 명백해짐으로써 침략 사실이 모든 사람에게 분명하게 드러날 때까지 위기극복에 필요한 대비책을 마련해두지 못하고 있으면 그때는 이미 우리 모두가 침략의 참화 속에 함몰되어 버린다. 특히 현대무기의 치명적인 파괴력을 고려할 때 북괴의 기습남침은 우리의 전국토를 순식간에 불바다로 만들 수 있으며, 이로 인해 우리가 입게 될 인적, 물적 손실과 희생은 우리가 사전대비책을 마련하는 데 들어갈 비용과 노력과는 비교도 할 수 없을 정도로 크고 엄청난 것이 된다. 따라서 북괴의 무력도발로 인한 국가위기가 가시화된 후에 대비책을 준비해도 늦지 않다는 생각은 국가파멸을 자초하게 될 위험한 생각이며, 이러한 자세로는 우리가 북괴와의 대결에서 절대로 승리할 수 없을 뿐 아니라 살아남기 어렵다. 북괴가 전쟁을 도발할 가능성에 대비하여 만반의 준비를 해두고 있을 때 전쟁을 막을 수 있고, 설사 북괴가 무모하게 전쟁을 도발하더라도 피해와 고통을 최소화할 수 있으며 적을 물리칠 수 있다는 것이다.

③ 민주주의는 국가위기를 극복하는 데 취약하다

대통령은 이어서 국가위기를 극복하는 데 우리의 평화시의 민주주의 체제는 취약점이 있다는 사실을 지적했다.

"나는 우리의 자유민주체제가 공산독재체제보다는 훨씬 우월하고 더 능률적인 제도라는 신념을 갖고 있습니다.

또 공산체제에 대응할 최선의 체제가 바로 민주체제임을 나는 굳게 믿고 있습니다. 그러나 오늘의 이 비상사태에 비추어 볼 때, 우리의 현평화체제는 적지 않은 취약점을 내포하고 있습니다.

민주주의가 우리에게 소중한 것이라면, 이 소중한 것을 강탈하거나 말살하려는 자가 우리 앞에 나타났을 때, 우리는 과연 어떻게 해야 할 것입니까? 침략자의 총칼을 '자유'와 '평화'라는 구호만으로는 막아낼 수 없는 것입니다.

이것을 수호하기 위하여는 응분의 희생과 대가를 지불해야만 합니다. 필요할 때는 우리가 향유하고 있는 자유의 일부마저도 스스로 유보하고, 이에 대처해 나아가겠다는 굳은 결의가 있어야 합니다."

'모든 민주공화국에는 본래적이며 숙명적인 취약성이 존재하며, 중대한 국가적 비상사태에 직면한 민주적인 입헌정부가 제도적으로 보장된 국민의 자유를 제한할 수 있는 비상권한 없이 그 국가 자체의 존립을 유지, 보전할 수 있다고 생각하는 것은 하나의 환상이다.'

이것은 1861년 7월 4일 미국의 남북전쟁 초반 전투가 격렬했을 때, 링컨 대통령이 의회에 보낸 메시지에서 자신이 취하지 않으면 안 되었던 비상조치의 필요성을 강조한 말이다.

링컨은 '우리가 필요로 하는 정부는 국민의 자유를 위하여 강력한 것이어야 하겠는가, 아니면 그 국가의 존립을 유지할 수 없을 정도로 약해야만 되겠는가?'라고 자문하고 일련의 비상조치로써 그 자신의 질문에 대답하였다. 그는 이미 남부미국 여러 주의 모반을 진압하고 미연방을 보존하기 위하여 군사적, 행정적, 입법적 조치를 주도했던 것이다.

남북전쟁 때의 링컨 대통령만큼 헌법상의 자유를 철저히 제한한 대통령은 없었다. 오래된 인신보호의 권리가 전면적으로 정지되었다. 링컨은 북군이 생존을 위해 싸우고 있다는 것을 그 명분으로 삼았다. 그는 다음과 같이 말하였다.

'다른 때 같으면 위헌적이었을 조치들도 그것이 국가보전을 통한 헌법보전에 필요불가결할 때는 정당화될 수 있다고 생각한다. …… 생명을 구하기 위해 종종 사지(四肢) 중의 하나를 절단하지 않으면 안 되지만 사지의 하나를 구하려고 생명을 바치는 일은 결코 현명치 못하다.'

링컨은 미합중국의 보존이라고 하는 필요성이 그로 하여금 이와 같은 일을 착수하고 어떤 방식으로든 수행해야 할 충분한 이유가 된다고 생각했고, '필요성의 법칙'에 근거하여 수많은 비상조치들을 취함으로써 미합중국을 보존했다.

대통령은 미국 남북전쟁 당시에 링컨 대통령이 결정한 비상조치들은 전쟁 위기에 직면한 민주국가들의 행정수반이 무엇을 어떻게 해야 하는지를 보여 주는 귀중한 교시(敎示)라고 평가했다.

대통령은 71년대에 우리가 직면한 국제적 차원과 국내적 차원의 국가위기를 극복하기 위해서는 평화시의 민주주의 체제에서 보장되어 있는 자유의 일부를 유보하는 응분의 희생을 견디어 내야 한다고 보고 있었으며, 이를 위해 입법조치가 필요하다고 생각했다.

1971년 12월 21일 공화당이 〈국가보위에 관한 특별조치법〉을 국회에 제출한 직후에 청와대에서 열린 정부·여당 연석회의에서 그 필요성을 다음과 같이 강조했다.

…(중략)… "안보도 걱정입니다. 북한과 대화를 하긴 하지만 김일성이를 믿을 수 없습니다. 이러다 저들이 쳐내려오면 걱정인데

70년대는 간단치가 않습니다.

장기적으로 볼 때 우리의 자유민주체제가 북괴 공산주의체제보다 우월하다는 우리의 신념에는 변함이 있을 수 없고, 이러한 신념 때문에 우리는 그들과 끝까지 싸울 결의를 가지고 있습니다. 그러나 단기적으로 볼 때 무력으로 적화통일을 하겠다는 적을 앞에 두고 자유민주체제에 대한 신념 하나만 가지고 과연 민주이념을 구현할 수 있으며, 자유를 신장시킬 수 있겠는가, 우리의 안전을 지킬 수 있겠는가, 불가능한 일입니다.

공산주의자들과의 투쟁에서 가장 중요한 무기는 자유와 민주주의다, 따라서 무한한 자유를 허용하고 민주주의만 하면 국민들이 뭉쳐서 싸워 이길 수 있다고 주장하는 사람들이 있습니다. 긴 안목으로 볼 때 그것은 타당한 말입니다.

그러나 당장 김일성이가 무력으로 밀고 내려올 때 자유의 간판 하나로, 민주주의 구호만으로 그들을 막을 수 있겠는가, 그것은 잠꼬대같은 소리입니다. 평시에 우리는 자유민주체제를 유지하고 있더라도 일단 유사시에는 적을 이길 수 있는 체제를 갖추고 있어야 합니다. 공산주의자들에게 패배한 다음에는 자유나 민주주의는 영원히 없어지고 맙니다.

이러한 상황 아래에서 우리는 대통령선거와 국회의원총선거를 치루었습니다. 정부는 자유롭고 공명정대한 선거를 치루려고 모든 노력을 경주했습니다. 그러나 야당 정치인들은 무책임한 망발을 하고 다니며 국민을 선동했습니다.

북한은 최근 300만 노농적위대들을 연간 500시간 훈련시키고 있습니다. 그런데 이 나라의 정치한다는 사람들은 향토예비군을 철폐하라고 요구하는가 하면, 군복무기간도 단축하라, 학생의 재학중 훈련시간도 연간 2시간 정도로 줄이라고 주장하고 있습니다. 그들은 이 모든 것이 장기집권을 위한 것이고, 대학을 병영화하기 위한 것이라고 1년 내내 나와 정부를 공격했고, 학생, 일부 언론인과 학자, 심지어는 법조인과 종교인까지도 야당 정치인의 주장을 지지하고 나섰습니다. 이러한 태도와 자세로 북한의 저 침략세력과 싸워 이길 수 있겠습니까? 우리 정치인들은 대오각성해야 합니다, 그리고 이러한 상황을 극복할 수 있는 대책과 행동이 있어야 합니다."

공화당은 비상사태 선언을 법적으로 뒷받침하기 위해 〈국가보위에 관한 특별조치법〉을 제정했다. 이 법은 격변하는 국제정세하에서 국가안보상의 중대한 위협에 사전 대처함으로써 북괴의 무력남침 도발을 예방하고 헌법 제68조에 규정된 대통령의 국가보위에 관한 책무를 보다 충실히 수행할 수 있도록 대통령에게 필요한 조치를 취할 수 있는 비상대권을 부여하기 위한 것이었다.

전문 12조로 구성된 이 법안의 주요 골자는 국가비상사태하에서 대통령은 인적·물적 자원에 대한 국가동원령을 내릴 수 있고, 옥외 집회와 시위를 규제하고, 언론과 출판에 대해 특별한 조치를 취할 수 있으며, 특정한 노동자단체 행동을 규제하고, 물가와 임금 등에 대한 경제적 규제를 할 수 있으며, 군사목적을 위한 세출예산을 조정할 수 있다는 것 등이다.

④ 국가위기 진단은 대통령의 권한이며 의무다

대통령은 끝으로 대통령의 직책 중에서 가장 우선적으로 해야 할 일은 국가의 안전보장이며, 이 책임은 누구에게도 위임하거나 전가할 수 없다는 점을 설명했다.

"국민 여러분!

이러한 급박한 국내외 정세를 예의 검토하고 심사숙고를 거듭한 끝에, 우리의 국가안보와 민주주의의 영구보전을 위하여, 나는 오늘 국가비상사태를 선언하여, 이 비상사태를 국민에게 알리고, 국민과 정부가 함께 걱정하고 함께 노력하여, 혼연일체의 태세로써 이 비상사태를 극복해 나가야 하겠다는 결심을 하였습니다.

대통령의 직책 중에 무엇보다도 우선해야 할 일이 곧 국가의 안전보장인 것입니다. 이 책임은 누구에게도 위임할 수 없으며, 전가할 수도 없습니다.

따라서 국가안보상 위험도 측정은 전적으로 나에게 주어진 의무인 것입니다. 또한 위험도 측정에 따라 적절한 조치를 적시에 강구하여야 할 책임도 바로 나의 안보상의 1차적 책임인 것입니다.

우리가 사태를 정확히 직시할 줄 알고, 또 이를 인식할 줄 안다면, 우리는 능히 뭉쳐서 어떠한 난국도 타개해 나갈 수 있는 역량을 가진 국민임을 나는 자부합니다.

국민 여러분의 이해와 협조로써 우리의 안보태세 확립 촉진에 다 같이 이바지해 주시기를 간곡히 당부하며, 우리 다 같이 이율곡 선생의 경고를 받아들이지 않았던 그때 우리 조상들의 과오와 우를 다시 범하지는 않을 것을 다짐합니다.

그리하여, 우리 다 함께 뭉쳐, 이 비상사태를 슬기롭게 극복해 나갑시다.”

대통령이 국가비상사태를 선포할 당시 국가안보상 위기라고 규정한 상황은 예방조치가 취해지지 않았을 때 발생할 우려가 있는 침략행위를 말하는 것으로, 그것은 장차 발생할 가능성이 있는 것일 뿐 실제로 발생한 것은 아니었다. 다시 말해서 비상사태 선포를 한 그 당시에는 위기의 존재가 누구에게나 분명하게 가시화되지 않은 잠재적인 것이었다. 이러한 상황에서 대통령은 장차 적의 침략이 발생할 위기상황을 예견하고, 그러한 위기가 현실화되기 전에 미리 대비책을 세워 국가를 보위하겠다고 선언한 것이다.

따라서 국가비상사태가 선언되면 야당 정치인들은 그 당시의 상황이 위기도 아닌데 왜 비상사태를 선포하느냐, 야당이 모르는 위기상황이 발생했다면 즉각 국회를 열어 정부와 여야 정당 간에 충분한 토론과 협의를 해서 결정할 일이지 왜 대통령이 단독으로 결정했느냐고 비난할 것은 뻔한 일이었다.

대통령은 중요한 국가정책을 결정하기 전에 가능하다면 여당뿐만 아니라 야당 지도자들과 의견을 나누는 것이 필요한 일이라고 생각했다. 그러나 급박한 위기에 직면하여 장시간 토의나 논란으로 신속한 결정이 이루어지지 못하여 국가보위의 최고책임자인 대통령의 손발이 묶인다면 그것은 오직 적을 유리하게 할 뿐이며 국민의 안전을 위태롭게 만들게 된다는 것이다.

대통령은 국가위기에 대한 진단은 정치적 토론이나 당쟁의 대상이 되어서는 안 된다고 생각했다. 우리는 그것이 망국을 자초한 쓰라린 역사적 경험을 여러 차례 겪은 민족이며, 이러한 치명적인 과오를 또 다시 되풀이하는 일은 있을 수 없다는 것이다.

국가가 위기에 직면했고, 그 위기가 어떠한 대응책을 필요로 하는가를 결정하는 제1차 책임은 바로 대통령에게 있다. 따라서 위기가 임박했을 때, 대통령은 그가 알고 있는 사실을 토대로 상황을 판단하고 그 판단에 따라 필요한 행동을 해야 한다. 그것이 국가위기에서 대통령의 권한과 의무라는 것이 대통령의 판단이었다.

우리의 국방을 미국에만 의존하겠다는 생각을 해서는 안 된다

1972년 1월 11일, 연두기자회견에서 대통령은 우리가 한미 방위조약만 믿고 모든 것을 미국에만 의지하겠다는 생각을 가져서는 안 되겠다는 것이 우리가 말하는 자주국방의 기본개념이라고 설명하고, 자국의 국방을 강대국에 의지해 오던 시대는 지나갔음을 강조했다.

"요즈음 흔히 우리나라가 자주국방이라는 이야기를 많이 하고 있는데, 어떤 사람이 자주국방이 뭐냐, 자주국방이 다른 나라, 즉 미국의 지원도 우방의 지원도 없이, 전부 우리 힘으로 하자는 것이냐 하는 이야기를 듣고 있습니다. 그러나, 자주국방은 다음과 같이 비유를 해서 이야기하고 싶습니다.

가령 자기 집에 화재가 났다, 이랬을 때는 어떻게 하느냐, 우선 그 집 식구들이 1차적으로 전부 총동원되어 불을 꺼야 할 것이 아니냐! 그러는 동안에 이웃사람들이 쫓아와서 도와도 주고, 물도 퍼다 주고, 소방대가 쫓아와서 지원도 해줍니다.

그런데, 자기 집에 불이 났는데, 그 집 식구들은 끌 생각도 안 하고 이웃사람들이 도와주기를 기다리고 앉았다든지, 소방대가 와서 도와주기를 기다리고 앉았다면, 소방대가 와도 기분이 나빠서 불을 안 꺼줄 것입니다. 왜 자기 집에 불이 났는데 멍하니 앉아 있느냐?

자기 집에 난 불은 1차적으로 그 집 식구들이 총동원되어서 있는 힘을 다해서 꺼야 한다는 것입니다.

국방도 마찬가지입니다. 우리나라를 지키는 중에 전쟁이 도발되었든지, 무슨 사태가 벌어졌을 때는 1차적으로는 우리 한국국민들이 불을 끄라 이 말입니다. 끄는 동안에 우리 이웃이 와서 도와준다, 우방이 와서 도와줍니다. 우리나라에 불이 났는데 우리가 끄지도 않고 가만히 앉아 있으면 미국사람이 와서 들여다보고는 도와주고 싶은 생각이 없을 것입니다.

한·미방위조약 또는 요즈음 흔히 말하는 집단안보체제, 이런 것들은 어디까지나 자기 집에 화재가 났을 때에는 자기 힘으로 1차적으로 끄겠다는 자세가 완전히 되어 있을 때 비로소 실효성이 발휘

될 것입니다. 집단안보체제라든지, 특히 우리로서는 한·미방위조약
이라는 것도 우리가 전부 하나에서부터 열까지 남한테만 의지하겠
다 하는 그런 생각을 가져서는 안 되겠다는 것이 바로 내가 주장하
는 자주국방에 대한 기본개념인 것입니다.

자기 나라 국방을 어떤 강대국에 의지해 오던 그런 시대는 벌써
지났습니다. 과거 우리는 주로 미국에 의지해서 우리나라 국방을 해
왔는데, 앞으로는 전적으로 미국에 의지하겠다는 그런 생각은 깨끗
이 버려야 하는 것입니다.

정부는 그동안 자주국방 체제를 갖추기 위해서 여러 가지 시책을
펴 나왔고, 앞으로도 이것을 강력히 추진할 것입니다.

그 가운데에는 우리 국민들에게 알릴 수 있는 분야도 있고 또 군
사상 알릴 수 없는 분야도 있기는 합니다마는, 군장비의 현대화라든
지, 동원체제를 정비하는 문제라든지, 또는 방위산업 육성이라든지,
민방위력을 강화한다든지, 이런 여러 가지 시책을 지금 강력히 밀고
있고, 특히 수도권 방위에 대해서는 중점적인 시책을 지금 다져나가
고 있습니다.

앞으로 예상되는 북괴의 가능한 도발에 대비해서 우리가 수도권
에 대해서는 중점적인 조치를 해야 되겠다는 판단하에 이런 조치를
하고 있는 것입니다.”

남북통일에 대해 성급한 생각을 가져서는 안 된다

1972년 1월 11일, 연두기자회견에서 대통령은 남북통일 문제에
대해 너무 성급한 생각을 해서는 안 된다는 점을 강조했다.

“오늘 이 자리에서 우리 국민들에게 꼭 한마디 당부드리고 싶은
것은, 이 통일문제에 대해서 우리 국민들이 너무 성급한 생각을 해
서는 안 되겠다 하는 이야기입니다. 하루바삐 남북이 통일되었으면

하는 간절한 염원은 누구다 다 마찬가지겠지만, 오늘날 우리가 놓여 있는 이 처지, 여러 가지 국제정세, 이런 것을 보아서 우리가 너무 성급하게 통일문제를 서둘러서는 안 되겠습니다.

인내심을 가지고 꾸준히 착실하게 노력을 해나가는 것이 오히려 더 통일에 접근하는 지름길이지, 너무 조급하게 서두른다고 해서 우리의 여러 가지 객관적인 정세와 여건이 성숙되기 전에는 되지 않을 일입니다. 과거 우리 역사를 보면 한국이 신라·백제·고구려 삼국으로 나뉘어 있다가, 신라가 통일을 한 역사가 있습니다. 이 세 나라가 정립이 되어서 통일이 될 때까지 약 700년이 걸렸습니다. 그리고 또, 역사상으로 볼 때 통일이 된 것은 문무왕 8년, 서기로 680년대라고 생각합니다마는, 삼국통일을 위해서 신라가 여러 가지 계획을 수립하고 본격적으로 서두른 지 120년만에 통일이 되었다는 것이 역사에 나와 있습니다. 진흥왕 때부터 약 120년간에 화랑도를 만들고 국민들을 훈련하고 정신교육을 하고 삼국통일에 대비를 해서 120년만에 비로소 통일이 되었던 것입니다. 또, 통일이 될 때에는 신라 단독의 힘으로 된 것이 아니라, 당나라의 힘을 빌려 통일을 했습니다. 통일하고 난 다음에도 당나라 군사가 생각이 달라져 돌아가지 않고 그 자리에 앉아서 뭉기려고 하기 때문에 그 당시에 김유신 장군이 지휘하는 신라군대가 당나라 군대와 근 10년 동안 혈전고투를 해서 당나라 군사를 쫓아내고 완전한 통일을 이룩했습니다.

이러한 역사를 보더라도 이 통일 문제란 염원이나 갈망만을 가지고 쉽게 이룩되는 것이 아니라, 여러 가지 어려운 고비가 많고 이에 대한 노력을 해야 되며, 또 시간이 걸리는 것입니다. 그렇다고 해서 우리의 남북통일이 삼국통일처럼 700년이나 120년이 걸린다는 이야기는 아니지만, 너무 조급한 생각을 했다가 국제정세나 여러 가지 여건이 우리 국민들의 희망대로 잘 돌아가지 않을 때에는 오히려 실망을 크게 할 뿐인 것입니다. 그러기보다는, 보다 더 끈질진 인내심을 가지고 한 걸음 한 걸음 여기에 접근하는 노력이 계속되어야 되겠습니다. 어디까지나 우리 자체의 내실을 키워야 되고, 객관적인 여건이 성숙되어야 되고, 객관적인 여건이 성숙되었을 때 우리가 기민하게 기회를 포착할 수 있는 능력을 갖추어야 하는 것이지, 그 이전에는 통일이 안 된다 이것입니다.

가장 좋은 기회야 8·15해방 때였을 것입니다.

일본 군대 다 쫓고 일본사람 다 쫓아 통일 독립국가를 만들기에 가장 좋은 기회였는데도 우리가 못했습니다. 그때 우리는 내적인 내실이 되어 있지 않았던 것입니다.

그런 여건과 기회를 우리가 포착할 능력이 없었습니다. 그런 좋은 기회를 다 놓쳤지만 앞으로 그런 기회가 나는 있으리라고 생각합니다. 거기에 대비해서 우리는 지금부터 꾸준히 노력을 해나가야 하겠습니다. 하물며, 중구난방으로 무책임한 통일론을 함부로 떠들어서 우리 국론을 혼란하게 만든다든지 하는 행위는 통일에 아무 도움이 되지 않으며, 오히려 백해무익한 일이라고 생각합니다."

남북통일의 새로운 조건을 창출해 내려는 대통령의 결단

서울에서 평양을 향해 약 70킬로미터 올라가면 조그마한 마을이 있었다. 판문점이다. 이 무명의 마을은 1953년 한 여름부터 갑자기 저 유서 깊은 독일의 베를린 시와 함께 냉전시대의 내력을 말해주는 유명한 고장으로 세계의 새로운 주목처가 되었다. 2백만이 넘는 한국인의 생명을 앗아가고 2십여만 유엔군 사상자를 내는 가운데 근 3년을 끌어온 전란을 종식시킨 휴전협정의 장소로 선정되고, 한국문제의 평화적 해결을 모색하는 대화의 광장으로 등장되면서 판문점은 세계의 이목과 관심을 모으기 시작했던 것이다. 그 후 한국을 방문하는 외국인들은 이곳을 찾고 있으며, 하나의 관광지로 생각하여 그 이색적인 분위기 속에서 즐거운 시간을 보내기도 한다.

그러나 우리 한국인에게 판문점은 그야말로 단장의 비애가 서려 있고, 비통한 민족의 현실이 뼈아프게 새겨져 있는 원한의 지명이다. 냉전의 조건과 풍토가 서서히 변질되어 가는 동안에도 미동조차 없었던 이 판문점에는 너무나 뼈저린 민족 수난의 기록이 얼룩져 있다. 국토의 분단, 민족의 분열을 상징하는 판문점, 과연 이 지구상의 그 어느 곳에 이곳보다 더 비통한 이야기를 담고 있는 곳이 있겠는가?

폭 4킬로미터, 길이 250킬로미터의 비무장지대를 사이에 두고 남북으로 분단된 한반도에 있어서 판문점은 남과 북이 접촉할 수 있는 유일한 통로다.

그러나 그 통로는 구색만을 갖추었을 뿐 통로 구실을 하지 못하고 있었다. 같은 언어, 같은 역사, 같은 혈통을 이어온 동족 사이에 일체의 교통과 통신이 두절되고 친지와 가족들이 서로의 안부조차 모르고 있건만, 이 통로는 여전히 막혀 있었다.

이처럼 닫혀 있는 통로가 1971년의 남북적십자회담과 1972년 남북7·4공동성명 발표를 계기로 열려 있는 통로가 될 수 있는 여건이 조성되었다. 해방 이후 25년만의 일이었다.

러시아의 볼셰비키(Bolshevikie) 혁명이 있기 60여 년 전에 토크빌(Alexis Tocquevill)은 '미국과 러시아는 언젠가는 각각 세계 절반의 운명을 그들의 손에 쥐고 있도록 신의 부름을 받은 것같이 보인다.'고 말한 바 있다.

1945년 제2차 세계대전 종결 때 엘베 강(Elbe River) 강가에서 미국과 소련의 군대가 승리의 축하모임을 가진 것을 마지막으로 미국

판문점에서 열린 남북적십자 제1차 예비회담(1971. 9. 20)

과 소련은 전후불신과 냉전의 시대를 열고 세계를 양분했다. 미국과 소련은 전세계에 걸쳐서 서로가 방대하고 면밀한 선전기구를 동원하여 각기 민주주의 이념과 공산주의 이념을 전파했다.

미국의 민주주의와 소련의 공산주의의 공식 견해에 따르면 자기의 이념이 승리하고, 상대의 이념은 사멸할 운명에 있다는 것이다. 그리고 미국과 소련의 이같은 선전과 공작은 제3세계 국가들로 하여금 그 어느 하나의 이념을 추종하는 계기를 만들어 주었던 것이다.

국제사회에서의 이러한 이념 대립은, 민주주의 체제를 채택하고 있는 국가와 공산주의 체제를 채택하고 있는 국가 사이에 광적인 적대감과 대결을 조장하고 전쟁의 소용돌이를 일으켰다.

1950년 6월 25일, 북괴의 기습남침은 그 대표적인 사건의 하나였다. 북괴의 남침으로 인한 전쟁은 휴전으로 종식되었다. 그러나 그 후 남북한 간의 계속적인 적대관계와 미국과 소련의 냉전체제, 그리고 미국과 중공의 군사적 대결체제가 굳어졌다.

이와 같은 국내외 정세는 남·북한 관계를 군사적 대결관계로 동결시켜 놓았으며, 남북한 간의 대화나 협상을 불가능하게 만들었다.

서로 다른 이념들이 충돌할 때 그 첫 번째 희생자는 타협이다. 쌍방의 입장은 굳어지고 외교는 교착상태에 빠지고, 적개심은 증대한다. 남북대화나 협상을 불가능하게 만든 것은 바로 이러한 이념의 차이였고 그 충돌이었다.

그러나 1960년대 후반부터 이른바 동서간의 이념대결이 완화되고 이념과 체제를 초월하여 국가이익을 추구하는 경향이 나타나기 시작했고, 1970년대 초에는 미국과 소련 간에, 미국과 중공 간에 긴장완화의 움직임이 싹트기 시작했다. 남북한 간의 대화를 불가능하게 만들었고, 또 남북대결관계를 고착시켰던 국제적인 이념전쟁과 냉정체제가 그 막을 내리고 있었던 것이다.

그러나 동서 간의 긴장완화 움직임에도 불구하고 한반도에서는 오히려 긴장이 고조되고 있었다. 북괴의 무력도발이 더욱 강화되고 있었기 때문이다. 공산주의 세계에서조차도 가장 교조적이고 호전적인 집단으로 공인되고 있는 북한 공산주의자들은 이른바 김일성 주체사상을 내세우고 70년대 초반의 무력적화통일을 공언하면서 전쟁준비에 더욱더 박차를 가하고 있었다.

대통령은 우리의 국가목표인 평화통일을 성취하기 위해서는 무력적화통일을 획책하는 북괴의 전쟁도발을 방지하는 것이 가장 우선

남북 직통전화로 첫 통화 판문점에 설치된 남북 간 직통전화 개통식에서 대한적십자 사무국 최동일이 메시지를 북한에 보내는 것을 최두선 총재가 지켜보고 있다(1971. 9. 22)

적인 선행조건이며, 북괴의 전쟁도발을 방지하기 위해서는 북괴가 전쟁을 도발했을 때 우리가 이를 격멸할 수 있는 강력한 군사력을 보유하고 있어야 한다고 판단하고, 자주국방력을 강화하는 여러 가지 시책을 추진했다.

북괴의 무력적화통일을 위한 군사력 증강과 전쟁도발을 막을 수 있는 우리의 자주국방 강화는 필연적으로 남북한 간의 군비경쟁을 유발했다. 적대국가들 간의 군비경쟁은 전쟁으로 이어질 위험성을 내포하고 있는 것이 사실이다. 그러나 잠재적인 적대국들이 서로 군비경쟁을 한다고 하더라도 그들 간에 군사적 균형이 이루어져 있는 상태에서는 오히려 전쟁이 억지되는 경향이 있다. 전쟁이 일어날 경우 어느 적대국가도 승리할 수 없을 뿐만 아니라 모두 치명적인 피해를 입게 된다는 것을 알기 때문에 서로가 군사력을 통한 마지막 대결만은 피하고자 하기 때문이다.

적대국들 사이에서 전쟁이 일어날 가능성이 가장 큰 때는 바로 그들 간의 군사적 균형이 어느 한 적대국가에게 결정적으로 유리하게 무너져버렸을 때다.

적대국가들 가운데 어느 한 국가가 군사력 강화를 위한 군비증강을 일방적으로 중단하거나 축소한 결과 군비증강을 계속해온 다른 적대국과의 사이에 군사적 균형이 무너지면 군비를 증강한 적대국가는 큰 피해를 입지 않고 전쟁에서 승리할 수 있다고 믿고 전쟁을 도발할 가능성이 크기 때문이다.

그래서 적대국들은 상대의 전쟁도발과 이에서 비롯된 패전이나 패망의 위험을 막기 위하여 군사력을 계속 증강하여 상대와 군사력 균형을 유지한다. 따라서 이러한 군비경쟁이 반드시 전쟁을 유발하는 요인이 되는 것은 아니다.

적대국들이 서로 무력을 사용하거나 전쟁을 도발하는 가장 근본적인 원인은 군비경쟁 그 자체에 있다기보다는 오히려 그들 사이에 존재하는 정치적 이견을 평화적으로 해결하는 데 실패한 데 있다. 즉, 군비경쟁은 정치적 긴장의 결과이지 그 원인은 아니다. 아무리 그럴듯한 말로 군비경쟁의 중단을 합리화한다고 해도, 또 설사 군비경쟁이 중단되다 해도, 그것만으로 뿌리깊은 정치적 이견이 해결될 수 있는 것은 아니다.

따라서 적대국가들 사이에 무력사용이나 전쟁도발을 근원적으로 막기 위해서는 군비경쟁의 중단이나 군축에 관한 소모적인 논쟁보다는 먼저 그들 간에 긴장의 원인이 되고 있는 정치적 이견을 평화적으로 해결하려는 노력이 선행되어야 한다.

정치적 이견을 전장에서 무력으로 해결하지 않고 평화적 방법으로 해결하려 할 때, 또는 그것을 무력으로 해결하는 것이 불가능하다는 것이 확실할 때, 정치적 이견의 해결을 기대할 수 있는 가장 현실적인 대안은 대화의 광장에서 협의와 조정을 통해 정치적 이견을 해소하는 노력이다.

군사력만이 정치적 이견을 해결할 수 있는 유일한 수단은 아니며 외교 등 다른 수단을 통해서도 그러한 목적을 달성할 수 있는 것이다. 이러한 접근은 상호불신이 아니라 상호신뢰를 가져올 상호작용의 과정을 발전시킬 수 있는 것이다. 그것은 또한 군비경쟁의 악순환을 막을 수 있는 적절한 국제기구가 없는 현상황에서는 군비경쟁을 막는 가장 현실적인 해결책이 될 수도 있는 것이다.

대통령은 남북한 간에도 이러한 외교적 접근을 시도하는 것이 필요한 일이고, 또 가능한 일이라고 생각했다. 필요하다고 생각한 이유는 전쟁방지가 모든 사람들의 간절한 염원이기 때문이었다. 즉, 남북한의 무서운 군사력이 남북한과 이 지역에 대량파괴를 가져올 수 있는 방법으로 사용되지 않도록 보장하는 가능한 모든 방법을 탐색하는 것은 우리 국민과 북한주민, 이 지역 국민들 그리고 아직 태어나지 않은 후손들의 평화를 위해서 바람직한 일일 뿐 아니라 불가결한 일이었기 때문이다. 대통령이 외교적 접근이 필요한 일이라고 생각한 또 다른 이유는 남북분단은 열강에 의해 강요된 것이었지만 남북통일은 열강이 아닌 우리의 주체적인 역량과 자주적인 결단에 의해서 그 해결의 실마리를 찾아야 한다는 대통령의 확고한 신념 때문이었다.

제2차 세계대전 후 한반도 분단에 관련되어 있는 소련, 중공, 미국, 일본 등 4대 열강은 한반도 통일보다는 현상유지를 지지했다.

특히 6·25전쟁 이후 이들 4대국은 한반도에서의 적대적 무력충돌의 회피라는 하나의 공통목표를 가지고 있었다. 이들은 군사력에 의한 한반도 통일기도는 한반도의 현상파괴의 위험이 크다고 보고 있었다. 그리하여 4개 강대국의 외교정책 목표는 한반도의 통일이 아니라 현상유지였다. 그러나 그 이유는 각국의 이해관계에 따라 달랐다. 먼저 미국은 통일되고 민주화된 한반도를 원하고 있었으나 이로 인해 미국이 다른 3대 강국과의 관계가 손상되는 것을 원치 않았다. 또한 일본은 공산화된 한반도를 원치 않았다. 공산화되고 통일된 한반도는 일본의 재무장을 강요할 것이며, 일본의 안보에 중대한 위협이 될 수 있다. 또 민주화되고 통일된 한반도도 그 경제적 군사적 잠재력을 감안한다면 일본에게 유리하지만은 않다는 것이다. 소련과 중공은 한반도에서의 비공산주의적 지배를 회피하려고 노력했다. 이 목적은 1950년 한국전에서 중공의 개입에 의해 뚜렷이 표시되었다. 양대 공산주의국가는 통일된 한반도를 원하고 있는 양 공언하고 있지만, 어느 쪽도 상대 공산주의 대국과만 동맹관계를 가지는 통일된 한반도를 원치는 않았다.

이처럼 한반도 주변의 4대 강대국들은 그때나 지금이나 이해를 서로 달리하고 있기 때문에 이들 4대 강대국들이 한반도의 통일을 이룩하는 데 있어서 그렇게 쉽게 의견을 함께하리라고 기대하기는 어렵다. 따라서 남북 분단을 그저 강대국에 의해 강요된 타율의 현실이라고 체념해 버린다면 분단현상은 영속될지도 모른다. 바로 여기에 분단을 극복하고 통일을 이룩하기 위해서는 우리 민족이 스스로 자주적인 노력을 해야 한다는 당위성과 필요성이 있다는 것이다.

문제는 남북대화가 필요하다고 해서 그 가능성이 있느냐는 것이었다. 대통령은 가능성도 있다고 판단하고 있었다. 대통령이 그렇게 판단한 근거는 두 가지였다.

그 하나는, 전쟁은 남북통일의 수단이 될 수 없다는 사실이었다. 즉, 남북한 통일문제는 그 옛날 신라의 삼국통일 때처럼 무력에 의해 해결될 수는 없다는 것이다. 왜냐하면 한반도 통일문제는 남북한 사이에만 국한된 문제가 아니라 미국과 중국, 소련과 일본 등 이른바 주변 4강의 이해관계가 얽힌 국제문제이며 이들은 한반도에서의 전쟁 발발을 원치 않고 있기 때문이라는 것이다. 따라서 한반도의 분단은 아주 특수한 조건이 조성되지 않고서는 한국이나 북한이 무력으로 종식시킬 수 없는 성질의 것이다. 1950년 김일성은 한국에서 미군이 완전히 철수하자 그러한 특수조건이 갖추어졌다고 판단하고 무력남침을 감행했다. 그러나 김일성은 실패했다. 한반도 통일문제의 국제적 성격을 간과하고 정세를 오판했기 때문이었다.

그동안 4대 열강들 사이의 관계는 많이 변했으나 한반도 통일문제의 국제적 성격은 변하지 않고 있고, 또 이들의 한반도 현상유지 정책도 변함이 없었다.

물론 김일성이가 또 다시 오판해서 전쟁을 도발할 가능성은 배제할 수는 없었지만, 그것은 김일성 집단의 자멸을 자초할 뿐이고 무력적화통일을 가져올 수 없다는 것을 깨닫게 된다면 김일성이도 결국은 무력을 포기하고 다른 대안을 찾을 수밖에 없게 된다는 것이다.

다른 하나의 근거는 우리의 경제성장이 뒷받침하는 자주국방력에 대한 확고한 자신감이었다. 즉, 우리의 자주국방력은 북한이 군사적으로 한국에 대해 절대 우위에 있으며 주한미군만 완전히 철수하면 한국을 무력으로 적화통일할 수 있다는 김일성의 믿음을 흔들어 놓고, 그것은 결고 실현될 수 없는 허황된 망상임을 깨닫게 함으로써 김일성이로 하여금 남침야욕을 포기하도록 만드는 힘이 될 수 있다는 것이다. 그리고 김일성이가 우리의 강력한 자주국방력 때문에 무력으로는 도저히 우리 한국을 넘보거나 공격할 수 없다는 것을 알게 될 때, 전쟁이 무익하고 평화가 유익하다는 것을 스스로 깨닫게 될 때, 그리고 객관적 상황이 화해를 불가피한 것으로 정당화하고 있다고 믿게 될 때, 김일성이도 대화와 교류를 통한 평화통일의 길에 나서게 될 것이라는 것이다.

따라서, 우리의 자주국방력은 북괴의 전쟁도발을 봉쇄하는 군사적 효과와 함께 북괴를 우리와의 대화에 나서게 만드는 심리적, 외교적 효과도 가져올 수 있다는 것이다.

대통령은 이처럼 남북대화의 필요성을 절감하고, 그 가능성을 믿고 있었으나 남북대화의 한계 또한 분명하게 인식하고 있었다.

첫째, 남북대화가 남북한 군사적 대결 상황과 남북한이 신봉하고 있는 이념에 뿌리박고 있는 그 체제와 가치의 차이를 하루아침에 제거하지는 못한다.

둘째, 남북대화가 북한 공산주의자들을 하루아침에 평화를 추구하는 사람들로 만들 수 없다.

셋째, 남북대화가 우리나라와 북괴 사이에 상존하는 긴장상태에서 비롯되는 남북한 간의 무력충돌을 불가피하게 할 수도 있다는 위험성을 반드시 제거해 주는 것은 아니다.

그러나 대통령은 남북대화에 이러한 근본적인 한계가 있다고 하더라도, 남북대화가 남북한 사이에 존재하고 있는 기본철학과 이념의 차이가 너무 크기 때문에 큰 성과를 가져오지는 못한다 하더라도, 그것은 남북한 간에 전쟁의 위험성을 줄이고, 서로의 이익을 위한 협력의 가능성을 탐색하는 데는 유용할 수 있다고 생각했다.

따라서 대통령은 우리가 남북대화에서 추구해야 할 제1차적인 목표는 남북한 간에 전쟁의 위험을 제거하는 데 두어야 한다고 생각했다. 다시 말해서 남북대화는 남북한이 남북한 사이에 존재하는 여러 가지 차이 때문에 전쟁을 함으로써 '함께 죽는'[공멸] 것보다는 그러한 차이를 서로 인정하고 무력을 포기하고 대화를 함으로써 '함께 사는'[공존] 길을 모색해 보는 하나의 실험이라고 생각해야 한다는 것이다.

남북한이 군비경쟁과 대결을 계속하면, 상호불신과 증오의 심리상태는 고착되고, 공존의 바탕 위에서 서로 협력할 수 있는 분야를 발견할 가능성은 없어지고 전쟁에 의한 공멸의 가능성은 커질 수 있다. 그러나 남북한이 대화를 하게 되면 적어도 남북한이 대결만 하고 있을 때 생기는 상호불신과 증오를 없애고 상호신뢰와 이해를 증진시키고, 서로 공존하면서 공동이익의 영역을 개발하는 데 상호협력하는 관계에까지도 발전할 수 있는 가능성이 있을 수 있다는 데 기대를 걸어보자는 것이다.

그래서 우리의 선도적인 행동에 대해 북한이 긍정적인 행동으로 반응해 오는 한도 내에서 남북대화를 추진해 보자는 것이 대통령의 생각이었다.

대통령은 이리한 우리의 선도적 행동에 관해 아주 신중하게 단계적으로 운을 떼기 시작하였다. 첫 번째 운을 뗀 것은 1968년 10월 1일 국군의 날 행사 때였고, 두 번째 운을 뗀 것은 두달 후인 11월 30일 수출의 날 행사 때였다.

대통령은 국군의 날 행사에서는 전쟁을 통한 적의 남침분쇄나 국토통일보다는, 경제건설을 통한 체제경쟁에서의 승리를 모색해 나가겠다고 천명했고, 수출의 날 행사에서는 북괴에 대해 전쟁행위를 중지하고 경제건설에 힘써서 북한주민들이 잘살 수 있는 터전을 만드는 것이 현명한 일이라고 충고했다.

그 후 1970년 8월 12일 광복절 경축사에서 북괴에 대해 공식적으로 선의의 개발경쟁, 즉 체제경쟁에 나서라고 제의하면서 상호접촉

가능성을 시사한 것이 세 번째 운을 뗀 것이다. 그 후 1971년 8월 12일 대한적십자사가 남북한 적십자회담을 제의하였고, 72년 7월 4일 7·4남북공동성명이 공표되었다.

7·4남북공동성명은 남북한 간에 무력대결을 지양하고 통일문제를 비롯한 남북한의 현안문제를 평화적으로 해결하기로 합의하고 남북조절위원회를 열어 대화를 한다는 등의 내용을 담은 역사적인 남북합의문서였다. 이로써 남북한 간에는 휴전 이후 처음으로 정부당국자 간에 공식적인 대화의 문이 열렸다.

외교란 본질적으로 역사의 운동을 예상함으로써 사건들을 앞서가는 투쟁이며 노력이다. 7·4남북공동성명을 계기로 극적으로 시작된 남북대화는 현재 우리 눈앞에서 전개되고 있는 남북대결의 역사적 조건 속에서 미래에 우리가 보게 될 남북공존과 남북통일의 새로운 조건을 창출해 내려는 우리의 노력이라는 관점에서 볼 때 하나의 획기적인 사건이었다.

한마디로 대통령의 남북대화 결정은 외교적 접근을 통해 전쟁을 방지하고 평화를 정착시킴으로써 남북한 공존의 바탕 위에서 평화통일의 길을 열어보자는 자주적이며 주체적인 노력에 있어서 하나의 분수령이었고 이정표였다. 그것은 또한 '두 개의 한국'과 '남북대화'를 거부해 온 우리 정부의 기존 대북정책의 획기적인 전환점이었다.

① 7·4남북공동성명의 두 얼굴

남북대화는 우리 정부의 남북고위급 회담제의를 북한이 수락함으로써 이루어졌다.

1971년 9월 20일부터 판문점에서는 남북한 적십자사가 예비회담을 하고 있었다. 정부는 11월 20일 적십자 대표회의에서 한국의 중앙정보부장 이후락과 북한노동당 중앙위원회 조직지도부장이며 김일성의 동생인 김영주 간의 고위급회담을 북측에 비밀리에 제의했다. 이날부터 72년 3월 22일까지 4개월 동안 중앙정보부 협의조정 국장 정홍진과 노동당 중앙위원회 책임지도원 김덕현이 판문점에서 열한 차례의 비밀교섭을 한 끝에 이후락과 김영주 간의 고위급회담을 개최하는 데 합의했다. 정홍진은 3월 28일 3박4일간 평양을 방문하여 김영주와 만났고, 김덕현은 4월 19일 김영주의 친서를 휴대하고 사흘 동안 서울에 비밀리에 왔다가 돌아갔다.

4월 26일 대통령은 북한과의 비밀접촉 결과를 보고받고, 이후락 정보부장을 평양에 파견하기로 결정했다. 이후락은 평양에서 5월 2일부터 5일까지 김일성, 김영주와 일련의 회담을 했다. 이후락은 김일성과의 면담에서 자주, 민족대단결, 평화적 방법의 통일 3대원칙을 받아들이고, 남북이 서로 중상 비방을 하지 말자, 대외선전적인 통일제안도 하지 말자, 그리고 무력으로 상대를 괴롭히지 말자는 것을 제안했다. 김일성은 '서로 비방하지 말아야지요, 그것 없앱시다'고 응답했다.

이후락은 대통령의 금강산 공동개발 구상과 통일을 위한 점진적 접근방법에 대해 설명했다. 이에 대해 김일성은 '대화만 할 것이 아니라 합작해야 한다, 군사부담이 너무 크다'고 하면서 모든 것을 한꺼번에 다 하자고 했다. 서울쪽 대표의 한 사람이 수상의 방식대로 한다면 통일에 얼마 정도의 기간이 걸릴 것으로 보느냐고 묻자 김일성은 '마음만 먹으면 당장 할 수 있다, 한 달에라도 할 수 있다'라고 답했다. 김일성은 이후락과 한 시간 가까이 단독면담을 한 자리에서 이후락이 북쪽의 통일 3대원칙을 받아들인 데 대해 대단히 흡족해 했다.

그러나 이후락이 귀경하여 대통령에게 김일성과의 회담 결과를 보고하자 대통령은 통일원칙 합의내용에 자주·민족대단결 원칙이 포함되어 있는 데 대해 못마땅하게 생각했다.

대통령은 이후락의 평양 비밀방문을 허락하면서 친필훈령을 내렸는데 여기에는 그런 내용이 포함되어 있지 않았다. 이 훈령에서 대통령은 우리 한국이 절대우위 입장에 있다는 자신감을 가지고 대화에 임함으로써 자기들이 우위에 있다는 북한의 환상을 없애주고 평화통일을 위한 여러 가지 의견을 교환해보라 말하고, 특히 이번 방문 때는 주로 북한 지도층의 사고방식과 북한 실정을 파악하는 데 중점을 두라고 지시했다.

대통령은 또한 통일은 궁극적으로 정치회담을 통한 평화통일이 되어야 한다는 통일원칙과, 그 평화통일은 단계적 접근을 통해 이룩되어야 한다는 통일접근 방법을 강조했다. 첫 단계로 남북적십자회담을 성사시켜 이산가족 찾기 등 인도적 문제를 빠른 시일 안에 해결하며, 다음 단계로 경제·문화 등 비정치적인 문제를 다루는 회담을 개최하고, 마지막 단계로 정치적 문제를 다루는 정치회담을 갖는 단계적 접근방법을 염두에 두고 있었다.

이러한 훈령에 따라 중앙정보부의 실무진이 작성한 이후락의 평양방문 대비 준비물에도 평화통일 원칙과 단계적 접근방법을 제안하도록 계획되어 있었다.

이후락은 이 훈령을 어기고 김일성이 강조한 자주·민족대단결 원칙을 받아들이고 난 후에 서울에 연락해서 추인을 받은 것이다.

대통령은 김일성이 기회 있을 때마다 대내외에 강조해온 자주라는 말은 주한미군 철수를 주장하기 위해서 사용하는 용어인데, 이것을 그대로 받아들인 것은 잘못된 것이라고 불쾌하게 생각한 것이다. 머리가 빨리 돌아가는 이후락이 김일성이한테는 꼼짝없이 당하고 만 것 같다는 느낌을 갖고 있었던 것이다.

그러나 이 부분이 만족스럽지는 못했지만 이번 합의로 북한의 대남무력도발을 일단 막을 수 있는 효과는 있을 것이라고 기대하고 통일 3대원칙을 받아들이기로 했다.

1972년 7월 4일, 서울과 평양에서 이후락과 김영주의 이름으로 다음 내용의 남북 공동성명서가 동시에 발표되었다.

7·4남북공동성명

최근 평양과 서울에서 남북관계를 개선하며 갈라진 조국을 통일하는 문제를 협의하기 위한 회담이 있었다.

서울의 이후락 중앙정보부장이 1972년 5월 2일부터 5월 5일까지 평양을 방문하여 평양의 김영주 조직지도부장과 회담을 진행하였으며, 김영주 부장을 대신한 박성철 제2부수상이 1972년 5월 29일부터 6월 1일까지 서울을 방문하여 이후락 부장과 회담을 진행하였다.

이 회담들에서 쌍방은 조국의 평화적 통일을 하루빨리 가져와야 한다는 공통된 염원을 안고 허심탄회하게 의견을 교환하였으며 서로의 이해를 증진시키는 데서 큰 성과를 거두었다.

이 과정에서 쌍방은 오랫동안 서로 만나보지 못한 결과로 생긴 남북 사이의 오해와 불신을 풀고 긴장의 고조를 완화시키며 나아가서 조국통일을 촉진시키기 위하여 다음과 같은 문제들에 완전한 견해의 일치를 보았다.

1. 쌍방은 다음과 같은 조국통일원칙들에 합의를 보았다.

첫째, 통일은 외세에 의존하거나 외세의 간섭을 받음이 없이 자주적으로 해결하여야 한다.

둘째, 통일은 서로 상대방을 반대하는 무력행사에 의거하지 않고 평화적 방법으로 실현하여야 한다.

셋째, 사상과 이념·제도의 차이를 초월하여 우선 하나의 민족으로서 민족적 대단결을 도모하여야 한다.

2. 쌍방은 남북사이의 긴장상태를 완화하고 신뢰의 분위기를 조성하기 위하여 서로 상대방을 중상 비방하지 않으며, 크고 작은 것을 막론하고 무장도발을 하지 않으며, 불의의 군사적 충돌사건을 방지하기 위한 적극적인 조치를 취하기로 합의하였다.

3. 쌍방은 끊어졌던 민족적 연계를 회복하며 서로의 이해를 증진시키고 자주적 평화통일을 촉진시키기 위하여 남북 사이에 다방면적인 제반교류를 실시하기로 합의하였다.

4. 쌍방은 지금 온민족의 거대한 기대 속에 진행되고 있는 남북적십자회담이 하루빨리 성사되도록 적극 협조하는 데 합의하였다.

5. 쌍방은 돌발적 군사사고를 방지하고 남북사이에 제기되는 문제들을 직접, 신속 정확히 처리하기 위하여 서울과 평양 사이에 상설 직통전화를 놓기로 합의하였다.

6. 쌍방은 이러한 합의사항을 추진시킴과 함께 남북사이의 제반문제를 개선 해결하며, 또 합의된 조국통일원칙에 기초하여 나라의 통일문제를 해결할 목적으로 이후락 부장과 김영주 부장을 공동위원장으로 하는 남북조절위원회를 구성·운영하기로 합의하였다.

7. 쌍방은 이상의 합의사항이 조국통일을 일일천추로 갈망하는 온겨레의 한결같은 염원에 부합된다고 확신하면서 이 합의사항을 성실히 이행할 것을 온 민족 앞에 엄숙히 약속한다.

서로 상부의 뜻을 받들어

이 후 락   김 영 주

1972년 7월 4일

김일성을 만난 이후락(1972. 5. 5)

남북조절위원회는 11월에 구성되어 운영되기 시작했다.

7·4남북공동성명이 발표된 바로 그날, 북한이 보여준 정치공세는 남북대화의 앞날이 매우 험난할 것이라는 점을 예고했다.

그날 이후락과 박성철은 각각 서울과 평양에서 동시에 기자회견을 가졌는데, 그들은 합의된 공동성명서의 성격을 두고서 서로 다른 견해를 밝혔다.

이후락은 '북한과 정치적 접촉을 시작하게 된 목적은 무슨 방법을 동원해서라도 전쟁의 비극을 막는 데 있다'고 강조하고 대화의 앞날에 관해서는 이렇게 말했다.

'이제 정치적 약속만이 이루어졌을 뿐입니다. 반세기 동안 분단된 조국, 서로 싸워 왔던 분단민족, 대화 없는 긴 대결이 지속되었습니다. 이제 우리는 대화 없는 대결에서 대화 있는 대결의 시대로 접어

7·4남북공동성명을 보도한 〈조선일보〉 호외(1972. 7. 4).

들고 있습니다. 그러나 전혀 다른 이념과 체제 사이의 이러한 대화는 매우 어려운 일입니다. 아마도 대화 있는 대결은 대화 없는 대결보다도 오히려 더 어려운 대결이 될 것입니다."

이후락은 이처럼 어려운 '대화 있는 대결'을 뒷받침하기 위해서는 그 어느 때보다도 총력안보 태세의 강화가 필요하고, 또 남북대화를 추진하기 위해서 우리의 정치구조를 재편성할 필요가 있다는 말도 했다. 한편 이후락은 7·4남북공동성명에서 합의한 첫 번째 통일원칙인 '자주와 외세배격'은 주한미군 철수를 노리는 북한 주장을 그대로 받아들인 것이라는 야당의 비난에 대해 '그것은 외세가 우리의 통일문제를 해결해 주기를 기다려서는 안 되며, 우리 자신의 노력으로 통일을 이룩해야 한다는 것을 뜻하는 것이다'라고 말했다.

한편 박성철은 평양의 대동강회관에서 내외신 기자를 모아 놓고 '통일 3원칙은 경애하는 수령 김일성 동지께서 밝혀주신 공화국의 자

남북공동성명을 발표하고 있는 이후락 중앙정보부장(1972. 7. 4).

주적 평화통일방침의 빛나는 승리'라고 했다. 그는 '북과 남은 통일
을 추구하는 과정에서 무력을 도발하지 않으며, 외세의 간섭 없이
자주적인 해결을 위해 노력하기로 약속하였으므로 한반도에서 미군
이 더 이상 머무를 구실이 없어졌다'는 선전을 되풀이 강조했다.
'남조선에 대한 침략 위협도 없고 그러니 무슨 보호도 필요없게 되
었으며 우리 민족이 자신의 신념에 따라 민족 내부문제를 해결하는
이상 외세는 우리나라의 내정에 간섭해서는 안 되며 모든 침략적
무기를 거두어 지체 없이 떠나야 한다'는 것이다. 그는 김일성이 제
안한 평화협정과 남북정당·사회단체 회담을 상기시키면서 '이 제안
은 북반부만이 아니라 남조선의 인민과 각계각층 인사가 열렬히 지
지했다'고 주장하기도 했다. 이렇듯 남북대화가 대내외 선전과 대남
정치공작을 위한 것이라는 속셈을 거침없이 드러내 보임으로써 남

북대화의 앞날을 어둡게 했다.

7·4남북공동성명은 우리 국민들에게는 놀랍고 벅찬 충격이었다. 국민들은 이 성명이 선언하고 있는 합의 내용이 평화와 통일의 길을 여는 역사적인 이정표가 될 것이라고 생각했다.

그날 저녁 서울의 명동거리는 마치 무슨 축제처럼 흥분한 시민들로 가득 찼고 술집마다 평소 두 배 이상의 술이 팔렸다. 마치 통일이 당장 이루어질 듯한 들뜬 분위기가 팽배했다.

그러나 대통령의 생각은 달랐다. 대통령은 이날 저녁 관계비서관과 특별보좌관들에게 회담의 앞날에 대해 이렇게 말했다.

"남북공동성명이 발표되니까 통일이 눈앞에 다가온 것처럼 착각하고 기뻐하는 것 같은데 공산당과의 대화에 성공한 일이 세계에 없었다. 북한은 시간을 벌기 위해서 우리의 대화제의에 응했을 것이다. 그들은 소기의 목적이 달성되지 않으면 틀림없이 회담을 깨고 우리에게 그 책임을 뒤집어씌우려 들 것이다. 그들은 이 시간부터 그것을 연구하고 앉았는지도 모른다. 우리는 이에 대한 대비책을 세워야 한다."

1972년 5월 29일부터 6월 1일까지 김영주를 대신해서 북한의 제2부수상 박성철이 이후락과 회담하기 위해 서울을 방문했다. 5월 31일 박성철 일행은 청와대로 대통령을 예방했다.

박성철이 가장 먼저 꺼낸 말은 '김일성 수상이 인사를 전하였습니다'라는 인사말이었다. 그리고는 곧바로 준비해온 메모지를 꺼내들고는 또박또박 읽기 시작했다. 통일의 3원칙, 남침은 안 하겠다는 등 평양에서 김일성이 이후락에게 한 말 중 몇 가지를 되풀이하고, 남북정상회담을 희망한다는 말을 했다.

대통령은 남북한 간의 현안문제는 쉬운 것부터 하나씩 해결해 나가는 것이 바람직하다는 평소 소신을 피력했다.

"박 부수상도 시험을 치러봐 알겠지만 어려운 문제는 뒤로 미루고 쉬운 문제부터 풀어나간 뒤에 어려운 문제를 푸는 게 좋습니다. 조절위원회에서 군사문제를 제기한 것을 들었는데 언젠가는 풀어야 할 문제입니다. 그러나 처음부터 너무 어려운 문제를 제기하지 않아야 됩니다. 현실적으로 높은 장벽이 있는데 이를 제거하려면 벽돌을 하나씩 제거해야지 한꺼번에 허물 수는 없습니다. 해결할 수 있는 문제부터 단계적으로 해결해 나가야 합니다. 그래야 회담의 성과도 있을 수 있고, 회담이 지속될 수도 있습니다."

대통령은 이어서 현 단계에서 가장 시급하고 중요한 일은 남북한 간에 쌓이고 쌓인 상호불신을 제거하고 상호신뢰를 되찾는 것이라는 점을 강조했다.

"전쟁과 무장간첩 남파 등 계속된 적대행위가 불신을 만들었습니다. 서로 믿을 수 있게 하는 일이 무엇보다 중요하고, 이것이 선행되어야 합니다. 내가 이런 말을 했다는 것을 김일성 수상에게 꼭 전해주기 바랍니다."

그날 저녁 대통령은 박성철 일행에게 만찬을 베풀었다. 식사 전에 대통령이 칵테일을 한잔 하자고 권하자 박성철은 '죄송합니다 저는 약을 먹고 있는 중입니다'고 사양했다. 박성철이 긴장을 풀지 않아 딱딱해진 분위기에 화기를 불어넣어보려고 대통령이 '박 부수상도 나와 같은 성씨인데 본관이 어디세요?'라고 물었다. 박성철은 한동안 대답을 하지 않고 있다가 다른 일행들이 안 들릴 정도의 거리에 떨어져 있을 때 '밀양입니다'라고 대답했다.

여러 사람들이 참석하는 공식회담에서는 공산주의국가의 고위 간부에게 자유로운 대화는 거의 기대하기 어렵다. 왜냐하면 그는 기록을 위해 이야기하며 자신이 하는 말에 조심스럽게 주의하면서 레코드 음반처럼 이야기하기 때문이다. 그는 단독회담을 할 때나 비공식적으로 만나서 회담할 때는 공개회담 때보다는 솔직하게 이야기한다. 박성철이 공식수행원들과 함께 청와대를 예방했을 때 준비된 인사말을 또박또박 읽어내려간 것이나, 수행원들이 멀리 떨어진 자리에 있고 대통령과 단둘이 있게 되었을 때 '밀양입니다'라고 말한 것은 공산국가의 고위당국자도 자유롭게 대화할 수 있는 자유가 거의 없다는 것을 보여 주는 실례였다.

대통령은 박성철과 그 수행원들이 청와대를 떠난 후에 측근들에게 박성철의 태도를 지적하면서, '부수상이라는 사람이 그 정도로 조심하고 있으니 남북대화가 잘 되겠느냐, 생각했던 것보다 더 어려울 것 같다'고 전망했다.

그 당시 북한 공산주의자들이 왜 우리의 남북대화 제의에 응해 왔겠느냐 하는 데 대해서는 여러 가지 분석과 추측이 있었다.

예컨대, 북괴는 그동안 무리하게 방대한 군사비를 지출해 왔기 때문에 국민생활이 너무나 궁핍해졌고, 이러한 상태를 더 이상 지속시켜 나갈 수가 없어서 국방비를 줄여보려는 궁여지책이다, 또는 중공과 소련 간에 긴장이 증대하는 데 대비하여 북쪽 국경으로 국방의 중점을 옮길 필요가 생겼기 때문이다 등의 주장이 그것이나, 이는 잘못된 분석과 추측이었다.

북한 공산주의자들은 군사력 증강을 위해서 북한주민의 희생과 궁핍을 강요해 왔으며, 주민생활의 곤경을 걱정하는 사람들이 아니다, 또한 중공과 소련 간의 긴장도 북한이 중공과 소련과의 접경지대에 군사력을 이동해야 할 만큼 심각한 것도 아니었다.

무력이나 인민혁명의 수단을 통해 남한을 적화통일하겠다는 북괴의 통일정책은 추호의 변화도 없었다. 그들이 남북대화에 응해 온 것은 무력적화통일이나 인민혁명획책을 포기한 것이 아니라 오히려 그것을 촉진할 수 있는 여건을 조성해 보려는 데 있었던 것이다. 그

박 대통령을 예방해 악수를 나누는 박성철 부수상 박 부수상의 서울 잠행은 이후락 중정부장의 방북에 대한 답례 의미였다(1972. 12. 1).

여건이란 주한미군 철수와 남한의 반공체제 해제 또는 약화였다. 북괴는 휴전 직후부터 주한미군 철수와 우리의 반공체제 약화를 위해 광분해 왔다. 그들은 우리가 제의한 남북대화에 응해 옴으로써 주한미군 철수와 우리의 반공체제 약화를 노리고 있었다. 북괴의 이러한 속셈은 7·4공동성명이 발표된 그날 평양 대동강회관에서 있었던 기자회견에서 박성철이 한 말('북과 남은 통일을 추구하는 과정에서 무력을 도발하지 않으며, 외세의 간섭 없이 자주적인 해결을 위해 노력하기로 약속하였으므로 한반도에서 미군이 더 이상 머무를 구실이 없어졌다. 남조선에 대한 침략 위협도 없고 그러니 무슨 보호도 필요없게 되었으며 우리 민족이 자신의 신념에 따라 민족내부

문제를 해결하는 이상 외세는 우리나라의 내정에 간섭해서는 안 되며 모든 침략적 무기를 거두어 지체 없이 떠나야 한다.')에서도 분명하게 드러났다. 그들의 이러한 속셈은 72년 11월에 설립된 남북조절위원회에서도 속속 드러났다. 그들은 이 회의에서 지난 십수 년간 국내외에서 선전해 온 상투적인 주장—남한의 반공정책을 폐기하라, 주한미군을 철수시켜라, 공산주의자들을 포함한 모든 정치범들을 석방하라, 남북한 연방제안을 수락하라, 군비강화와 군비경쟁을 중단하라, 남북한 지상군을 10만 또는 그 이하로 감축하자, 남북한 간의 평화협정을 체결하자—을 되풀이했다.

그들은 또한 남북조절위원회 내에 경제·문화·군사·외교·정치 등 5개 분야의 분과위원회를 동시에 설치할 것과 민족단결과 통일을 촉진하기 위해서 정당, 사회단체들의 회의를 개최하자고 제안했다.

한 마디로, 북한 공산주의자들은 주한미군과 그 무기를 제거함으로써 한반도에서 현존하는 군사력의 균형을 깨뜨리고 자기들의 군사력 우위를 확보하려는 데 최고의 우선 순위를 두고 '정치협상 우선주의'를 들고 나왔다. 즉, 남북한 모든 정당 사회단체의 연석회의를 통해 남북통일을 위한 정치적 타개책을 마련하자는 것이었다.

그러나 우리는 국제통합이론에서 주장하는 '기능주의 접근'을 강조했다. 즉, 정치적, 군사적 문제는 뒤로 미루고 우선 경제교류나 인도적 교류 같은 쉬운 문제부터 하나씩 해결해 나가고, 이것이 침투, 확산효과를 얻게 되면 그 토대 위에서 정치적, 군사적 차원의 문제도 협의해 나가자, 즉 이산가족재회, 물자교역, 문화교류, 또는 기자교환 등 현실적으로 실현 가능한 일부터 추진하자는 것이었다.

그 결과, 남북대화 초기에 우리가 걸었던 기대와는 달리 남북대화는 별 성과를 거두지 못했다. 남북대화에 임하는 남북한 간의 접근

방법부터가 대립적이었기 때문에 구체적인 의제나 협상항목을 놓고 협의를 하지 못하고, 서로의 의도를 탐지하고 확인하는 접촉으로 끝 났다.

이러한 상황에서 남북한이 선택할 수 있는 대안은 서로가 상대가 자기 접근방식을 수락할 때까지 무한정 기다리거나, 아니면 서로가 자기의 접근방식을 견지하면서 상대의 접근방식을 일부 받아들여 융합시키는 것이 있을 뿐이었다.

결국은 그 후에도 남북한은 서로의 접근방식을 고수함으로써 남 북대화는 아무런 진전을 보지 못하였다.

잠재적인 적대국가들이 관계개선을 위해 대화나 협상을 하는 과 정에서 미리 예상된 변화들이 구체적인 합의나 진전에 의해 뒷받침 되지 못할 때 그들 간의 관계는 첫 번째, 충돌에 의해 대화나 타협 이전의 대결 상태로 되돌아가게 된다는 사실은 과거의 여러 경험이 잘 보여주고 있다.

남북한 간의 대화에서도 아무런 진전이 없는 데다가 북한 공산주 의자들이 대화를 하고 있는 기간 중에도 무력도발을 자행함에 따라 남북한 관계는 대화 없는 대결 관계로 굳어지게 되었다.

1973년 북한은 일방적으로 남북대화를 중단시켰다. 그러나 대통 령은 그 이후에도 한반도의 평화정착을 위해 자주국방력 강화와 병 행해서 남북대화도 계속 추진해야 한다는 생각으로 인내와 끈기를 발휘하며 북괴에 대해 대화의 광장에 나올 것을 계속 촉구했다.

② 공산당의 대화는 '외교적 게릴라전 수단'이다

공산주의자와의 협상이 어렵다는 것은 널리 알려진 사실이다. 공 산주의자들은 자유세계를 불신하고 경계한다. 이러한 경계심과 불 신은 그들이 국내에서의 권력투쟁 과정에 체질화된 행태다.

이러한 체질화된 경계심과 불신은 공산주의 이념과 결합됨으로써 공산주의국가와 자유주의국가 두 진영의 관계에 중대한 영향을 미치고 있었다. 그들은 국가 간 적대관계는 계급투쟁의 산물이라고 보고 있고, 사회주의가 승리하게 되면 국가 간 적대관계는 해소된다고 믿고 있다—그들은 종국적으로는 자유세계의 자본주의가 멸망하고 만다는 것을 믿고 있을 뿐 아니라, 되도록 빨리 계급투쟁을 통해 자본주의의 멸망을 달성할 수 있도록 모든 노력을 다해야 한다고 생각하고 있다. 따라서 공산주의자들은 자유세계의 선의의 표명을 있는 그대로 받아들이지는 않는다.

또한 자유주의 체제와는 달리 합법적인 권력승계 제도가 없는 공산주의체제 현실에서는 많은 에너지가 국내 공산주의자들 간의 권력투쟁에 집중될 수밖에 없는데, 공산주의자들은 이러한 권력투쟁을 공산국가와 자유세계 간에 의견 차이가 나타날 때 의견 차이를 해소하는 방식으로 이용하고 있다. 즉, 반대파를 숙청함으로써 의견 차이를 해소하고자 하는데, '의견 차이'를 '반대 표명'으로 받아들이는 경향 때문에 그들에게 의견 차이는 곧 대결 관계의 다른 표현이 되는 것이다. 그들은 언제나 모든 반대파를 제거함으로써 권력을 장악하고자 하는 것이니, 북괴 김일성과 그 일당도 모든 반대파를 반동으로 몰아 숙청함으로써 권력의 정상을 차지할 수 있었던 것이다.

공산주의자들의 이러한 속성과 태도는 자유세계와 공산주의자들 간의 대화나 협상이 아주 어렵고, 때로는 위험한 것임을 잘 설명해 주는 가장 근본적인 요인이다.

공산주의자들은 역사발전에서 시간과 승리는 자기네들 편에 있다고 확신하고 있다. 그들은 역사발전의 과정에 일시 후퇴는 있을 수 있으나 절대로 초조해 할 필요가 없다고 생각한다. 그들은 자유세계 국가와 대화나 협상을 할 때 초조감을 나타내는 것은 자신의 약점

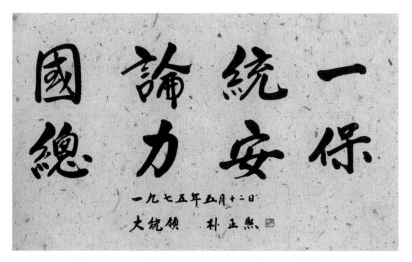

一保
統安
論力
國總
一九七五年二月十二日
大統領　朴正熙 🖬

을 상대에게 드러내는 것이라고 생각해서 협상을 성공적으로 마무리 짓기 위해서는 오직 인내력과 지구력, 침착성을 견지해야 한다는 것을 강조한다. 이 때문에 공산주의자들의 협상태도는 경직성을 보이고 있는 것이다.

공산주의자들은 협상과정에서 상대와 자유롭고 비공식적인 접촉을 통해서 상대의 생각과 목적을 이해하고, 그러한 이해를 토대로 자기들의 생각과 목표를 수정하거나 보완하지는 않는다. 그들은 언제나 사전에 치밀한 계산하에 충분히 정리된 명확한 생각과 목표를 가지고 협상에 나오며, 처음 생각과 목표를 다른 생각이나 목표로 갈음하는 경우도 없지는 않지만, 그것 또한 사전에 치밀하게 검토하여 확정한 대안이며, 상대 생각을 이해하는 것을 토대로 '조정된' 생각은 아니라는 것이다.

공산주의자들은 대화나 협상에서 큰 자산을 가지고 있다. 그들은 교착상태를 타개하기 위해서 새로운 제안을 제시하라는 국내 압력을 받지 않는다. 그들은 해마다 똑같은 제의를 되풀이하는 완고성을 보여도 국내에서는 이를 비난하지 않는다.

바위에 떨어지는 물방울처럼 그들의 똑같은 제안의 반복은 조만간 초조한 자유세계의 저항을 잠식하게 된다고 믿고 있다. 그들의 끈질긴 압력으로 자유세계가 그들의 제안을 받아들이면 대화는 즉각 조건에 관한 논의 국면으로 접어들고, 타협을 성취하려는 조급함 때문에 자유세계는 그들의 제안 내용 가운데 받아들일 수 있는 것을 찾아 보려고 서두르고, 찬성할 이유를 만들어 낸다는 것이다. 그들은 이러한 공산주의 체제의 강점과 자유세계의 약점을 최대한 이용한다.

자유세계가 타협을 조급하게 서두르게 되면 공산주의자들은 대화를 지연시켜보려는 그들이 비타협적인 태도로 나오더라도 양보를 쉽게 얻어낼 수 있게 될 것이라고 믿고 양보를 요구하면서 그러한 양보가 대화를 진전시키는 열쇠라고 주장한다. 자유세계가 그들의 요구를 들어주고 이에 상응하는 양보를 공산주의자들에게 요구하면 그들은 이것을 묵살하고 대화의 진전이 없는 것은 자유세계의 책임이라고 주장하면서 또 다른 양보를 요구한다.

그들은 자유세계의 첫 번째 양보의 중요성은 아예 무시하고 자유세계가 강경노선을 취하고 있다고 비난하면서 대화에 대한 성실성을 입증할 수 있는 증거로 또 다른 양보를 요구한다. 그러면서 그들은 아무런 양보도 하지 않는다. 이렇게 하나의 양보를 얻어내면 또 다른 양보를 요구하여 그들의 처지를 강화하는 것이 바로 공산주의자들이 즐겨 사용하는 대화전술이고 수법이다.

한 마디로 공산주의자들은 주장에 있어서는 무모하며, 요구에 있어서는 제한이 없다. 그들은 그들의 어떠한 양보도 일시적인 방편으로 생각하며, 자유세계의 양보는 자유세계가 약한 증거라고 간주한다.

공산주의자들은 대화에 참여하는 것 자체를 가지고도 흥정을 하려고 한다. 즉, 그들은 대화의 자리에 마주 앉는 대가로 양보를 요구한다. 그 다음에 그들은 '일반원칙'에 관해 끊임없는 논쟁을 벌임으로써 상대를 이기려고 한다. 일반원칙에 관한 합의가 이루어지고 나면 그들은 그 이행문제를 두고서도 논쟁을 벌여 상대를 또 다시 누르려고 한다.

공산주의자들은 대화나 협상 과정에서 비정상적인 행위가 그들의 목표를 달성하도록 하는 방법임을 굳게 믿고 있다. 그들은 난폭한 언사, 모욕적인 발언이나 행동, 악의에 찬 선전 등을 대화나 협상의 무기로 사용한다. 특히 공산주의자들은 상대의 사기를 떨어뜨리고 기를 죽이기 위해 이른바 협박전술이라는 것을 즐겨 구사한다. 그들은 군사력으로 상대보다 열세에 있을 때조차도 상대의 마음속에 그들의 무력에 대한 공포심을 심어주기 위해 불장난을 자행한다. 그들의 위협과 공갈로 상대를 협박하여 상대의 투지를 꺾으려고 한다. 북한 공산주의자들이 남북적십자회담을 하는 기간에 무장공비를 남파하여 양민을 학살한 것이나 남한의 반동분자들과 미제국주의자들은 피를 봐야 한다는 등의 폭언을 일삼는 것은 바로 이러한 공갈과 협박의 실례라고 할 수 있다. 이것은 단순히 선전효과를 노리는 것이 아니며, 비정상적인 행동을 통해 협상 상대로 하여금 당황하여 협상태세를 균형을 잃게 만들고, 자기들에게 유리한 방향으로 협상을 이끌어 나가려는 공산주의자들의 상투적인 협상전술의 하나다.

그들은 양보를 할 때마다 조건을 내건다. 이러한 끈질기고 힘든 협상과정을 통해 상대로부터 짜낼 것은 다 짜냈다는 것을 상부에서 인정하면 그들은 그때야 비로소 타협에 동의한다.

대통령은 공산주의자들이 자유세계국가들과 협상을 할 때 상투적으로 구사하는 수법과 전술을 누구보다도 잘 이해하고 있었다. 1950년대 초 한국전쟁 휴전협상 과정에서 중공과 북한 공산주의자들이 그렇게 했고, 1970년대 초 월남전쟁의 휴전협상에서도 월맹 공산주의자들 또한 그러한 협상전술을 구사하였다는 것이다.

북한공산주의자들은 미제국주의자와 남한의 반동정권과는 오직 투쟁만이 있을 뿐이며 공존은 있을 수 없다고 생각하고 있으며. 남한보다 압도적으로 우세한 군사력을 보유하고 남한을 내부적으로 붕괴시키는 데에 외교정책의 목표를 두고 있으며, 우리와 생사를 건 투쟁을 하고 있다고 생각하고 있다. 따라서 그들은 대화를 투쟁과 별개의 것이 아니라 투쟁의 다른 형태라고 생각한다. 그들에게 대화는 타협의 수단이 아니라 정치 선전의 도구이자 외교적 게릴라전의 한 방편이다. 또한 그들에게 대화는 상대(우리)를 심리적으로 소모시키고, 우리의 동맹국과 우리를 갈라놓으며, 우리 국민의 여론을 분열시킴으로써 결국에는 대남공격의 시간을 벌고, 그것을 은폐하기 위한 연막전술의 무기에 지나지 않는다. 북괴는 6·25남침 직전에도 이 무기를 사용했고, 그 후 무력도발을 할 때마다 사용했다. 따라서 우리는 북한 공산주의자들과 대화를 할 때 그들의 상투적인 수법을 올바로 이해하고 대응해야 한다는 것이다.

대통령은 누구보다 대화와 협상의 역학(力學)을 잘 이해하고 있었다. 즉, 유인과 응징의 균형, 이른바 당근과 채찍의 균형만이 협상 성과를 가져올 수 있다는 것이다. 대통령은 북한 공산주의자들이 일방적인 이익을 추구하고, 위기를 악용한다면 합리적인 남북관계는 존속될 수 없다고 생각했다. 따라서 북한의 모험주의에 대해서는 강력히 응징하고 북한이 책임 있는 행동으로 나올 경우에는 관계개선을 위해 호의를 보이는 당근과 채찍의 접근방법을 구사해야 한다는 것이다.

대통령은 또한 상호주의 원칙을 강조했다. 특히 대화 초기단계에서부터 합의를 이끌어 내려는 조급한 생각이나 열정, 과욕 때문에 북한 공산주의자들로부터는 아무런 양보도 얻어내지 못하면서 우리만이 일방적으로 양보를 해서는 안 된다는 것이다. 주는 것이 있으면 받는 것이 있어야 되고, 받는 것이 있으면 주는 것이 있어야 한다는 것이다.

대통령은 또한 공산주의자들을 기쁘게 하거나 개인적 설득을 잘하면 그들이 그들의 정책을 바꿀 것이라고 생각해서는 안 된다는 점을 강조했다. 유화정책이 공산주의자들에게는 지속적인 효과가 없다는 것은 여러 사례에서 입증되어 있다는 것이다. 위기를 종결지을 때 중요한 것은 상대에게 대결을 피할 길이 없다는 인상을 주지 않고 타협에 대한 최대의 유인을 줄 수 있도록 압력의 눈금을 적절히 올리는 것이다.

가장 중요한 순간은 상대가 타협할 준비가 되어 있을 때다. 그때 우리는 긴장을 풀고 협상이 쉽게 진행되도록 하기 위해서 선의의 행동을 하려는 유혹에 빠지기 쉽다. 그래서는 안 된다. 상대의 타협정책이 선의에서 나온 것으로 인정할 수 있는 시기는 위기가 극복되고 타협이나 임시조약이 이루어진 이후로 잡아야 한다.

만일 그 이전에 유화정책을 쓰게 되면 상대는 타협의 대가를 치러야 할 필요가 있는지에 대해 의문을 가지게 되어 협상에서 비타협적으로 나오거나, 협상을 무산시킬 가능성이 크다는 것이다.

1951년 한국에서 휴전회담이 시작되자 미국은 군사작전을 중단하고 유화적인 태도를 보였다. 그러나 그것은 북한 공산주의자들의 비타협적인 자세를 조장함으로써 휴전협상이 장기국면으로 들어서게 되는 결과를 가져왔다.

대통령은 또한 남북대화에서는 일반적인 분위기보다는 실질적인 내용들을 다루어야 한다는 것을 강조했다. 남북한 간에는 실제적인 차이점들이 많이 있으며, 남북한 간에 진정한 긴장완화가 이루어지려면 그러한 차이점들이 해소되어야 한다. 따라서 남북한은 여러 분야에서 서로 양립할 수 없는 이해관계를 가지고 있다는 사실을 서로 인정하고 현실적으로 성취될 수 있는 것을 두고서 구체적으로 합의를 해야 한다는 것이다. 특히 서로가 쉽게 해결할 수 있는 문제를 찾아서 이것을 하나 하나 풀어감으로써 구체적인 합의 내용을 확대해 나가야 대화가 성과를 거둘 수 있다는 것이다. 어려운 문제는 뒤로 미루어 두고, 쉬운 문제부터 해결해 나감으로써 어려운 문제도 해결될 수 있는 토대와 분위기를 조성하는 것이 대화의 진전을 위해서도 필요하다고 생각한 것이다.

그러나 설사 합의가 이루어질 수 없는 경우일지라도 쌍방이 서로의 관점을 이해하는 것이 긴요하고, 상호이해와 신뢰의 증진은 실제적 합의 자체 만큼이나 중요한 것이므로 장기적인 안목과 인내심을 가지고 대화를 계속 해야 한다는 점도 강조했다.

③ 김일성은 '전쟁 없는 남조선해방'을 원한다

5·16군사혁명 이후 근 10여년 동안 대통령은 아시아의 반공투사라는 명성을 얻었고, 공산세계와 자유세계가 공인하는 반공지도자였다.

그는 남북한 간의 불신과 긴장의 책임은 한국에 있으며, 북한의 공산주의 체제는 우리의 끊임없는 선의의 행동을 통해 변화시킬 수 있다고 믿는 이른바 진보주의 지식인들을 비현실적이고 환상에 젖어 있는 사람들이라고 비판해 왔다.

바로 그처럼 철저한 반공지도자인 대통령이 광복 후 25년 동안 굳어진 남북관계 현안에 관해 북한 공산주의자들과 대화를 시작한 것이다. 북한 공산주의자들과 대화를 추진할 수 있는 사람은 보수적인 반공주의자가 아니라 진보적인 평화주의자라고 생각하고 있던 진보적인 지식인들의 통속적인 관념을 대통령은 하루아침에 뒤집어 놓은 것이다.

따라서 대통령이 북한과의 대화를 시작한다고 선언했을 때 어떤 사람은 깜짝 놀랐고, 어떤 사람은 어리둥절하게 받아들였다. 그리고 보수적인 사람들은 불만의 소리를 드러냈다. 북한 공산주의자들이 또 다른 남침을 획책하고 있다는 대통령의 확신이 바뀐 것이냐, 대통령이 어떻게 6·25남침을 자행했고 지금도 무력적화통일을 획책하고 있는 무자비하고 억압적인 북한의 부수상을 청와대에 비밀리에 초치하여 악수를 하고 술잔을 나누며 담소할 수 있느냐는 등 우려와 항의의 목소리를 높였다.

보수주의자들은 북괴는 거짓말쟁이고 속임수를 쓰며, 적화통일을 위해 군사력을 증강하고 있으므로 그들과의 관계를 개선할 필요가 없으며 우리의 군사력이 절대우위에 설 때까지 국력을 증강하지 않으면 안 된다고 주장했다. 그들은 북괴가 우리를 계속 위협하고 있으므로 북괴와는 어떠한 대화나 협상을 해서는 안 된다고 주장했다. 그들은 우리가 만약 이러한 대북 고립정책을 추구해 가면 북괴의 취약한 경제는 결국 무너지고 말 것이며, 그렇게 되면 공산체제가 붕괴되고 말 것이라고 주장했다.

한편, 진보주의자들의 주장은 달랐다. 그들은 김일성이가 늙고 신중하기 때문에 우리가 북괴를 위협하지 않으면 북괴도 우리를 위협하지 않을 것이라고 주장했다. 그들은 우리가 먼저 군사력을 일방적으로 감축하여 모범을 보이면 북괴도 우리를 따라서 군비증강에 드는 자원을 국민생활 개선을 위한 생산과 건설에 사용할 것이다, 따라서 대결을 지양하고 대화를 통해 민족분열과 조국분단을 종식시켜야 한다고 주장했다.

그러나 대통령은 김일성이 70년대 전반에 무력적화 통일을 하겠다고 공언하고 있는 상황에서 진보주의자들의 주장은 사실과는 거리가 먼 근거없는 소리라고 보았다.

또 대화를 거부하고 북한을 고립시키면 북한이 머지않아 경제가 파탄나서 붕괴될 것이라는 보수주의자들의 주장 또한 공산세계의 현실, 특히 북한의 현실을 모르는 비현실적인 주장이라고 보았다.

대통령은 공산체제 붕괴를 촉진시키는 것은 '고립'이 아니라 '개방'이며, 김일성과 북한 공산주의자들이 가장 두려워하고 있는 것이 바로 북한사회의 '개방'이라고 생각하고 있었다. 그래서 북괴와의 대결에 대비하여 자주국방력을 강화하여 북괴의 전쟁도발을 억지하는 한편으로는 대화를 통해 긴장을 완화하고 북괴를 개방의 길로 이끌어 내려고 한 것이다. 대통령은 보수주의자들이 주장하는 대화 없는 대결정책은 남북한 간의 긴장과 대결구도를 항구적으로 고착화시킬 위험성이 있고, 진보주의자들이 주장하는 대결 없는 대화정책은 북괴의 무력적화 통일정책에 대한 국민들의 경계심을 이완시키고 국가안보 태세를 약화시킬 위험성이 있다고 보고 있었다.

따라서 북괴가 무력적화 통일정책을 포기하지 않고 군사력을 계속 증강하고 있는 상황에서 남북한 간 긴장을 완화하고 전쟁을 억지할 수 있는 가장 현실적인 방책은 대화를 하면서 대결을 하는 것이고 이를 위해 자주국방력을 강화해야 한다는 것이 대통령의 판단이었다.

대통령이 자주국방력 강화의 필요성을 강조한 까닭은 두 가지였다. 그 하나는 우리사회 일각에서 싹트고 있는 안이하고 위험한 대북유화론을 잠재우고, 약화된 징후가 보이고 있는 반공정신과 승공 태세를 보다 더 확고히 해야겠다는 데 있었다.

남북대화를 추진한 이후 우리는 북한과의 관계 개선을 추구하면서도 국가안보를 유지해야 하는 새로운 도전에 직면했다. 너무나 오랜 기간 동안 계속된 남북대결의 고통과 불안에서 벗어나기를 소망하고 있던 우리 국민들에게 30여 년 대결을 청산하려는 남북대화는 감동적인 것이었다. 국민들은 한동안 안도와 희망에 들떠 있었다. 그것은 너무나 극적인 사태발전이었기에 비현실적인 기대마저 불러일으켰다.

일부 국민들은 남북대화가 잘 진행되면 북한은 당장 그들의 무력적화통일 야욕을 포기할 것이며, 남북한 동포들은 모두가 평화 속에 행복한 삶을 누릴 수 있을 것이라는 순진한 생각들을 하고 있었다.

심지어 일부에서는 군사력 증강은 남북대화를 저해할 것이므로 남북대화의 성공을 위해서는 군사력을 증강해서는 안 된다는 논리를 들고 나오기도 했다. 대화와 대결은 양립할 수 없다는 주장, 대화가 성공하면 할수록 대결을 위한 국방의 필요성은 그만큼 줄어든다는 주장까지 나온 것이다.

대통령은 이러한 성급하고 위험한 주장과 남북대화에 대한 국민들의 지나친 기대가 국민들의 반공투쟁의지를 약화시키게 될 것을 크게 우려하였다.

남북한 정부당국자들이 한 자리에 앉아 담소하는 장면을 텔레비전을 통해 보면서 우리 국민들이 과연 그전처럼 확고한 반공태세와 정신을 간직할 수 있겠는가?

우리 국민들이 과연 북한과 대결할 의지를 확고히 하면서 동시에 북한과 협력할 태세도 갖출 수 있겠는가?

남북대화를 성공적으로 추진하는 데 반드시 필요한 자주국방력 강화에 우리 국민들이 계속 협력할 수 있겠는가?

다시 말해서 무력적화통일을 위해 전쟁도 마다하지 않겠다는 북괴의 전쟁도발을 어떻게 막을 것이며, 국민들의 평화에 대한 열망이 대북유화적인 여론으로 변질되는 것을 어떻게 막을 것인가 하는 것이 새로운 과제로 제기된 것이다.

8.15광복 후 지금까지 있었던 남북한 간의 대화는 어느 하나 성공적으로 이루어진 것이 없었다.

북한은 언제나 남북대화를 새로운 대남도발을 위한 위장이나 엄호물로 이용해 왔다. 따라서 북한과의 대화에는 위험이 도사리고 있었다. 그렇다고 남북한 대결이 대화보다 덜 위험한 것도 아니다. 남북대화는 우리 국민의 경계심과 투쟁의지를 약화시킬 것이나, 남북대결은 남북분단과 민족분열을 영구화하고 남북긴장의 원인이 될 수 있다.

따라서 남북대화나 남북대결 어느 한 가지 정책만을 추구할 때 생기는 위험을 없애기 위해서는 대결과 대화가 나란히 나아가도록 하는 것이 가장 바람직한 대책이었다.

다시 말해서 그 당시의 남북관계에서 우리가 추구해야 할 최선의 정책은 한편으로는 대결정책을 강화하면서도, 다른 한편으로는 대화정책을 추진하는 것이었다. 즉 '대결과 대화의 병진정책', '일면 대결, 일면 대화', '대화 있는 대결'이 남북관계에 대한 대통령의 기본 입장이었다.

대통령은 우리가 강력한 자주국방력을 계속 유지, 강화하고 있을 때, 북괴가 전쟁도발을 억제하고 대화에 응해 올 가능성이 그만큼 커진다고 보고 있었으며, 따라서 우리의 자주국방력은 남북대화를 지속하는 데 필수조건이라고 생각하고 있었다.

즉, 우리의 자주국방력이 뒷받침하는 '대결정책'은 결코 남북대화의 걸림돌이 아니라 그 유인책이 되는 것이며, 대결과 대화는 양립할 수 없는 것이 아니라 양립할 수 있고, 상호보완관계에 있다, 다시 말해서 남북대화는 남북대결을 갈음하고자 하는 '대안'이 아니라 남북대결을 완화하고자 하는 '보완책'이라는 것이다.

남북대화의 첫째 목적은 전쟁의 방지였다.

그러나 남북대화만으로 전쟁을 방지할 수는 없었다. 전쟁방지를 위해서는 군사적 균형을 유지할 수 있는 충분한 국력과 침략을 격퇴시킬 수 있는 우리의 자주국방력을 강화할 필요가 있었다. 남북대화는 남북한 간의 긴장완화나 평화정착에 대한 지나친 기대와 희망을 정당화하는 것은 아니었다.

우리는 북한이 무력적화통일 야욕을 포기할 의사를 갖고 있지 않다는 것을 잘 알고 있었다.

북한은 한국에서 이른바 인민해방전선을 계속 지원하고 있었고, 북한주민들에게는 전쟁 준비와 이념투쟁 강화를 강조하고 있었다.

남북대화를 한다고 해서 우리가 이러한 엄연한 현실을 외면하거나 무시할 수는 없었다.

따라서 그들의 무력도발에 대해서는 언제나, 어디서나 강력하게 대응하여, 이를 응징할 수 있는 자주국방력을 갖추고 있어야 한다는 것이다.

대통령은 남북대화를 하면서도 북한의 침략적 도발 가능성에 대해서는 추호도 의심하지 않았다. 실제로 북한은 남북대화 기간 중에도 각종 무력도발로 우리의 국방력과 의지를 시험했다. 그때마다 대통령은 무력에는 무력으로 대응한다는 확고한 대결의지를 가지고 우리의 자주국방력을 강화하여 이 힘으로 그들의 무력도발을 응징했다.

대통령이 자주국방력 강화 필요성을 강조한 또 다른 이유는 남북대화에서 북한이 우리를 협박하여 부당한 양보를 얻어내려는 유혹에 사로잡히는 것을 막고, 우리의 국력을 바탕으로 자신을 가지고 대화를 주도해 나가자는 데 있었다.

북한이 무력적화 통일을 위해 군비를 증강하고 전쟁준비에 광분하고 있는 상황에서 우리가 군사적 대결 정책을 지양하고 자주국방력을 약화시킬 조치를 취하면서 남북대화만을 추진한다면 그것은 우리 스스로 잠재적인 침략자 앞에서 무장해제를 하는 것이 된다. 그것은 결국은 대한민국의 운명을 북괴의 처분에 맡기는 결과를 가져온다. 그렇게 되면 남북대화는 북한이 아무런 위험부담 없이 우리에게 그들의 요구를 강요하는 협박과 공갈의 수단이 될 것이며, 우리가 북한에 선의의 양보를 할 경우에도 북한은 우리의 양보가 북한이 우리보다 군사력이 강력하기 때문인 것이라고 믿고 우리에게 더 많은 양보를 강요할 것이며, 우리의 입지는 더욱 약화될 것이다.

만일 북한 공산주의자들이 그들의 우월한 군사력으로 우리를 협박하여 한 번 양보를 얻어내는 데 성공하면, 남북한의 군사적 균형은 그들이 선택하는 순간에 우리에게 치명적으로 뒤집힐 수 있다. 우리가 그들의 요구를 거부할 경우 그들은 그들의 요구를 관철하기 위해 무장해제된 우리를 무력으로 공격할 것이다. 결국 우리는 그들의 무력에 굴복하지 않을 수 없게 될 것이다. 즉, '전쟁 없는 항복'을 하게 된다. 이것이 바로 북한이 노리는 '전쟁 없는 승리'다.

철저한 공산주의자로서 김일성이 원하는 것은 전쟁이 아니다, 김일성이 진정으로 노리고 있는 것은 '전쟁 없는 남한해방'이다. 우리가 어떠한 대가를 치르더라도 대화만을 추진하고 전쟁에 대비하는 자주국방력을 강화하지 않는다면 그것은 결국 우리에게는 '전쟁 없는 망국의 처방'이 되고, 북괴에게는 '전쟁 없는 한국공산화의 처방'이 되고 말 것이다. 대화 없는 대결은 남북한 공멸의 위험을 안고 있지만, 대결 없는 대화는 한국만의 자멸 위험을 안고 있는 것이다.

북한은 남북대화를 하면서 처음부터 계속해서 주한미군 철수와 한미합동군사훈련 중지 등 우리의 자주국방력과 대북대결 능력을 약화시키려는 요구를 되풀이했다.

이것은 그들이 남북대화를 명분으로 내세워서 우리의 자주국방력을 약화시켜 남북한의 군사적 균형을 그들에게 유리하게 만듦으로써 단기적으로는 남북대화에서 그들의 입지를 강화하여 그들의 요구를 관철시키고, 궁극적으로는 남북대화를 간접침략이나 직접침략의 엄호물로 이용하려는 속셈에서 나온 것이다.

우리는 힘의 배제를 도덕적 행동이라고 생각한다. 그러나 북괴는 우리의 힘의 배제를 우유부단이나 유약함의 징표라고 생각한다. 우리가 힘의 사용을 배제하게 된다면 그것은 우리에 대한 북괴의 힘의 사용을 자극하게 된다. 따라서 우리와 북괴 사이에 군사적 균형이 확고하게 자리잡히지 않은 약세상태나 군사력 사용을 포기한 상태에서 대화를 해서는 안 된다.

북한 공산주의자들과의 대화나 협상은 균형된 군사력의 바탕 위에서 추진되어야 하며, 대화의 원만한 진전을 위해서도 자주국방력을 강화하여 대화를 뒷받침해야 한다는 것이 대통령의 생각이었다. 그래서 대통령은 남북대화를 추진하면서 우리의 자주국방력 강화를 위한 여러 가지 시책을 더욱 더 강력히 추진했다.

영국 철학자이며 평화주의자인 버트런드 러셀은 '전쟁을 피하기 위해 겪는 모든 악이 전쟁 자체보다는 낫다'고 말했다. 그러나 인류 역사는 '적의 승리의 결과가 전쟁 자체의 불행보다 훨씬 더 나쁠 수 있다'는 것을 증언하고 있다.

1950년 6월 25일, 북한 공산주의자들의 기습남침으로 우리의 도시와 농촌이 파괴되고 우리의 청년들이 죽임을 당하고 우리의 자유와 평화가 유린되었던 피맺힌 경험을 갖고 있고, 그 이후에도 간단없이 북괴의 무력도발에 직면해 있는 우리 현실에서 우리는 러셀류의 평화주의를 받아들일 수 없다. 북한 공산주의자들의 승리는 바로 대한민국의 멸망을 뜻하는 것이기 때문이다.

제1차 세계대전 기간 동안 유토피아적 지식인들의 조직인 '민주적 통제연맹'(Union of Democratic Control)은 전쟁 발생의 가장 큰 원인은 모든 나라에서 직업 외교관들이 대외업무를 지배한 탓에 있다는 견해를 널리 확산시키려고 노력했다.

우드로 윌슨은, 만일 국제분쟁이 '자국 이익 추구에 여념이 없는 외교관들이나 정치인들에 의해서가 아니라 이것과 관련된 문제들을 연구한 냉철한 학자들, 즉 지리학자, 민족학자, 경제학자 등에 의해' 타결되기만 한다면 평화는 정착되리라 믿었다.

그러나 정치지도자들이나 외교전문가들은 집단안정보장, 세계 질서, 전면적인 군비 축소 등을 추구하는 지식인들의 종교적 열정을 불신했다. 지식인들의 구상은 실제 경험과 괴리된 공허한 이론의 소산으로 비쳐졌기 때문이다. 군비 축소라는 목표는 현실과 괴리된 구상의 전형적인 예였다.

지식인들에게 그러한 보편적 원리는 자명하고도 명백한 것이었다. 그러나 외교, 군사 전문가들에게 그러한 보편적 원리는 의미없고 공상적인 것이었다. 전문가들에게는 군비가 축소될 수 있느냐 없느냐 하는 것은 개개의 경우와 '처지에 따라서' 결정되는 '실제적인' 문제였다.

우리나라의 일부 진보적인 지식인들은 우리가 먼저 군사력을 감축하면 북한도 군비를 축소할 것이라고 주장했다. 실제로 북한은 남북한이 동시에 상비군 10만을 감축하자고 제의하고 이를 위해 협정을 맺을 것을 촉구한 일이 한두 번이 아니었다. 우리의 선거 때면 늘 그런 소리를 했다. 그러나 그들이 말하는 협정이나 합의는 우리가 말하는 협정이나 합의와는 그 뜻이 아주 달랐다.

공산주의자들에게 협정은 비공산세력과의 혁명투쟁의 한 변형에 지나지 않는다. 따라서 공산주의자와 비공산세력 간에 맺게 되는 협정이나 합의는 장차 공산주의자들이 비공산세력을 제거하는 데 도움이 되거나, 반대로 공산주의자들의 파괴를 방지하기 위한 방책에 지나지 않는다.

공산주의자들은 비공산세력과의 근본적인 합의를 부정하기 때문에 비공산세력과 우호적인 합의를 갖는 것과 비공산세력에 폭력을 사용하는 것 사이에는 아무런 모순이나 차이가 없다고 생각한다.

공산주의자들에게 협정이나 폭력은 비공산세력 제거라는 포괄전략을 위한 상이한(변형된) 전술일 따름이다. 공산주의자들은 폭력에 의해 목적을 달성할 수 없는 상황에 도달할 때 적과 협정을 맺거나 합의에 도달할 수 있는 객관적인 여건이 조성되었다고 생각한다. 즉, 합의나 협정은 투쟁이나 폭력행사의 포기를 의미하는 것이 아니라 투쟁을 다른 형태로 계속하는 것을 의미한다. 이러한 협상관에 의거해 월맹은 미국과 '휴전협정'을 맺었고, 그후 3년이 지나기 전에 폭력으로 자유월남을 공산화했다.

적대국가 간에 평화의 가장 중요한 조건은 상호신뢰와 협약 준수다. 이것이 없다면 평화를 보장할 아무런 근거도 없기 때문이다. 그러나 국제협약 이행은 그 불이행을 응징할 수 있는 효과적인 힘이 존재할 때만 기대할 수 있는 것이다. 힘이 뒷받침되지 않은 국제협약은 다만 휴지조각일 뿐이며, 그러한 협약은 평화를 보장할 수 없다. 문서나 말로 맺은 국제협약은 그 불이행을 응징할 강제력에 대한 공포 없이는 그 협약을 파기하려는 유혹을 억제시킬 수 없다. 따라서 국가의 안전보장과 평화는 국제협약을 일방적으로 파괴하고 공격적인 행동으로 나오는 상대를 제재할 수 있는 힘에 의존한다. 평화는 그것을 지킬 수 있는 힘이 미칠 수 있는 범위까지만 유지될 수 있다. 즉, 힘은 그것이 실제로 행사되든 안 되든 평화의 배후에 언제나 존재하고 있지 않으면 안된다.

그래서 대통령은 남북대화를 추진하면서 국력증강, 특히 자주국방력 강화의 필요성을 강조한 것이다.

7·4남북공동성명만으로 평화가 이루어지는 것은 아니다

1972년 7월 20일 국방대학원 졸업식에서 대통령은 7·4남북공동성명은 하나의 약속이며, 이것만으로 평화가 이루어지는 것은 아니라고 말하고 북한공산주의자들은 이 성명의 뒷전에서 '인민혁명사상'에 입각한 선전책동을 할 것이라고 예단했다.

…(중략)… "지난 번 발표된 남북공동성명은 한반도에서 또다시 전쟁이 일어나지 않도록 전쟁을 미연에 방지하자는 데 그 목적이 있었고, 남북이 서로 무력도발을 하지 않겠다고 약속을 했다는 데 의의가 있었다고 볼 수 있습니다.

지금까지 북한 공산주의자들이 이른바 4대 군사노선을 추구하면서 전쟁 준비를 모두 끝내 놓았다는 것은 우리들뿐 아니라 이미 온 세계가 다 잘 아는 사실로 되어 있습니다.

그랬기 때문에 우리도 이들의 예상되는 각종 공격에 대비하여 자위 수단으로 부득이 침략 저지력으로서의 국방력을 기르는 데 힘을 기울여 왔으며, 이와 병행해서 수년 전부터 기회 있을 때마다 그들에게 무력과 폭력에 의한 한반도 적화통일 야욕을 하루속히 파기하도록 강력하게 촉구해 왔던 것입니다.

이러한 관점에서 볼 때 북한 공산주의자들이 우리의 거듭된 촉구를 받아들여 5천만 민족 앞에 무력과 폭력의 파기를 명백히 약속한 것은 확실히 한반도의 평화를 위해 다행스러운 일이 아닐 수 없습니다.

그러나 이 성명은 어디까지나 하나의 약속이며, 좋은 시작에 불과한 것입니다. 이 성명만으로 결코 한반도에 진정한 평화가 도래한 것은 아닙니다.

앞으로 이 성명이 지니는 평화적 의의가 계속 값진 것으로 지속되느냐 어떠하냐 하는 문제는 전적으로 북한 공산주의자들의 성실성 여하에 달린 것입니다. 그렇기 때문에 앞으로 우리가 해야 할 일은 남북성명이 발표되기 이전보다도 훨씬 많아졌으며 몇 갑절 무거워졌습니다. 그것은 한마디로 우리 국력을 더욱 증강하기 위해서 배전의 노력을 기울여야 한다는 것입니다.

우리가 세계사 변천 속에서 체험을 통해 배운 것이 있다면, 그것은 국력의 뒷받침 없는 평화의 부르짖음은 한낱 공허한 메아리에 지나지 않았다는 역사적 사실일 것입니다. 나는 우리 조국이 처해 있는 오늘의 이 현실을 냉엄히 통찰할 때, 이처럼 우리에게 가장 절실하게 공감을 불러 일으키는 역사적 교훈은 없었다고 믿습니다.

우리는 모든 분야에서 우리 국력을 배양하기 위해 보다 더 분발해야겠으며, 배양된 국력을 평화 통일을 위해 즉각 동원할 수 있는 내부체제를 굳게 다져 놓아야 하겠습니다.

우리는 지금 새로운 차원에서 남북 간 대결을 치러야 할 숙명적이면서도 중대한 시점에 처해 있습니다. 이러한 대결과정에서 앞으로 북한 공산주의자들은 7·4남북공동성명의 그늘을 타고 각종 선전을 더욱 세차게 전개할 것이 분명합니다. 그들이 어떠한 선전을 하든 정의와 진실이 우리 편에 있는 이상 하등 두려워할 것이 못됩니다.

그러나 그들의 선전 중에서 우리가 한 가지 경계해야 할 것은, 이른바 '인민혁명사상'에 입각한 선전 책동인 것입니다. 공산주의자들은 비록 그들의 정책을 전술적으로 수정하는 일은 있을망정 본질적으로 이른바 '인민혁명사상'을 파기하는 일은 절대 없는 법입니다.

따라서 졸업생 여러분들은 군의 간부로서 또한 민주사회를 수호한다는 신념을 가진 대한민국 국민의 한 사람으로서 공산주의자들의 이른바 '인민혁명사상'이 우리 민주사회에 가해 올지도 모를 정치·사회적 혼란과 국론 분열 책동에 대해서도 한층 더 경각심을 드높이고 만전의 경계태세를 갖추고 있어야 할 것입니다.

이러한 경각심은 비단 어느 계층에게만 필요한 것이 아니라 총력안보의 굳은 결의를 다짐하는 국민 모두가 간직해야 할 정신자세인 것입니다.

나는 앞으로 전개된 남북 간의 대결에서 우리가 계속 승리할 수 있는 길은 곧 총력안보 체제를 더욱 확고히 다져놓는 데 있다는 것을 다시 한 번 강조해 두고자 합니다."

평화는 그것을 지킬 수 있는 힘이 있을 때 유지된다

1972년 10월 1일, 제24회 국군의 날 행사에 대통령은 남북대화를 시작했다고 국방의 필요성이 줄어든 것은 아니며, 평화는 그것을 지킬 수 있는 힘이 있을 때 비로소 유지된다는 점을 강조했다.

…(중략)… "장병 여러분들도 잘 아는 바와 같이, 우리는 지금 4반세기 동안의 단절과 불신의 장벽을 뚫고 남북 간의 대화와 접촉을 시작했습니다.

이 대화의 목적은 어디까지나 한반도에서 다시는 동족상잔의 전쟁이 일어나지 않도록 하며, 나아가서는 평화통일의 실마리를 찾아보자는 데 있는 것입니다.

그러면, 전쟁의 위험을 제거하고 평화를 유지하기 위해서 우리는 과연 무엇을 해야 하겠습니까?

평화는 그것을 지킬 수 있는 힘이 있을 때 비로소 유지되는 것이며, 힘의 뒷받침이 없는 평화는 허무한 환상에 지나지 않는다는 역사의 교훈을 우리는 잘 알고 있습니다. 따라서, 남북이 서로 대화를 시작했다고 해서 우리 국방의 필요성이 경감된 것은 절대 아닙니다.

그리고 자유민주체제를 끝까지 수호해야 한다는 우리의 기본 생각에도 아무런 변화가 없다는 것을 우리는 똑바로 알아야 할 것입니다.

지금 시작된 이 남북대화가 우리 국군의 철통같은 방비와 이를 바탕으로 한 총력안보 태세가 구축되지 않았던들 결코 그 문이 열리지 않았으리라는 것을 상기할 때 우리 국군의 역할은 더욱 중요하며, 국방의 필요성은 그 어느 때보다도 더욱 강조되어야 한다는 것을 쉽사리 이해할 수 있을 것입니다.

우리는 이 대화를 더욱 굳게 뒷받침하기 위해 평화 유지력으로서의 국방력을 한층 더 증강해야 하며, 국력증강을 보다 가속화해야 하겠습니다.

국가와 민족을 보위하는 우리 국군의 사명과 임무에는 어떠한 경우에도 시한과 변화가 있을 수 없으며, 그 책임과 과업은 무한할 뿐입니다.

우리는 지난번 서울과 평양에서 열렸던 남북적십자회담을 통해 북한 공산주의들의 정체가 무엇이냐 하는 것을 여러분은 눈으로 목격했으며, 이에 대처할 수 있는 방법이 무엇이냐 하는 것도 똑바로 알았을 것입니다. 그것은 두 말할 것도 없이 평화와 번영을 위한 힘을 기르는 것입니다.

그 힘은 우리 개개인의 힘이며, 각 분야별로 표시되는 힘이며, 나아가서는 이 모든 것을 집대성한 우리 사회 전체의 힘인 것입니다.

또한 이 힘은 비단 물질적인 힘만이 아니라 정신적인 힘, 다시 말해서 단결심과 협동심, 이 모든 것을 포함한 총화의 힘인 것입니다."

우리는 민족의 정통성을 수호·발전시켜야 한다

1972년 10월 3일 개천절 행사에서 대통령은 남북대화가 시작된 오늘날 우리는 민족의 긍지와 정통성을 수호 발전시켜야 할 역사적 사명을 새로이 부여받게 되었다는 사실을 강조했다.

'이제 우리는 남북대화를 시작한 오늘, 우리에게는 민족의 긍지뿐만 아니라, 민족의 정통성을 수호 발전시켜야 할 역사적 사명이 새로이 부여되었다는 것을 나는 국민 여러분에게 지적해 두고자 합니다.

우리는 반만년 유구한 역사를 지니고 있는 단일민족이면서도 지금은 불행하게도 남북으로 갈라져 살고 있습니다.

우리가 아무리 남북으로 갈라져 있다 하더라도, 하나의 민족이요 같은 동포임에는 틀림이 없습니다.

그러나, 민족의 정통성은 바로 우리에게 있으며, 이 정통성을 지키고 가꾸어 나가야 할 사람은 바로 우리들 자신이라는 이 민족사의 소명을 그 누구도 감히 거부하지는 못할 것입니다.

나는 오늘 이 개천절을 맞이하여, 우리가 새삼스럽게 민족의 정통성을 강조하지 않을 수 없는 이 현실을 불행하게 생각합니다.

그러나, 우리는 오늘의 이 불행을 극복하고 조국의 평화통일이라는 내일의 영광을 차지하기 위해서는 어떠한 난관과 시련이 우리 앞에 닥쳐온다 하더라도 기필코 우리의 민족적 정통성을 공고히 하고, 이것을 더욱 빛낼 수 있도록 결단성 있는 노력이 시급히 경주되어야 한다는 것을 거듭 강조하는 바입니다.

나는 그런 노력이 우리 모두의 굳은 단결을 촉성하고, 모든 분야에서 능률을 극대화하는 데서부터 구체화되어야 한다고 믿습니다.

우리는 국제정세 변화가 몰고 오는 도전에 대처하기 위해서도 그러하거니와, 남북대화를 보다 과감하게 추진하기 위해서라도 국민 모두의 굳은 단결은 더욱 절실한 것이라 하지 않을 수 없습니다.

그러나, 북한 공산주의자들은 지금 남북대화의 그늘 밑에서 우리 사회의 혼란과 불안을 조성하고자 갖은 책동을 가해오고 있습니다.

바로 이같은 시점에서 민주사회의 장점인 다양성을 마치 분열로 착각하여 파쟁을 일삼는다든지, 민주제도의 원리인 견제와 균형의 원리를 불행하게도 비능률의 구실로 삼으려는 이같은 정략과 간계가 우리 주변에서 횡포를 부린다면, 이 모든 것은 마땅히 광정되어야 할 것이라고 생각합니다."

남북대화한다고 반공법과 예비군을 폐지해서는 안 된다

1973년 1월 24일, 전국 치안 및 예비군 관계관 중앙회에서 대통령은 남북대화를 시작했다고 해서 반공법 폐지, 예비군 폐지, 군대 감축을 성급하게 주장하는 데 대해서는 깊이 경계해야 한다는 점을 역설했다.

'우리가 북한 공산주의자들과 본격적으로 대결하는 것은 바로 지금부터입니다. 이제까지는 우리가 38선과 휴전선을 막아 놓고 긴장 속에서 날카롭게 대치를 하고 있었기 때문에 오히려 반공을 하기에는 쉬웠다고 할 수 있습니다.

그러나 이제는 문을 열어 놓고 서로 왕래하면서 한 자리에 앉아 대화를 나누면서 대결하는 것이기 때문에 전보다도 훨씬 더 어려운 단계에 접어들었습니다. 따라서 국민들은 정부가 하고 있는 일에 더욱 현명한 판단을 해주어야 하겠습니다.

우리는 그동안 대화를 하자, 전쟁을 하지 말자, 평화적으로 통일하자, 서로 욕하지 말자, 모략중상을 하지 말자는 그들과의 약속을 충실히 지켜 왔습니다.

그러나 북한 공산주의자들은 '통일혁명당' 등의 이름으로 자기들이 하는 것이 아니라 마치 남한에 있는 무슨 지하당에서 방송을 하고 있는 것처럼 위장하여 욕을 하고 있습니다.

이것은 공산주의자들의 상투적인 수법인 것입니다. 정부는 앞으로도 '괴뢰' 등의 용어를 쓰지 않을 것입니다.

그러나 정부가 공식적으로 북한 공산주의자들과 대화를 지속하기 위해 취하는 하나의 방침과 우리가 실제로 해 나가야 할 반공체제라든지 여기에 대결해 나가야 될 여러 가지 전술은 엄연히 구분이 되어야 하겠습니다.

지금 중동에서는 이집트와 이스라엘이 싸우고 있는데, 이집트는 소련에서 무기를 원조받고 한때는 소련의 군사고문관, 비행기 조종사까지 와서 전적으로 도와주었습니다.

마치 우리가 보기에는 소련과 이집트가 군사동맹이라도 맺은 것 같이 보이지만, 국내적으로는 공산당을 절대 용납하지 않았습니다. 더욱이 소련이 이집트 내부에 공산당 지하조직을 결성하게 되자 소련 군사고문단을 추방까지 해 버렸습니다.

소련으로부터 원조는 받지마는 공산주의가 이집트에 뿌리박는 것은 용납할 수 없다는 것입니다.

말레이시아 같은 나라도 외교적으로는 중공에 추파를 던지는 것 같지만 내부적으로는 반공이 대단합니다.

더욱이 우리 나라와 같은 처지에서 지금 겨우 공산주의자들과 대화를 시작했다고 하여 반공법을 없애자, 예비군도 없애자, 감군하자 하고 성급하게 생각하는 것은 깊이 경계해야 하겠습니다."

우리의 국력이 북괴의 국력을 압도하게 되면 북괴는 무력적화통일 야욕을 포기할 것이다

1973년 1월 24일 저녁에 대통령은 서울에서 열린 해외공관장회의에 참석하기 위해 귀국한 대사들을 청와대로 초청하여 만찬을 베풀었도. 이 자리에서 대통령은 자유베트남의 장래 문제, 우리나라의 수출증대 문제, 유엔 등 국제무대에서의 남북대결 문제 등에 관해 여러 가지 소견을 피력하였는데, 특히 남북대화의 전도에 대해서는 평소의 지론을 강조하였다.

즉, 우리의 국력이 모든 면에서 북한의 국력을 압도하게 되면 결국은 북한도 무력적화통일의 야욕을 포기하지 않을 수 없게 될 것이며 남북대화에 응해 올 수밖에 없다는 것이다.

"북한과의 대화가 가까운 장래 무슨 획기적 성과를 가져오리라고 기대하기는 어렵습니다. 현재 우리로서는 무엇보다 다시는 남북 간에 전쟁이 일어나지 않도록 해야 합니다. 현재 소련과 중공이 한반도에서 무력충돌이 일어나는 사태를 원치 않을 것이기 때문에 북한이 현재로서는 무력도발을 감행할 것 같지는 않습니다.

지금 우리는 시간을 허비하지 말고 계속 국력을 증강해야 합니다. 우리가 최선을 다한다면 1980년 무렵에 가서는 남북한 국력은 크게 벌어질 것으로 봅니다.

그때 우리나라의 1인당 국민소득(GNP)은 1000달러를 넘을 것이고, 북한의 1인당 국민소득은 우리의 절반 정도로 머무를 것으로 봅니다.

또 그때까지 우리는 무기생산을 비롯한 국방태세를 크게 강화하여야 하며, 또 그렇게 될 수 있다고 믿습니다. 그런 시기가 되면 북한도 더 이상 엉뚱한 생각을 가지지 못하게 될 것입니다. 무력으로 공산화 통일을 해보겠다는 꿈이 이루어질 수 없는 것임을 깨닫게 될 것이며, 그렇게 되면 남북대화에도 응해 오리라고 생각합니다."

우리나라의 1인당 국민소득은 이미 1978년에 1242달러에 이르렀고, 우리의 방위산업이 급속도로 발전하여 남북한 간의 국력 차이는 군사력을 제외한 모든 분야에서 크게 벌어졌다.

대통령은 우리의 평화정착 노력을 거부하고 전쟁을 해서라도 적화통일을 하고 말겠다는 북한 공산주의자들의 망상을 꺾는 방법은 바로 우리의 뻗어나가는 국력이라는 확신을 가지고 있었다.

즉, 우리 국력이 막강하게 커져서 그들이 무력침략이나 내부혼란의 책동으로는 도저히 대한민국의 꺾을 수 없다는 것을 스스로 깨닫게 될 때, 그들은 지금까지의 태도를 바꾸지 않을 수 없게 될 것이다, 따라서 북한 침략집단을 상대로 하여 우리가 이 땅에서 전쟁 재발을 억지하고 그들을 평화통일을 위한 대화의 광장으로 끌어내는 길은 오로지 우리가 북한을 압도할 수 있는 막강한 국력을 배양함으로써 그들로 하여금 무력적화통일을 꿈꾸어 봤자 이미 때는 늦었고 전쟁을 도발하면 자멸이 있을 뿐이라는 것을 스스로 깨닫도록 만드는 길밖에는 없다는 것이다.

다시 말해서 우리 국력이 북괴를 압도할 때 '한반도의 전쟁 재발도 미연에 방지되고, 북한 공산주의자들은 성실한 태도로 남북대화에 임해 올 것이며, 평화통일의 길도 열리게 된다, 따라서 우리는 정치, 경제, 군사, 사회, 문화, 교육, 과학기술 등 모든 분야에서 북한을 압도할 수 있는 국력을 키워야 한다는 점이다.

평화통일 외교정책에 관한 대통령의 특별성명

1973년 6월 23일, 대통령은 평화통일 외교정책에 관한 특별성명을 발표하였다.

평화통일 외교정책은 우리의 대북한 정책과 대공산권 정책으로서는 정부수립 후 처음으로 이루어진 획기적인 정책전환이었다.

이 성명에서 대통령은 먼저 북한이 남북대화의 진행 중에 조국의 분단을 고착화시키는 행동을 계속 해왔으며, 열강들의 현상유지 정책 탓에 남북통일이 단시일 내에 성취되기는 어렵다는 사실을 지적하고, 이러한 국내외 현실 속에서 조국통일을 실현하는 현명하고도 확고한 방안을 수립해서 이를 강인하게 추진해 나가야 하겠다는 소신을 천명했다.

"친애하는 5천만 동포 여러분!

나는 오늘 우리가 그동안 추진해 온 남북대화의 경험과 국제정세 추이에 비추어, 민족의 숙원인 조국 통일의 여건을 실질적으로 개선하기 위한 우리의 평화통일 외교정책을 내외에 천명하고자 합니다.

제2차 세계대전 후 우리는 해방이 되었으나 우리의 의사에 반하여 국토는 양분되고 민족은 분열되었습니다.

당초 일본군 항복을 받기 위한 군사적 경계선이라고 하던 38선이 그 후 철의 장막으로 변하고 남북은 정치, 경제, 사회, 문화의 모든 분야에 걸쳐 완전히 차단되었습니다.

그동안 미소공동위원회가 개최되어 38선 해소와 통일민주정부 수립을 위한 교섭이 있었으나 미·소 간 근본적인 대립으로 실패에 돌아가고 결국 한국문제는 국제연합에서 제기되었던 것이다.

1947년 제2차 국제연합 총회는 남북한을 통한 자유로운 총선거의 실시를 결의하고 이를 위해 한국위원단을 파견하였습니다.

그러나 북한의 거부로 남한에서만 자유 선거가 실시되어 1948년 8월 15일, 대한민국 정부가 수립되고 국제연합에 의해 유일한 합법정부로 승인받게 된 것입니다.

1950년 6월 25일, 북한 공산군의 불의의 침략으로 인한 한국동란으로 무수한 동포가 생명을 잃고, 전국토는 초토화되었으며, 3년간의 전란 끝에 휴전은 성립되었으나 분단은 계속되고 통일은 요원해졌습니다.

나는 이 분단으로 말미암은 동족의 고통을 덜고 평화통일 기반을 조성하기 위하여 1970년 '8·15선언'에서 남북한 간 긴장완화를 촉구하였습니다. 그 다음 해 8월 12일 우리측은 남북적십자회담을 제의하였으며, 작년 7월 4일에는 평화통일을 위한 남북공동성명을 발표한 바 있습니다.

이리하여 남북대화는 시작되었습니다. 그러나 근 2년이 되는 오늘에 이르기까지 그 성과는 우리 기대와는 거리가 먼 것이라 하지 않을 수 없습니다.

우리는 용이하고 실천 가능한 문제부터 하나씩 해결해 나감으로써 남북 간 장벽을 점차 제거하고, 구체적인 실적을 통해서 상호 간의 불신을 신뢰로 대체해 나가는 것이 대화를 생산적으로 운영하는 길이며, 평화통일을 성취하는 지름길이라고 주장해 왔습니다.

그러나 북한은 불신 요인을 남겨둔 채 대한민국의 안전보장을 위태롭게 할 군사 및 정치문제부터 먼저 일괄 해결할 것을 주장하고 있습니다. 그러면서도 북한은 통일을 위한 남북대화의 진행 중, 밖으로는 사실상 조국 분단을 고착화시키는 행동을 계속하여 왔습니다.

이러한 남북관계의 현상으로 보아 우리가 기대하는 바 남북대화의 결실을 얻기까지에는 앞으로도 많은 난관이 예견되며, 상당히 긴 시일이 소요되리라고 판단됩니다.

뿐만 아니라, 이러한 상태가 그대로 방치된다면 결과적으로 불신 심화와 긴장 고조마저도 우려되는 바입니다.

한편, 최근의 국제정세는 제2차 세계대전 후의 냉전시대가 끝나고 현상유지를 기조로 하는 열강들의 세력 균형으로 평화공존을 유지하려는 것이 그 주된 조류라 하겠습니다.

또한 그간 이 지역에서의 일련의 주변정세 발전으로 미루어 보아서도 국토통일이 단시일 안에 성취되기는 어렵다고 보여집니다.

이러한 국제정세는 우리 민족사에서 하나의 커다란 문제를 제기하고 있습니다. 즉, 조국통일이라는 민족 지상의 염원과 목표를 국제정세의 현실 속에서 어떻게 추구할 것인가의 문제입니다.

우리는 객관적 현실에 능동적으로 대처야 나가야 하겠습니다.

우리는 조국통일을 국내외 현실 속에서 실현하는 현명하고도 확고한 방안을 수립하고 이를 강인하게 추구해 나가야 하겠습니다.

그것은 곧 현실을 직시하고 평화를 이 땅에 정착시킴으로써 그 바탕 위에서 우리의 자주역량으로 통일을 기필코 이룩하자는 것입니다."

대통령은 이어서 내정 불간섭, 불가침, 국제기구 동시참여, 유엔동시가입 등 7개 항의 정책을

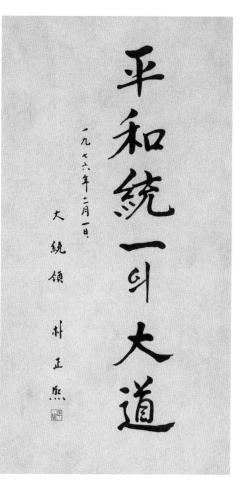

선언하고, 이 길만이 긴장완화와 국제정세 속에서 민족 위신과 긍지를 유지하면서 조국의 평화통일을 자주적으로 성취하는 지름길이라는 확신을 피력했다.

"그러므로, 나는 이에 다음과 같은 정책을 선언하는 바입니다.

1. 조국의 평화적 통일은 우리 민족의 지상과업이다. 우리는 이를 성취하기 위한 모든 노력을 계속 경주한다.

2. 한반도 평화는 반드시 유지되어야 하며, 남북한은 서로 내정에 간섭하지 않으며 침략하지 않아야 한다.

3. 우리는 남북공동성명의 정신에 입각한 남북대화의 구체적 성과를 위하여 성실과 인내로써 계속 노력한다.

4. 우리는 긴장 완화와 국제 협조에 도움이 된다면 북한이 우리와 같이 국제기구에 참여하는 것을 반대하지 않는다.

5. 국제연합 다수 회원국의 뜻이라면 통일에 장애가 되지 않는다는 전제 하에 우리는 북한과 같이 국제연합에 가입하는 것을 반대하지 않는다. 우리는 국제연합 가입 전이라도 대한민국 대표가 참석하는 국제연합 총회에서 '한국 문제' 토의에 북한 측이 같이 초청되는 것을 반대하지 않는다.

6. 대한민국은 호혜평등의 원칙 하에 모든 국가에게 문호를 개방할 것이며, 우리와 이념과 체제를 달리 하는 국가들도 우리에게 문호를 개방할 것을 촉구한다.

7. 대한민국의 대외정책은 평화 선린에 그 기본을 두고 있으며, 우방들과의 기존 유대 관계는 이를 더욱 공고히 해 나갈 것임을 재천명한다.

나는 이상에서 밝힌 정책 중 대북한 관계 사항은 통일이 성취될 때까지 과도적 기간 중의 잠정조치로서, 이는 결코 우리가 북한을 국가로 인정하는 것이 아님을 분명히 하여 둡니다.

나는 우리 조국이 처해 있는 오늘의 내외정세를 냉엄히 평가할 때 이 길만이 긴장완화의 국제조류 속에서 민족의 위신과 긍지를 유지하면서 조국의 평화통일을 자주적으로 성취하는 지름길이라고 확신합니다.

슬기롭고 용감한 민족 앞에는 결코 실망이나 좌절은 있을 수 없습니다.

우리 모두 희망찬 용기와 슬기로 한반도의 평화, 겨레의 번영, 그리고 조국통일을 위해 힘차게 매진합시다."

남북분단 후 북한에서는 우리의 민족정신을 말살하려는 공산주의 집단의 책동 때문에 민족의 고유한 전통과 생활이 파괴되고 상당히 이질화가 진행되어 왔다. 그래서 일부에서는 당장 남북통일이 된다고 해도 하나의 민족으로서의 융합이 이루어지기는 어려울 것이라는 우려를 표명했다.

그러나 대통령의 생각은 달랐다. 수천 년 역사 속에서 형성되고 단련된 우리의 민족정신이 겨우 수십 년 공산학정 속에서 쉽게 질식될 리가 없다. 우리가 주도하여 일단 통일이 이루어지면 남북한 동포들이 합심협력해서 분단이 가져온 이질화의 상처를 아물게 하고 하나의 민족으로서의 자아와 본연의 모습을 되찾을 수 있으며, 따라서 우리는 통일의 주도권을 장악하고 이를 강화해 나가야 한다는 것이다.

우리의 주도하에 통일을 이룩하고자 할 때 가장 중요하고 가장 시급한 것은 무엇보다 더 먼저 한반도에 평화를 정착시켜야 한다는 것이 대통령의 생각이었다.

평화정착은 통일조국으로 가는 첫 번째 관문이다. 남북한 간에 평화정착 없이 평화통일을 이룩할 수 있다고 생각하는 것은 환상이다. 우리가 추구하는 평화는 단순히 전쟁이 없다는 의미의 소극적인 평화가 아니다. 6·25전쟁 이후 남북 간에 전쟁은 없었지만, 그때부터 오늘에 이르기까지 북한 공산집단의 끊임없는 무력도발로 인해 전쟁의 먹구름은 아직도 걷히지 않고 있다. 준전시나 다름없는 이러한 불안한 현상을 타파하고, 전쟁의 위협과 불안이 제거된 적극적인 평화를 이룩하자는 데에 평화정착의 참뜻이 있다는 것이다.

이러한 저극적인 평화를 위해서는 먼저 남북이 불가침협정을 맺음으로써 전쟁을 포기하고 평화적으로 통일을 위해 노력하겠다는 결의를 행동으로 보여야 한다. 그리고 오랜 불신과 적대의 구각에서 벗어나 교류와 협력을 위한 대화를 계속해야 한다. 대화와 협력을 통한 평화정착은 단순히 전쟁의 위협을 제거하는 데 그치지 않고, 우리의 통일문제를 우리 민족 스스로 자주적으로 해결하는 바탕이 되는 것이다. 우리가 이른바 '4대국 보장론' 같은 사대주의적인 발상을 반대하는 이유도, 그것이 현재의 남북분단 상태를 고착화시켜 통일을 더 어렵게 만들 수도 있기 때문이다.

대화와 협력을 통한 평화정착은 남북한 사회의 이질화 현상을 해소하는 데 도움이 될 수 있을 것이다. 우리가 대화를 계속하고 실천 가능한 분야부터 교류와 협력의 규모를 점차 확대해 나가자고 북한에 제의하고 있는 것은 더 이상의 민족 이질화를 막고 민족동질성의 바탕을 강화하자는 데에도 그 뜻이 있는 것이다.

30년 동안 누적되어 온 이질적인 요소들을 말끔이 씻어내고 배달민족 고유의 민족정신과 문화와 전통을 회복시키기 위해서는 남북한의 군·관·민간에 지속적인 대화와 교류와 협력이 필요하며 평화정착은 이러한 동질화 작업을 하는 데 필수 선행조건이다.

한 마디로 우리의 기본생각은 평화의 토대 위에서 통일여건을 착실하게 성숙시켜 나가는 '선 평화 후 통일'이라는 것이다.

북괴는 평화통일 외교정책 선언이 발표된 6월 23일 저녁에 즉각 반응을 보였다. 그들은 이른바 대민족회의니 연방제니 하는 등 상투적이며 비현실적인 정치선전적 주장을 내세우면서 이에 정면으로 반대하고 나섰다.

그 후에 그들은 7·4남북공동성명과 이에 따른 남북 간 합의 사항을 위배하고 우리에 대한 중상과 비방을 국내외적으로 재개하였고,

우리의 외교정책선언을 왜곡선전하는 한편, 이미 대한민국과 국교를 맺고 있는 일부 국가들과 외교관계를 수립하고, 또한 이미 우리가 들어가 있는 국제기구에 같이 가입하는 데는 급급하면서도, 유독 국제연합 동시가입만은 조국분단을 영속시키는 것이라는 모순되고 자가당착적인 주장을 되풀이했다.

통일은 전쟁이 아닌 평화적 방법으로 이룩해야 한다

1973년 8월 15일, 제28주년 광복절 경축식에서 대통령은 통일은 전쟁이 아닌 평화적 방법으로 이룩되어야 한다는 점을 강조했다.

…(중략)… "조국 통일은 우리 민족의 지상과제입니다. 또한 이것은 우리 세대가 기필코 성취해야 할 역사적 과업인 것입니다.

그러나 이 과업이 아무리 시급하고 절실하다 해도, 우리는 또 다시 동족의 유혈을 강요하고 국토의 폐허를 자초하는 전쟁수단을 통해서 성취해서는 절대로 안 되겠습니다.

조국 통일은 반드시 평화적인 방법으로 이룩되어야 합니다.

이것은 비단 나 혼자만의 생각이 아니라 우리 5천만 동포의 한결같은 염원이라고 나는 확신합니다.

왜냐하면 우리에게는 아직도 그 처참했던 6·25전쟁의 뼈저린 상처가 생생하게 남아 있기 때문입니다.

그리고 우리를 에워싸고 있는 국제정세 또한 현상유지를 기조로 하는 평화공존의 조류 속에서 급변하고 있습니다.

이 물결은 전쟁보다 평화를, 대결보다는 대화를, 그리고 적대행위가 아닌 화해와 협력을 지향하는 것이라 할 수 있습니다.

나는 이와 같은 시대상황 속에서 평화통일을 달성하기 위한 가장 현실적인 길은 우선 한반도에서 긴장을 완화하고 항구적인 평화를 정착시키는 데서부터 시작되어야 한다고 믿고 있습니다."

대통령은 이어서 한반도의 긴장완화와 평화정착을 위해서 우리가 경주해 온 다각적인 노력을 하나하나 설명했다.

'나는 이를 위해 지금까지 온겨레의 한결같은 지지 속에 다각적인 노력을 꾸준히 경주해 왔습니다.

1970년 오늘, 나를 이 식전에서 북한 공산주의자들이 국제연합의 권위와 권능을 수락한다면, '유엔'에서의 한국문제 토의에 우리와 함께 참석하는 것도 반대하지 않겠다는 것을 선언하고, 북한에 대하여 개발과 건설과 창조의 경쟁을 하자고 촉구한 바 있습니다.

이것은 한반도에 평화를 구축하고 남북이 다 함께 번영하는 가운데서 통일을 추구하려는 민족의지의 발현이었던 것입니다. 그리하여 우리는 1971년 8월에 남북적십자회담을 제의했습니다.

남북이 서로 대화를 통해 다룰 수 있는 여러 갈래의 영역 가운데서도 특히 우리가 인도적인 문제를 먼저 다루자고 제의했던 이유는, 남북이 단일민족으로서의 동포애를 발휘하기만 한다면 가장 손쉽게 대화의 성과를 거둘 수 있다고 믿었기 때문입니다.

또한 이렇게 실천 가능한 것부터 하나씩 해결하여 구체적인 업적을 쌓아가야만 대화의 진전을 보장하는 상호 신뢰를 조속히 회복할 수 있다고 믿었기 때문입니다.

다음해 7월에는 우리가 주도적인 입장에서 7·4남북공동성명을 발표하기에 이르렀고, 뒤이어 남북조절위원회를 구성 발족시켰습니다.

이것은 전쟁 재발의 위험을 방지하고 대화의 폭을 보다 넓혀서 평화통일의 획기적인 전기를 마련하는 데 그 목적이 있었던 것입니다.

또한 우리는 남북대화의 적극적인 전개를 뒷받침하기 위해 10월 유신을 단행하여 '평화통일'을 헌법의 기본정신으로 정립하였습니다.

이 과정에서 우리는 민주주의의 참된 가치를 우리의 문화전통과 현실 여건에 가장 알맞게 재정립하고, 비능률과 낭비를 제거하여 민주제도가 더욱 효율적으로 운용될 수 있도록 내부체제를 정비 강화하였습니다.

그리고 지난 6월 23일에는, '세계 속의 한국'이라는 보다 높은 차원에서 한반도의 평화와 통일의 대도를 넓히기 위해 평화통일 외교정책을 내외에 선언하였습니다.

동포 여러분!

우리가 지금까지 매진해 온 이 길은, 오직 민족의 번영과 조국의 평화통일이라는 절실한 염원을 성취하려는 우리의 강력한 의지로 일관된 것이었습니다.

이 의지는 또한 세계평화와 인류의 발전에도 크게 기여하는 세계사적 의의를 지니는 보람차고 귀중한 것이라 하겠습니다.

따라서 우리의 이 의지와 노력은 결코 변하지 않을 것이며, 변할 수도 없는 것입니다. 또한 이 의지와 노력은 그 누구도 저해할 수 없는 것입니다."

제4장 대통령의 목숨을 노린 김일성의 제3차 암살미수 망동

북한은 일방적으로 남북대화를 중단시켰다

북한은 1973년 8월 28일, 일방적 성명으로 남북대화를 중단시켰다. 남북조절위원회의 북한 측 공동위원장인 김영주는 성명서를 발표하고 한국 측 공동위원장인 이후락 정보부장과 남북조절위원회의 다른 정보부소속 담당자들을 '민족적 양심을 소유하고 민족통일을 진심으로 바라는 인사들로 교체'할 것을 요구했다. 그는 또한 우리의 6·23 평화통일 외교정책은 한반도의 분단을 영구화시킨다고 이를 취소하라고 요구했다. 한국 측이 그의 요구를 거부하자, 북한 측은 이것을 남북대화 중단의 구실로 삼았다. 그리하여 남북대화는 교착상태에 빠졌고, 남북조절위원회 부위원장회의와 적십자사의 실무회담 형태로 그 명맥만을 유지해 나갔다. 북한은 왜 남북대화를 중단시켰는가?

대통령은 북괴의 태도 돌변을 세 가지 관점에서 파악하고 있었다.

첫째는 그들의 주한미군 철수 요구가 절대로 실현될 수 없다는 것이 분명해졌기 때문이라는 것이다.

북한이 항상 되풀이하여 주장하고 있는 남북한 간의 핵심문제는 주한미군의 존재다. 북한은 1953년 체결된 휴전협정을 미국과 북한 간의 평화조약으로 대체하고, 남북한 간의 불가침 선언을 채택하는 전제 조건으로 주한미군의 철수를 요구해왔다.

북한은 남북대화를 일방적으로 중단시킨 후 대화재개의 전제 조건으로 주한미군의 철수를 요구하면서, 주한미군이 남북한 대화와 한반도 통일에 근본적인 장애물이 되고 있다고 주장했다. 미군이 계속 남한을 점령하면서 남한의 내정을 간섭하고 남한에서의 지배적 위치를 이용하여 남북대화를 공공연히 또는 비밀리에 방해하고 있다는 것이다. 북한은 미국이 한국의 분단을 영구화시키고 통일을 방해하기 위하여 음모를 꾸미고 있다고 비난하고 주한미군과 유엔군사령부는 7·4공동성명서에 명시한 외세에 포함된다고 주장하면서 주한미군의 철수와 유엔군사령부의 해체를 요구했다.

남북대화로 우리 민족끼리 모든 문제를 풀어갈 수 있는데 왜 주한미군이 필요한가? 남북대화의 방해꾼인 주한미군은 철수해야 한다는 것이다.

그러나 우리 정부는 주한미군과 유엔군사령부는 '외세'에 포함되지 않으며, 특히 주한미군은 남북한 간의 군사력 균형 유지에 도움이 되고 있다는 점을 강조하고, 한반도의 지속적인 평화를 보장하는 대안이 마련될 때까지 전쟁억지력으로서의 역할을 수행하고 있으므로 주한미군 철수는 있을 수 없다는 점을 분명히 했다. 그리고 미국도 주한미군의 추가적인 철수계획이 없다는 점을 거듭 밝혔다.

북한은 주한미군이 있는 한 무력적화통일을 할 수 없다고 판단하고 있기 때문에 주한미군이 통일의 장애라고 보고 있으며, 주한미군이 철수하면 무력적화통일을 할 수 있다고 믿고 있기 때문에 주한미군 철수를 집요하게 주장해 왔다. 그래서 남북대화를 빌미로 주한미군 철수를 관철해 보려고 했으나, 이것이 불가능하다는 것이 확인되자 더 이상 남북대화의 필요성이 없다고 판단했으리라는 것이다.

둘째는 남북대화를 함으로써 우리의 반공체제와 대북경계태세를 약화시키고 남한에서 통일전선을 자유롭게 형성해 보려고 했으나 우리의 총력안보태세와 우리국민의 확고한 반공의식 때문에 그들의 기도가 성공할 수 없다는 것을 깨달았기 때문이라는 것이다.

셋째는 남북대화가 계속 진척되고 남북교류가 확대되면 북한 공산주의 체제가 침식될 위험성이 있다는 것을 우려했기 때문이라는 것이다.

북한은 그들의 폐쇄적인 전체주의 사회를 외부세계에 개방할 의사도 없었고 또 그렇게 할 준비도 되어있지 않았다. 왜냐하면 북한 사회를 '자유화의 물결'에 그대로 내맡길 경우 그들의 전체주의체제가 중대한 위험에 직면할 것을 두려워하고 있었기 때문이다. 따라서 남북한 간의 지속적인 인적왕래는 그들이 두려워하고 있는 부정적인 결과를 가져올 수 있다는 가능성을 심각하게 검토했을 것이며, 남북대화가 그들이 노리는 주한미군 철수나 통일전선 형성에는 도움이 안 되면서 오히려 북한 공산주의 독재체제에 위험하게 작용한다는 것을 판단했으리라는 것이다.

북한의 남북평화협정안은 함정을 내포하고 있다

1974년 1월 18일, 연두기자회견에서 대통령은 북한이 제의하는 남북평화협정안은 위험한 음모와 계략과 함정을 내포하고 있다고 지적했다.

"평화협정을 맺자는 얘기는 내가 알기에는 지금부터 2, 3년 전인 1971년 8월 뉴욕타임스의 어느 기자가 중공을 방문했을 때 주은래 중공수상이 처음으로 끄집어 낸 이야기라고 나는 기억을 하고 있습니다.

그 뒤에 북한 측에서도 자주 이런 얘기를 들고 나왔고, 특히 남북조절위원회 석상에서 북한 측에서는 평화협정이라는 얘기를 여러 번 들고 나왔습니다.

그런데 북한 측에서 주장하는 이 평화협정이라는 것이 그 어휘를 보면 '평화'란 말이 붙어 있어서 대단히 듣기 좋은데 과연 그 사람들이 평화를 원해서 이런 협정을 맺자 하는 얘기냐, 그것이 진심이냐 하는 것이 우리는 문제다 이것입니다.

북한 측에서 주장하는 평화협정의 내용을 따져 보면 한 서너 가지를 주장하고 있는데, 하나는 제일 먼저 들고 나오는 것이 외군 철수를 하라 이것입니다. 그러니까 지금 남한에 있는 미군을 전부 철수시키라 하는 것이고, 또 하나는 남북이 병력을 각각 10만 또는 그 이하로 줄이자는 것입니다. 그러니까 남북이 서로 앞으로는 군비경쟁을 하지 말고 외부로부터 장비나 군수물자도 들여오지 말자 이것입니다.

그렇게 해서 이 협정이 체결이 되면 지금 있는 휴전협정은 없애 버리자, 여기에 평화라는 말을 자꾸 공산주의자들이 들고 나와서 자칫 잘못하면 국민들이 평화란 어휘에 대해서 약간 현혹될는지는 모르겠습니다만, 이 내용을 보면 결국 남한에 있는 미군은 전부 다 나가고 군대는 10만 이하로 줄이고 앞으로 외부로부터 무기는 절대 들여오지 않고, 그래가지고 휴전협정을 없애 버리자, 이런 뜻인데 이것은 즉 무엇을 뜻하는 것이냐 하는 것을 우리가 잘 알아야 합니다.

이것은 한 마디로 간단히 얘기한다면 우리의 국방력을 완전히 무력화시켜 놓고, 보다 더 극단적으로 얘기한다면 무장해제를 시켜놓고 앞으로 적당한 기회가 오면 무력으로 남침을 해서 적화통일을 하자는 것은 삼척동자라도 다 아는 사실입니다.

만약에 우리가 공산주의자들의 제의를 액면 그대로 받아들인다면 그 결과는 어떻게 되겠느냐 이것입니다.

이것이 꼭 6·25와 같은 결과를 가져올 것이 뻔하며 명약관화한 사실이다, 그래서 이 사람들이 평화 평화하지만, 이 평화협정의 내용을 보면 대단히 위험천만한 음모와 계략과 함정이 여기에 숨어 있다, 우리는 이렇게 봅니다.

여기에 우리가 절대로 속아 넘어가서는 안 되겠다, 6·25와 같은 그런 쓰라린 경험을 하지 않았다든지, 그런 경험이 없다면 혹 한 번쯤 속을지 모르지만 6·25를 겪은 우리로서는 한 번은 속지만 두 번 다시는 속지 않겠다 이것입니다.”

대통령은 이어서 공산주의자들이 말하는 평화란 전쟁준비를 위한 위장전술이라는 점을 지적했다.

“요즈음 북한 공산주의자들이 '남북한 연방제' 운운하는 소리를 듣고 나오는데, 이것도 내용을 따져 보면 평화협정이라는 것과 똑같은 그런 수법입니다.

그야말로 양두구육격이다, 양머리를 내놓고 뒷전으로는 개고기를 판다하는 그런 얘기가 있는데, 평화 평화해서 겉으로는 좋은 말을 내놓고 뒷전으로는 음모를 꾸미고 있다는 것을, 우리는 특별히 경계해야 할 줄 압니다.

1953년 휴전협정 체결 당시에 그 협정 조문을 보더라도 여기에는 분명히 외부로부터의 무기 반입을 금지한다는 조항이 명시되어 있습니다.

그것은 휴전협정이 되던 그날 이후에는 외부로부터 남한이나 유엔군 측이나 공산 측이나 무기를 들여와서는 안 된다는 조항입니다.

그런데 공산 측에서는 이것을 먼저 위반해 버렸습니다. 그리고 외부로부터 무기를 자꾸 반입하기 때문에 유엔 측에서 여러 번 여기에 대해서 항의를 했지만, 공산 측에서는 들은 체 만 체하기 때문에 결국은 이 조문은 죽은 조문이 되어 버렸습니다.

이런 것을 보더라도 공산주의자의 조약이라든지 협정이란 것은 우리가 경계해야 되겠고, 이것은 오늘날 월남 휴전협정을 보더라도 잘 알 수 있습니다.

휴전협정 체결 후 1년이 됩니다만 들리는 말에 의하면 하루에도 수십 번 위반 사건이 있고, 수십 번 전투가 있는 그런 상태라는 것입니다.

그리고 공산주의자들이 말하는 평화라는 어휘에 대한 개념도 우리들이 생각하는 평화하고는 근본적으로 그 의미가 다르다는 것입니다.

우리들이 말하는 평화라는 것은 그야말로 전쟁이라는 것은 완전히 포기를 하고 다시는 서로 침략을 하지 않는다, 무력을 가지고 대결을 하지 않는다는 것을 우리는 평화라고 하는데, 공산주의자들이 말하는 평화라는 것은 자기들이 어떠한 목적 달성을 위해서, 일시적으로 필요할 때 시간을 얻기 위해서 상대방을 안심시키기 위해서 '평화' 운운하는 얘기를 들고 나옵니다.

그동안 자기들은 무엇을 하느냐, 모든 전쟁준비를 해서 준비가 되면 또 도발을 한다, 이것은 하나의 위장전술이다, 그래서 북한 측에서는 이 평화협정이라는 것을 들고 나와서 요즈음에 와서는 이것을 하나의 정치선전 목적으로 이용을 하고 있습니다.

세계 각국에 돌아다니면서 자기들은 지금 전쟁을 원하지 않고 평화를 원하기 때문에 평화협정을 체결하자고 남한에 제의를 했는데 남한에서는 이것을 반대를 한다, 자기들은 평화를 원하는데, 남한에서는 평화를 원하지 않는다. 이런 식으로 선전을 하고 돌아다닙니다."

대통령은 이어서 평화협정은 새로 체결할 필요도 없다고 천명했다.

"늘 공산주의자들이 하는 식이 똑같은데 만약에 그들이 진심으로 평화를 원한다면, 이제 와서 새삼스럽게 평화협정 같은 것을 새로

맺지 않더라도 지금 있는 휴전협정만 잘 준수하더라도 나는 전쟁을 막을 수 있다, 또 7·4남북공동성명의 정신을 남북이 성실히 이행한다면 전쟁은 일어나지 않는다는 것입니다. 나는 평화 정착이 가능하다고 봅니다.

평화라는 것은 무슨 협정이다, 조약이다 하여 종이 한 장에 서명을 했다고 해서 보장이 되는 것은 결코 아닙니다. 문제는 평화를 지키겠다고 하는 의지, 서로 전쟁을 하지 않겠다는 의사가 명백히 있느냐 없느냐 하는 것이 중요한 것입니다. 그런 의사만 분명히 있다면 협정이 없더라도 전쟁은 일어나지 않습니다. 따라서 우리는 과거에 북한 공산주의자들이 휴전협정을 얼마나 충실히 이행을 했느냐 하는 것을 반문하고 싶습니다.

휴전 후 지난 20여 년 동안 우리가 알기에는 북한 공산주의자들은 1만 3천여 번이나 휴전협정을 위반했습니다. 그러면 협정에 그러한 조문이 없어서 위반을 했느냐 하면 그것이 아닙니다.

또한 7·4공동성명을 그들이 얼마나 성실히 지켰느냐, 7·4남북공동성명을 내놓고도 최근에 와서 지금까지 아무 말썽이 없었나 하면, 조문에도 명시되어 있는 서해해역을 자기들 관할 해역이라고 강변하면서 도발행위를 자행하고 있습니다. 이것이 과연 7·4공동성명의 정신이냐 이것입니다."

남북한 간의 '상호불가침협정' 체결을 제의하다

1974년 1월 18일, 연두기자회견에서 대통령은 북괴가 주장하는 '평화협정'에 대한 대안으로 남북한 간의 '상호불가침협정' 체결을 제의했다.

"만약에 앞으로 남북의 평화 정착을 위해서 새로운 협정이 꼭 필요하다면, 또 북한 측에서 말하는 것이 진심이라면 평화협정 운운할 것이 아니라, 나는 이 기회에 남북 간의 '상호불가침협정'을 체결하자' 하는 것을 제의하겠습니다.

내가 말하는 이 불가침 협정은 그 골자를 서너 가지로 들 수 있습니다.

하나는 남북이 서로 절대로 무력 침범을 하지 않겠다는 것을 만천하에 약속을 하자는 것입니다.

다음에 또 한 가지는 상호 내정간섭을 하지 말자는 것입니다.

또 한 가지는 여하한 경우에도 현행 휴전협정은 그 효력이 존속되어야 한다하는 이 세 가지 골자만 포함된 불가침협정이 체결된다면, 그리고 이것을 서로 성실히 준수만 한다면 나는 한반도에 있어서의 전쟁은 예방이 된다고 봅니다. 평화는 유지되리라고 나는 믿습니다.

그러나 만약에 이것을 지키겠다는 성의와 의사가 없다면 이러한 협정을 열 번 스무 번 맺어 보았자 아무 소용이 없다고 나는 생각합니다.

따라서 우리는 불가침협정을 맺어 놓고 앞으로는 통일이 될 때까지 평화공존을 해 나가자, 그동안에 서로 대화도 활발히 하고 교류도 하고 협력도 하여 통일의 기반을 하나하나 다져 나가자는 것입니다. 이것은 작년 여름에 우리 정부에서 발표한 '6·23선언'의 정신과도 일치되는 것입니다.

지금 우리가 통일을 아무리 갈망해도 하루 이틀에 통일이 될 수 없다는 것은 누구보다도 잘 알고 있고, 지금과 같은 남북의 관계로서는 당장 통일문제를 다룰 수 있는 시기라든지 여건도 성숙이 되어 있지 않기 때문에 앞으로 우리는 통일이 될 때까지 평화공존을 해 나가면서 그동안에 남북이 활발히 대화도 하고 교류도 하고 협력도 하여 평화통일을 위한 기반을 하나하나 다져 나가자, 이것이

'6·23선언'의 정신이요 또한 우리의 주장입니다.

겉으로는 평화협정을 내세우고 평화를 원하는 체하면서 뒷전으로는 딴전을 피우는 사고방식과 행동을 가지고는 한반도에 있어서의 평화 정착은 결코 기대할 수 없는 것입니다. 그렇기 때문에 나는 지금 북한 측에서 주장하는 평화협정의 내용을 우리가 잘 알고 여기에 대해서 상당한 경계를 해야 되겠다고 생각합니다."

북한은 남북회담을 중단시킨 후 서해5개 도서를 침범하는 대남도발을 자행하면서, 다른 한편으로는 '남북평화협정안'을 들고 나와 평화선전을 강화했다. 이른바 남북평화협정 문제를 제일 처음 제기한 사람은 중공수상 주은래였다. 1971년 8월 그는 베이징을 방문한 뉴욕타임스 편집국장인 제임스 레스턴과의 회견에서 한반도의 휴전협정을 평화협정으로 대체할 것을 제의하고 그 법적 근거로 휴전협정 전문과 제62조를 거론했다. 동 전문과 조항은 휴전이라는 '군사적 해결'이 장차 '정치적 해결'에 의해 대치된다는 것을 분명히 하고 있고, 또 평화협정에 의해 전쟁을 종결시키고 평화를 제도화한다는 것은 국제법상의 관례다. 따라서 1953년 7월에 체결된 한국 휴전협정을 평화협정으로 대체시킴으로써 한국전쟁을 공식적으로 종결시키고 평화를 제도화한다는 것은 바람직한 일이 아니냐는 것이다.

그러나 전쟁을 공식적으로 종결지으려면 반드시 평화협정을 체결해야만 되는 것은 아니다. 국제법의 석학인 퀸시 라이트 교수가 조사한 311회의 전쟁 가운데 137회만이 공식적인 강화조약의 체결로 매듭지어졌으며, 나머지 174회의 전쟁은 강화조약 없이 종결되었는데, 그 가운데 34회가 2차 세계대전이 끝난 이후의 전쟁이었다는 것이다. 즉, 2차 세계대전이 끝난 이후 일어난 전쟁 34회가 모두 평화조약의 체결 없이 종결되었던 것이다.

그런데 북한은 7·4남북공동성명 발표 후 남북조절위원회에서 평화협정 문제를 제기했고, 한국이 이것을 거부하고 있다고 선전을 하고 있었다. 그래서 대통령은 북한이 내세우고 있는 평화협정에 숨겨져 있는 저의를 비판하고 남북한 평화공존의 초석이 될 수 있는 상호불가침조약의 체결을 제안한 것이다.

북한의 서해5도지역 영해침범은 휴전 자체를 무시하는 행위다

1974년 1월 18일, 연두기자회견에서 대통령은 북한이 우리의 서해5도지역 영해를 침범하고 우리 선박의 항해를 위협한 것은 휴전협정위반이고 휴전 자체를 무시하는 행위라고 규탄했다.

"작년 10월 하순경부터 북한 함정들이 서해지역에 있는 우리 영해를 여러 번 침범한 사실이 있습니다.

서해에 있는 다섯 개 도서를 내왕하는 우리 선박의 항해를 위협한 일이 있습니다. 이것은 휴전 후 과거에는 한 번도 없던 일이고, 처음 있는 일입니다.

여기에 대해서 작년 12월 1일 군사정전위원회 본회담에서 유엔 측의 대표들이 북한 측 대표에 대해서 엄중한 항의를 한 바가 있습니다.

여기에 대해서 북한 측은 적반하장 격으로 서해 일대에 있는 해역은 자기들의 관할 해역이라고 주장하고, 장차 이 해역을 항해할 때에는 사전에 허가를 맡아야 하며, 만약 허가를 맡지 않고 항해를 할 때에는 자기들이 검문을 하겠다는 생떼를 써 왔습니다.

북한 측에서 말하는 소위 자기들 관할 영해라는 것은 백령도와 그 옆의 대청도·소청도·연평도·우도, 이 다섯 개 도서 주변 일대의 해역을 말하는 것입니다.

이 다섯 개 도서는 휴전협정 당시 유엔군사령관의 통제하에 있었습니다.

따라서 이것은 명백히 우리 대한민국의 영토입니다.

휴전협정 제2조 15항에 볼 것 같으면 '이 도서 주변해역에 대해서는 어떠한 봉쇄도 할 수 없다' 하는 것이 명백히 조문에 박혀 있습니다.

이러한 협정 조문에 의거해서 협정 후 지난 20여 년 동안 우리 선박들은 육지와 이 도서 간을 자유롭게 항해를 했고, 그동안 공산 측은 한 번도 여기에 대해서 이의를 제기한 일이 없습니다. 이것은 유엔군 측이나 공산 측에서나 똑같이 그동안 인정을 해 왔던 사실인 것입니다.

그런데 왜 이제 와서 이것이 자기들의 관할해역이니 영해니, 또는 사전에 허가를 맡아야 하느니, 이러한 소리를 해 오느냐 하는 것입니다. 이것은 말도 안 되는 소리입니다. 이것은 명백히 휴전협정 위반이며, 휴전 자체를 근본적으로 무시하고 드는 행위이며, 북한 공산주의자들이 왜 지금에 와서 이러한 억지 생떼를 쓰느냐, 그들의 저의가 무엇이겠느냐 하는 것이 문제가 되겠습니다.

우리가 보기에는 이것은 결코 우발적으로 저지른 도발행위가 아니고 사전에 짜여 있는 계획적인 도발행위라고 우리는 보고 있습니다.

그들은 이 지역에 새로운 어떠한 불씨를 하나 던져서 국내외의 관심을 여기에다 집중시키고 새로운 긴장을 조성해 보자는 그런 저의가 있다는 것이 확실합니다."

대통령은 이어서 북괴가 서해5개도서지역에 새로운 긴장을 조성하려는 여러 가지 이유를 여러 가지로 분석, 설명하고, 옹진반도 일대에서 육·해·공군부대를 동원해서 군사적인 시위를 했다는 사실을 지적했다.

"그러면 왜 이 지역에다가 새로운 긴장을 조성하려고 하느냐, 여기에 대해서 북한 측의 기도를 우리는 여러 가지 각도로 분석하고 검토해 보았습니다.

여기에는 여러 가지 이유가 있다고 우리는 보고 있는 것입니다.

대략 우리가 지금 짐작할 수 있는 것은, 하나는 그들 내부에 지금 여러 가지 복잡한 사정이 있지 않느냐, 자기들 내부에 여러 가지 어려운 문제가 있기 때문에 주민들의 관심을 다른 데로 쏠리게 하기 위해서 이러한 일을 저지르지 않았겠느냐 하는 그런 짐작도 해볼 수 있습니다.

또 하나는 그동안 남북대화를 몇 번 해보았는데 북한 공산주의자들은 이 남북대화를 할 때 그들이 노린 목적이 있었을 것입니다. 대화를 몇 번 해 보아도 자기들이 노린 목적이 뜻대로 잘 이루어지지 않는 데에 대한 어떠한 하나의 앙갚음이라고 할까, 거기에 대한 불만, 이런 것도 하나의 이유라고 추측할 수 있을 것입니다.

또 한 가지는, 지금 북한 측에서 어떤 엉뚱한 음모를 꾸미고 있는데, 이것을 우리가 눈치채지 못하게 하기 위해서 우리 측의 관심을 서해지역에 집중시키고자 하나의 위장전술로서 하는 것이 아니겠느냐는 추측도 해 볼 수 있을 것입니다.

또 한 가지는, 그들이 이러한 도발행위를 했을 때 우리 측에서 어떻게 나오느냐의 반응을 한 번 떠보기 위해서 하는 수작이 아니겠느냐 하는 것입니다.

특히 여기에 있는 유엔군 측이 어떻게 나오느냐는 반응을 한 번 떠보기 위한 도발행위일지도 모르겠다고 우리는 추측해 보는 것입니다.

확실한 그들의 기도라는 것은 앞으로도 좀 더 시간을 두고 봐야 할 줄 압니다. 그러나 여기에 있어서 우리가 한 가지 주목할 사실은 그들이 서해지역에 있어서 이러한 사건을 일으켰을 그 당시 바로 그 도서 북방에 있는 옹진반도 일대에서 소위 그들의 육·해·공군의 대규모 부대를 동원해서 특수훈련을 하고 우리에게 대해서 하나의 군사적인 시위를 했다는 사실을 우리는 상당히 관심을 가지고 보고 있는 것입니다."

대통령은 이어서 서해5도서는 우리 영토이며, 이 도서를 왕래는 우리 선박의 자유항해권은 반드시 수호할 것이며, 북괴가 계속 이 해역을 침범할 경우에는 단호한 대응조치를 취할 것이라고 북괴에 대해 거듭 경고했다.

"북한 측의 저의가 어디에 있든, 이 서해지역에 있는 다섯 개 섬, 이것은 우리의 명백한 영토이고, 또 이 도서에 왕래하는 우리 선박의 자유항해권은 어떠한 일이 있다 하더라도 우리는 이것을 수호해야 하는 것입니다. 만약 북한 측이 계속 이 수역을 침범할 경우에는 단호한 대응 조치를 취할 것이고, 일보도 양보할 수 없다는 것을 북한 측에 우리는 경고한 바가 있습니다.

따라서 앞으로 그들이 또 다시 이 지역에서 어떤 문제를 일으켰을 때, 그로인해서 일어나는 모든 사태의 책임은 전적으로 북한 측에 있다는 것을 우리는 명백히 해 두고자 하는 것입니다.

그리고 이 도서에 왕래하는 선박들은 지금 해군함정의 호위하에 매일 취항을 하고 있습니다. 그리고 이 섬에는 우리나라 국민 1만 5천여 명이 살고 있습니다.

정부와 군은 앞으로 여하한 사태에 대해서도 즉각 대응할 수 있는 만반의 준비를 갖추고 있다는 것을 국민 여러분들에게 말씀해 두고자 합니다."

북괴는 1973년 8월 28일 남북회담을 일방적으로 중단시킨 데 이어서 유엔총회에서 한국문제 토의가 끝나자마자 대남 무력도발을 격화시켰다.

그해 10월 중순에 김일성은 북한군 장교 2만 명이 참가한 '인민군 지휘관 및 정치일꾼회의'라는 것을 주재했는데, 이 회의에서는 남한이 북한의 통일방안을 받아들이지 않을 때는 무력으로 남한을 쓸어 버리겠다는 결의안을 채택했다.

이것은 대화가 아니라 무력으로 적화통일하겠다는 그들의 기존목표를 재천명한 것이다.

북한은 이 회의 직후인 10월 23일부터 휴전 후 처음으로 서해5개 도서해역을 침범하기 시작했다. 그들은 서해에 고성능 함정을 급속히 증강하였고 약 10개월간 어뢰정과 포함(砲艦) 등으로 계속 침범했다. 이것은 휴전체제에 대한 정면 도전행위였다.

그들은 또한 기습공격용 신무기를 대량도입하고, 특히 휴전선 인근지역에 해·공군기지를 신설하는 등 전쟁준비에 광분하여 한반도의 긴장을 고조시켰다.

서해5개도서에 대한 무력도발을 시작으로 74년 2월 15일에는 그들의 포함이 서해 공해상에서 어로작업 중인 우리의 어선을 격침시키거나 북한으로 납치하였고, 5월에는 휴전선에서 포탄을 발사하고, 한강 하구(河口) 상공을 비행하던 유엔군 헬리콥터에 총격을 가했다. 6월 28일에는 동해에서 어로보호 임무를 전담하는 우리의 해경함정(863호)에 대해 계획적인 집중포격을 가해 격침시켰다. 그리고 7월에는 우리 영공을 통과하여 선회하는 여객기에 대해서까지 공격을 가하였으며 남해에서는 부산 앞바다까지 무장간첩선을 침투시켰다. 이것은 북한이 전전선에 걸쳐 무력도발 태세를 갖추고 계속해서 무력도발을 하리라는 것을 예상케 하는 심각한 도발들이었다.

남북대화를 자주 하는 것만이 능사는 아니다

1974년 1월 18일, 연두기자회견에서 대통령은 남북대화를 자주 하는 것만이 능사는 아니라는 점을 강조하고 그 이유를 설명했다.

"남북대화에 임하는 우리 측의 태도는 여러분들이 잘 아시는 바와 같이, 대화를 통해서 쉬운 문제부터 하나하나 풀어나가자, 그렇게 함으로써 그동안 쌓이고 쌓인 상호간의 불신을 하나하나 씻고 신뢰를 회복하여 평화를 정착시켜 나가자, 이것이 평화통일의 기반을 다지는 가장 가까운 첩경이다, 우리는 이렇게 보고 있는 것입니다.

이러한 방침은 6·23 평화통일 외교정책에 관한 특별성명을 통해서 국내외에 이것이 명백히 밝혀졌고, 또한 지난번 28차 유엔총회에 있어서도 여러 나라들로부터 절대적인 지지를 받은 바가 있습니다.

작년 가을 유엔총회에서 통과된 한국문제에 관한 소위 절충안, 합의성명이라고도 합니다만, 그 내용에도 7·4공동성명의 정신에 입각해서 남북의 활발한 대화를 통해서 한국문제는 한국사람들끼리 자주적으로 해결하는 것을 희망한다, 또는 권유를 한다, 하는 그런 취지가 담겨 있습니다.

남북대화는 작년 8월 28일에 북한 측에서 일방적으로 중단을 통고해 옴으로써 그동안 사실상 중단 상태에 있었습니다. 그러나 작년 11월 중순에 우리 측에서 다시 요구를 해서 조절위원회 부위원장급 회담이 작년 연말에 판문점에서 두 차례 있었다는 것은 여러분들이 잘 아실 줄 압니다.

또, 지난 1월 9일에 우리 측 부위원장으로부터 북한 측에 다음 회의를 또 열자는 것을 제의해서 내가 알기에는 내주 월요일, 1월 21일에 판문점에서 다시 열기로 되어 있는 것으로 압니다.

그러나 작년 12월에 두 번 있었던 이 부위원장 회담에 있어서도 별다른 새로운 진전은 없었고 늘 같은 소리만 되풀이한다는 얘기를 듣고 있습니다.

또, 조절위원회의, 적십자회담을 그동안 여러 차례 서울과 평양에서 교대로 열었는데, 이것도 작년 8월 이후에는 중단 상태에 있습니다. 이것을 빨리 열자고 우리 측에서 여러 번 촉구를 했지마는 북한 측에서는 '반공법'이 어떠니, '국가보안법'이 어떠니, 이것을 고치라느니, 여러 가지 우리의 내정에 대한, 그런 간섭에 속하는 주장만을 되풀이하고, 또 이번에는 서울에서 하게 되어 있는데, 서울은 지금 무슨 환경이 어떻고 분위기가 어떻고 하니까 평양에서 열자하는 그런 무리한 소리를 하고 있기 때문에 아직까지 언제 열겠다는 쌍방의 합의는 못 보고 있는 것으로 알고 있습니다.

우리 측으로서는 앞으로 가급적 빠른 시일 내에 조절위원회 또는 적십자회담을 열어서 계속 성과 있게 추진해 나가는 것을 기대하고 있을 뿐만 아니라, 이 조절위원회에 있어서는 북한 측에서 그동안 여러 번 조절위원회의 멤버를 개편하자는 제안도 있었는데, 필요하다면 일부 개편을 해서라도 이 회담이 빨리 정상화되기를 우리는 희망하고 있습니다.

문제는 북한 측에서 이 대화에 대해서 어느 정도 성의를 가지고 있느냐 하는 것이, 나는 문제라고 생각합니다.

금년 연초에 들어와서도 북한에서는 무슨 남한의 진보세력과 자기들과 합력을 해서 남조선혁명을 운운하고, 이런 뚱딴지같은 소리를 하고 있는데 과연 이 사람들이 남북대화, 7·4공동성명의 기본정신이라든지, 남북대화에 대한 본래의 그 취지를 확실히 인식을 하고 성의를 가지고 회담을 하자는 것인지, 또는 다른 저의가 있어서 이런 소리를 하는 것인지, 우리는 아직까지 이것을 알 수 없습니다마는 문제는 이 회담을 자주 하는 것만이 능사가 아니라, 이 회담에 임하는 쌍방의 성의가 문제다, 자세가 문제다 이것입니다.

남한의 무슨 진보세력 운운했는데, 그 사람들이 말하는 진보세력이라는 것은 어떠한 사람들을 지칭하는 것인지 우리는 잘 알 수 없지만, 이런 사람들하고 힘을 합쳐서 무슨 폭력혁명을 일으켜서 우리 정부를 뒤집어엎자 하는 것이 그 사람들의 궁극적인 목적이라 할 것 같으면, 이 대화는 백 번 해 보았자 아무 뜻이 없다고 나는 생각합니다.

그러나 아직까지 우리는 그렇다고 해서 이 회담을 포기한 것이 아니라 대단히 어려운 회담이라는 것은 처음부터 우리가 알고 달려든 일이지마는 인내와 모든 성의를 다해서 앞으로 대화를 계속하고 보다 더 이 회담의 성과를 진전시킬 수 있는 노력을 우리는 할 수 있는 데까지 해 보자는 것이 우리의 기본 방침입니다."

북괴의 무력적화 통일전략에는 추호의 변동이 없다

1974년 2월 2일, 국방부 연두순시에서 대통령은 먼저 한반도의 통일정책에 있어서 무력적화통일하겠다는 북한 공산주의자들의 기본 전략에는 추호의 변동도 없다는 것을 촌시도 잊어서는 안 된다는 점을 역설했다.

"지난번 치안관계회의 때도 내가 강조를 했습니다만 작금의 국내외 여러 가지 정세를 우리가 종합을 해보고 또 최근에 북괴가 움직이는 동향이라든지 기타 여러 가지 정보를 종합분석한 결과, 금년도는 북한 공산주의자들의 도발이 과거 어느 때보다도 증대되리라하는 결론을 우리는 얻고 있습니다. 우리가 촌시도 잊어서는 안 되는 문제는 북한 공산주의자들은 해방 이후 6·25 때나 그 후나 오늘 현재나 한반도의 통일정책에 있어서 무력을 가지고 남한을 침략해서 적화통일하겠다는 그들의 기본전략에는 우리가 아무리 모든 문제를 뒤지고 찾아봐도 추호의 변동도 없다는 것입니다.

여기에 가끔 가다가 엉뚱한 소리를 하는 사람들이 생기기 때문에 북한 공산주의자들을 보는 데 대한 우리의 판단에 착오를 가져온다든지 민심의 해이를 가져오는 폐단이 많은데, 적어도 우리 군에 있는 우리 군인들만은 그건 확실히 명백히 알고 있어야 되겠다 이겁니다. 최근에 미·중공 관계가 좀 좋아졌다, 미·소 관계가 어떻게 됐다, 국제평화무드가 어떻게 됐다 긴장완화의 바람이 불고 있어서 북괴도 이러한 국제적인 바람을 타지 않을 수 없을 것이다, 더군다나 북괴를 뒤에서 뒷받침해 주고 있는 중공이나 소련이 대미관계를 고려해서 한반도에서 전쟁이 일어나는 것을 원치 않고 있다, 그러니까 김일성이 그런 생각을 갖더라도 그런 엉뚱한 짓은 못할 것이라는 이러한 근거도 없는 엉터리 정세판단, 이런 것이 가장 위험천만하다고 나는 생각합니다."

대통령은 이어서 김일성의 무력적화통일 야망이 점점 노골화되고 있으므로 모든 사태에 대한 즉각적인 대응조치를 취할 수 있는 만반의 태세를 갖추어야 되겠다는 점을 강조했다.

"내가 볼 때는 김일성의 전략에는 추호도 변동이 없고 최근에 와서는 그러한 야망이 점점 더 노골화되어 간다고 나는 이렇게 확실히 보고 있습니다. 따라서 앞으로 우리 군은 경계태세를 보다 더 강화를 하고 우리가 가지고 있는 모든 작전계획과 전투준비 태세를 면밀히 재검토를 해서 북괴의 여하한 도발상태에 대해서도 우리가 즉각 대응할 수 있는 그런 만단의 태세를 갖추어야 되겠다, 모든 사태에 즉응할 수 있는 만단의 태세라는 것이 하나의 구호가 되어서는 안 되겠다 이겁니다. 어떠한 경우에 우리는 적의 어떠한 목표에 대해서, 어떠한 병력을 가지고, 어떠한 방법으로 어떻게 이것을 공격을 하고, 때려 부순다는 아주 구체적인 계획과 거기에 직접 동원할 병력과 실질적인 훈련이 평소부터 갖추어 있어야 되겠다, 이것이 모든 사태에 대한 즉각적인 대응조치를 취할 수 있는 만반의 태세입니다. 일반 국민들이나 정치인들은 북괴가 쳐내려오면 우리가 모든 만반의 태세를 갖춘다, 이렇게 추상적인 이야기를 하지만 적어도 우리 군만은 이것이 아주 철저해야지, 구체화되어야 되겠다, 적이 어떠한 행동을 취했을 때 우리는 어떠한 목표에 대해서, 얼마만한 병력을 가지고, 어떠한 방법으로 어떻게 이것을 쳐부수어야 되겠다는, 그런데 대한 구체적인 계획, 실질적인 그런 훈련, 이것이 완벽하게 되어 있어야 만단의 태세에 대한 만반의 준비태세라고 나는 봅니다."

북한은 미국에 평화협정 체결을 제의했다

1974년 3월 5일, 북한외상 허담은 소위 최고인민회의 제5기 3차 회의에서 대통령의 불가침협정 체결 제의를 거부하고 미국과 북한 간의 평화협정 체결을 제의했다.

그 내용은 미국과 북한은 불가침협정을 체결하여 무력 충돌요인을 제거하고 한반도 내에 모든 무기와 작전장비, 군사물자의 반입을 금지하여, 유엔군사령부의 해체와 동시에 주한미군을 즉각 철수하며, 외군 철수 후의 한반도의 외군기지나 작전기지는 허용하지 않는다는 것이다.

허담은 대미평화협정 체결을 제의하는 근거를 이렇게 설명했다.

'오늘날 조선에 조성되고 있는 긴장된 정세와 전쟁 위험에 대한 주된 책임은 미국정부당국에 있다. 따라서 조선에서 긴장상태가 가시고, 자주적 통일의 장애가 되는 외부적 요인들을 제거하여 조선 사람끼리 통일문제를 자주적으로 해결할 수 있는 전제를 마련하려면 남조선에서 군대를 주둔시키고 있고, 정전협정에 조인한 당사자

인 미국과 직접 평화협정 체결에 관한 문제를 해결해야 한다는 것이다.'

이 문제를 가지고 북한이 처음에 접근한 대상은 미의회였다. 3월 25일 의회의원들에게 보낸 공개서한에서 북한은 한국에서의 미군사력 해체와 군사원조의 종결을 요구하는 평화협정을 체결하기 위한 미·북한 간의 쌍무협상을 제의하였다.

그 후 북한은 공개적 성명과 개인적 서한에서 미국과의 쌍무회담을 개최할 것을 제의하였다. 북한은 그 같은 협상에 있어서 한국의 참가를 거절하였다. 북한의 6·25남침 때 교전 당사자가 우리 국군이었고, 그 이후 지금까지 휴전선을 지키며, 휴전상태를 유지 관리하고 있는 주체도 우리 국군이라는 엄연한 사실을 무시하고 우리가 휴전협정에 서명한 당사자가 아니라는 형식논리만을 내세워 한국을 그러한 협상에서 배제한다는 것이다. 뿐만 아니라, 북한은 외국의 간섭 없이 '평화적 재통일'을 공약하는 지도자가 이끄는 한국의 새로운 '애국적이고 민주적'인 정부하고만 정부 대 정부의 기반 위에서 협상할 수 있다고 주장하였다.

북한은 대미평화협정 체결을 위한 쌍무협상을 제의하면서 군사, 외교, 국내정치면에서 복합적인 목적을 추구하고 있는 것이 분명했다.

우선 군사적 목적은 주한미군과 유엔군의 조속한 철수를 실현하여 한미 간의 군사협력 체제를 와해시키고, 남북한 간의 군사적 균형을 파괴하여 무력적화통일의 여건을 조성해 보겠다는 것이다. 외교적으로는 여러 가지 목적을 노리고 있었다.

즉, 한·미 간의 이간을 조장하여 한국을 고립시킨다. 대한민국의 합법성을 부인하고 한국의 국제적 지위와 위신을 추락시킨다. 미국을 협상 상대로 삼음으로써 북한의 국제적 위신을 격상시킨다. 만일 미국이 협상에 응하면 경제적인 지원을 얻는다는 것이다.

국내정치면에서는 김일성이 미국과 같은 세계최강의 강대국과 어깨를 나란히 하고 평화 문제를 해결하는 지도력을 발휘하고 있다는 점을 선전함으로서 김일성의 일인독재체제를 공고히 하고 북한주민들의 김일성에 대한 충성과 맹종을 확보하려는 목적이 있었다.

북한의 청소년들에게 '불구대천의 원수 미제의 각을 떠서 죽이자'고 악의에 찬 비방을 늘어놓으면서 선동해 온 북한 공산주의자들이 그 태도를 일변하여 미국에 추파를 보내고 있었다.

북괴는 이 땅에서 공산혁명을 위한 '통일전선' 형성에 광분하고 있다

1974년 7월 17일, 제26주년 제헌절에 대통령은 북한 공산주의자들이 무력도발과 병행하여 이 땅에서 공산혁명을 위한 '통일전선' 형성에 광분하고 있다는 사실을 지적하고 국민 모두가 반공정신에 투철해야 한다는 점을 역설했다.

…(중략)… "지금 우리는 우리의 민주주의를 말살하고 민족의 생존권마저 유린하려는 북한 공산주의자들의 끊임없는 침략 위협에 직면하고 있습니다.

더욱이, 최근 그들은 무력도발과 병행하여 소위 한반도에서의 공산혁명을 위한 '통일전선' 형성에 광분하고 있습니다.

이 '통일전선' 전술은 말할 것도 없이 겉으로는 자유와 민주를 내세우는 척하면서도 그 실에 있어서는 합법을 가장하여 우리의 내부 혼란을 조장하고 헌정질서를 파괴함으로써 자유와 민주를 말살하려는 정치적 음모인 것입니다.

이처럼 공산주의자들은 민주주의를 말살하기 위해 수단과 방법을 가리지 않고 있는 것입니다.

따라서 우리는 그들의 어떠한 선동이나 공작도 우리 사회에 발붙일 수 없도록 내부 체제를 튼튼히 다져 나가야 합니다.

그러기 위해서는 우리 국민 모두가 반공정신에 더욱 투철해야 하겠습니다.

반공이 곧 민주수호의 길이요, 또한 민주주의를 지키는 것이 바로 겨레의 평화와 번영에 이바지하는 길이라는 것을 우리는 한 시라도 잊어서는 안 되겠습니다.

돌이켜보면, 우리의 선조들은 언제나 뚜렷한 정신적 지주를 가지고 수많은 국난을 극복하고 민족사를 발전시켜 왔습니다.

일찍이 신라는 화랑도 정신을 원동력으로 하여 삼국통일의 대업을 이룩하였습니다. 고려가 또한 끊임없이 외적의 침략을 격퇴할 수 있었던 것도 호국불교가 있었기 때문입니다.

그리고 임진왜란과 병자호란을 이겨낸 우리 선조의 그 강인한 의지도 바로 살신보국의 충효정신에서 나온 것입니다.

따라서 오늘날 우리가 민주주의를 수호하고 민족사의 정통성을 발전시켜 나가기 위해서는 반공사상을 우리의 정신적 지주로 삼아야 하는 것입니다."

제29회 광복절 경축식장에 잠입한 북괴의 암살범

평화통일을 위한 3대 기본원칙

1974년 8월 15일, 제29회 광복절에 대통령은 조국의 평화통일을 위한 3대 기본원칙을 천명했다.

대통령은 먼저 우리의 광복에는 민족의 자아회복과 현대국가의 창조라는 민족사상 커다란 새 기원이 담겨져 있다는 점을 강조했다.

"친애하는 남북동포 여러분!

오늘 감격과 희망의 광복절 제29주년을 맞이하여, 나는 먼저 남북의 오천만 동포 여러분과 더불어 뜻깊은 이 날을 진심으로 경축하는 바입니다.

우리가 오늘 다 같이 경축하는 이 광복의 역사 속에는 겨레의 잃었던 생명을 다시 찾은 민족해방의 환희와 함께, 한 걸음 더 나아가 우리 손으로 조국 재건의 새 설계도를 실천에 옮겨 가야 할 희망과 의욕이 들어 있어야 하기 때문입니다.

이같이, 우리의 광복에는 민족의 자아회복과 현대국가의 창조라는 민족사상 커다란 새 기원이 담겨져 있는 것입니다.

그것이 바로 진정한 광복의 의의요, 가치요 그렇기 때문에 오직 한 가지 조국의 평화통일을 강조하지 않을 수 없는 것입니다.

그럼에도 불구하고 광복 후, 근 한 세대가 지나가려는 오늘에 이르러도 분단의 비극과 긴장의 먹구름 속에서 아직도 광복의 참된 그 빛을 발휘하지 못하고 있는 것이야말로 참으로 가슴 아픈 일이라 하지 않을 수 없습니다.

따라서 우리는 오늘을 단순한 의식으로서가 아니라 해방의 기쁨을 통일의 기쁨으로 승화시키려는 결의와 민족중흥의 역사를 이룩하고야 말겠다는 맹세의 제전으로 맞이해야 한다는 것을 다짐해야 하겠습니다."

대통령은 이어서 1945년 8월 15일 해방의 날로부터 1950년 6월 25일 북괴의 기습남침 일에 이르기까지 우리가 겪은 민족분열과 국토분단의 과정을 설명했다.

"동포 여러분!

여기서 잠시 지난날의 역사를 회상해 볼 때에, 우리가 해방과 함께 통일의 깃발을 높이 들 수 있는 기회가 전혀 없었더냐 하면 결코 그렇지는 않았습니다.

1945년 12월에 만일 북한 공산주의자들이 자주독립을 열망하는 우리의 뜻을 같이하여 '모스크바3상회의'의 신탁통치안을 거족적으로 반대하였던들, 우리는 그때 이미 통일의 기반을 구축할 수 있었을 것입니다.

그랬건만, 북한 공산주의자들이 하룻밤 사이에 태도를 표변하여 반민족적인 신탁통치 안을 찬성 지지했기 때문에 불행히도 이 땅에는 민족 분열의 씨가 뿌려지고 말았던 것입니다.

뒤이어 1947년 11월, 유엔총회는 신탁통치를 반대하는 우리 민족의 의사를 존중하여 유엔 감시하의 남북총선거 실시를 건의하고 선거의 감시 임무를 맡을 임시위원단까지 파견하였던 것입니다.

그러나 그때에도 북한 공산주의자들은 또다시 이를 거부함으로써 총선거에 의하여 통일정부를 수립할 수 있었던 최초의 기회를 무참히도 봉쇄하고 말았습니다.

뿐만 아니라, 그들은 '유엔한국임시위원단'의 입북을 거부하는 한편, 북한지역을 강압적으로 지배하면서 소위 인민군을 창설하는데 광분했던 것입니다.

그리고 또, 1948년 5월에는 남한에 대한 송전을 중단했고, 같은 해 6월에는 북에서 남으로 흐르는 예성강의 물줄기를 끊어 막았습니다.

그리하여 그들은 국토와 민족을 양단하는 반민족적 만행을 서슴지 않고 저질렀던 것입니다.

그 같은 정세하에 놓여 있었기 때문에 우리도 부득이 겨레의 여망에 따라 유엔의 감시하에 총선거를 실시하여 1948년 8월 15일 대한민국 정부를 수립할 수밖에 없었던 것입니다.

그리고 그 해 12월 유엔은 우리 정부를 한반도에 있어서의 유일 합법정부로 인정하였던 것입니다.

그러나 그로부터 2년도 지나기 전에 그들을 악랄하게도 당초에 기도했던 바 그대로 한반도를 적화할 목적으로 기습적인 무력 남침을 감행해 왔던 것입니다.

이것이 바로 1950년 6·25전쟁입니다.

그들의 반민족적 만행으로 동족의 귀중한 인명 희생은 막대하였고, 전 국토는 거의 폐허가 되고 말았습니다.

이러한 북한 공산주의자들의 무력 침략은 국제 여론의 규탄을 받았고, 드디어 유엔은 그들을 '침략자'로 규정하였던 것입니다.

그때 우리는 오직 반공 구국의 일념으로 일치단결하여 공산 침략을 물리쳤고, 세계의 많은 자유 애호 국가들은 우리의 이 투쟁에 적극적인 협조를 아끼지 않았던 것입니다."

대통령은 이어서 1953년 7월 17일 휴전 이후부터 1973년 말에 이르기까지 우리가 추구해 온 평화통일을 위한 다각적인 노력과 북한 공산주의자들의 끊임없는 무력도발의 사례를 설명했다.

"휴전 성립 후 1954년에 있었던 제네바 정치회담에서, 북한 공산주의자들은 우리가 제의한 민주적 절차에 의한 평화적 통일방안을 거부함으로써 조국통일의 기회를 또다시 짓밟고 말았습니다.

그뿐만 아니라, 그들은 적화 야욕을 버리지 않고 이른바 4대군사 노선을 강행하여 군비를 계속 증강하는 한편, 우리에게 대하여 이루 헤아릴 수 없을 정도로 많은 무력도발을 자행해 왔습니다.

그리하여, 한반도에는 긴장이 날로 격화되고 전쟁 재발의 위험마저 감돌고 있었습니다.

이러한 긴장과 도발의 양상이 이 이상 더 격화된다면, 그것은 남북을 가릴 것 없이 그야말로 우리 민족 전체가 존망의 위기에 직면할 것은 명약관화한 일이었습니다.

그러나 우리는 그 같은 위기 속에서도 이 땅에서 전쟁 재발을 막고 긴장을 완화하여 5천 년 동안 연면히 유지되어 온 우리의 민족사를 단절이 아니라 이를 더욱 빛나게 계승 발전시켜야 할 엄숙한 각오를 가지지 않을 수 없었습니다.

그래서 나는 그 사명을 수행하는 첫 길이 남북 간의 대화와 교류에 있다는 판단하에 1970년 광복절에 북한에 대해 무력적화통일 노선을 포기하고 서로 발전과 번영을 위한 평화적 노력을 다하자고 촉구하는 8·15선언을 발표했던 것입니다.

그리고 다시 이듬해에 남북적십자회담을 제의하였고, 또한 72년에는 온겨레의 여망을 받들어 7·4남북공동성명을 발표하는 데 주도적 역할을 다했던 것입니다.

그리하여 4반세기 동안 단절되었던 남북 간에 비로소 대화의 문이 열리게 된 것입니다.

우리는 남북대화의 과정에서 용이하고 실천 가능한 문제부터 해결하여 상호간에 신뢰를 회복하고 남북 간에 가로놓인 장벽을 점차적으로 제거해 나간다는 지극히 현실적인 입장에서 모든 성의와 노력을 기울이고 있는 것입니다.

그러나 해방 직후부터 통일의 기회를 저해하기만 해온 북한 공산주의자들은 도리어 우리의 국가안보를 위태롭게 할 억지 주장만을 되풀이하면서 대화의 진전을 방해하였으며, 마침내는 남북대화를 교착상태에 빠뜨리고 말았습니다.

이에 나는 작년 6월 23일 평화통일의 대전제인 항구적인 평화를 이 땅에 정착시키고 평화통일의 실질적인 여건을 조성하기 위해 평화통일 외교정책을 내외에 선언하였습니다.

이와 같은 우리의 꾸준한 평화 노력에 대하여 북한 공산주의자들은 오히려 남북대화를 갑자기 일방적으로 중단시키고 우리에 대한 터무니없는 비방 중상을 더욱 노골화하였습니다.

또한 그들은 우리의 서해5도 수역과 휴전선 근처에서 각종 군사적 도발행위를 격화시켰습니다.

이러한 긴장 고조의 위기 속에서 나는 어떻게 해서든지 남북 간의 전쟁 재발을 막기 위해 금년 초에는 북한 측에 대하여 남북상호불가침협정의 체결을 제의하기까지 했던 것입니다.

이처럼 우리는 1945년 8월 15일 광복의 그날부터 오늘에 이르기까지 우리 민족의 절실한 염원이요 지상명제인 평화통일을 이룩하기 위해, 성실하고도 일관성 있는 노력을 꾸준히 다각적으로 계속해왔던 것입니다.

그러나 우리의 국가발전을 질시하지 않을 수 없게 된 북한 공산주의자들은 우리의 불가침협정 제의마저 외면하고, 최근에는 서해와 동해 공해상에서 우리 어선을 격침·나포하고 경찰경비정을 격침하는 등 비인도적이고도 불법적인 만행을 계속 자행해 오고 있는 실정입니다.

이처럼 그들은 말로는 평화통일과 민족의 단합을 운위하고 있으나, 그 실에 있어서는 동족의 분열과 무력남침만을 획책해 오고 있다 하지 않을 수 없습니다."

대통령은 이어서 이 땅에서 전쟁재발을 막고 평화를 정착시켜 그 바탕 위에서 평화통일의 실질적 기반을 조성해 나가는 원동력은 우리의 국력이라는 점을 강조했다.

"그러나 국민 여러분!

우리 대한민국이 북한의 집요한 침략적 도발 속에서도 줄기찬 평화 노력을 계속할 수 있는 것은, 오로지 우리 국민이 총화 단결하여 그들의 위협에 굴하지 않고 굳세게 싸우면서 일하고 일하면서 싸워서, 세계에서 그 유례를 찾아볼 수 없을 정도로 국력의 고도성장을 지속할 수 있었기 때문입니다.

지금 우리 국토의 모습과 국민의 마음은 새마을운동으로 더욱 새롭고 희망차게 변모해 가고 있으며 수출입국의 파도는 이제 5대양으로 힘차게 굽이쳐 나가고 있습니다.

또한, 중화학공업 건설의 우렁찬 발걸음은 약진하는 대한민국의 맥박이 되어 세계에 메아리치고 있습니다.

그뿐만 아니라, 우리는 유류파동과 자원난으로 야기된 작금의 세계적 경제불황에 슬기롭게 대처하면서 경제성장에 계속 박차를 가하고 있습니다.

그리고 오늘로써 준공과 더불어 개통을 자랑하게 된 서울지하철의 건설 등 대중복지생활의 기반을 착실히 확충해 나가고 있습니다.

이러한 우리의 국력이야말로 이 땅에서의 전쟁 재발을 막고 평화를 정착시키며, 또한 그 바탕 위에서 평화통일의 실질적 기반을 조성해 나가는 원동력이 되고 있는 것입니다.

동포 여러분!

역사의 본질은 근본적으로 창조력이요, 그 주체인 민족의 본질은 어디까지나 생명력 그것입니다.

창조력에 의하여 역사는 발전하고 생명력에 의하여 민족은 계승되는 것입니다.

그러므로 나는 우리 민족의 지상염원인 평화통일은 무궁한 창조력을 가진 민족사의 당연한 귀결로 이루어지고야 말 것을 동포 여러분과 더불어 굳게 믿는 것입니다.

그리고 우리 민족의 찬연한 중흥과 번영도 무한한 생명력을 가진 우리 민족의 노력에 의하여 반드시 성취되고야 말 것을 의심치 않습니다."

대통령은 이어서 평화통일을 위한 우리의 3대 기본원칙을 천명하고 북괴에 대해 이를 수용할 것을 촉구했다.

"그렇기 때문에, 나는 오늘 이 뜻깊은 자리를 빌려 조국통일은 반드시 평화적인 방법으로 이루어져야 한다는 것을 다시 한 번 강조하면서 우리가 지금까지 성실하게 추구해 온 평화통일의 기본 원칙을 명백히 천명하고자 합니다.

평화통일을 위한 우리의 기본 원칙은,

첫째, 한반도에 평화를 정착시켜야 한다.

이를 위하여 남북은 상호불가침협정을 체결해야 한다.

둘째, 남북 간에 상호 문호를 개방하고 신뢰를 회복해야 한다.

이를 위하여 남북대화를 성실히 진행시켜야 하며 다각적인 교류와 협력이 이루어져야 한다.

셋째, 이 바탕 위에서 공정한 선거관리와 감시하에 토착 인구 비례의 의한 남북한 자유총선거를 실시하여 통일을 이룩한다.

나는 이와 같은 우리의 평화통일 기본 원칙이야말로 오늘의 국제환경 속에서 무력이 아닌 평화적인 방법으로 분단된 조국을 통일할 수 있는 가장 현실적이면서도 실현성 있는 길이라고 확신하는 바입니다.

그렇기 때문에, 우리는 먼저 평화를 정착시키고 그 평화의 바탕 위에서 통일을 이룩하려는 선평화 후통일의 정책기조를 지금까지 확고하게 유지해 왔고, 또 앞으로도 이를 변함없이 일관성 있게 계속 추구해 나갈 것입니다.

따라서 나는 북한 공산주의자들에게 한시바삐 민족의 양심으로 되돌아와 7·4남북공동성명과 6·23평화통일 외교선언의 기본 정신에 입각하여 조국과 민족의 앞날을 위해 남북대화를 조속히 정상화하고 평화를 정착시키는 데 성실한 노력을 기울일 것을 강력히 촉구하는 바입니다.

만일, 북한 공산주의자들이 우리의 6·23평화통일 외교정책과 불가침협정체결 제의를 끝내 거부한다면 그것은 그들이 외치는 통일이 평화통일이 아니라 무력통일에 지나지 않는다는 것을 스스로 만천하에 드러내는 것이라고 지적하지 않을 수 없습니다. 왜냐하면 평화의 정착이 이룩되지 않은 곳에 평화통일이란 있을 수 없기 때문입니다.

그리고 나는 또 우리 우방에 대해서도 대북한 관계에 있어서 형평의 원칙에 입각하여 한반도에서 세력 균형이 파괴되지 않도록 각별히 유의해 줄 것을 당부하는 바입니다.

나는 이렇게 하는 것이 곧 우리의 6·23평화통일외교정책을 지지하고 한반도와 동북아시아의 평화에 기여하는 길이 되는 것이라고 믿습니다."

대통령은 끝으로 대한민국의 지상목표는 조국통일과 민족중흥이며, 이 목표를 달성하기 위해 정치인과 사회지도층, 경제인과 근로자 그리고 지식인들에게 낭비와 비능률을 제거하고 국력을 배양하는 데 힘써 줄 것을 당부했다.

"친애하는 국민 여러분!

민족은 영원한 것입니다.

이 영원한 민족의 생명은 오직 국가를 통해서만 성장 발전하는 것입니다.

우리 겨레의 생명을 영원토록 가꾸어 나갈 우리 대한민국의 지상목표는 다름 아닌 조국통일과 민족중흥인 것입니다.

그렇기 때문에, 우리는 유구한 민족사의 전개 속에서 이 지상목표를 이룩해 나가기 위해 다 같이 민족중흥의 이상주의자가 되어야 합니다.

내가 말하는 이 민족중흥의 이상주의자란 결코 환상에 사로잡히는 것이 아니라, 우리에게 주어진 현실을 직시하고 그 속에서 긍정적 요소를 적극 개발하여 그것을 민족사 창조의 원동력으로 활용할 줄 아는 사람인 것입니다.

그리고 또 민족중흥과 조국통일의 기조가 오직 평화에 있으며, 그 평화 유지의 원동력을 다름 아닌 국력이라는 것을 신념으로 알고 있는 사람이어야 합니다.

그렇기 때문에, 민족중흥의 드높은 이상을 간직하고 있으면서도 묵묵히 땀 흘려 국력 배양을 극대화하는 데 헌신하는 사람이어야 합니다.

이러한 의미에서 민족중흥의 이상주의자란, 다른 일방 착실한 현실주의자이기도 한 것입니다. 따라서 나는 우리 모두가 민족중흥의 이상주의자인 동시에 또한 착실한 국력 배양의 현실주의자가 되어야 한다는 것을 강조해 두고자 하는 바입니다.

정치인과 특히 우리 사회의 지도층은 분단 조국의 냉혹한 현실을 직시하는 동시에, 국력을 착실히 다져 나가는 것이 곧 조국통일과 민족중흥을 성취하는 가장 가깝고도 빠른 정도(正道)임을 깨달아 일체의 낭비와 비능률적인 모든 것을 깨끗이 제거하는 데 앞장서야 합니다.

모든 경제인과 근로인들은 서로가 다 같이 경제발전의 향도요 역군이라는 사명감을 가지고 기업의 공익성 제고와 국력 배양의 가속화에 적극 헌신해야 합니다.

그리고 모든 지식인들은 주체적 민족사관을 확립하여 보다 창조적이고 협동적인 차원에서 국가 발전에 기여하고 국민정신의 순화와 건실한 사회기풍의 진작에 선봉이 됩시다.

그리하여 우리 국민 모두가 다 같이 자기의 사회적 직분에서 유신과업 수행에 최선을 다할 때 우리의 이상, 민족중흥은 틀림없이 역사의 구체적 현실로 결실되고야 말 것입니다.

국민 여러분!

우리 모두 29년 전 그날의 그 감격과 그 정열을 한결같이 유신과업수행에 총집결하여 민족의 위대한 전진을 힘차게 계속해 나아갑시다. 그리하여 해방의 기쁨이 통일의 기쁨으로 승화되는 진정한 광복 조국통일의 그날을 자랑스럽게 맞이합시다."

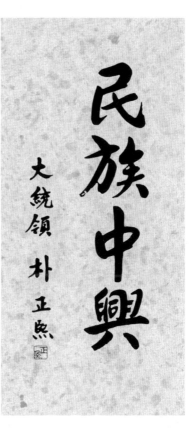

문세광의 흉탄

1974년 8월 15일, 서울 지하철 1호선이 처음으로 개통되는 이날 서울 남산의 장충공원에 새로 마련된 국립극장에서는 제29회 광복절 경축식이 거행되었다.

대통령은 경축사를 시작했다. 먼저, 광복의 의미, 민족분열과 국토분단의 과정, 우리의 평화통일 노력과 북한 공산주의자들의 무력도발, 우리의 국력증강 모습에 대해 자세하게 설명했다. 이 날 연설의 3분의 2정도가 여기까지였다. 대통령이 이어서 "나는 오늘의 이 뜻깊은 자리를 빌려 조국통일은 반드시 평화적인 방법으로 이루어져야 한다는 것을" 하는데 식장 맨 뒷줄에서 '퍽' 하는 소리가 났

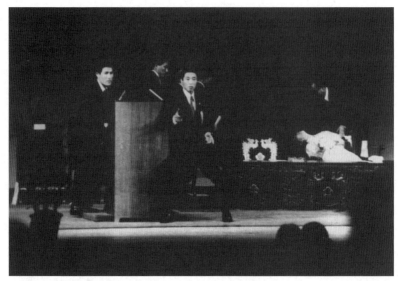

문세광의 총격을 피해 박 대통령이 연단 아래로 몸을 낮추었고, 육 여사는 세 번째 총
소리와 함께 쓰러졌다.

다. 20대 청년 한 명이 들고 있던 권총을 자기의 허벅지에 오발한
것이었다. 대통령이 "다시 한 번 강조하면서 우리가 지금까지 추구
해 온 평화통일의 기본원칙을" 하고 연설을 계속하는데 그 청년이
통로로 나와 연단을 향해 앞으로 뛰어갔다. 이에 놀란 청중이 '와'
하고 함성을 지르는 순간 연단 뒤에 앉아 있던 박종규 경호실장이
총을 들고 뛰어나왔고, 그때 '탕' 하는 두 번째 총성이 들렸다. 총
탄은 대통령의 연설대에 맞았다. 대통령은 순간적으로 연설대 뒤로
몸을 낮추고 숙였다. 세 번째 총성이 났다. 육영수 대통령영부인이
그 흉탄을 머리에 맞고 쓰러졌다. 범인은 한 시민이 내민 말에 걸려
넘어져 제압당했다. 경축식장은 큰 혼란에 빠졌다.
　경호원들이 대통령 주위로 달려와 대통령을 에워쌌다. "잡았나?"
"총 쏘지 마" 이것이 대통령의 첫 반응이었다.

학생들이 광복절 노래를 부르고, 자리에 일어난 박 대통령은 3부 요인 등과 악수를 나누고 무대 뒤로 퇴장했다.

대통령은 자신의 생명이 위협받고 있는 그 순간에도 경호원들이 암살범이 뛰어나온 청중석을 향해 총을 발사할 경우 자칫 잘못되어 큰 불상사와 혼란이 발생할 것을 염려한 것이다.

"저기 우리 식구한테 가 봐" 이것이 대통령의 두 번째 반응이었다. 대통령은 연설대 뒤의 단상에 앉아있던 육영수 여사가 암살범이 쏜 흉탄에 쓰러진 것을 제일 먼저 발견하고, 자기를 보호하고 있는 경호원에게 그렇게 말한 것이다.

이 모든 것은 실로 순간적인 일이었다. 2분 뒤 대통령은 다시 연설대 위로 모습을 드러내고 "하던 얘기를 계속하겠습니다"고 말하고 잠깐 동안 연설문을 바라보다가 중단했던 기념사의 위치를 정확히 찾아내어 침착한 어조로 '평화통일 3대 기본원칙'과 '국력증강의 필요성'을 강조하는 나머지 연설을 마쳤다.

대통령은 경축식을 끝내고 연단에서 나올 때 육영수 여사의 핸드

백과 고무신을 직접 주워서 갖고 나오려고 몸을 숙였는데, 양택식 서울시장이 재빨리 허리를 굽혀 고무신과 핸드백을 주워서 경호원에게 넘겨줬다. 대통령은 독립유공자들을 위로하기 위해 마련된 리셉션장으로 내려가 이들과 인사를 나누고 이날의 공식행사를 끝냈다. 독립유공자들과 내외귀빈들은 대통령이 그 위기의 순간에서도 당황하지 않고 대담하면서도 세심하게 행동한 데 대해 경의를 표하고 영부인의 쾌유를 빌고 대통령을 위로했다.

공식행사를 마친 후 대통령은 그 길로 육영수 여사가 수술을 받고 있는 서울대학병원으로 갔다.

자기의 생명을 노리는 절체절명의 위기에 동요하거나 당황하지 않고 용기와 담력을 보여 준다는 것은 아무나 할 수 있는 일이 아니다.

대통령이 암살범의 총성이 난 직후에 보여 준 즉각적인 반응들은 바로 대통령의 남다른 담력과 용기에서 비롯된 것이었다. 외국에서는 프랑스 드골 대통령이 그러한 용기와 담력을 보여 준 것으로 알려져 있다. 프랑스 대통령의 생명을 노렸던 암살 미수사건을 다룬 《과녁, 드골》이라는 책을 보면 이러한 내용이 있다.

1962년 드골 대통령이 파리 근교를 달리고 있을 때 괴한들의 기관총 사격을 받았는데 총알 한 개가 대통령의 머리를 2인치 정도 빗나갔다고 한다. 공항에 도착하여 차에서 내려 깨진 유리조각을 털어내며 드골은 이렇게 말했다. '나는 운이 좋았어. 이번엔 아주 아슬아슬했지. 그 친구들 형편없는 사수들이구만.'

대통령은 8·15저격사건 이전에도 헬리콥터 추락사고로 절명의 위기에 직면한 일이 있었으나, 침착, 대담, 용기로 그 위기를 넘겼다.

1969년 5월 대통령은 동해안 지역에서 열린 합동군사훈련 시범을 참관하기 위해 헬리콥터 편으로 현지로 떠났다.

세 대의 헬기가 청와대 헬리콥터장에서 출발했다.

1호기에는 대통령과 비서실장, 경호실장, 조종사와 부조종사, 수행경호원 등이 탑승했다.

1호 헬기가 동해안 삼척과 강릉 사이 중간 지점에서 내륙으로 20 km 가량 들어갔을 때 기체가 갑자기 흔들리더니 빙빙 돌며 지상으로 떨어지기 시작했다.

박종규 경호실장은 헬리콥터가 추락할 때 대통령이 충격을 덜 받도록 하기 위해 대통령을 자기 몸으로 감싸 안았다.

조종사는 산골짜기의 작은 밭에 비상착륙하는 데 성공했다. 기체 일부가 부서지고 엔진에서 검은 연기가 났다. 기체가 폭발할 위험성이 있었다.

경호원이 대통령을 모시고 부근의 둔덕 너머로 피신하기 위해 뛰어가려고 했다. 그러나 대통령은 뛰어가지 않았다. 기체가 폭발할 위험성이 있는 위급한 상황이었지만, 대통령은 황급히 피신하는 모습을 보이지 않았다. 기체는 다행히 폭발하지 않았다. 사고 원인은 엔진 고장이었다.

1호기를 뒤따라오던 2호기가 급히 근처에 착륙했다. 대통령은 2호기를 옮겨 타기 전 1호기 조종사에게 다가가 수고했다고 위로했다. 그리고 비서실장에게 조종사는 1호기를 수리하고 서울로 와야 할 테니 식사비를 충분히 주라고 지시했다.

대통령은 자기 생명에 대한 위기의 고비를 넘기자 헬리콥터 조종사가 그 자신의 생명에 관한 위험을 무릅쓰고 대통령을 구해야 한다는 사명감으로 필사적인 노력을 다한 사실을 잊지 않고 그에 대한 따뜻한 배려와 감사의 마음을 전한 것이다.

서울대학병원에서 수술을 받은 육영수 여사는 소생하지 못하고 7시경 운명했다. 대통령은 암살을 모면했다. 평소에 국민의 신뢰와

존경과 사랑을 한 몸에 받던 영부인의 죽음 앞에서 국민들은 충격과 슬픔에 빠졌다. 그러나 대통령이 받은 충격과 슬픔은 비할 데 없이 컸다. 이날 저녁 청와대 대접견실에 마련된 빈소에서 대통령은 눈물을 흘리며 오열했다.

터무니없는 중상과 모략이 난무하고 날조된 유언비어가 떠도는 혼탁한 정치풍토에서 온갖 마음의 고초를 겪으면서도 대통령은 고통의 빛을 보인 적이 없었다. 그러나 단 한 번 74년 8·15저격사건으로 사랑하는 부인을 잃고 국상을 지내는 그 며칠 동안 대통령은 침식을 잃고, 새벽 다섯 시면 영전에서 묵념하다가 끝내 소리 내어 오열하는 모습을 보였다.

김일성은 6·25남침을 도발했다. 얼마나 많은 대한민국의 청년들이 김일성의 총칼에 무고하게 목숨을 잃었던가? 얼마나 많은 이 나라의 여인들이 전쟁터에서 아들을 잃고, 남편을 잃은 것을 탄식하며 죽어 갔던가? 김일성 도당은 이 나라의 같은 민족을 도륙하고 아름다운 산하를 불바다로 만들었다. 그 김일성 도당이 하수인을 서울로 보내 대통령을 암살하려 했고 그 흉탄이 사랑하는 아내의 생명을 앗아갔다. 대통령은 그 아내가 자기 대신 죽음을 당했다고 생각하고, 그 시신 앞에서 울고 또 울었다. 대통령은 그렇게도 패기와 위엄이 넘치던 모습도 잃어버린 채 얼굴에는 지치고 피곤한 기색이 너무나 역력했다. 아내의 죽음이 대통령의 얼굴에서 패기를 앗아갔고, 대통령의 눈빛에서 불꽃같은 생기를 지워 버렸다.

한 인간의 특징이 가장 잘 나타나는 것은 그 사람이 슬픔에 잠겨 있을 때라고 한다. 강철 같은 의지와 신념을 가지고 있던 대통령도 사랑하는 아내를 잃고 난후에는 비통한 심정을 어디에 털어놓아야 할지 몰라 고통스러운 표정을 숨기지 않고 드러냈다. 어떻게 그런 일이 일어날 수 있었는지, 도대체 누구의 잘못인지 이해할 수 없었다.

육영수 여사를 떠나 보내며 애도하는 박 대통령

마음껏 목청높이 통곡할 수도 없었다. 가슴에 맺힌 한을 풀 상대도 없었다. 그래서 고통은 그만큼 더 견딜 수 없는 것같이 보였다.

고 육영수 여사의 영구차가 청와대 정문을 천천히 빠져나갈 때 영구차를 붙잡고 못 나가게 막으려는 듯이 몸짓하는 대통령의 그 모습은 상실의 고통이 그 절정에 이르렀음을 보여 주는 것 같아 뒤에서 지켜보는 사람들은 가슴이 찢어지는 아픔을 이기지 못해 소리 없이 오열했다.

국가보위와 국민의 자유와 복리증진에 최선을 다할 것이다

육영수 여사의 국민장이 끝난 후 8월 20일 대통령은 특별담화를 발표하고 전국 방방곡곡에서 남녀노소와 신앙의 구별 없이 각계각 층의 모든 국민들이 보내주신 애끓는 애도와 정중한 조의에 대해 깊이 감사드린다는 인사를 했다. 그리고 이러한 거족적인 조의에 보 답하는 길은 대통령의 직책에 최선을 다하는 것이라고 믿고, 평화통일과 민족중흥에 헌신하겠다고 다짐했다.

"친애하는 국민 여러분!

지난 제29주년 광복절은 우리 겨레가 모두 기쁨과 희망으로 맞이했어야 할 겨레의 축제일이었습니다만, 뜻하지 않게도 충격과 슬픔으로 보내지 않을 수 없게 된 데 대하여 진심으로 국민 여러분에게 미안하고 죄송한 마음 금할 길이 없습니다.

한편, 본인은 전국 방방곡곡에서 남녀노소와 신앙의 구별 없이 그야말로 각계각층의 모든 국민이 한결같이 본인의 내상에 대하여 정중한 조의와 애도의 뜻을 표시하여 주신 데 대하여 깊이 감사를 드리는 바입니다.

잔서(殘暑)의 뜨거운 햇살 속에서 무려 수시간씩 기다려 가면서 조의를 표해 주신 여러 국민들을 대할 때, 또한 전국의 성당과 교회, 그리고 법당에서 울려주신 고인을 위한 명복과 기도와 추도법회의 소식에 접할 때, 또한 멀리 낙도에서 조의를 표하기 위해 상경한 낙도 어린이들과 각 고아원생들, 직업훈련원생들의 모습을 볼 때, 그리고 자신의 신체가 부자유함에도 불구하고 몸소 문상까지 해주신 상이용사들과 국군장병 및 언론계 여러분의 정성어린 조의에 접할 때, 본인과 유족들은 다시 한 번 국민 여러분에게 깊은 감사의 뜻을 표하는 바입니다.

생애에 있어서 사랑하는 내자를 여의는 것처럼 더없이 가슴 아프고 슬픈 일은 없을 것입니다.

이처럼 슬픔이 아무리 크다 하더라도 본인은 국민 여러분이 보내주신 애끓는 애도와 정중한 조의에 보답하는 길은 대통령의 직책인 국가보위와 국민의 자유·복리증진에 최선을 다하는 것이라 믿고, 이 땅에서 폭력과 빈곤을 몰아내고, 사랑과 희망이 가득 찬 행복한 생활을 우리 모두가 골고루 누릴 수 있도록 성실히 노력할 것입니다.

그리하여 조국의 평화통일과 민족중흥에 헌신할 것을 이 기회에 국민 여러분에게 다시 한 번 굳게 다짐하는 바입니다.

아울러 멀리 이역에서 조의를 표해 주신 교포 여러분과 여러 우방의 지도자 및 국민들에게 감사의 인사를 보내는 바입니다."

1961년 5·16혁명 직후부터 14년여 동안 대통령은 조국의 근대화라는 이 시대의 국가적 과제를 해결하기 위해 하루도 쉬는 날이 없이 일에 몰두했다. 증산과 수출과 건설에 대한 대통령의 의욕과 집념은 믿을 수 없을 정도로 강열했고, 착수한 일에 대한 집중력과 추진력은 그 누구의 추종도 불허할 정도로 탁월했다. 대통령은 반드시 해야 할 일에 집중할 때에는 다른 모든 것에서 스스로를 해방시킨 잡념 없는 정신으로 피곤하다는 것이 어떤 것인가를 모르는 사람처럼 신바람을 날리며 그 일을 추진하고 완수했다.

개발의 연대였던 60년대에는 공업단지와 공장 건설, 수출증대와 농어민 소득증대사업, 고속도로 건설과 국토종합개발에 혼신의 힘을 기울였고, 70년대부터는 새마을운동과 중화학공업건설, 방위산업과 고급기술인력 개발에 국민들과 함께 총력을 경주했다. 그리하여 제4차 경제개발 5개년계획이 끝나는 80년대 초반에 가면 다시는 외세의 침탈을 당하지 않고 모든 국민이 번영과 평화를 누리며 잘 살 수 있는 부국강병의 목표를 달성할 수 있다는 자신과 신념을 갖게 되었다. 이러한 자신과 신념에서 대통령은 자신이 시작한 이 과업을 자신이 끝내고 말겠다는 결의를 새로이 가다듬었다.

이처럼 대통령이 부국강병의 목표를 달성하기 위해 새로운 의욕과 열정을 불태우고 있을 때, 대통령에게는 너무나 기막힌 사건이 발생한 것이다. 졸지에 사랑하는 아내와 사별하게 된 대통령은 가슴에 밀려오는 허무감과 적막감에 눈물을 흘렸고, 자애로운 어머니를 잃고 슬피 우는 자녀들을 볼 때마다 뭐라고 형용할 수 없는 고통에 시달렸다.

또 끊임없이 대통령의 생명을 노리는 북한 공산주의자들의 만행에 치를 떨었고, 그들이 언제 또 암살자를 보낼지 모른다는 불안감을 떨쳐버릴 수가 없었다.

그러나 대통령은 그런 근심걱정만을 하고 있을 수는 없었다. 가정의 불행이 아무리 고통스러운 것이라고 해도 대통령의 직무는 한시도 미루어 둘 수 없었다. 이것이 국가의 장래를 책임지고 있는 대통령의 본분이다. 이것이 공인으로서의 대통령의 운명이라고 스스로 마음을 추슬렀다.

대통령은 곧 일에 의욕을 보이기 시작했다. 그 전보다도 더 의욕적이었다. 이러한 의욕이 자신이 시작한 이 과업을 반드시 자신이 완수하고 말겠다는 집념과 결합되어 대통령으로 하여금 이 과업을 하루라도 빨리 완수하기 위해 이 일에 더욱 열중하는 경지에 이르게 만들었다.

대통령은 부국강병의 과업을 추진하는 데 있어서 초인적인 노력을 해야만 달성할 수 있는 목표를 정해놓고 그 목표를 달성하기 위해 자신을 매질하면서 분발했다.

경제기획원장관 등 일부 경제각료는 대통령이 중화학공업과 방위산업, 새마을사업과 농촌근대화를 너무 서둘러서 경제 전반에 무리가 생길 우려가 있다고 대통령에게 진언했다. 그러나 대통령은 이들을 설득했다.

지금까지 우리가 이룩할 중요한 계획사업에 대해서는 항상 불가능한 일이라느니, 무리한 일이라느니 하는 비판이 많았다. 그러나 우리가 그 계획사업들을 계획대로 열심히 밀고 나왔기 때문에 모두 그 목표를 달성하지 않았느냐? 다소 무리가 있을지 몰라도 부국강병을 위한 역사적 사업들을 하루빨리 완수해야 한다는 것이다. 대통령은 이 사업들을 추진하는 데 혼신의 노력을 기울였다.

우리의 생존과 평화, 우리 후손의 평화와 복지를 위하여

1974년 8월 23일, 대통령은 이날 상오 10시를 기해서 긴급조치 제1호 및 제4호를 해제한다는 특별담화를 발표했다.

"친애하는 국민 여러분!

지난번 제29주년 광복절 식전에서 우리는 비참하기 이를 데 없는 참변을 목격했습니다.

이 참변은 비단 우리 국민들에게뿐 아니라, 세계 모든 나라 국민들에게도 이루 헤아릴 수 없이 커다란 충격과 놀라움을 안겨 주었습니다.

그러나 비록 이 참변이 지극히 가슴 아프고 불행한 일이기는 하였지만 따지고 보면 반드시 놀라운 일이라고만 할 수도 없습니다.

왜냐하면 우리는 북한 공산주의자들이 지금 노리고 있는 것이 무엇이며, 그들이 바라고 있는 것이 무엇인가를 잘 알고 있기 때문입니다.

그들이 우리 정부를 전복하고 한반도를 공산화하겠다는 뚜렷한 목표를 설정하고, 이것을 위해 모든 수단과 방법을 가리지 않고 혈안이 되어 광분해 왔습니다.

휴전이 성립된 후 끊임없이 무장간첩을 남파하였으며, 심지어는 남북대화가 진행 중에도 무장간첩을 남파하고 양민을 학살했습니다.

또한 불법적인 지하당을 조직케 하여 대한민국에서 내란을 선동하려 들었고, 합법을 가장하여 통일전선을 형성함으로써 정부전복과 국가변란을 획책하였습니다.

따라서 정부는 이들의 이러한 흉계를 분쇄하기 위해, 때로는 본의 아니면서도 또는 일부의 오해를 받을 줄 알면서도 부득이 비상한 조치를 취하지 않을 수 없었으며, 이러한 조치로 말미암아 우리는 그들의 음모를 미연에 분쇄하고 또 저지할 수 있었습니다.

이처럼 그들의 음모가 매번 실패로 돌아가자 북한 공산주의자들은 이번에는 대통령 암살을 기도하였습니다.

그 예가 바로 1·21사건과 현충문 폭파사건, 그리고 지난번 광복절 식전에서의 저격사건입니다.

북한 공산주의자들은 간악한 방법과 수단을 다하여 심지어는 국제적 분위기마저 역이용해 가면서 정부전복과 공산화 음모를 추진해 왔던 것입니다.

그러나 불행하게도 우리 사회의 일각에서는 북한 공산주의자들이 추구하고 있는 목표가 무엇이며 그들의 정체가 무엇인지를 똑바로 알지 못하고 정부의 긴급조치가 마치 국민을 탄압하기 위한 것처럼 오해마저 하는 사람이 없지도 않았던 것입니다.

그러나 나는 지난번 광복절 식전에서의 참변을 본 우리 국민들은 북한 공산주의자들의 정체가 무엇인가를 새삼 재인식하였을 것이고, 그들의 흉계가 무엇인가를 새삼 깨닫게 되었을 것이고, 이런 엄청난 도전에 대비하기 위해서는 국내 안정이 무엇보다도 급선무라는 것을 이해하게 되었을 것이고, 또 그동안 정부가 취해 온 긴급조치의 참뜻도 이해했으리라 믿습니다.

그리고 이번 사건을 계기로 국민총화가 굳건히 다져졌음을 볼 때, 나는 더욱이 든든한 마음 금할 길이 없습니다.

따라서 나는 이제 헌법 제53조에 의하여 지난 1974년 1월 8일 선포한 긴급조치 제1호와 1974년 4월 3일 선포한 긴급조치 제4호는 해제할 시기라 판단하고 이를 각기 1974년 8월 23일 상오 10시를 기하여 해제하는 바입니다.

그러나 국민 여러분!

북한 공산주의자들이 그들의 목표, 즉 한반도를 적화통일하겠다는 야욕을 결코 포기했다고 생각해서는 큰 잘못입니다. 그들은 또다시 몇 번이고 우리에게 도전해 올 것입니다. 이에 대하여 우리는 만반의 대비를 하고 있어야 합니다.

친애하는 국민 여러분!

우리 자신들이 살기 위해서, 또한 보다 자유롭고 평화로운 사회를 이룩하기 위해서, 그리고 사랑하는 우리 후손들에게 보다 복된 사회를 물려주기 위해서 우리 다 같이 총화의 정신으로 굳게 단결하여 내외의 도전을 슬기롭게 극복해 나아갑시다."

일본정부와 언론의 망발

문세광의 대통령 암살기도 직후 우리 정부는 일본의 영주권자인 문세광이 위조된 일본여권을 가지고 한국에 왔으며 일본인 행세를 했고, 일본에서 암살을 계획했을 뿐 아니라 오사카의 한 파출소에서 훔친 권총으로 대통령의 부인을 살해했기 때문에 그의 범행의 책임이 일본에 있다고 주장하였다.

이에 대해서 일본정부는 문세광이 한국인이며 한국에서 범죄를 저질렀고 더욱이 그는 한국영사관이 발행한 비자를 가지고 한국에 입국했으며 공항에서나 범행을 저지른 국립극장에서의 정밀 보안검사에도 통과했음을 지적하면서 문세광의 범행에 대한 일본의 도덕적, 법적 책임을 부인했다. 우리 정부는 격분하였다.

우리 정부의 분노는 일본신문들의 사설이 박 정권은 자유를 탄압함으로써 자포자승하는 격이 되었다고 비난을 늘어놓자 더욱 고조되어 갔다. 게다가 이 무렵 일본의 기무라 외상이 8월 29일 북한의 남침 위협을 부정한 데 이어 9월 5일에는 한국이 한반도의 유일한 정부가 아니라는 망발을 함에 따라 사태는 더욱 악화되었다. 우리 국민들은 대규모 시위를 벌였고 9월 6일에는 일단의 시위군중이 서울의 일본대사관에 난입했다.

우리 정부는 문세광 사건에 대한 일본의 사과를 요구했으며 일본에 대해 일본 내 반한운동의 본부로 여겨졌던 조총련을 철저히 단속해 줄 것을 요구하였다. 일본정부는 그 사건에 대한 유감을 표시했으며 다나까 수상이 직접 대통령부인의 장례식에 참석하긴 했으나 문세광 사건에 대해 사과를 해야 할 어떠한 이유도 인정하지 않았다. 조총련과 관련해서 일본정부는 그 단체가 일본의 법률을 위반했을 때만 간섭할 수 있다고 하였다.

그리하여 한·일 두 나라 관계는 교착상태에 빠지게 되었으며 외교적 단절이 자주 거론되었다. 그러나 미국의 중재로 양측은 다시 타협의 실마리를 풀었다. 즉 9월 19일, 일본정부는 자민당 부총재이자 수상의 절친한 인물인 시이나 에쓰사브로를 서울로 보내 문서와 구두를 통한 두 개의 사과성명서를 내도록 하였다. 문서화된 성명은 일본의 입장에 가까운 내용이었고, 각서로서 쓰고 시이나가 서명한 구두성명은 우리 정부의 요청을 반영한 내용이었다.

단소를 부는 대통령의 슬픔과 고독과 사랑

장충동 국립극장의 대통령 저격 현장에서 체포된 암살범은 일본에 거주하던 한국인2세 문세광이라는 사실이 밝혀졌다. 그는 조총련을 통해 북한 공산주의자들과 접촉하고 대통령 암살지령을 받은 후 일본인 여권을 위조해 입국했다고 진술했다.

재일동포 문세광에 의한 대통령 저격사건이 있은 직후 국민들은 새로운 사태를 깨달았다. 대통령의 죽음이라는 사태가 과연 무엇을 의미하는가를 깨달은 것이다. 만일 그 사건이 대통령의 죽음으로써 종말지어졌다면 한국은 그때 중대한 정치적, 경제적, 사회적 혼란과 안보위기에 휩쓸렸을 것이 분명했다. 그래서 당시 국민들은 문세광의 대통령 저격 실패를 대한민국의 지속적인 발전을 위해 하늘이 내린 하나의 기적으로 받아들였다.

국민들은 육영수 여사의 죽음을 진심으로 슬퍼하고 안타깝고 가슴아파하면서 대통령이 무사한 것은 하늘이 도운 것이라고 안도하고, 대통령이 하고자 하는 일에 절대적인 지지와 협력을 다하기로 다짐했다. 특히 대통령이 개인적으로 슬픔이 아무리 크더라도 평화통일의 실질적인 기반이 되는 경제건설과 자주국방을 위해 헌신하겠다는 약속을 한 데 대해 국민들은 우리도 일치단결하여 더욱 더 분발하겠다는 새로운 결의로 화답했다.

대통령에게 있어서 생존시의 육영수 여사는 '청와대의 야당'이라는 평판을 얻을 정도로 건설적인 비판자였고, 또 누구도 대신할 수 없는 다정한 격려와 지지로 대통령의 힘이 솟구치게 한 인생의 반려자였다. 그 반려자가 하루아침에 저 세상으로 홀연히 떠나버린 것이다. 그 충격, 그 슬픔, 그 고통은 같은 비극을 직접 당해 보지 않은 사람으로서는 이해할 수도 없고 상상할 수도 없을 만큼 깊고 크고 무거운 것이었다.

대통령은 이처럼 크나큰 슬픔과 충격의 영향이 국정의 책임자로서 자신의 공적인 직무수행의 영역에까지 스며드는 것을 차단하려고 애썼다. 대통령은 개인적인 슬픔을 잊기 위해서 국사에 전례 없이 전념하려는 것 같다는 인상을 줄 정도로 국정 전반의 과제를 직접 챙겼고, 특히 중화학공업 건설과 새마을운동, 그리고 방위산업 육성에 심혈을 기울였다.

그러나 대통령도 인간이다. 특히 남달리 다정다감하고 인정이 넘치는 대통령이었다. 개인적인 슬픔을 잊기 위해 아무리 국사에 전념한다고 해도 그 슬픔은 가슴에서 떠나지 않았다. 하루의 일과를 마치고 안방에 들어서면 다정하게 맞아주던 안주인이 없었다. 그 순간 슬픔이 복받치고 고독이 엄습했다.

대통령이 홀로 지내는 청와대 2층의 안방에서는 이따금 대나무로 만든 동양관악기의 하나인 단소를 부는 소리가 새나왔다. 밤늦게 텅 빈 청와대에 울려 퍼지는 단소소리는 너무나 애처롭게 들렸다. 대통령은 어느 날 부속실 비서관에서 "요사이 밤에 배가 고파. 내 방에 과자 좀 갖다 놓아"라고 했다.

대통령의 외아들 지만 군은 어머니가 돌아가신 후 아버지가 한동안 슬퍼하시는 모습에 관해 이렇게 말했다.

'어릴 때부터 해오던 습관대로 잠자기 전에 아버지 침실에 가서 인사를 하곤 했는데, 어떤 날은 침실의 줄무늬 소파에 아버지가 혼자 앉아 깊은 생각에 잠긴 채 눈가에 눈물이 맺혀 있던 적이 많았다. 그런 날은 아버지 곁으로 가기도 어려워서 그냥 안녕히 주무시라는 인사만 드리고 나오곤 했다.'

공인으로서는 강철 같은 의지와 신념을 겸비한 대통령이었으나 자연인으로서는 사랑하는 짝을 여읜 홀아비였다.

'악처가 효자보다 낫다'는 말이 있지만, 대통령이 속현(續絃)을 하지 않은 것이 고독의 아픔을 더하게 한 것 같았다. 육 여사가 돌아가신 지 상당한 세월이 흘러간 후 측근에서는 대통령의 재혼을 권유했다.

그러나 대통령은 '근혜가 시집을 안 가고 있는데 내가 어떻게 재혼을 할 수 있느냐'는 말로 그러한 권유를 뿌리쳤다.

역사에 있어서 '만일'이라는 가정은 무의미한 것이라고 하지만,

실제로 사람들은 '만일 그런 일이 없었다면 역사는 어떻게 되었을까' 하는 안타까운 가정을 하기 마련이다.

이러한 가정 중에 대통령을 잘 아는 측근들이 가장 가슴 아프게 생각하는 것은 바로 육영수 여사의 죽음이다.

1974년 8월 15일 문세광의 흉탄에 49세의 그가 세상을 떠나지 않았다면 어떻게 되었을까. 한 가지 사실만은 분명했다. 그의 죽음이 대통령에게 미친 심리적, 정신적 영향은 없었을 것이라는 점이다. 그러한 영향이 대통령의 치정 후반에 크게 작용했으리라는 점을 생각할 때, 그의 운명은 5년 후 대통령의 비극과 결코 무관하지 않다는 생각을 금할 수 없게 된다.

큰영애가 보관하고 있는 박 대통령의 청와대 시절 일기는 1972년 1월 12일부터 시작되어 10·26직전인 1979년 10월 17일에서 끝난다.

굵은 파카 만년필로 한자를 많이 섞어서 세로로 써내려간 달필의 이 일기는 일기장 다섯 권 분량, 큰영애가 청와대를 떠나면서 집으로 가져와 다른 유품들과 함께 보관해 왔다.

큰영애에 따르면 박 대통령은 큰 사건이 나서 한참 바쁠 때는 일기를 쓰지 않았고, 국내의 정세가 조용할 때 일기를 썼다고 한다. 따라서 대사건의 뒷이야기 같은 것은 많지가 않고 자세한 상황묘사가 있는 것도 아니다.

대신 최고통치자로서의 고뇌와 국가에 대한 사명감, 조국근대화의 집념 등이 주조를 이루고 있고, 육 여사 사후에는 아내를 그리워하는 개인적 감상이 많이 나타나있다.

1974년 8월 15 육영수 여사가 문세광의 총탄에 쓰러지고서 5일 뒤부터 9월까지, 대통령은 아내를 잃은 슬픔을 시(詩)로 표현했다.

한 송이 흰 목련이 봄바람에 지듯이

상가(喪家)에는
무거운 침묵 속에
씨롱 씨롱 씨롱
매미 소리만이
가신 님을 그리워하는 듯
팔월의 태양 아래
붉게 물들인 백일홍이
마음의 상처를 달래주는 듯
한 송이 흰 목련이 봄바람에 지듯이
아내만 혼자가고 나만 홀로 남았으니
단장의 이 슬픔을
어디다 호소하리.

1974년 8월 20일

추억의 흰 목련

하늘도 울고 땅도 울고
산천초목도 슬퍼하던 날
당신의 마지막 가는 길을 지켜보는
겨레의 물결이 온 장안을 뒤덮고
전국 방방곡곡에 모여서 빌었다오
가신 님 막을 길 없으니
부디부디 잘 가오

유난히 목련을 사랑한 육 여사가 박 대통령과 함께 흰 목련을 배경으로 포즈를 취했다.

편안히 가시오
영생 극락하시어
그토록 사랑하시던
이 겨레를 지켜 주소서
불행한 자에게는 용기를 주시고
슬픈 자에게는 희망을 주고
가난한 자에게는 사랑을 베풀고
구석구석 다니며 보살피더니

이제 마지막 떠나니
이들 불우한 사람들은
그 따스한 손길을 어디서 찾아보리
그 누구에게 구하리
극락 천상에서도
우리를 잊지 말고
길이길이 보살펴 주고

우아하고 소담스러운
한 송이 흰 목련이
말없이 소리 없이 지고 가버리니
꽃은 져도 향기만은 남아 있도다.

유방천추(遺芳千秋)

1974년 8월 31일

과묵하고 무뚝뚝한 대통령을 항상 미소로 대화를 이끌어 나가며 내조한 육 여사였다.

이제는 슬퍼하지 않겠다고
몇 번이나 다짐했건만
문득 떠오르는 당신의 영상
그 우아한 모습
그 다정한 목소리
그 온화한 미소
백목련처럼 청아한 기품
이제는 잊어버리려고 다짐했건만

잊어버리려고 다짐했건만
잊어버리려고 하면 더욱 더
잊혀지지 않는 당신의 모습

당신의 그림자
당신의 손때
당신의 체취
당신이 앉았던 의자
당신이 만지던 물건

당신이 입던 의복
당신이 신던 신발
당신이 걸어오는 발자국 소리

"이거 보세요."
"어디 계세요."
평생을 두고 나에게 '여보' 한 번 부르지 못하던

결혼하던 그날부터 24년 간 하루같이
정숙하고도 상냥한 아내로서 간직하여 온
현모양처의 덕을 어찌 잊으리
어찌 잊을 수가 있으리.

1974년 9월 4일

당신이 이곳에 와서 고이 잠든 지 41일째

어머니도 불편하신 몸을 무릅쓰고 같이 오셨는데 어찌 왔느냐 하는 말 한 마디 없소. 잘 있었느냐는 인사 한 마디 없소. 아니야.

당신도 무척 반가워서 인사를 했겠지. 다만 우리가 당신 목소리를 듣지 못했을 뿐이야.

나는 당신의 목소리를 들을 수 있어. 내 귀에 생생히 들리는 것 같아. 당신도 잘 있었소. 홀로 얼마나 외로웠겠소.

그러나 우리는 언제나 당신의 옆에 있다고 믿고 있어요. 언제까지나, 언제까지나. 당신이 그리우면 언제나 또 찾아오겠고. 고이 잠드오. 또 찾아오고 또 찾아올 테니.

그럼 안녕.

1974년 9월 30일

7시 45분 포드 대통령이 이한 인사차 청와대 내방. 키신저 장관과 같이 잠시 담소 후 김포로 향발. 연도에 이른 아침인데도 학생 시민이 많이 나와서 열렬히 환송하다. 3시 조금 지나 포드 대통령 비행기 이륙.

돌아오는 길에 동작동에 들러 아내 유택을 찾다.

그저께 제막한 비석이 퍽도 깨끗하고 아담하게 서 있고 비문도 단정하고 맵시 있게 부각되어 있다.

애쓰신 분들에게 마음속으로 감사를 드린다.

당신이 여기에 묻혀 그 앞에 비석이 설 줄이야. 당신은 여기서 잠들어 풍우성상(風雨星霜) 춘하추동 가고 오고, 오고 가도 아는지 모르는지? 어찌 모를 리가 있으랴.

당신이 사랑하는 이 조국과 이 겨레의 삶의 모습을 낱낱이 지켜보며 보살펴 주고 사랑해 주고 올바른 길로 인도해 주오.

아내가 그토록 정성들여 애쓰던 지난날이 주마등처럼 지나간다.

저 깜박거리는 네온불빛이 동작동에서도 보이겠지.

1974년 10월 23일

10월도 마지막 가는 주말 조락(凋落)의 가을은 쓸쓸하기만 하다. 뜰에 핀 국화는 작년과 같이 아름답고도 그윽하기만 한데 한잎 두잎 떨어지는 가을 잎이 서글퍼지기만 하다.

백일홍 옆의 감나무에는 잎사귀 하나 없이 다 떨어진 마른 가지에 빨간 감이 두 개만 남아서 지나는 사람의 눈길을 끈다.

텅빈 서재에 혼자 앉아서 끝없는 시름에 밤 가는 줄 모른다.

창문 밖으로 멀리 남산을 바라보니 휘황하던 장안의 네온도 거의 다 꺼져 버리고 구 어린이회관 옥상에 빨간 불빛만 깜박깜박.

1974년 10월 26일
(대통령 일기에서)

큰 자유를 지키기 위해서는 작은 자유는 희생할 줄도 알아야 한다

1974년 10월 1일, 제26주년 국군의 날 행사에서 대통령은 큰 자유를 지키기 위해서는 작은 자유는 일시적으로 희생할 줄도 알고 절제할 줄도 알아야 한다는 점을 강조했다.

…(중략)… "우리 국군의 역사는 건군 초창기부터 공산 침략자들과의 투쟁의 기록으로 시작됩니다. 우리는 지금 이 순간에도 그들과 싸우고 있습니다.

우리는 내일도 그들과 투쟁을 계속해야 할 것입니다.

이것은 우리가 살기 위해서, 우리의 생존을 위해서, 또 우리의 후손들을 위해서 목숨을 걸고 싸워야 하며, 일보도 양보할 수 없는 생존투쟁입니다.

이 투쟁은 공산 침략자들이 우리를 침략하겠다는 생각을 완전히 포기하는 날까지 계속될 것입니다.

이 투쟁에서 우리가 이겨야만 비로소 우리 남북한 동포는 자유를 마음껏 누릴 수도 있고, 평화와 번영을 누릴 수도 있을 것입니다.

이러한 각박한 현실이 오늘 우리들이 직면하고 있는 한국의 현실입니다.

이러한 우리의 현실을 올바로 인식하지 못하거나, 알고도 이를 외면하려고 하는 사람이 있다면, 그들이 보는 한반도의 정세나 안보관은 현실을 전혀 도외시한 엉뚱한 판단이나 결론밖에는 나오지 않을 것입니다.

불행하게도 우리 사회 일부에서는 극히 소수이기는 하나 이와 같은 인식 부족에서 오는 그릇된 시국관, 또는 안보관을 가지고 무책임한 현실비판을 일삼는 사람들이 있다는 것을 나는 심히 유감스럽게 생각하고 있습니다.

총력안보와 국민총화, 또는 유신체제에 대해서 의식적으로 왜곡

해석을 하고, 부정적으로만 받아들이는 일부 인사들이 아직도 우리 사회 일각에서 민주가 어떠니, 자유가 어떠니 하고 물의를 일으키며 유신체제에 또 다시 도전하려 들고 있다는 사실을 나는 매우 중대시하고 이를 지켜보고 있습니다.

유신체제는 공산 침략자들로부터 우리의 자유를 지키자는 체제입니다.

큰 자유를 지키기 위해서는 작은 자유는 일시적으로 이를 희생할 줄도 알고, 또는 절제할 줄도 아는 슬기를 가져야만 우리는 큰 자유를 빼앗기지 않을 것입니다.

우리를 노리고 있는 침략들은 우리의 내부에 어떤 허점만 생기기를 호시탐탐 노리고 있는 이런 판국인데, 우리도 남과 같이 주어진 자유라고 해서 이를 다 누리고 싶고, 또 남이 하는 것은 다 하고 싶고, 그러고도 자유는 자유대로 지키겠다고 한다면, 또 지킬 수 있다고 생각한다면 이는 세상이 어떻게 돌아가는지를 전혀 알지 못하는 환상적인 낭만주의자라고 하지 않을 수 없을 것입니다.

공산주의자들에게 그렇게도 많은 도전을 받고, 그렇게도 엄청난 피해를 입고도, 또 지금 이 시각에도 그들의 도전이 계속되고 있는데도 아직도 악몽에서 깨어나지 못하는 사람이 있다면 이는 참으로 한심한 일이 아닐 수 없습니다.”

대통령은 이어서 북한 공산주의자들의 대남 적화 야욕은 국가의 안위와 민족의 운명이 걸린 명백하고도 현존하는 도전이라는 사실을 강조했다.

“한국전쟁이 끝난 지 벌써 20여 년의 세월이 흘렀습니다. 그 동안 국제사회에는 많은 변동이 생겼습니다.

우리 한반도를 둘러싼 주변 정세에도 많은 변화가 있었습니다. 그

국군의 날을 맞아 의장대를 사열하고 있는 박 대통령 박 대통령은 유시를 통해 "힘의 뒷받침 없이 공산주의자들과 긴장완화를 시도하거나 평화를 바란다는 것은 환상에 불과하다. 우리가 지금 해야 할 가장 시급한 과제는 국력배양"이라고 강조했다.

러나 이와 같은 변천 속에서도 한 가지 변하지 않은 사실이 있습니다. 그것은 무엇이겠느냐?

북한 공산주의자들의 대남 적화 야욕입니다. 이것만은 하나도 변화한 것이 없습니다.

6·25 당시나 6·25 이전이나 또한 지금이나 하나도 변하지 않았다는 이 엄연한 사실을 우리는 분명히 알고 있어야 합니다.

다만, 변한 것이 있다면 적화통일의 수단과 방법이 그때그때의 정세와 여건에 따라서 약간씩 달라졌을 뿐입니다.

6·25전쟁은 말할 나위도 없고, 6·25 이전에도 남한 각지에서 공산 파괴분자들이 저지른 가지가지의 만행, 휴전 후 지난 20여 년 동안의 만여 회도 넘는 그들의 도발적 죄악상, 그리고 최근에 와서는 일본 국내를 발판으로 하여 조총련을 앞잡이로 내세워 교묘히 책동하는 우회 침투 공작—그들의 이와 같은 야만적인 도전은 앞으

로도 계속될 것입니다.

이러한 한반도의 현실을 멀리 밖에서 바라보는 사람들은 그들의 입장에서 이를 열강 간의 국제권력정치의 부분적인 마찰로만 보아 넘기려는 경향조차 있는 것 같습니다.

그러나 이 땅에서 살고 이 땅에 평화와 번영을 이룩하고 통일을 스스로의 책임과 사명으로 삼아야 할 우리들에게는, 이는 실로 국가의 안위와 민족의 운명이 걸릴 중대한 문제요, 명백하고도 현존하는 도전이 아닐 수 없습니다.

오늘의 세대에 사는 우리들은 이와 같은 극좌 모험주의자들과 앞으로도 끝없는 대결을 지속하면서 또 분단된 조국의 통일을 추구해 나가야 합니다.

이는 참으로 막중한 과제요 시련이 아닐 수 없습니다.

그러나 우리에게 주어진 역사적인 소명이기 때문에, 어떠한 일이 있더라도 기어코 우리는 이를 수행해 나가야만 합니다. 피해서도 안 됩니다. 또 피할 수도 없습니다."

대통령은 이어서 국토통일의 대과업을 수행하는 데 있어서는 반드시 몇 단계의 과정을 거쳐야 한다는 평소의 소신을 피력했다.

"그렇다면 이 민족적인 대과업을 어떻게 완수하느냐?

이 과업을 수행하는 데는 반드시 거쳐야 할 몇 단계의 과정이 있습니다.

그 첫 단계가 지난 8·15 광복절 식전에서도 언급한 바와 같이 한반도에 있어서의 평화 정착입니다. 이것이 무엇보다도 선행되어야 합니다.

평화 정착이 선행되지 않고 통일문제를 논의한다는 것은 그야말

국군의 날 기념식에서 8인치 자주포, 어네스트 존 등이 위용을 과시 (1975. 10. 1)

로 연목구어격입니다.

그래서 우리는 남북불가침협정부터 먼저 하자고 했습니다. 이것이 이루어짐으로써 남북이 평화공존을 해나가고 서로 대화를 해나가면서 교류도 하고, 가능한 분야부터 협력도 해나가자는 것입니다.

그리고 또 남에 3,500만, 북에 1,500만의 인구를 가진 우리 민족도 국제사회에서 떳떳이 우리의 발언권을 행사하고, 국제협조에 기여하기 위하여 유엔에도 같이 들어가자고 우리는 주장했습니다.

그렇게 해나가다가 여건이 성숙되면 조국의 정치적 통일문제도 적극적으로 추진하여 끝내 성취시켜 보자는 것입니다.

현존 여건으로 보아 우리 민족을 평화적으로 통일하는 데 이 방법 외에 또 다른 무슨 방법이 있겠습니까?

그런데도 북한 공산주의자들은 우리의 이런 제의를 모두 거부해 왔습니다.

지금 이런 판국에 당장 남북연방제니 대민족회의니 운운하는 것은 음흉한 딴 생각이 있어서 하는 하나의 기만 술책입니다.

그들은 8·15사건도 우리가 꾸민 조작극이라고 합니다.

1·21사태도 우리가 조작했다고 하다가 또 한때는 자기들이 해서 미안하다고 하다가 또 자기들이 한 일 없다고 딱 잡아뗍니다.

6·25전쟁도 우리가 먼저 공격을 했다고 생떼를 쓰고 있습니다.

어처구니없고 가증스러운 소행이 아닐 수 없습니다.

그러나 우리는 이러한 상대와 앞으로 조국통일이라는 벅찬 민족적 대과업을 수행해 나가야 합니다.

여기에는 비상한 인내가 필요합니다.

인내로써 그들과 대화를 지속해 나가야 합니다.

그러나 평화를 유지하는 최대의 무기는 국력이라는 것을 잊어서는 안 됩니다.

따라서 우리는 이러한 노력과 병행해서 총력을 경주하여 국력 배양에 힘써야 합니다.

그들로 하여금 끝내는 무모한 무력적화통일의 야욕을 단념케 하고 포기하게 만드는 유일한 방법도 우리의 국력이 하루속히 강대해지는 것뿐입니다.

그렇다면 국력 배양을 촉진하고 가속화하는 최선의 길은 무엇이냐? 그것은 유신과업의 성공적인 수행─이 길뿐입니다.

10월유신의 목적이 바로 국민생활의 능률을 극대화하고 국력을 조직화하자는 데 있기 때문입니다. 막강한 우리 국군은 바로 국력의 상징이요, 힘의 원천인 것입니다.

우리 국군이 국방을 튼튼히 해줌으로써 우리의 국력 배양도 더욱 가속화될 것입니다.

국군장병과 향토예비군 여러분은 여러분들에게 부과된 사명의 막

중함을 자각하고 맡은 바 임무 완수에 최선을 다함으로써, 백전 필승·유비무환의 완벽한 국방태세를 확립해 주기를 당부하는 바입니다.

오직 이것만이 북한 공산주의자들의 오산으로 인한 무모한 불장난을 미연에 방지하고 한반도에 평화를 정착시키는 길이라고 확신하는 바입니다."

대통령은 끝으로 8·15사건 이후 우리 국민들이 보여 준 그 무서운 민족의 저력을 하나로 뭉쳐서 국민총화로 승화시킬 수 있다면 그 어느 누구도 우리를 넘보지 못할 것이라고 천명했다.

"친애하는 국군장병 여러분, 국민 여러분!

우리는 지난 8·15광복 29주년 식전에서 극악무도한 공산 테러 분자들의 야만적인 소행을 우리의 눈으로 똑똑히 보았습니다.

그들의 간악한 수법에 우리 모두 충격과 분노를 금치 못했을 것입니다.

이것이 바로 북녘 땅에 도사리고 있는 공산당들의 정체입니다.

이러한 장면을 보고 이제 새삼 놀랄 필요도 없습니다. 슬퍼할 필요도 없습니다.

그들은 이제까지 수백만의 우리 동포를 죽인 살인자들입니다.

이제부터 우리는 어떻게 하면 그들과 싸워서 이기고 우리가 사느냐 하는 문제를 생각해야 됩니다.

8·15사건 이후 우리 국민들이 보여 주신 그 민족적 분노의 폭발, 하나로 뭉치면 얼마나 무서운 힘을 발휘할 수 있느냐 하는 민족의 저력을 우리는 보았습니다.

이 무서운 민족의 저력을 하나로 뭉쳐서 국민총화로 승화시킬 수 있다면 우리에게는 아무것도 무서울 것이 없습니다.

공산당 아니라 그 어느 누구도 우리를 넘보지 못할 것입니다.

우리 모두 총화단결해서 국난 극복을 위하여 각자가 맡은 소임에 최선을 다합시다.

거기에는 반드시 승리와 영광이 있을 것입니다.

장병 여러분의 앞날에 무운이 장구하기를 기원합니다."

비무장지대 남방으로 파고 내려온 북괴의 남침용 땅굴

1974년 11월 15일 오전 7시 35분경, 국군정찰대 9명이 비무장지대 남방을 순찰 중 지하로부터 올라오는 수증기를 발견하고 땅을 파본 결과 지하땅굴 1개를 찾아냈다. 국군정찰대가 이 땅굴을 계속 파들어가자 북한 진지에서는 수백발의 기관총 사격을 했으며, 국군도 대응사격을 가했으나 아군의 피해는 없었다. 이 땅굴에는 밥그릇, 지뢰 등 폭약, 북한제 시계 등이 있었으며, 밥그릇 속에는 음식이 담겨 있었고, 수레 속에 흙이 그대로 담겨져 있는 점에 비추어 발견 직전까지 공사가 계속되고 있었음이 분명하였다. 이 땅굴은 중서부전선 군사분계선에서 남동쪽으로 비스듬히 1.1km까지 뻗어 있었고 폭 1m, 높이 1.33m의 콘크리트 슬라브로 단단히 구축되어 있었으며 땅굴 안에는 250V짜리 전선에 60W의 전등이 가설되어 있었으며 궤도차를 자유로이 돌릴 수 있는 회차로(回車路)와 배수로까지 설치되어 있어 궤도차를 이용할 경우 시간당 7천 2백 명의 대규모 병력을 통과시킬 수 있는 것으로 확인되었다.

땅굴이 우리의 방위 제1선 진지 뒤까지 뻗어 있어 북한의 대부대가 갑자기 지하에서 나타나 제1선 부대를 배후에서 공격하고 제2선을 기습할 때는 가공할 타격을 받을 것이 명백했다.

대통령은 땅굴을 찍어온 사진을 통해 그 규모와 구조와 위치 등을 자세히 관찰하고 그 땅굴을 통과할 수 있는 병력의 규모와 무기의 종류를 검토하였으며, 땅굴을 그대로 방치해 둔다면 국가안보에 중대한 위험이 생길 것이라고 판단하였다.

대통령은 그간의 귀순용사의 증언과 항공사진의 정밀검토 등을 통해서 발견된 고랑포(高浪浦)의 땅굴 외에 10여 개의 땅굴이 더 있을 것으로 보고 군수뇌를 소집하여 땅굴을 파고 있을 것으로 판단되는 지역의 특별경계와 작전계획을 직접 점검하고 지시하였다.

북괴의 제1땅굴이 발견된 1974년 11월 15일 대통령은 오후 1시에 헬리콥터로 청와대를 출발하여 2시에 제3군 산하 5사단에 도착하여 추계 기동훈련을 관람하였으며 귀로에 5군단사령부 부근의 군야지사방(軍野地砂防) 현장을 공중시찰하고 오후 5시경 청와대로 돌아왔다.

이날 저녁, 일기에서 대통령은 북괴가 입으로는 평화 운운하면서 무력남침을 위해 광적으로 날뛰는 데도 이 시기가 태평성대인 것처럼 착각하고 국가안보를 위태롭게 하는 일부 국내인사들의 철없는 행위를 탄식했다.

"오늘아침 7시경 전방 고랑포 부근 DMZ 안에서 북괴가 북으로부터 남으로 지하터널을 뚫어서 중앙 분계선에서 남쪽으로 ○○지점까지 나오다가 우리 순찰대에 발각.

현장을 파헤쳐 본즉 폭 90cm, 높이 120cm의 땅굴을 뚫어서 철근 콘크리트로 벽과 천장을 틀을 짜서 갱도식으로 조립하면서 굴착해 나오던 것을 발견. 그들이 갱도 굴착을 위해 사용하던 각종 도구를 습득하다.

북괴가 입으로 평화 운운하면서 기실은 무력남침을 위하여 이처럼 집요하게 수단방법을 가리지 않고 광적으로 날뛰는데 아직도 태평성대에 사는 것처럼 착각하여 국가안보를 위태롭게 하는 일부 인사들의 철없는 행위는 참으로 가탄(可歎)."

북괴는 무력통일을 위해 남북상호불가침협정을 거부하고 있다

1975년 1월 14일, 연두기자회견에서 대통령은 먼저 북한 측이 왜 우리의 남북상호불가침협정 체결을 거부하고 있는지 그 이유에 대해 설명했다.

"작년 연초 기자회견 때 바로 이 자리에서 내가 제의한 것이 '남북상호불가침협정' 체결이었습니다.

북한 측에서 진심으로 평화를 원한다면 이것을 받아들여야 할 것 아니냐고 제의를 했는데, 그 뒤에 북한 측에서는 계속 거절해 왔습니다.

이북에서는 또 우리가 '남북상호불가침협정' 제의를 하기 전에 그들이 말하는 소위 '남북평화협정안'이라는 것을 들고 나와서 여러 번 정치선전용으로 써먹었다는 것도 우리는 알고 있습니다.

우리는 그것을 반대했습니다. 왜 반대를 했느냐, 그 사람들이 말하는 평화협정이라는 것은 이름이 평화지 평화가 아닌 것입니다. 위장된 하나의 기만술책이고 평화를 위한 협정이 아니라 전쟁을 위한,

조립식 콘크리트로 구축된 북괴의 남침용 땅굴 폭 91cm 높이 1.22m의 크기. 작업용 손수레로 필요 물자를 운반했을 것으로 보인다(1974. 11. 15).

침략을 위한 협정이라는 것을 우리는 알기 때문에 거절했습니다.

그자들이 들고 나온 평화협정의 골자를 보면, 첫째가 남한에 있는 미군이 나가야 되고 유엔군이 나가야 된다는 것입니다. 두 번째는 남북이 서로 병력을 많이 가지고 있기 때문에 자꾸 충돌이 일어나지 않느냐, 그러니까 군축을 하자, 남북이 병력을 각각 10만 이하로 감축을 하자, 그리고 휴전협정을 철폐해 버리자, 이런 얘기입니다. 그래서 우리는 그것을 받아들일 수 없다고 했습니다.

여기에 대해서 우리가 제의한 불가침협정 내용이라는 것은 여러분들이 잘 아시는 바와 같이 남북이 서로 무력침범을, 여하한 형태든 무력 침략을 하지 않겠다는 것을 만천하에 약속하자, 그리고 서로 내정간섭을 하지 말자는 것입니다. 우리가 북한의 공산주의를 싫어하지만 그러나 우리는 굳이 그것을 비방하거나 간섭하지는 않겠다, 너희도 우리의 자유민주주의나 자본주의를 싫어하겠지만 간섭하거나 이에 대해서 비방을 하지 말라, 그리고 또 한 가지는 현행휴전협정 체제는 그대로 유지되어야 한다, 이것이 우리가 제안한 상호불가침협정의 골자입니다.

여기에 대해서 북한 측에서는 거부했습니다. 그들이 왜 거부했겠느냐, 그 이유는 뻔한 것입니다. 아까도 말씀드린 바와 같이, 무력으로 적화통일을 하겠다는 그 사람들의 야욕과 환상이 그대로 남아있는 한, 이것을 받아들일 수 없을 것입니다.

그들은 앞으로도 그들의 야욕을 기어이 관철하기 위해서 계속 무력도발도 해야 하겠고, 간첩도 앞으로 계속 보내야 하겠고, 테러단도 보내야 하겠고, 간첩을 보내서 지하당도 조직해서 그것을 자꾸 확대해 가지고 남한사회를 불안하게 만들고 혼란시켜야 하겠는데, 만약에 불가침협정을 맺어버리면 그들이 이런 장난을 하는 데 여러 가지 지장이 많다, 이것입니다. 그러니까 못 하겠다는 것입니다."

주한미군 철수를 노리는 북괴의 꼼수

1975년 1월 14일, 연두기자회견에서 대통령은 북괴가 유엔군사령부 해체를 주장하는 저의는 주한미군을 철수시키려는 데 있다고 말했다.

"그 다음에 또 북한 측에서는 덮어놓고 유엔군은 철수해야 한다는 애기입니다. 제28차 유엔총회에도 그런 안을 냈고 작년 제29차 유엔총회에서도 이런 안을 들고 나왔었습니다.

유엔군이 이 땅에 와 있는 것은 우리가 불러들였다는 것보다는 이북에 있는 공산당들이 불러들였다고 말하는 것이 더 정확할 것입니다.

1949년 말, 6·25가 나던 그 전 해에 38선 이남에 와 있던 주한미군은 전부 다 철수했습니다. 군사고문단 약간 명만 남고 전원 철수했습니다. 그러자 그 다음해 6월 25일에 일제히 전면남침을 해 왔습니다.

그래서 유엔군은 침략군을 저지하고 한국의 방위를 도와주기 위해서 이 땅에 온 것입니다.

유엔군이 아직도 여기에 남아 있는 이유는 북한 공산당들의 무력 남침의 위협이 여전히 상존하고 있다는 것을 입증하는 것입니다.

아까도 얘기했지만, 북한 공산주의자들의 군사력이 대한민국에 대해서 심각한 위협이 되고 있기 때문에 주한미군 또는 유엔군이 여기에 남아 있는 것입니다.

물론, 나부터라도 유엔군사령부가 무작정 언제까지나 한국에 주둔해야 한다고는 생각하지 않고 있습니다.

그러나 현단계에서 만약 유엔 결의라든지 유엔안보이사회의 어떤 결의에 의해서 유엔군사령부가 해체된다면 반드시 휴전협정만은 그대로 남겨놓고 이것을 해체해야 한다는 것이 우리 정부의 주장이고, 또 우리 우방국가들의 견해입니다.

따라서 현행 휴전협정이 효율적으로 운용될 수 있고 유지 준수될 수 있는 어떤 효과적인 방안이 마련만 된다면 유엔군사령부가 해체되는 것도 우리는 굳이 반대는 하지 않겠다는 것을 표명한 바가 있습니다.

우리 정부가 작년 제29차 유엔총회에서 총회가 채택한 한국 문제에 관한 서방측 결의안을 전폭적으로 지지하는 이유도 바로 여기에 있습니다. 그러나 여기에서 우리가 한 가지 확실히 해 두어야 할 것은 만약에 유엔군사령부가 해체된다 하더라도 주한미군 철수 문제와 유엔군사령부 해체 문제는 전연 별개의 문제라는 것입니다.

주한미군이 여기에 와 있는 것은 한·미 상호방위조약에 의거해서 지금 주둔하고 있는 것입니다.

그러나 북한 공산당들이 유엔군사령부를 해체하라고 주장하는 그 저의는 조금 다릅니다.

그 사람들은 유엔군사령부 그 자체가 문제가 아니라 유엔군사령부가 만약에 해체될 때에는 유엔 깃발 아래 있는 모든 주한미군도 같이 철수를 해야 된다고 주장하고 있는 것입니다.

결국은 유엔군 해체를 들고 나오는 것도 근본 저의는 '주한미군 나가라'는 것입니다. 이런 것을 우리가 쭉 훑어 볼 때에 북한 공산주의자들이 노리고 있는 정치적, 외교적 목표를 우리는 알 수가 있습니다. 뭐냐 하면, 그들이 들고 나오는 평화협정 운운하는 것도 궁극적인 목적은 한국에 와 있는 미군을 철수시키자는 것입니다.

제일 첫 번에 나오는 것이 외군 철수 문제이기 때문에, 그 다음에 불가침 협정을 우리가 제의한 데 대해서 거부하는 이유도 그것을 받아들였다가는 미군 철수가 안 되기 때문에 거부하는 것입니다.

그렇다면 내정 간섭하지 말자, 휴전협정도 그대로 두어야 된다, 그런 것이 들어 있기 때문에 이것을 안 받아들였다는 것이 됩니다. 결국 말을 뒤바꾸면 주한미군을 철수시키자는 데 저의가 있기 때문에 이것을 수락할 수 없다는 것입니다."

대통령은 이어서 북괴가 주장하는 이른바 '대민족회의'도 주한미군을 철수시키려는 데 그 목적이 있는 것이라고 지적했다.

"그리고 요즈음 그 사람들이 들고 나오는 '대민족회의' 운운하는 것을 나는 무엇인가 하고 여러 가지로 생각해 보았는데 이것도 주한미군을 내보자는 것입니다. 왜 그러냐 하면, 소위 그 사람들이 말하는 남북의 정당·사회단체 대표들이 전부 모여서 회의를 하자는 것인데, 한쪽에서 수백 명씩 해서 남북 합치면 아마 500명에서 1천 명까지도 될 것이라고 이야기합니다. 그렇게 많은 사람들이 모여서 무슨 회의를 하자는 것이냐, 그들이 노리는 저의는 무엇이냐? 남북의 숫자는 같을 것입니다. 500명이면 남쪽이 250명, 북쪽이 250명, 1천 명이면 남쪽이 500명, 북쪽이 500명이 될 것입니다.

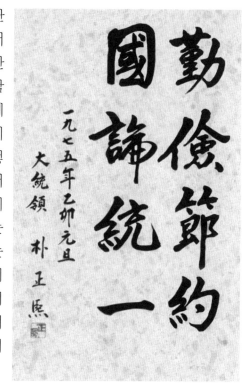

그럴 경우 공산당이 제일 먼저 들고 나올 의제가 무엇이냐, 남한에 주둔하고 있는 외군 철수 결의안을 들고 나올 것입니다.

그러면 북한 공산당은 어떻게 계산하고 있느냐하면 자기들이 몰고 나온 수는 똘똘 뭉쳐서 한 치도 흔들리지 않는다고 하고, 대한민국에서 나오는 대표들 중에는 정부를 욕하는 사람도 있으니까, 잘 공작만 하면 몇 표가 자기네 쪽에 슬쩍 동조하지 않겠느냐, 그러면 50대 50으로 했는데 이쪽에서 몇 표가 그쪽으로 가담을 하면 결국 남한에 주둔하고 있는 외군 철수 결의안이 통과된다는 것입니다.

이렇게 될지 안 될지 모르지만 그 사람들의 계산은 그런 것이 아니겠느냐, 그리하여 이것을 하나의 정치적인 선전 도구로 전체 조선 인민이 남한에 있는 외군철수를 지금 이렇게 결의했는데도 안 나가고 있다. 이렇게 떠들기 위해서 '대민족회의'를 하자는 것입니다."

대통령은 이어서 북괴가 주장하는 소위 '남북연방제'도 그 목적은 주한미군을 철수시키자는 데 있다고 말했다.

"그 다음 '남북연방제'라는 것은 무엇이냐. 이것도 마찬가지입니다. 우리가 받아들일 리도 없지만, 만약에 우리가 연방제를 같이 의논해 보자하고 응한다면 제일 먼저 들고 나오는 것이 미군철수 문제일 것입니다.

미군이 있는 한은 연방제이고 무엇이고 남북대화가 안 된다, 이제 우리끼리 '남북연방제'를 만들어 가지고 하나의 통일된 국가를 만들자고 그랬는데 가장 방해되는 것이 외군이다…, 그래서 미군을 내보내자는 것입니다. 아까 말한 UNC(주한유엔군사령부) 해체란 것도 UNC가 없어질 그 때에는 그 깃발 아래 있는 미군도 나가라… 그러니까 이 사람들이 지금 노리고 있는 이 모든 정치적, 외교적 선전의 최고 목표, 투쟁 목표가 주한미군 조기 철수에 있다는 것을 우리는 알 수가 있습니다.

미군을 철수시켜 놓고 나서 무엇을 하자는 것이냐 하는 것은 이야기하지 않아도 여러분들이 충분히 짐작이 갈 것입니다.

또, 우리 한·미 두 나라 정부는 북한 공산주의자들의 이러한 음흉한 흉계와 저의를 잘 알고 있기 때문에, 현단계에 있어서 주한미군을 철수해서는 안 된다 하는 것이 양국 간에 완전히 합의된 견해입니다."

대통령은 이어서 북한에 대해 남북상호불가침협정 체결, 남북한 유엔 동시가입, 남북대화정상화에 대한 성의를 촉구하고, 휴전협정 효력 존속방안에 북한이 동의하면 유엔군사령부 해체에 반대하지 않겠다는 뜻을 밝히고, 만일 북한이 끝까지 유엔 동시가입을 반대한다면 우리만이라도 가입할 것이며 이를 방해하지 말라고 경고했다.

"나는 오늘 이 자리를 빌려 다시 한 번 북한 공산주의자들에게 몇 가지 제의를 하고자 합니다.

전에 한 이야기를 종합한 이야기가 될는지도 모르겠습니다만, 첫째는 공연히 쓸데없는 고집을 부리지 말고 진심으로 평화를 원하거든 '남북상호불가침협정' 제의를 받아들이라는 것입니다.

둘째는 '6·23선언'을 긍정적으로 받아들이고 통일이 될 때까지는 유엔에 남북이 같이 가입을 하자.

셋째는 휴전협정의 효력이 그대로 존속되어야 한다는 방안에 동의를 한다면 유엔군사령부 해체에 우리는 반대하지 않겠다.

다음에는 남북대화를 빨리 정상화시키는 데 좀 더 성의를 표시해라.

끝으로 또 한 가지 더 제의하고 싶은 것은, 만약에 북한 측에서 우리와 같이 유엔에 가입하는 데 대해서 끝내 반대한다면 우리 대한민국만이라도 가입해야 하겠다는 것입니다. 우리 대한민국은 유엔에 들어갈 당당한 자격을 가졌다고 우리는 봅니다. 따라서 북한이 들어가기 싫으면 우리가 들어가는 데 대해서 굳이 반대나 방해하지 말아달라는 것입니다."

남북대화는 남북의 대화 목적이 달라서 잘 안 되고 있다

1975년 1월 14일 연두기자회견에서 대통령은 남북대화가 잘 안 되고 있다는 사실을 지적하고, 이것은 우리와 북괴의 대화목적이 근본적으로 다르기 때문이라고 말했다.

"남북대화는 솔직히 말씀드려서 잘 안 되고 있습니다. 그동안 아무런 진전도 없었다고 말씀드릴 수밖에 없습니다.

특히, 최근에 와서는 그 쪽에서 조절위원회 자체도 자꾸 격을 격하시키려고 하는 움직임도 보이고 있는 것 같습니다. 왜 이것이 잘 안 되느냐? 한 마디로 말해서 우리나라 속담에 '염불에는 생각이 없고 잿밥에만 생각이 있다'는 말이 있습니다만, 이 사람들은 남북대화에 있어서도 엉뚱한 생각을 가지고 여기에 임하기 때문에 대화가 잘 안 된다고 생각합니다. 우리가 지금 남북대화를 하자는 것과 그 사람들이 지금 대화에 임하는 것과는 근본 목적이 다른 것 같습니다.

우리는 지금 남북 간에 어떻게 하든지 긴장을 완화하고 평화를 정착시켜서 전쟁을 막자, 평화통일이라는 것은 그런 연후에 남북의 교류라든지 협력이라든지, 이런 것을 통해서 시간을 가지고 서서히 할 문제다, 우선 긴장 완화와 평화 정착을 위한 하나의 시작으로서, 서로 성의 있는 대화부터 시작을 하자 하는 것인데, 저 사람들은 이 것을 가지고 하나의 정치 선전 수단으로 지금 악용하고 있고, 모든 수단을 다 써서 우리 사회 내부에다 불안과 혼란을 조성하고, 또 우리 대한민국의 반공체제를 어떻게 하든지 흔들어 놓고 이것을 해이시키거나 또는 약화시켜서 우리 내부에 어떤 큰 허점이 생기면 폭력으로, 소위 적화통일의 기회를 포착해 보자는 것이 그 사람들의 속셈이니까 회담이 잘 안 됩니다."

대통령은 이어서 남북대화가 시작되자 북괴는 실현 불가능한 조건을 들고 나와 우리가 그것을 받아들일 수 없다고 하면 대화가 안 되고 중단된 책임은 우리한테 있다고 선전하고 있다는 사실을 지적했다.

"'7·4공동성명'이 나오고 대화를 시작하자마자 북쪽에서는 어떤 것을 들고 나왔습니까? '7·4공동성명'이 처음에 발표되었을 때에 남북한 우리 모든 동포들은 그야말로 쌍수로 이것을 환영했습니다.

대단히 성급한 사람들은 당장이라도 통일이 되는 것처럼 좋아서 날뛰었고, 또 그렇지 않더라도, 당장에 통일은 안 된다 하더라도 이제는 과거처럼 서로 남북이 싸우고 욕하는 일은 없어지고 서로 서신도 왕래할 수 있고 사람도 일부 왔다갔다 할 수 있고, 여러 가지 교류도 점차 시작이 되어서 훨씬 더 부드러워지지 않겠느냐 하는 데 대해서 기대를 했는데, 회담을 시작하자마자 북한사람들이 들고 나온 소리가 당장 '반공법'을 없애라, '국가보안법'을 없애라, 또 남한에서 지금 구속하고 있는 반국가 사범들—과거에 간첩행위를 했거나 간첩하고 내통했거나 공산당 지령에 의해서 지하운동을 한 소위 반국가사범들을 내놓으라는 것입니다.

그 사람들은 이 자들을 '애국자'라고 합니다. '민주적애국자'라고도 합니다. 또 하는 소리가, 남한에 있는 미군이 나가야 된다, 남북 대화가 잘 안 되는 것도, 통일이 안 되는 것도 가장 근본 방해 요소가 되는 미군이 여기에 주둔하고 있기 때문이니, 이것이 나가야 된다, 이런 소리를 들고 나옵니다.

그 뒤에 우리 측에서 '6·23선언'이 발표되자 '6·23선언'을 철회하라, 이것은 남북분단을 영구히 고정화하는 그자들의 말을 빈다면 소위 '분열주의', '분단주의'이니까 이것은 당장 철회해야 된다, 이런 것이 남북대화를 하는 데 전제 조건이 되어야 한다는 얘기입니다.

또 요즈음에 와서는 남북 '대민족회의'를 열자느니, 무슨 '연방제'를 하자느니, 유엔에도 남북이 따로따로 들어갈 것이 아니라 '고려연방제'를 만들어 가지고 단일 대표로서 하나의 대표가 들어가야 한다고들 합니다.

그렇게 되었으면 참 좋겠는데, 그것이 현단계에서 안 된다는 것은 삼척동자라도 다 알고 있는 불가능한 사실인데, 실현 불가능한 문제를 들고 나와서 우리 보고 그것을 받아들이라는 것입니다.

우리가 그것을 받아들일 수 없다고 하면 그쪽에서는 적반하장격으로 남북대화가 안 되고 중단된 책임은 오로지 남한에 있다, 자기들이 제안한 그러한 가장 '합리적'인 제안을 받아들이지 않기 때문에 대화가 안 된다, 이렇게 지금 선전을 하고 있습니다."

대통령은 이어서 북한은 남북대화를 정치선전 도구로 이용하면서 다른 한편으로는 대화 기간 중에 대남도발을 지속해 오고 있다는 사실을 지적했다.

"원래 이 사람들의 대화 목적이 대화를 선전도구로 이용하려고 하는 데 있었기 때문에—그것을 우리는 미리 예측한 바이지만, 이 사람들은 이러한 선전을 하는 한편 대화 도중에 우리 어선과 경비정을 격침한다든지, 납치해 간다든지, 또는 작년 '8·15사건'과 같은 만행을 저지른다든지, 비무장지대 안에 땅굴을 뚫고 두더지 모양으로 기어 내려온다든지, 이런 엉뚱한 짓들을 하고 있습니다.

남북대화가 시작된 뒤에도 이런 짓을 해 왔습니다. 작년에 8·15대통령 저격사건만 하더라도 문세광을 조사해 본 결과 8·15대통령 저격사건을 언제 지령을 했고 언제부터 여기에 착수했느냐 하면, 1972년 9월에 그런 지령이 내려져서 그때부터 이 계획을 꾸몄다는 것입니다.

72년 9월이라면, 72년 7월 4일에 '7·4공동성명'이 발표됐는데, 그야말로 공동성명에 남북이 서명하고 나서 아직 잉크도 마르기 전에 이러한 엉뚱한 음모를 꾸몄다는 것을 알 수가 있으며, 비무장 지대 안에 뚫고 내려온 땅굴도 전문가들의 의견을 들어 보면, 저 정도 파자면 적어도 1년 내지 1년 반 이상 걸린다는 것입니다. 그렇다면, 이것도 '7·4공동성명'이 발표된 이후에 땅굴을 뚫고 내려오기 시작했다는 것을 우리는 알 수가 있습니다. 아까도 얘기했지만 땅굴은 이것 하나뿐만이 아닙니다. 근간 몇 개 더 발표되리라고 생각됩니다. 그리고 또 하나 우리가 관심을 가지고 보아야 할 문제는 땅굴공사를 언제까지 완료하려고 했느냐는 것인데, 땅굴공사의 완공 목표는 금년 10월이었다는 것입니다.

금년 10월이, 아까도 말씀드린 바와 같이 소위 그들의 '정권' 수립 30주년, '노동당' 창건 30주년이라 해서 금년에는 대축제 기분으로 떠들고 있는데, 그러면 땅굴 완공의 목표를 10월에 맞추어서 무엇을 하려고 무슨 음모를 꾸미고 있었느냐 하는 것도 우리가 충분히 짐작할 만합니다.

작년 29차 유엔총회에서 영국 대표가 재미나는 얘기를 했습니다. '남북대화가 요즈음 잘 안 되어서 최근에 상당히 실망을 했는데, 얘기를 들어 보니까 북한에서 DMZ(비무장 지대) 안으로 땅굴을 파고 지금 내려온다니까, 그 땅굴 안에서 남북 대표가 모여서 오순도순 얘기하면 될 것이 아니냐'고 조크를 해서 장내에 폭소가 터져 나왔다고 합니다.

북한 공산당들이 남북대화에 대한 생각과 태도가 이래가지고는 솔직히 말해서 남북대화에 대해 우리가 기대할 것이라고는 사실 아무것도 없습니다. 그러나 우리는 이 대화를 여하한 일이 있든지 중단시키지 않고 이것을 정상화시키는 데에 모든 노력을 다할 생각입니다.

왜냐하면, 우리 동족끼리 또 다시 피를 흘리지 않기 위해서, 6·25와 같은 그런 동족상잔의 비극을 다시는 되풀이하지 않기 위해서 이 대화는 여하한 일이 있든지 중단시키지 않고 정상화하는 데 온갖 노력을 다할 생각입니다."

대통령은 이어서 북한 공산주의자들이 폭력을 포기하고 남북대화
에 응해 오도록 만들기 위해서는 우리가 국민총화와 총력안보로 국
력 배양을 가속화해야 하며, 여기에 10월유신의 근본목적이 있다는
점을 강조했다.

"여러분들이 잘 아시는 바와 같이, 공산주의자들은 세계 어느 공
산주의자이든 공산 폭력 혁명에 있어서는 한 가지 전술의 원칙이
있습니다. 우리 편이 약하다고 생각하면 무력이나 폭력을 가지고 집
어삼키려고 달려들고, 우리가 힘이 더 강하다고 생각하면 그 다음에
는 협상전술로 나옵니다. 이것은 세계 어디에서나 그들의 공통된 전
술입니다. 중국 공산당도 그러했습니다. 자기들이 힘이 부족할 때에
는 '국공합작'이니 뭐니 해 가지고 협상에 응해 나왔고, 힘이 어느
정도 커지고 자신이 생긴 다음에는 국민정부군에 대해서 도전을 했
습니다. 최근에 다시 전쟁이 재연되고 있습니다만, 월남에 있는 월
남 공산당도 마찬가지입니다.

북한의 공산당도 마찬가지입니다. 1953년에 공산 측에서 휴전을
제의해 온 것은 유엔군의 힘이 막강하고 도저히 자기들 힘을 가지
고는 유엔군을 막아낼 수가 없다고 판단되었기 때문에 휴전을 제의
해 왔던 것입니다.

그때 만약 우리 편이 약하고 자기들이 그대로 밀어제칠 수 있다
고 생각했더라면 공산 측이 절대로 휴전을 제의해 올 리도 없고 우
리 측에서 제의를 했더라도 듣지도 않았을 것입니다.

흔히 동·서독 관계는 다르지 않느냐, 이러한 소리를 합니다. 동·
서독 관계도 나는 원칙에는 변함이 없다고 봅니다. 동독이 왜 무력
을 가지고 서독에 덤비지 않느냐, 서독이 동독보다 월등히 힘이 강

하기 때문에 동독이 힘을 가지고 서독을 넘어뜨릴 수 없다고 판단했기 때문에 협상에 응했고, 유엔에도 같이 가입해서 지금 그야말로 평화공존을 하고 있다고 생각합니다. 만약에 서독이 동독보다도 모든 면에 있어서 힘이 약했더라면, 지금 동독 공산당이 아주 얌전하고 양심적인 사람들이라서, 북한 공산당이나 월남 공산당 모양으로 안 했겠느냐 하는 것입니다. 내가 볼 때 다만 서독이 상대적으로 국력이 월등히 강하니까 그런 짓을 못하고 협상을 했으며, 북한 공산당도 마찬가지라고 나는 생각합니다.

우리가 강하면 협상하자고 나옵니다. 약하게 보였을 때에는 언제든지 그자들은 폭력으로 도전해 올 것입니다. 그렇기 때문에, 우리는 국민총화와 총력안보로 우리의 국력을 하루빨리 배양해야 하겠고 가속화해야 하겠습니다. '10월유신'의 근본 목적도 여기에 있는 것입니다."

7·4공동성명으로 시작된 남북대화는 낙관론과 비관론이 번갈아 가며 나타났다. 남북한 회담대표의 상호 방문은 들뜬 희망의 파도를 몰고 왔다. 그러나 남북조절위원회 회담의 부진은 대화의 전도에 암운을 던졌다. 지난 25년 동안 하나의 민족국가가 분열되어 있는데다가 4대 열강들이 관련되어 있어서 한반도의 문제는 단 한 번의 극적인 조치로 해결될 것 같지 않다는 것이 분명해졌다.

남북한 상호 간에 믿음이 없다는 사실과 남북한 현안 문제의 복잡성과 상호관련성을 이해하기가 어렵다는 사실이 대화를 또한 복잡하고 어렵게 만들었다. 그 결과 전체 대화 과정을 통해서 진척을 측정할 수 있는 지표가 좀처럼 나타나지 않았다. 이런 문제가 남북대화기간 동안 계속됐다.

적대적인 국가들 간에 적대관계를 종식시키기 위한 대화나 협상이 성공적인 결과를 가져오려면 몇 가지 전제가 이루어져 있어야 한다.

첫째, 주어진 시기에 있어서 쌍방이 자신들의 힘을 올바로 평가하고, 적대관계 종식의 필요성을 인정해야 한다.

둘째, 적대관계의 종식을 위해서 무엇이 바람직하고, 가능한 것인가에 대해 쌍방의 공통된 인식이 존재해야 한다.

셋째, 적대관계의 종식을 위해 쌍방이 서로 양보하고 서로 주고받겠다는 의사와 성의가 있어야 한다. 이러한 전제들이 이루어질 때 불완전하나마 적대관계의 종식을 위한 쌍방의 주장과 요구들이 협의될 수 있는 기반이 조성되는 것이다. 그러나 남북한의 관계에 있어서는 그러한 전제들이 성립되어 있지 못했다. 따라서 남북한 간에는 적대관계의 종식을 위한 대화나 협상이 성공적으로 이루어질 수 있는 기반이 없었던 것이다.

무엇보다도 북한 공산주의자들은 남북한 간의 이견을 해소하고 합의에 도달하려는 의사와 성의가 처음부터 없었다. 그들은 남북대화를 우리 국민의 여론을 자기들에게 유리한 방향으로 유도해 보려는 대남공작의 무대로 삼았고 새로운 쟁점이나 문제를 제기하는 투쟁의 무대로 이용했으며, 우리의 입장과 주장을 비난하고 자기들의 입장과 주장만을 정당화하려는 선전의 무대로 활용했다. 따라서 남북대화는 어려운 일이었고, 어떤 성과를 기대하기는 거의 불가능한 일이었다.

1975년 8월 하순에 방한한 제임스 슐레진저 미국 국방장관은 방문기간 중 조선호텔에서 열린 만찬에서 공산주의자들이 말하는 평화공존이라는 것은 곰과 양의 공존관계와 같은 것이라 비유해 화제가 되었다. 즉 '공산주의자들은 한울타리 속에 곰과 양을 함께 가두고 이를 평화공존이라고 하는데 동물원장에게 물어보니 매일 아침

양을 새로 갈아 넣어 줘야 된다고 한다'는 것이다.

이 비유는 공산주의자들과의 공존이나 대화가 얼마나 위험하고 어려운 것인가를 잘 보여 주고 있다.

북한 공산주의자들이 남북대화 과정에서 들고 나온 여러 가지 주장들은 모두가 우리의 안보체제를 약화시킴으로써 그들의 무력적화 야욕을 관철하려는 것들이었다. 그러나 그들의 이러한 주장이 실현될 수 없다는 것이 확실해지자 그들은 일방적으로 남북대화를 중단해 버리고 말았다.

우리가 매일아침 '새로운 양보'를 해주지 않으니까 공존도, 대화도 하지 않겠다는 것이다.

평화적 방법으로 통일하자면 그 첫 단계는 평화정착이다

1975년 1월 14일 연두기자회견에서 대통령은 남북이 전쟁을 해서 이기는 쪽이 통일을 한다면 몰라도, 전쟁을 피하고 평화적 방법으로 통일하자면 그 첫 단계는 평화정책이라는 점을 강조했다.

"통일이 우리 세대에 되려는지 안 되려는지 아무도 예언할 사람이 없습니다.

만약에 우리 세대에 통일이 못 된다 하더라도 최소한 우리 세대가 해야 할 일이 뭐냐? 동족간의 전쟁만은 막아야 하겠다, 이것이 우리에게 주어진 역사적인 사명이요 책임이라고 생각합니다.

그렇게 하자면, 이 시점에 우리가 해야 할 가장 급선무가 무엇이 겠느냐 하면 역시 평화 정착입니다. 즉, 긴장 완화이고 평화 정착입니다.

앞으로 우리가 평화적인 통일을 하기 위해서라도 이 평화 정착이라는 것이 반드시 선행되어야 하겠고, 또 절대적인 대전제가 되어야 한다고 생각합니다.

평화 정착 없이 남북평화통일이란 있을 수 없습니다. 물론, 서로 전쟁을 해서 이기는 쪽이 통일을 한다는 식이라면 모르되, 적어도 전쟁을 피하고 평화적인 방법으로 통일을 하자고 하면 첫 단계가 평화 정착입니다.

그러면 평화 정착에 대한 구체적인 방안이 뭐냐, 그것은 그동안 우리 정부가 제시한 일련의 평화정책, 이것이 가장 합리적이고 현실적인 방안이라고 우리는 생각합니다.

따라서 북한 측에서도 우리의 일련의 평화정책, 즉 '6·23평화통일외교선언', '남북상호불가침협정', 또 작년 광복절에 내가 천명한 '평화통일 3대기본원칙'을 허심탄회하게 받아들여야 하는 것입니다. 실제 현단계에서 남북이 평화 정착을 하는 데 있어서 이 방안 외에 또 무슨 묘안이 있느냐 하는 것입니다.

아까도 말씀드린 바와 같이, 이것은 가장 합리적이고 또 논리적이고 현실적인 방안이라고 우리는 확신하고 있고, 국제적으로도 공산진영을 제외하고는 절대적인 지지를 받고 있는 방안이라고 믿고 있습니다.

북한에 있는 공산당들도 이 방안이 가장 합리적이고 현실적인 방안이라는 것을 알고 있을 것입니다.

그럼에도 그 사람들이 이것을 받아들이지 못하는 이유는 뭐냐. 무력으로써 적화통일을 하겠다는 그들의 환상과 망령이 아직도 그들의 머리에서 떠나지 않기 때문에 받아들이지 못한다고 나는 생각합니다.

북한 공산집단 안에 있는 극렬분자, 극단주의자, 좌경모험주의자, 호전주의자, 이러한 자들이 이런 망상과 환상을 머리에서 완전히 씻어 버리기 전에는 우리의 제안을 그들이 받아들일 수 없을 것입니다. 합리적인 방안이라고 알면서도 못 받아들일 것입니다. 그러면 그것을 받아들이도록 만드는 방법은 무엇이냐, 방법은 하나밖에 없습니다.

그것은 우리가 빨리 국력을 키우고 우리의 힘을 키우는 길밖에는 없다고 나는 생각합니다. 무력이나 폭력을 가지고는 대한민국을 뒤집어엎을 수 없다는 것을 그 사람들이 확실히 인식하고 체념하도록 만들어야 하겠습니다.

우리의 국력이 상대적으로 절대적인 우월성을 확보하는 것만이 그들로 하여금 이러한 환상과 망상을 버리고 그들의 소위 폭력 혁명 노선을 변경시킬 수 있는 하나의 계기가 될 것이며, 남북대화에 대해서도 좀 더 성의를 가지고 응해 올 것이라고 나는 믿습니다."

민족사적 정통성 이론을 정립하여 널리 홍보해야 되겠다

1975년 3월 3일, 국토통일원 연두순시에서 대통령은 대한민국이 민족사적 정통성을 갖고 있는 국가이고 정부라는 데 대한 이론을 정립하여 국내외 인사들에게 이해시키고 홍보해야 되겠다는 점을 강조했다.

"내가 강조하고 싶은 것은, 통일문제는 장관께서 통일원에서 보는 장기적인 전망을 설명하였습니다만, 실제 언제쯤 우리 통일 문제가 구체적으로 거론이 되고 좀 더 구체적으로 통일문제에 대한 남북 간의 관계가 이루어질지 지금으로선 정확하게 판단하기 어렵지만, 거기에 대비하여 지금 할 수 있는 일의 하나는 통일이 되더라도 민족사적으로 보아서 정통성이 우리 대한민국에 있다는 것을 지금부터 거기에 대한 이론을 정립하여 자꾸 국내외에 적극적으로 이해시키고 홍보하는 것, 이것이 먼 장래에 올 통일문제에 대해 우리들이 지금부터 기초를 다듬어 나가야 할 하나의 사업이 아니겠는가 생각합니다. 대한민국이라는 하나의 큰 가정이 있는데 우리 역사는 5천년에 가까운 긴 역사를 가진 민족국가인데, 그동안에 삼국시대다, 신라다, 고려다, 조선시대다 해왔지만, 2차 세계대전 후에 남북이 갈라져서 북의 공산당들은 민족사적으로 보아 정통성이 자기들에게 있다, 우리는 우리한테 있다고 주장하고 있는데 이것을 좀 더 이론적으로 체계를 세워서 지금 현재도 그렇고 장차 통일이 되어도 대한민국이 민족사적으로 보아서 정통성을 갖고 있는 국가이고 정부라는 것을 지금부터 정립해 나가야 할 것입니다. 그런 것은 역시 통일원에서 연구해 나가야 되지 않겠는가 생각합니다."

우리나라는 동북아시아 한 모퉁이에 자리잡은 반도국가로서, 북방민족은 이 땅을 해상진출의 거점으로 삼으려 하였고, 해양국가는 대륙공략의 전진기지로 확보하려 했기 때문에, 우리는 이들 주변 국가로부터 간단없는 침략을 받아 왔다.

작은 것은 두고라도 지난 2천여 년 동안에 큰 침공만 도합 아홉 번이나 된다. 첫 번째인 한의 침입은 수백 년 동안 계속되었고, 수나라가 한 번, 당나라가 두 번으로 한족의 침략이 네 번에 달하였고, 다음에는 거란이 한 번, 원나라가 한 번, 일본이 두 번, 청나라가 한 번이었다.

그러나 우리 민족은 그처럼 여러 차례 이민족의 침략을 당했어도 결코 굴하지 아니하고 국가적 독립성을 유지해 왔다.

외적의 말발굽에 무고한 백성들이 짓밟히는 고통과 강토가 유린되는 설움을 겪었으나, 그 고난 속에서도 우리민족의 정체성(正體性)은 그대로 보존되어 왔고, 한반도의 주인은 우리 민족임을 확인해왔다.

어느 민족이나 그처럼 큰 시련을 한두 번 받고 나면 종족적 멸망을 당했거나, 적어도 민족의 얼과 언어와 문화를 상실할 가능성도 있었으련만 우리는 거의 2백 년에 한 번씩 그것도 우리보다 몇 배

많은 인구와 병력을 가진 강대국의 침략을 당하면서도, 혈통적으로 문화적으로 통일된 민족국가를 보존해 왔던 것이다.

이것은 인류역사를 통틀어 하나의 경이라고 해도 과언이 아닐 것이다. 지난 수천 년 동안 지구상에는 찬란했던 문명의 유적만 남겨 놓고 사라진 민족이 있는가 하면 역사 속에 겨우 그 이름만 남아있는 국가도 많다.

이들과 비교할 때 우리민족의 강인한 생명력과 불굴의 끈기는 참으로 놀라운 것이라 아니할 수 없다.

아시아 10여 민족 가운데 몽고의 침입에 대하여 단 4년을 저항한 민족이 없다. 우리만이 7차에 걸쳐 40여 년을 저항하면서 민족의 독립과 생존과 국가형태를 지켜온 것이다. 임진왜란, 병자호란은 분명히 국치였고 민족적 수모였으나, 그 어느 것도 우리민족의 동질성과 정통성을 파괴할 수는 없었다.

지난날 제국일본이 그처럼 조직적으로 우리민족의 국권을 짓밟고 문화를 말살해서 일본화해 보려던 일제 30여 년의 온갖 획책도, 이제 보면 연꽃과 연잎에 떨어진 빗방울과 같아서 우리 민족의 전통과 문화에 아무런 흔적조차 남기지 못했다.

우리 민족은 그처럼 가혹하고 연속적인 충격 속에서도 위축되거나 좌절함이 없이 도리어 그러한 충격을 자극제로 삼아 더 큰 활력을 얻었던 것이다. 380년 전 임진왜란 때 4백만으로 줄었던 우리나라의 인구는, 약 2백 년 전 영조 때의 호구조사에 7백만으로 회복된 것으로 나타났고, 60년 전에 1천 5백만이었던 것이 지금은 남북을 합하여 약 5천만으로 세 곱절 이상이 늘어난 것이다.

이것은 우리민족의 사명이 과거에 있지 않고 미래에 있다는 것을 알려주는 하나의 예고가 아닐 수 없다.

그러나 북한 공산주의자들은 이러한 우리의 역사와 전통과 문화를 부정하고 공산주의와 김일성 부자에 대한 우상숭배를 위해 역사를 날조하고, 전통을 말살하고 있는 것이다.

그들은 민족을 외치면서 민족의 동질성과 정통성을 파괴하고 있다.

그들은 외래의 막스 레닌주의에 따라 역사의 발전을 계급과 계급 간의 투쟁으로 파악하고 민족사의 기록마저 이른바 계급사관에 맞춰 왜곡하고 있으며, 폭력으로 공산독재를 이 땅에 강요하려 하고 있다.

따라서 북한 공산집단이 낡은 계급사관에서 탈피하여, 조상 대대로 이어온 우리의 민족정신과 문화전통을 회복하지 않는 한, 아무리 허울 좋은 구호나 선전을 되풀이한다고 하더라도, 그들이 노리는 것은 무력적화통일이다. 우리가 공산주의를 배격하고, 그들과의 대결에서 기어코 승리해야 하는 이유도 민족에 대한 그들의 반역을 막고, 민족사의 정통성을 수호, 발전시키기 위한 것이다. 이러한 역사적 사실에 입각해서 민족사적 정통성은 대한민국에 있다는 것을 이론화해야 되겠다는 것이다.

북괴의 제2땅굴 발견

1975년 3월 20일 중부전선 철원 동북방 13km 지점에서 지하 50m의 화강암층을 뚫은 제2땅굴이 발견되었다고 유엔군사령부가 공식 발표했다. 이날 저녁 일기에서 대통령은 북한이 남침야욕을 가지고 있지 않다고 말하는 일부 정치인들과 북한 공산주의자들이 제정신으로 돌아가도록 일깨워 줄 것을 신에게 기원했다.

"작일 철원 북방 휴전선 안에서 북괴의 지하 땅굴을 또다시 발견. UN군 사령부에서 발표. 땅굴은 폭 2m, 길이 3.5km. 북괴의 집요한 남침 야욕의 또 하나의 실증을 우리는 얻었다.

이런 판인데도 북의 남침 야욕이 없다고 운운하는 이 나라의 일

철원 동북방 **DMZ** 안에서 발견된 북괴의 남침용 땅굴 폭과 높이가 각각 2m, 시간당 3만의 병력이 통과할 수 있는 규모이다(1975. 3. 20).

부 정치인들의 그 무책임한 소리가 이러고도 또 있을 것인가?

북한 공산당들은 언제나 민족적인 양심에 되돌아가서 동족끼리 단합해 통일된 조국을 재건하여 만방에 떳떳하게 살아볼 날이 올 것인가.

오, 신이여.

북녘 땅에 도사리고 있는 저 무지막지한 공산당들에게 제정신으로 돌아가도록 일깨워 주시고 깨닫게 하여 주소서."

제5장 우리의 국토는 1차적으로 우리 힘으로 우리 스스로가 지켜야 한다

김일성은 중공에 가서 전쟁이든 혁명이든 모든 준비 완료했다고 떠벌렸다

1975년 4월 중순에, 인도차이나 사태가 악화하는 것과 때를 같이해서 북괴 김일성은 베이징으로 들어가 중공 당주석 모택동, 수상 주은래와의 한 차례 회담, 부수상 등소평과 세 차례 회담을 가졌으나 그 내용은 밝혀지지 않았으며, 한반도와 세계정세에 대한 김일성과 등소평의 공개연설만이 알려졌다. 그러나 4월 18일 베이징 인민대회당에서 김일성이 행한 연설은 우리로서는 경계하지 않을 수 없는 내용이었다. 그것은 '남한혁명 지원'이란 말로 시작되었다.

'만일 남조선에서 혁명이 일어날 경우 같은 동포인 우리는 팔짱을 낀 채 방관하지 않고 남쪽 인민을 적극 지원할 것이다. 전쟁이든 혁명이든 다가오는 혁명적 대사변을 승리로 맞이할 만반의 준비를 갖추었다. 이 전쟁에서 우리가 잃어버리는 것은 군사분계선이고 얻는 것은 조국통일'이라고 말해 무력침략의 의도를 명백히 드러냈다.

등소평은 '북한의 통일을 위한 투쟁을 언제나 지지하겠으며, 주한미군을 철수시키고 자기문제를 자신이 해결하도록 하자는 북한의 요구를 지지한다'고 말했다. 그는 '미군은 한국에서 반드시 철수해야 하며, 미국이 지원하는 한국은 인정하지 않겠다' '한반도 문제는 외부의 세력을 배제하고 남북한 인민들 스스로 해결해야 한다'고 주장했다. 김일성은 베이징방문 3개월 전에는 14명의 북괴 군사전문가들을 중공에 파견하여 중공의 군사지도자들과 인도차이나 반도의 공산화 이후의 한반도 군사정세를 검토케 한 바가 있었다. 김일성은 베이징방문대표단으로 북괴군 총참모장 오진우, 북괴군 상장이며 노농적위대 총책임자인 전문섭, 공군사령관 오극렬 등 최고위 군수뇌들을 데리고 갔으며, 이들 군수뇌들은 공식회담 이외에는 일체 참석치 않은 것으로 보아 중공의 군사시설을 시찰하거나 중공군 수뇌와 북괴·중공 간의 군사문제를 중점 협의한 것으로 관측되었다. 그리고 1975년은 북괴가 지하땅굴을 파는 작업을 시작하여 이를 완공하려는 목표연도였고, 이른바 노동당 창당 30주년으로 대남공작의 결정적 시기로 보고 있는 해였다. 이러한 여러 가지 사실에 비추어 볼 때 김일성의 중공 방문 목적이 북괴와 중공 간의 군사적인 관계에 중점이 있다는 것이 명백한 것으로 분석되었다.

우리 정부는 김일성의 중공 방문 목적은 군사적인 원조를 요청하거나 대남 도발행위에 대한 사전 동의를 얻으려는 것보다는 어떠한 형태의 대남 도발행위를 하든지 묵인해 줄 것을 중공에 통고한 것으로 보았다. 북괴는 앞으로의 전쟁도발을 단기적으로 해치우겠다는 속셈이었으므로 중공의 원조보다는 이러한 무력도발 행위에 대해 사전 양해와 이해를 구하려는 데 주안점을 두고 있는 것으로 본 것이다. 김일성이 이미 방문을 수락한 공산권 4개국과 중립국 7개국을 제쳐놓고 중공부터 방문한 것은 인도차이나 반도의 사태에 고무되어 무력통일 계획을 전달하려는 것이 가장 큰 목적의 하나라고 분석한 것이다.

자유월남 공산화의 교훈을 명심해야 한다

1975년 4월 28일, 저녁 뉴스에서 월남의 수도 사이공이 공산군의 침투로 곧 함락될 것이라는 보도를 보고 대통령은 이날 밤 국가안보와 시국에 관한 특별담화를 직접 집필하여 이를 다음날인 4월 29일 발표했다. 사이공이 공산군에 함락되기 하루 전이었다. 대통령은 먼저 사이공의 전황과 정치적 혼미상태를 지적하고 인도차이나 사태가 결코 '강 건너의 불'이라고 생각해서는 안 된다는 점을 강조했다.

"작금, 시국에 관한 나의 소신을 이야기하고 국민 여러분들에게 몇 가지를 당부하고자 합니다. 신문 지상이나 방송을 통해 매일같이 보도되고 있는 인도차이나 사태를 보고 국민 여러분들도 매우 착잡한 심경에 빠져 있을 것으로 짐작이 됩니다. 특히 월남은 과거 우리 청년들이 그곳에 가서 피 흘려 가며 지켜 준 땅이기 때문에 공산 수중으로 하나하나 넘어가는 것을 앉아서 보고 있는 우리의 심정은 안타깝기 이를 데 없습니다. 크메르공화국은 드디어 지난 4월 17일 고군분투하던 정부군이 끝내 공산군에게 항복하고 말았습니다. 따라서 세계지도에서 크메르라는 이름은 지워지고 말았습니다. 월남도 지난 3월 초순 공산군의 대공세가 시작된 이후 공산군보다 몇 배나 더 우세한 정부군이 있었지만 초기에 적의 공세를 효과적으로 저지하는 데 실패하자 계속 후퇴하여 불과 한 달 남짓만에 월남공화국의 전국토 3분의 2를 공산군에게 빼앗기고, 지금은 수도 사이공이 완전 포위되어서 사태는 매우 절박한 위기에 직면하고 있습니다. 어제 저녁 보도로는 사이공에 공산군이 상당수 침투했다고 합니다. 지난 4월 21일에는 드디어 티우 대통령의 하야가 있었고, 후옹 부통령이 계승했다가 또다시 민 장군에게 대통령직이 인계되고, 지금 새 정부를 수립해서 공산군과 협상을 시도하고 있습니다만 월남은 군사적 패배에 겹쳐서 정치적으로도 대단히 혼미를 거듭하고 있습니다. 불과 열흘 사이에 대통령이 2명이나 경질되고, 조각도 안 되고 있는 것 같습니다. 월남정부가 앞으로 월남국민과 더불어 여하

최전선에 배치된 국군부대를 시찰하고 근무태세를 점검하는 박 대통령 (1975. 5. 23)

한 희생이라도 무릅쓰고 감내하면서 수도 사이공을 끝까지 사수해서 현재의 이 전세를 역전시키고, 이 어려운 국면을 다시 타개하고, 나아가서는 공산 측과 협상의 문호를 열 수 있는 일대 전기를 마련할 수 있겠느냐 없겠느냐 하는 전망에 대해서는 지금 현재로서는 아무도 예측을 불허합니다. 금년 봄에 들어와서 인도차이나 반도의 정세는 급전직하로 급변을 거듭하고 있습니다. 인도차이나 반도는 지리적으로는 우리나라와 멀리 떨어져 있는 곳입니다만 그러나 인도차이나 반도의 정세를 우리는 결코 '강 건너의 불'이라고만 생각해서는 안 될 줄 압니다."

대통령은 이어서 우리가 명심해야 할 인도차이나 사태의 교훈을 세 가지 지적했다.

"인도차이나 반도의 사태는 우리에게 지극히 귀중한 교훈을 주고 있습니다. 첫째의 교훈은, 공산주의자들과 맺은 평화협정이다, 조약이다, 또는 긴장 완화다, 화해다 운운하는 것은 그들과 우리와의 힘의 균형이 이루어지고 있을 때에만 가능하다는 것입니다. 만약에 힘의 균형이 일단 깨지고, 우리에게 어떤 약점이 생기거나 또는 우리가 약하다고 그들이 보았을 때에는 지금까지 체결한 협정이니 하는 것은 하루아침에 휴지처럼 내동댕이치고 당장 무력이나 폭력을 가지고 덤벼드는 것이 바로 공산주의자들입니다. 이는 공산주의자들의 기본전술입니다. 공산주의자들과 휴전을 한다, 협정을 맺는다, 또는 대화를 한다고 할 때에 우리는 각별히 조심을 해야 합니다. 그들이 이런 데 응해 올 때에는 그들이 힘으로서는 이쪽을 넘어뜨릴 수 없으니까 어떤 새로운 음모를 꾸며서 이를 추진하기 위한 준비의 시간을 얻기 위한 것입니다. 이것을 우리는 확실히 알아야 합니다. 이번 월남 사태도 1973년 1월 소위 '월남 휴전협정'이 이루어졌는데, 지난 2년 동안 공산 측은 오늘의 이러한 무력 침공, 즉 무력을 가지고 월남을 점령하기 위한 준비를 하고 있었던 것입니다. 그리고 월남 측은 이에 대해서 충분한 대비를 하지 못했다고 보아야 할 것입니다.

다음 두 번째의 교훈은 자기 나라의 국가안보를 남에게 의존하던 시대는 벌써 지나갔다는 것입니다. 이것도 우리는 확실히 명심을 해야 하겠습니다. 자기 나라는 자기 힘으로 지키겠다는 굳건한 결의와 또 지킬 만한 능력을 가지고 있어야만 비로소 살아남을 수 있는 것입니다. 우방의 지원이라는 것도 한계가 있기 때문에 자기 자신이 지키겠다는 결의와 능력을 갖지 못할 때에는 남의 도움도 빌릴 수 없다고 하는 냉혹한 사실을 우리는 확실히 인식을 해야 될 줄 압니다.

다음 세 번째 교훈은 국론이 분열되고 국내가 혼란에 빠져 있을 때에는 일단 유사시에 힘을 가지고 있으면서도 그 힘을 제대로 발

최전방부대를 시찰한 박 대통령이 부대장의 설명을 들으며 쌍안경으로 적진을 살피고 있는 장면(1975. 6. 3) 북한은 사이공 함락에 앞선 2주간에 2개 기갑사단을 휴전선 비무장지대로 집결시켰다고 〈뉴욕타임스〉가 1975년 5월 22일자로 보도한 바 있다. 또한 대남 특공대 침투목적으로 판 땅굴이 17개나 발견되었다고 보도했다.

휘할 수 없다는 것입니다. 이번에 크메르와 월남의 예를 보더라도 이 두 나라의 정부군이 공산군보다 반드시 힘이 약했느냐 하면 그렇지는 않습니다. 오히려 병력이나 장비면에 있어서는 공산군보다도 더 우세했습니다. 그런데도 왜 패배했느냐 하면 여러 가지 이유가 있겠으나 가장 중요한 것은 국론이 통일되지 않고, 국민의 총화단결이 되어 있지 않았다, 정치 불안과 혼란이 계속되고 있었다, 즉 집안싸움만 하다가 패전을 당한 것입니다. 이러한 예는 우리나라 역사에서도 많이 찾아볼 수 있습니다. 따라서 우리는 이런 점을 특별히 '타산지석'으로 삼고, 또 교훈으로 명심해야 될 줄 압니다."

대통령은 이어서 인도차이나 반도의 사태가 우리의 국가안보에 미치게 될 영향을 분석하고, 북괴가 전쟁을 도발할 가능성이 있다는 점을 강조했다.

"그러면 인도차이나 반도 사태가 한반도 및 우리의 안보에 어떤 영향을 미치겠는가 하는 문제입니다. 인도차이나 반도에서 공산주의자들이 지금 쓰고 있는 '인민해방전쟁'이나 '폭력혁명 전략'이라는 것은 우리나라의 북한 공산주의자들이 쓰고 있는 소위 '남조선 해방'이니 '남조선 혁명 전략'이니 하는 것과 똑같은 아시아 국제공산주의 전략의 일환이고 또 그 공동 전선이라는 것을 우리는 알아야 합니다. 따라서 가장 호전적이고 악명 높은 북한 공산집단이 오늘의 인도차이나 사태를 보고 무엇을 생각하고 있겠는가 하는 것을 우리가 생각해 보아야 하겠습니다. 아마도 지금 그들은 어떤 흉계와 음모를 꾸미고 있을 것입니다. 해방 후 지난 30년 동안 그들은 이것만을 연구해 왔고 이러한 음모만을 꾸며왔던 그들이기 때문에 오늘의 인도차이나 사태와 정세를 보고 가만히 있을 리가 만무합니다. 아마도 그들은 크게 용기를 얻고 고무가 되었을 것입니다. 우리 한반도에서도 소위 '인민해방전쟁'이니 '남조선 혁명'이니 하는 것이 성공할 수 있다고 판단하고 있을지도 모릅니다. 이번에 중공을 방문한 김일성은 베이징에서 의기양양하여 큰소리를 많이 쳤습니다. 그가 중공을 방문한 목적이라든지, 중공 수뇌들과 만나서 어떤 이야기를 했느냐 하는 것은 우리가 알 수 없지만, 그러나 무슨 이야기를 주고 받았을 것이다, 무슨 음모를 꾸몄을 것이다 하는 것은 충분히 짐작하고도 남음이 있습니다. 김일성은 베이징에 가서 '남조선 혁명을 위해서는 전쟁도 불사할 것이고, 전쟁이 나면 성공할 수 있는 모든 준비가 다 되어 있다'고 호언장담을 했습니다. 이것은 우리에 대한 지극히 도전적인 말이라고 하지 않을 수 없습니다."

함대함 미사일 시험발사 성공 발사장면을 쌍안경으로 지켜보는 박 대통령(1975. 11. 7)

대통령은 이어서 북괴가 전쟁을 도발할 가능성이 있다고 판단하는 근거로 75년을 '남조선 적화통일의 결정적인 해'로 정해 놓고 남침을 위한 전쟁준비를 해 온 사실을 지적했다.

"금년 연초에 나는 수차 이런 말을 언급한 일이 있습니다. 즉, 북한 공산집단은 금년을 소위 '남조선 적화통일'의 결정적인 해로 정해 놓고 여러 가지 일을 추진하고 있는 것 같다는 것입니다. 우리는 이러한 판단을 뒷받침할 만한 여러 가지 자료와 증거를 많이 가지고 있습니다. 그들은 벌써 여러 차례 '해방 30주년이요 노동당 창당 30주년인 금년을 혁명의 빛나는 승리의 해로 만들자' 하고 되풀이 공언해 왔습니다. 또한, 우리의 이와 같은 판단을 뒷받침할 수 있는 구체적인 사례를 한두 가지 든다면, 국민 여러분도 잘 아시는 바와 같이 지난번에 휴전선 안에서 북한 공산주의자들이 남침을 위해 뚫고 들어온 땅굴 사건이 있습니다. 이미 우리가 2개를 발견하고 나머지를 탐색하고 있는 중인데, 아직도 아마 10여 개는 더 있는 것 같습니다. 이 땅굴의 완공 시기가 언제냐 하는 것을 조사해 보니까 바로 금년 여름입니다. 그들은 1971년 가을에 착공해서 늦어도 금년 가을 전에 이것을 완공할 목표로 뚫고 내려왔던 것입니다. 또한, 북한에서는 지금 '6개년계획'이라는 것을 추진하고 있는데, 원 계획대로 한다면 내년에 끝나는 것 같습니다. 그런데 무슨 이유에서인지 이것을 1년 앞당겨 금년 10월 이전에 완공하라는 북한노동당의 지시에 따라 지금 북한은 '속도전'이니 하여 야단법석을 치고 있습니다. 북한에서는 올 봄부터 고등학교 이상의 모든 학생들이 학업을 전폐하고 '6개년계획 1년 앞당기기 운동'에 동원되고 있습니다. 우리나라 학생들이 데모를 하고 휴교를 하고 놀고 있는 동안에 공산치하에 있는 북한학생들은 학업까지 중단하고 '6개년계획 1년 앞당기기 운동'의 노동에 동원되고 있다는 사실을 우리는 알고 있습니다. 그밖에 군사적인 분야라든지 사회적인 분야에 있어서도 우리의 판단을 뒷받침할 만한 여러 가지 증거를 많이 포착하고 있습니다."

대통령은 이어서 북괴가 왜 하필이면 '적화통일의 결정적인 해'를 75년으로 잡고 있는지 그 이유를 설명했다.

"그러면, 왜 그들은 금년, 즉 1975년에다 '타이밍'을 맞추었겠느냐, 시간적인 초점을 맞추었겠느냐 하는 점입니다. 이것도 여러 가지 이유와 판단이 있겠지만 내가 보기에 가장 중요한 이유의 하나는 여러분이 아시는 바와 같이 우리의 구헌법대로 한다면 1975년은 선거의 해입니다. '10월유신'에 의해 유신헌법이 제정됨으로써 헌법이 바뀌었습니다만 만약에 유신헌법이 생기지 않고 구 헌법대로 한다면 금년 봄이 대통령선거와 국회의원선거를 하는 해입니다. 아마 지금 쯤 대통령선거를 할 것이고, 다음 달에 가서는 국회의원선거가 있을 것입니다. 여러분도 잘 아시는 바와 같이 우리나라의 선거의 해라는 것은 한 마디로 우리의 국력이 가장 약화되는 시기입니다. 선거 때만 되면 사회혼란, 정국불안, 행정의 공백을 가져옵니다. 선거 때뿐 아니라 선거 전 6개월 혹은 1년 전부터 선거바람이 불어 사회가 시끄럽고 혼란하고, 또 행정의 공백이 거듭되는 양상을 띠다가 선거 때가 되면 이것이 절정에 도달해서 그야말로 나라의 기틀이 흔들릴 정도로 시끄러워지는 것이 우리나라의 선거풍조입니다. 선거가 끝나면 조용해지느냐 하면 끝나고 나서도 때로는 반 년, 때로는 1년 동안 후유증으로 해서 시끄럽습니다. 우리나라는 이처럼 매 4년마다 하는 선거를 중심으로 전후 1년 내지 2년 동안 여러 가지 사회혼란, 정치불안, 행정공백으로 국력이 약화되는 시기를 가지고 있는 것입니다. 아마도 북한 공산주의자들은 지난 71년도의 선거를 보고 이와 같은 시기에다가 타이밍을 맞춘 것일 것입니다. 이 것이 또 우연히도 소위 정권 수립 30주년, 노동당 창당 30주년, 해방 30주년하고 일치가 되니까 여기에 타이밍을 맞춘 것으로 짐작이 갑니다. 그들이 이러한 계획을 추진하고 있는 도중에 뜻밖에도 그들로 하여금 크게 용기와 자신을 얻게 하고 고무시켜 준 큰 사건이 일어났는데, 그것이 바로 인도차이나 사태인 것입니다. 그들은 인도차이나 사태를 보고 이 시기가 '남조선 혁명'의 절호의 기회라고 판단했을지도 모릅니다. 김일성이 이런 정세를 보고 있다가 안절부절 못해서 중공에 뛰어간 것입니다."

대통령은 이어서 금년은 북괴가 불장난을 저지를 가능성이 농후하나 우리는 여하한 적의 공격도 이를 저지, 격멸할 수 있는 충분한 힘을 보유하고 있다는 것을 국민들이 믿어주기 바란다고 말했다.
"이상 여러 가지 일들을 종합적으로 검토하고 분석하고 판단해 볼 때, 금년은 북한 공산집단이 불장난을 저지를 가능성이 농후하다고 보지 않을 수 없습니다. 이와 같은 모든 상황을 우리가 감안해 볼 때, 나는 북한이 남침을 할 것이다 안 할 것이다, 남침 위협이 있다 없다 운운하는 정세분석이나 토론을 할 시기는 벌써 지났다고 생각합니다. 이제부터 우리가 해야 할 일은 북한 공산집단이 전쟁을 도발해 왔을 때 즉각 이를 저지하고, 초전에 있어 결정적이고 치명적인 타격을 가해서 그들이 늘 입버릇처럼 뇌까리고 있는 소위 '남조선 혁명' 운운하는 허황된 꿈을 이 기회에 철저히 분쇄해 버리는 일입니다. 이것을 위한 우리들의 불퇴전의 결의와 하나하나의 구체적인 행동방책을 모색하고 검토해야 될 단계라고 나는 생각합니다. 공연히 갑론을박하고 앉아서 시간을 허송할 때가 아닙니다. 지금 우리 국군과 주한미군은 이런 사태에 대비해서 만반의 준비를 갖추고 있고, 엄중한 경계를 하고 있습니다. 우리는 여하한 적의 공격도 이를 저지하고 격멸할 수 있는 충분한 힘을 보유하고 있다는 것을 국민 여러분들은 믿어 주시기 바랍니다."

대통령은 이어서 북괴가 전쟁을 도발해 왔을 때 이에 대처할 수 있는 결의와 필승의 신념이 모든 국민의 가슴속에 확립되어 있어야 한다는 점을 강조했다.

"다만 내가 이 자리에서 강조하고 싶은 것은, 만약에 이런 사태가 일어났을 때 여기에 대처할 수 있는 굳건한 결의와 각오와 반드시 이겨야 되고 또 이길 수 있다는 필승의 신념이 우리 국민 한 사람 한 사람의 가슴속에 확실히 서 있느냐 없느냐 하는 문제입니다. 국민 여러분도 잘 아시는 바와 같이 오늘날의 전쟁은 군이 혼자만 하는 것이 아닙니다. 정부와 군과 또 국민이 혼연일체가 되어서 힘을 한데 뭉쳐 총력으로 대결해야만 전쟁에 승리할 수가 있습니다.

이것이 우리가 말하는 총력전이요 총력안보 체제입니다. 따라서 군인뿐만 아니라 국민 한 사람 한 사람이 전부 다 나라를 지키기 위해서 싸우는 전사라는 각오를 가져야 하겠습니다. 총을 들고 있는 군인만이 전사가 아닙니다. 정치인도 언론인도 종교인도 공무원도 교수, 학생, 농민, 상공인, 모든 직장에서 일하고 있는 우리 근로자, 또 가정주부 여러분들까지도 모두가 나라를 지키기 위해서 싸우는 전사라는 굳은 결의와 자부심을 가져야 하겠습니다. 모든 사람이 자기가 해야 할 일이 무엇인가 하는 것을 똑똑히 인식을 해야 합니다. 그리고 자기가 맡은 책임에 대해서는 가장 성실히 이행하고 실천을 해야 합니다. 나라를 지키기 위해서라면, 또 나라를 지키는 일이라면 여하한 희생도 사양하지 않겠다는 굳은 각오가 필요합니다. 우리 모두가 힘을 합쳐서 한데 뭉쳐 싸운다면 우리는 반드시 승리할 수 있다는 굳은 신념을 가져야 합니다. 우리 국민 중에 한 사람도 이 대열에서 이탈해서는 안 되겠습니다. 이것이 우리가 승리할 수 있는 요결이라고 나는 확신합니다."

대통령은 이어서 전방은 국군이, 서울은 시민이, 후방은 마을주민이 끝까지 사수하기 위해 필사적으로 싸워야 하고, 그렇게 하면 반드시 성공한다는 신념을 가져야 한다고 역설했다.

"우리는 한 치의 땅도 적에게 양보해서는 안 되겠습니다. 우리가 본의 아니게도 분단된 이 나라에서 여러 가지 어려움을 참고 견디고 이것을 극복해 나가면서 피땀 흘려 건설해 놓은 이 조국을, 그리고 우리 조상의 뼈가 묻혀 있고 우리의 사랑하는 자손들에게 길이 길이 물려주어야 할 이 땅을 왜 우리가 공산당한테 양보를 해야 합니까. 우리는 공산당들에게 조금도 해롭게 한 일이 없습니다. 해방 이후 지난 30년 동안 우리는 공산주의자들로부터 일방적으로 피해만 당해 왔습니다. 더 이상 이유 없이 피해를 입을 까닭이 없습니다. 만약에 앞으로 북한 공산집단이 전쟁을 도발해 온다면, 우리가 사는 수도 서울은 절대로 철수를 해서는 안 됩니다. 전시민이 이 자리에 남아서 사수해야 합니다. 정부도 650만 시민 여러분들과 같이 끝까지 수도를 사수할 것입니다. 대통령도 시민 여러분들과 같이 사수를 할 것입니다. 전방은 우리 군인들이 일보도 양보하지 않고 우리 국토를 수호할 것이고, 서울은 우리 시민들이 사수해야 할 것이고, 후방은 후방에 사는 우리 국민들이 제 각기 내 고장, 내 마을, 내 가정을 사수해야 합니다. 나라를 지키고 내 고장을 지키고 내 가족을 지키고 내 자신을 지키기 위해서는 죽기를 각오하고 필사적으로 싸워야 합니다. 그렇게 하면 반드시 승리한다는 신념을 가져야 합니다."

대통령은 이어서 우리가 죽을 각오로 힘을 뭉쳐 싸우면 반드시 이기고 살 수 있지만 제 각기 살기만 원하고 힘을 합치지 못하면 이기지도 못하고 살지도 못하게 된다는 점을 강조했다.

"어제가 바로 충무공 탄생 430주년이 됩니다만, 임진왜란 때 이순신 장군께서는 그 부하들을 독려하면서 이런 말씀을 하신 일이 있습니다. '필사즉생'이요 '필생즉사'라. 이것은 반드시 죽겠다 하는 필사의 각오로 싸우면 반드시 이기고 또 반드시 살 수 있다, 그와 반대로 살 궁리만 하고 싸우면 이기지도 못하고, 또 살지도 못한다는 것입니다. 오늘의 우리 처지도 마찬가지입니다. '필사즉생'이요 '필생즉사'입니다. 우리가 죽기를 각오하고 전부 힘을 뭉쳐서 싸우면 반드시 이기고 우리 모두가 살지만, 그렇지 못하고 모두 제 각기 살기만 원하고 힘을 합치지 못한다면 우리는 이기지도 못하고 살지도 못할 것입니다. 만약에 이러한 사태가 일어났을 때, 겁부터 먼저 집어먹고 나만 살겠다고 보따리를 싸가지고 얌체 같은 행위를 하는 국민들이 만약에 있다면, 이 전쟁은 우리가 이길 수 없습니다. 이길 수 없을 뿐 아니라 그 사람 자신도 살 수 없습니다. 이 같은 비국민적이고 반국가적인 행위를 하는 사람이 있다면, 이는 민족의 이름으로 단호히 규탄을 받아야 할 것입니다. 이것은 나라를 해롭게 하고 적을 이롭게 하는 이적행위로 규정하지 않을 수 없습니다. 또한 이러한 시기에 있어서 국론을 분열시키거나 국민총화를 해치는 행위를 하거나 또는 흔히 이런 때가 되면 있기 쉬운 유언비어 같은 것을 유포시켜 민심을 현혹케 하는 행위도 결국 적을 이롭게 하는 행위라고 보지 않을 수 없습니다. 나는, 우리 국민들은 여하한 경우라도 나라를 지키고 내 가정을 지키고 나 자신을 지키겠다는 굳은 결의와 각오가 돼 있다고 확신합니다. 만약에 북한 공산주의자들이 어떠한 오판에서 무모하게도 또다시 남침을 해 온다면, 그 결과는 오직 그들의 자멸이 있을 뿐이라는 것을 그들은 분명히 알아야 할 것입니다. 자고로 위대한 국민은 국난을 당해서 나라가 위태로울 때 일수록 더 굳게 단결해서 더 용기를 내고 애국애족의 희생적인 정신을 발휘해서 국난을 슬기롭게 극복하고 국가를 수호한 역사적 사례를 우리는 많이 알고 있습니다.”

대통령은 끝으로 앞으로 어떠한 어려운 일이 닥치더라도 우리는 동요해서는 안 되고, 동요할 필요가 없다는 점을 강조했다.

“국민 여러분! 우리들은 오늘의 이 중대한 시국을 에누리 없이 정확하게 인식해야 하겠습니다. 우리가 이 사태를 지나치게 과장할 필요도 없는 동시에 또 이것을 너무 과소평가하거나 안이한 생각을 해서도 절대로 안 되겠습니다. 사실 그대로 시국을 똑바로 인식을 해야만, 우리가 앞으로 여기에 임하는 데 대한 결의가 생기고 우리가 해야 할 일을 찾을 수 있게 되고 또 신념이 생길 것입니다. 앞으로 우리에게 여하한 어려운 일이 닥치더라도 우리는 조금도 동요해서는 안 됩니다. 동요할 필요도 없습니다. 우리 국민들이 굳게 단결해서 조국과 나 자신을 지키겠다는 결연한 태도와 각오를 가지고 임한다면 우리에게는 아무것도 두려울 것이 없습니다. 우리의 60만 국군과 주한미군은 세계 어느 나라의 군대보다도 막강한 힘을 가지고 있는 우수한 군대라는 것을 나는 자부합니다. 또, 우리는 잘 훈련되고 조직된 애국심이 투철한 270만의 향토예비군을 가지고 있습니다. 또, 우리에게는 반공정신으로 굳건히 무장된 3천 500만의 애국심에 불타는 우리 국민들이 있습니다. 우리는 이런 막강한 힘을 가지고 있다는 점을 국민 여러분들은 잘 아셔야 할 것입니다. 이러한 힘을 가지고도 왜 우리가 나라를 지키지 못하겠는가, 지키지 못할 이유가 하나도 없습니다. 만약에 있다면 우리의 각오와 결의에 달려 있습니다. 따라서 앞으로 국민 여러분들은 정부와 군을 믿어주시기 바라고, 또 우리 정부는 슬기롭고 용감한 국민 여러분들을 믿고 우리가 일치단결해서 필승의 신념을 가지고 의연한 자세로써 모든 사태에 대처해 나가야 하겠습니다. 그리고 우리 모두는 제각기 자기가 맡은 직책과 일에 대해서 보다 더 충실하고 책임 있게 해 나가야 하겠습니다. 이것만이 국난 극복을 위해 우리 국민들이 가져야 할 자세요, 또 우리들이 나아갈 길이라고 나는 확신합니다."

자기 나라를 자기들의 힘으로 지키겠다는 결의와 힘이 없는 나라는 생존하지 못한다

1975년 4월 30일, 월남이 공산군에게 함락된 날 저녁, 대통령은 그날의 일기에서 월남 패망의 교훈을 되새기고 필사의 결의로 국가 방위의 결의를 다시 한 번 다짐했다.

"월남공화국이 공산군에게 무조건 항복, 참으로 비통함을 금할 수 없다. 한때 우리의 젊은이들이 파병되어 월남국민들의 자유 수호를 위하여 8년간이나 싸워서 그들을 도왔다. 연 파병수 30만 명, 이제 그 나라는 멸망하고 월남공화국이란 이름은 지도상에서 지워지고 말았다. 참으로 비통하기 짝이 없다. 자기 나라를 자기들의 힘으로 지키겠다는 결의와 힘이 없는 나라는 생존하지 못한다는, 엄연하고도 냉혹한 현실과 진리를 우리는 보았다. 남이 도와주려니 하고 그것만을 믿고 나라 지키겠다는 준비를 갖추지 못하고 있다가 망국의 비애를 겪는 역사의 교훈을 우리 눈으로 보았다. 조국과 민족과 나 자신을 지키기 위해서는 여하한 희생도 불사하겠다는 결의와 힘을 배양하지 않으면 망국하고 난 연후에 아무리 후회해 보았자 후회 막급일 것이다. 충무공의 말씀대로 필사즉생 필생즉사(必死卽生必生卽死)다. 이 강산은 조상들이 과거 수천 년 동안 영고성쇠를 다 겪으면서 지켜오며 이룩한 조상의 나라다. 조국이다. 우리가 살다가 이 땅에 묻혀야 하고 길이길이 우리의 후손들에게 물려주어서 지켜가도록 해야 할 소중한 땅이다. 영원히 영원히 이 세상이 끝나는 그날까지 지켜가야 한다. 저 무지막지한 붉은 오랑캐들에게 더럽혀져서는 결코 안 된다. 지키지 못하는 날에는 다 죽어야 한다. 죽음을 각오한다면 결코 못 지킬 리 없으리라."

70년대 전반기에 미국은 여러 지역에서 적대세력과의 대결을 회피하는 데 급급했고, 맹방을 지원하기 위한 군사적 개입을 포기하거나 엉거주춤한 방식으로 수행함으로써 우방과 맺은 방위조약상의 의무나 공약을 이행할 의지가 없다는 사실이 분명하게 드러났다. 미국의 우방들은 미국과 체결한 조약이 과연 실효성이 있을 것인지 의심하기 시작했다. 월남, 라오스, 캄보디아의 생존을 보장하는 파리평화협정을 체결한 지 몇 달도 안 되어 이 나라들이 모두 월맹 공산주의 침략의 제물이 되도록 포기한 미국이 다른 우방들도 포기하지 않으리라는 보장이 없다는 대미 불신이 증폭된 것이다. 70년대 초 월남정부가 파리평화협상에 몹시 방해가 되고 있었을 때, 미국에서는 노골적으로 월남정부를 개편해야 한다는 주장이 나돌고 있었다. 그때, 키신저 국무장관은 그러한 주장을 경계하는 뜻에서 다음과 같은 경구를 남겼다.

'미국의 적이 되는 것은 위험한 일이지만 미국의 우방이 된다는 것은 치명적일 수 있다는 것을 구태여 세상에 광고할 필요가 없다' 키신저 장관의 그 재치 있는 경구는 몇 년 후 정확한 예언임이 입증되고 말았다. 미국의 적인 월맹은 미국의 폭격세례의 위기를 넘기고 승리했지만, 미국의 우방인 월남은 미국의 공약을 믿고 국방을 미국에만 의존하고 있다가 패망하고 말았다. 케네디 정권 이후 미국의 대 월남 정책과 주월미군의 군사전술에 대해 조언을 해 온 영국의 게릴라 전문가인 로버트 톰슨 경은 1975년 4월 7일 〈뉴스위크지〉와의 회견에서 만일 지금 월남에서 일어나고 있는 모든 사건에 관해 묘비명(墓碑銘)을 써야 한다면 귀하는 무어라 쓸 것인가? 라는 질문을 받고 이렇게 대답했다. '월남전을 통해서 나타난 유일한 교훈은 미국을 동맹으로 믿지 말라는 것이다.'

대통령은 우리나라가 미국과 상호방위조약을 맺고 있으나 우리나라 국방의 주체는 우리 자신이며, 우리의 국토는 우리 스스로 수호해야 하며, 미국에만 의존해서는 안 된다는 자주국방의 정신과 자세를 견지해야 한다는 것을 강조해 왔다.

우리의 국방을 위해서 미국의 태도만 쳐다볼 필요 없다

1975년 5월 7일, 정부·여당 연석회의에서 대통령은 먼저 김일성이가 남한의 적화통일이 가능하다고 오판하여 또다시 무모한 행동으로 나올 가능성이 있다고 언명했다.

"인지(인도차이나) 사태 이후의 모든 사태는 우리에게 불리하게 전개되고 있습니다. 특히 동북아시아에 있어서 중·소 세력은 전진해 오고 있는데 반해 미국은 후퇴하고 있어서 그 사이에 끼어 있는 한국은 위험한 입장에 처해 있습니다. 북괴는 이러한 상황을 '유리한 상황'으로 판단하고, 제2의 인지 사태를 꾸며 보려는 야욕을 명백히 드러내고 있습니다. 우리 국민들의 대다수가 현재의 시국을 올바로 이해하고 자주국방을 위한 정부의 정책에 적극 협조해 주고 있는 것은 마음 든든한 일입니다. 문제는 배워서 뭘 좀 안다는 사람들의 일부가 무책임한 소리를 하고 다니고 있는 것입니다. 그런 사람들이 정부정책을 비판하고 다닌다고 해서, 해야 할 일을 안 할 수는 없는 것이고 또 못할 것도 없습니다. 그러나 그런 사람들이 외국 신문에 자가선전을 하여 마치 한국의 반정부세력이 크게 성장한 것처럼 왜곡 보도되면 한국의 국제적 이미지도 손상되겠지만, 보다 큰 문제는 김일성이가 오판할 소지가 생긴다는 점입니다. 즉, 김일성이로서는 한국정부가 반정부세력을 탄압하여 지하에서 민중봉기가 일어나 극도의 혼란이 생길 것이며, 이때 한 대 치면 남한의 적화통일이 가능하다고 오판하여 또다시 무모한 행동으로 나올지도 모릅니다. 어떠한 일이 있더라도 이러한 파국은 막자는 것입니다."

대통령은 이어서 미국이 한미방위조약을 지킬 것이냐 지키지 않을 것이냐의 여부는 우리가 우리 스스로를 지키기 위해 자조적인 노력을 하느냐의 여부에 달려 있다는 점을 강조했다.

"인지 사태 이후 일부에서는 한미방위조약을 재확인하라는 주장이 나오고 있습니다. 그러나 조약을 변경하지 않는 한 미국은 공약을 지키게 돼 있습니다. 문제는 우리 자신에게 달려 있습니다. 우리가 월남처럼 놀면 공약이 있어도 안 지킬 것이고 우리가 잘하면 미국은 우리를 도와줄 것입니다. 너무 '확인' 운운하면 의타심만 생길 뿐입니다. 하버드대학에 가 있는 정부관리 얘기(오명호 주미공사)에 의하면, 미국 대학생들 간에는 미국이 월남에서 손을 떼야 한다는 여론이 지배적이었다가, '수안록' 승리 이후 논조와 태도가 달라지기 시작했으며, 그러다가 월남군이 다시 패주하니까 또다시 손을 떼야 한다는 소리가 높아졌다고 합니다. 문제는 자주적인 국민이냐 아니냐에 달린 것입니다. 우리 집에 불이 났을 때 내가 끄면서 도와달라고 그래야 도와주지 팔장끼고 있으면 아무도 안 도와줍니다. 미국은 앞으로 우방에 대해 '선택적 지원'을 한다고 하는데, 이것은 승산이 있는 데 돈을 거는 '경마식 도박'처럼 미국이 이해 타산에 그만큼 밝아졌다는 얘기입니다. 문제는 우리의 자주자립의 정신과 자세에 달려 있습니다. 우리 스스로 도울 때 남도 우리를 돕는다는 것을 명심해야 합니다. 만약 북괴가 전쟁을 도발하면 미국이 개입하겠느냐 하는 데 대한 의구심을 갖고 있는 사람이 있는 것 같은데, 현재의 상황하에서는 우리가 공격을 받게 되면 주한미국은 전쟁에 즉각 개입하게 되어 있습니다. 한국군은 유엔군사령관의 지휘하에 있고 한국 방위책임은 유엔군에 있기 때문입니다. 만일 미국이 불개입 정책을 확정하면 월남에서의 미·월·한국군의 경우처럼 작전권을 한국군으로 이양할 것입니다. 미국의 슐레신저 국방장관은 '전초기지'인 한국에 대한 공약을 준수한다고 밝혔는데 군사전략가가 아니라 정치인이라 그런지 전초기지 의미를 잘 모르는 것 같습니다. 군사적으로 말할 때 전초기지는 주저항선을 지키기 위한 기지로서, 방어할 수 없게 되면 언제든지 병력을 철수시키고 주저항선으로 후퇴한다는 개념인 것입니다. 전초기지라는 말을 군사적 의미로 썼는지 정치적 의미로 썼는지 확실하지 않습니다. 미국의 태도는 당장은 변하지 않겠지만 언제 변할지 알 수 없습니다. 따라서 미국이 변할 경우에 대비하여 우리는 미리부터 자주국방력을 강화해 나가야 합니다."

대통령은 이어서 육군참모총장 출신 여당의원이 자기가 미군의 자동개입 문제에 관해 주한미군 사령관에게 확인한 바 있다고 자랑스럽게 말하자, 무엇 때문에 할 일없이 그런 확인을 하고 다니냐, 자동개입문제는 물어 볼 필요가 없는 일이라고 단호하게 말했다.

"한반도에 다시 전쟁이 발발하면 미군이 참전하는 데 있어서 '헌법적 절차에 따라서' 한다는 소리는 무슨 얘기입니까? 미군이 현재 이 땅에 와 있고 한국군의 지휘권을 가지고 있는데, 북괴가 침략을 했을 경우 8군사령관이 워싱턴에 물어보고, 미행정부는 의회에 물어 본다는 것입니까? 그런 뜻이 아니지 않습니까? 8군 작전규정에 의하면 북괴공격시에는 즉각 때리도록 돼 있습니다. 적기가 상공에 떠 있는데 워싱톤에 묻는다는 말입니까? '자동개입'이 확실한데 이것을 자꾸 거론하고 확인하려 하는 것은 곤란합니다. 물어볼 필요도 없고 확인할 필요도 없습니다."

월남이 공산화 된 직후 국내외에서는 한미상호방위조약상의 공약이행문제와 전쟁 발발시 주한미군의 자동개입 문제가 논란되고 있었다. 1950년 7월 15일 대통령 공한으로 한국군에 대한 작전지휘권은 유엔군사령관에게 이양되었고, 1953년 7월 27일 휴전성립으로 그 시효가 끝났다. 그러나 1953년 8월 3일 이승만 대통령과 덜레스 미국무장관의 공동성명으로 한미방위조약의 발효시까지 한미 양국의 군부대는 유엔군사령관하에 둔다는 잠정조치를 발표하였고,

1954년 11월 17일 한미방위조약이 발효되는 날 합의의사록에서 다시 유엔군사령관하에 있음을 확인하였다. 즉, 1954년 11월 17일 체결한 한국에 대한 군사 및 경제원조에 관한 대한민국과 미합중국 간의 합의의사록에 의하면 유엔군사령부가 한국방위책임을 부담하는 동안 국군을 유엔군사령부의 작전통제하에 둔다는 것이며, 경제적 안정에 배치되지 않고, 이용 가능한 자원의 범위 내에서 효과적인 군사계획의 유지를 가능하게 하는 국군병력수준을 수락한다는 것이다. 다시 말하면, 국군의 작전통제권과 국군병력수준을 유엔군사령부의 한국방위계획과 연계시킨다는 것이다. 따라서 유엔군사령부가 국군에 대한 작전지휘권을 우리나라에 이양하지 않고 그대로 유지하고 있는 상황에서는 북한이 공격할 경우 유엔군은 즉시 개입하게 된다는 것이 대통령의 판단이었다. 특히 미 2사단의 1개 대대는 비무장지대(DMZ) 근처 임진강 북쪽에 주둔하고 있었고, 나머지는 모두 임진강 남쪽에 있었으나 한국군 방어전선에서 약 20마일 남쪽에 있는 캠프 케이시(Camp Casey)에 자리잡고 있는 2사단 사령부는 비무장지대와 서울 사이에 위치한 요충지였다. 따라서 북한이 남침할 경우 전방의 1개 대대는 물론이고 후방의 미군부대들도 즉각 전쟁에 휘말리게 될 것은 불을 보듯 뻔한 일이다. 한미방위조약에는 주한미군이 즉각 응전한다는 명문 규정은 없지만, 전쟁으로 인한 일단 유사시 미군은 즉각 개입되게 되어 있다는 것이다. 미군의 자동개입문제는 한미상호방위조약의 문맥이나 그 어휘가 애매모호하여 한미 양국이 서로에게 유리하게 해석할 소지가 있기 때문에 자주 논란이 되었다. 문제는 전문 7조로 된 이 조약의 핵심 조항인 제3조에 대한 해석 차이에 있었다. 이 조약 제3조는 '조약의 쌍방 간에 어느 한 쪽이 무력침공을 당했을 때 다른 한쪽의 평화와 안전에 위해(危害)하다고 간주하여 쌍방은 각 국의 헌법절차에 따라 공동의 위험에 대처한다'고 규정하고 있다. 우리나라는 이 3조에 의해 미국은 한반도에서 전쟁 발발시 즉각 자동적으로 개입하게 되어 있다고 보고 있었다. 그러나 미국은 즉각적, 자동적 개입이 아니라 미국의 헌법 절차에 따라 책임을 진다고 주장하였다. 선택의 여지를 남겨두고 있는 것이다. 1953년 10월 1일 한미상호방위조약에 체결된 그 당시에 덜레스 국무장관은 상원외교위원회의 '한미상호방위조약' 청문회에서 이 조약의 목적은 다음 두 가지라고 설명했다. 그 하나는, 한미 양국이 분명하고 단호하게 외부공격에 공동으로 대처한다는 것을 천명하기 위한 것이라는 것이다. 덜레스는 1950년에 북한공산주의자들이 공격을 감행했을 때 미국과 유엔이 단호하게 대처할 것임을 사전에 확신하고 있었다면 한국전쟁은 발생하지 않았을 것이라고 믿고 있었으며, 이 조약은 그들이 또다시 그런 오판을 못하도록 하기 위한 것이라는 것이다. 또 다른 목적은 한국으로 하여금 공식적으로 미국의 안보확약을 믿게 하기 위한 것이라는 것이다. 한국인들은 북한이 호시탐탐 남침의 기회를 노리고 있다는 것을 알고 있으며, 미국이 이것을 억지해 주기를 바라고 있고, 미국 또한 전쟁 억지와 한국의 통일과 독립을 희망하고 있다는 것이다. 덜레스 장관은 한미 양국은 외부공격에 대해 단호하고 분명하게 '공동대처'한다는 것이 이 방위조약의 주된 목적임을 분명히 했다. 그 후 미국 행정부의 고위인사들은 한반도에 위기가 고조될 때마다 한국을 즉각 지원한다는 공약을 되풀이해 왔다. 그러나 미행정부의 공약 이행 다짐에도 불구하고 미국이 유사시에 과연 그렇게 하겠는가 하는 데 대해서는 의문의 여지가 있다는 의견을 제시하는 전문가들도 있었다.

이들이 의문을 제기한 근거는 두 가지였다. 그 하나는 미국의 외교 및 군사정책은 여론에 지나치게 의존하고 또 크게 좌우되고 있다는 것이다. 따라서 미행정부가 우방과 맺은 방위조약의 이행을 아무리 강조하더라도 그것이 여론의 지지를 받지 못할 때는 여론을 그대로 반영하는 미의회가 행정부를 견제하여, 행정부는 우방에 대한 조약상의 의무와 공약을 이행할 수 없게 된다는 것이다. 따라서 우리나라가 북괴의 공격을 받아 전면전이 발발하면 주한미군이 '자동개입'하기로 규정하고 있는 한미방위조약상의 의무가 반드시 이행된다는 보장이 없지 않느냐 하는 것이다. 월남에서 보여 준 미군의 행동을 볼 때 주한미군의 자동개입을 덮어놓고 믿고만 있어서는 안 된다는 것이다. 이들은 북괴가 또다시 6·25같은 남침을 했을 때 미국이 군사적으로 개입해야 한다고 찬성한 미국인은 불과 14퍼센트로 나타난 미국의 한 여론조사 결과를 예로 들었다. 또 하나는 미국은 조약의 법률해석을 들고 나와 조약에 명시된 공약을 지킬 것인지에 대해 애매한 입장을 보임으로써 조약상의 책임을 회피하기 위해서 법률상의 도피처를 찾아 헤매는 교활한 변호사의 행각을 드러내기도 한다는 것이다.

즉, 한미상호방위조약은 우리나라가 공산국가, 또는 공산주의자의 조종을 받는 나라에 공격당했을 경우, 한미 양국은 서로 협의를 하고 미국이 한국을 지원하기 위한 개입(介入)의 약속을 지킬 것을 규정하고 있는데, 이 의무의 이행 여부를 결정하는 것은 미국이라는 것이다. 다시 말하면 미국이 이행하기로 선택한 의무는 전적으로 미국이 마음대로 정하거나 폐기할 수 있는 미국의 일방적 결정에 달려 있다는 것이다. 그러나 대통령은 현재의 국제상황에서는 그러한 우려를 할 필요가 없다고 생각했다. 미국이 대한방위공약을 이행하는 것은 태평양국가로서의 미국의 국가이익에 부합하는 것이기 때문에 미국은 한미상호방위조약상의 의무를 수행하게 되어 있다는 것이다. 다만, 미국의 태도가 언제 변할지 알 수 없으므로 그러한 변화에 대비하여 우리의 자주국방능력을 미리 강화해야 한다는 것이다.

　대통령은 이어서 북괴가 기습남침을 하면 주한미군의 자동개입 여부와는 관계없이 즉시 서부전선의 주한미군을 후방으로 철수시키고 38선 전역의 모든 전선의 방어를 우리 국군이 맡고 미군으로 부터는 공군과 병참지원만을 받는다는 전략 구상을 밝혔다.

　"김일성이 또다시 남침을 할 경우 우리는 즉각 서부전선에 있는 미군을 후방으로 철수시키고 38선 전역을 우리 국군이 방어해야 합니다. 전쟁이 났는데 전선에서 미군을 빼다니 말이 되느냐고 의아하게 생각하는 사람이 많이 있겠지만 반드시 그렇게 해야 합니다. 왜 빼느냐? 미군을 빼지 않으면 미국병사들은 똑바로 서서 총을 쏘면서 전투를 하다가 적탄을 맞고 피를 흘리며 쓰러질 것이고 미국의 텔레비전과 신문에는 이러한 참상이 월남전에서처럼 매일 자세하게 보도될 것입니다. 그렇게 되면 미국의회와 여론이 화·전 양면으로 분열되어 전쟁 개입 여부에 대한 결정이 늦어지고 그러는 동안 미8군사령관은 작전 수행이 어렵게 될 것입니다. 이런 상태가 한 달만 계속되면 우리는 치명적인 타격을 입게 됩니다. 내가 전쟁 발발 직후 미군을 서부전선에서 철수케 하고 38선 전역을 우리 국군이 맡아야 한다고 말한 것은 바로 이러한 결정적인 위기상황을 예방하기 위한 것입니다. 우리 국군이 모든 전선을 맡게 되면 처음 일주일 정도는 우리 국군이 밀릴 것입니다. 모든 전쟁준비를 완료하고 있던 북한이 기습공격을 해 올 경우 이런 사태는 불가피합니다. 그러나 일주일이 지나면 우리 국군이 반격에 나서서 다시 밀고 올라갈 것입니다. 이렇게 되면 미국은 한국은 월남과는 다르구나, 한국은 스스로의 힘으로 나라를 지키기 위해 싸우려고 한다. 미국은 스스로 돕는 우방을 적극적으로 도와야 한다고 하면서 공군지원과 병참지원을 아끼지 않을 것입니다. 따라서 지상전투는 전적으로 우리 국군이 맡아서 해야 하며 미국에 대해서는 공군과 병참 지원만을 기대해야 합니다."

대통령은 이어서 미국의 공군과 해군의 지원이 있는 한 지금 상태로도 북괴의 공격을 방어할 수 있다고 말했다.

"지금 상태로도 우리가 밀리지는 않습니다. 미국의 공군, 해군의 지원이 있는 한 충분히 북괴 공격을 방어할 수 있습니다. 북괴의 노농적위대는 초기에는 전투에 투입하지 않고 북진의 경우에 방어용으로 쓴다고 하므로 우리의 향토예비군을 장비면에서 강화하면 맞설 수 있습니다. 공군은 북괴가 600대로 우리와 3 : 1이나 초기공격 시에는 미공군의 지원으로 2 : 1정도의 대결은 우리 공군의 훈련으로 능히 극복할 수 있다고 봅니다. 해군은 북괴가 미사일함과 잠수함을 보유하고 있는데 우리는 없는 실정입니다. 앞으로 우리는 자주국방을 위해 몇 가지를 중점적으로 추진해야 합니다. 우선 향토예비군을 강화해야 합니다. 소총 이외에 공용화기와 중화기를 갖추어야 하며, 이것은 우리가 생산해야 합니다. 우리는 또한 방위산업을 빨리 부흥시켜야 합니다. 탄약은 돈만 있으면 당장 생산할 수 있고, 화포도 만들어야겠고, 비경제적인 핵무기와 고성능 비행기를 제외하고는 모두 자력으로 생산할 계획이며, 78년에 가면 양산체제로 들어갈 수 있습니다. 이 동안만 미국과 일본이 변하지 않고 가만히 있으면 됩니다."

대통령은 이어서 우리의 국방을 위해서 미국의 태도만 쳐다볼 필요가 없다고 말하고, 우리 국방의 관건은 국민들의 사기, 단결, 결의라는 점을 강조했다.

"국방을 위해서 미국의 태도만 쳐다볼 것 없습니다. 월남은 '다 낭'에서 망조가 들었습니다. 다낭에서의 월남 정부군의 패주는 그들이 자기 손으로 나라를 지킬 의욕도 능력도 없다는 것을 우방과 적에게 알린 것이며, 따라서 우방에게 버림받고, 적에게 패망할 수밖에 없는 상황을 스스로 만든 것입니다. 지금 우리 국방의 중요한 관건은 국민들의 사기, 단결, 결의입니다. 설마 설마 하다가 기습당하면 누가 책임질 것입니까? 우리 자신뿐입니다. 국민들이 자신을 가지려면 우선 지도층이 자신을 가져야 합니다. 대화나 강연할 때 소신과 자신을 갖고 이야기하세요."

북괴의 6·25남침은 우리가 알고도 당한 국난이었다

1975년 6월 25일자 일기에서 대통령은 북괴의 6·25남침은 우리의 군 수뇌부, 정부당국, 미고문단 모두의 무능과 무위와 무관심 때문에 알고도 당한 국난이었다고 회고하고, 오늘의 정세가 6·25 전후와 비슷하므로 지금이야말로 온국민이 총력안보태세를 철통같이 다질 때라고 스스로 다짐했다.

"1950년 6월 25일(일), 새벽4시 155마일 38선 전선에서 북한 공산군이 일제히 포문을 열고 기습공격을 개시, 민족사상 가장 처절한 혈투가 전개되었다. 불의의 기습공격이었다. 그러나 우리는 남침 징후를 약 6개월 전에 예측했다. 육군본부 정보국에서는 적의 남침 가능성이 농후하다는 것을 군수뇌부에 누차 보고하였다. 그러나 이 판단서를 믿으려고 하지 않았다. 군수뇌, 정부당국, 미국고문단 모두가 설마하고 크게 관심을 표시하지 않았다. 1949년 말 정보국 적정판단서는 전쟁이 발발 후 포로와 적 문서에 의하여 또는 귀순자들의 제보에 의하여 너무나 정확하게도 적중하였다. 알고도 기습을 당했으니 천추에 한이 되지 않을 수 없다. 무능과 무위와 무관심이 가져온 국가재산과 인명, 문화재의 피해가 그 얼마나 컸던가. 후회가 앞설 수는 없지만 너무나 통탄스러운 일이라 아니할 수 없다. 4백 년 전 임진왜란 때 우리 조상들이 범한 과오를 우리시대에 또 되풀이하게 되었으니 말이다. 오늘의 정세는 흡사 6·25 전후와 비슷하다. 우리 세대에 또 다시 이러한 과오를 범한다면 후손들에게 영원히 죄를 짓고 조상들에게도 면목이 없다. 전국민이 시국의 중대성을 깊이 인식하고 총력안보 태세를 철통같이 다져서 추호의 허도 없이 조국을 수호하는 데 심혈을 경주해야 할 때다."

(1975년 6월 25일 대통령 일기)

대통령은 이어서 어머님 제사를 지내려고 고향인 선산으로 내려와 있다가 6월 25일 12시경에 '귀대명령' 전보를 받고 서울에 상경하여 직접 목격한 서울시내 거리의 모습과 육군본부 벙커 안에 있는 작전 상황실의 어수선한 광경을 생생하게 회고했다.

"1950년 6월 25일에 나는 고향집에서 어머님 제사를 드리고 문상객들과 사랑방에서 담화를 하고 있었다. 12시 조금 지나서 구미읍 경찰서에서 순경 1명이 급한 전보를 가지고 왔다. 정보국장 장도영 대령이 경찰을 통해서 보낸 긴급전보였다. '금조 미명 38선 전역에서 적이 공격을 개시 목하 전방부대는 적과 교전 중. 급히 귀경'의 내용이었다. 새벽 4시에 38선에서 전쟁이 벌어졌어도 12시까지 시골동네에서는 누구 한 사람 아는 사람이 없었다. 이 동리에는 라디오를 가진 사람이 한 집도 없었기 때문이다. 오후 2시경 집을 떠나 도보로 구미로 향했다. 경부선 상행열차에 병력을 만재한 군용 열차가 계속 북행하는 것을 볼 수 있었다. 25일 야간 북행열차를 탔으나 군 병력 전송 관계로 도중 도중이나 역에서 몇 시간씩 정차를 하고 기다려야 했다. 이 열차가 서울 용산역에 도착한 것은 27일 오전 7시경이었다. 거리를 다니는 사람들의 표정은 모두가 불안에 싸여 있고 위장을 한 군용차량들이 최대한도로 거리를 질주하고 서울의 거리에는 살기가 감돌기만 하였다. 용산 육본 벙커 내에 있는 작전상황실에 들어가니 25일 아침부터 밤낮 2주야를 꼬박 새운 작전국 정보국 장병들은 잠을 자지 못해서 눈이 빨갛게 충혈이 되어 있고 질서도 없고 우왕좌왕 전화 통화 관계로 실내는 장바닥처럼 떠들썩하고 소란하기만 했다."

김일성과 만나 통일에 관해 대화하는 것은 시간낭비다

1975년 8월 18일, 대통령은 뉴욕타임즈(NYT)기자와 회견했다. 기자는 '지금 미국에는 당장은 아니더라도 상당한 기간이 지난 후에는 미군이 한국에서 철수되어야 한다는 매우 강한 일부 의견이 있습니다. 특히 미국이 약속한 한국군 현대화 계획이 완전히 끝날 경우, 그 때는 주한미군의 철수가 가능하리라고 생각하십니까?'라고 질문했다.

대통령은 국군현대화 계획과 주한미군 철수문제에 대해 평소의 소신을 피력했다.

"현대화라는 용어는 우리가 잠재적인 적을 어떻게 평가하느냐에 따라 두 가지의 뜻으로 해석될 때가 있습니다. 즉, 북한 공산집단만을 우리의 잠재적인 적으로 생각하느냐, 혹은 그 뒤에 있는 중공과 소련까지를 포함하느냐에 달려 있습니다. 지금 우리가 사용하는 현대화라는 용어는 우리의 방위력을 북한 공산집단만의 공격에 대응할 수 있는 수준까지 향상시키는 것을 의미합니다. 우리는 우리의 국방력 향상을 무한정 미국에만 의존할 수 없다는 것을 잘 알고 있으며, 그렇기 때문에 자주적인 방위능력을 갖추기 위한 최선의 노력을 기울이고 있는 것입니다. 물론, 이 현대화 계획에는 미국정부가 약속한 '한국군 현대화 5개년계획'도 포함되어 있습니다. 나는 이 현대화계획이 완료되면, 한국은 북한 공산집단의 어떠한 공격도—만약, 그 공격이 군사동맹국의 지원 없는 그들 단독의 것이라면—방어해 낼 수 있을 것이라고 생각합니다. 그리고 이 수준까지 우리의 방위력을 향상시키는 데에는 4년 내지 5년이 걸릴 것으로 내다보고 있습니다. 현재로서도 만약 북한 공산집단이 외부의 지원 없이 우리에게 공격을 해 올 경우, 우리는 미국의 해·공 지원과 적절한 병참 지원을 받는다면 성공적으로 이를 격퇴할 수 있을 것입니다. 그러므로 이 현대화 계획에 있어 우리의 취약한 부분, 즉 우리의 공군력과 해군력, 지상군에 있어서는 화력과 기동력 부분의 현대화가 강조되는 것입니다. 그리고 향토예비군의 무장과 전력화도 대단히 중요하다고 생각됩니다. 조금 전에 나는 우리가 미국의 해·공 지원과 병참 지원을 받으면 북한 공산주의자들 단독의 공격에는 대처할 수 있다고 말했는데, 그 경우 주한미군 지상군의 개입은 필요하지 않을 것입니다. 그런데, 이 문제는 미군의 한국주둔 필요성과 필연적으로 관련됩니다. 내가 생각하기에는 적어도 현대화가 완전히 달성될 때까지는 주한미군의 현수준 유지는 절대적으로 필요합니다. 그렇다면, 우리가 현대화를 완전히 달성하게 되면 그때에도 미군의 한국 주둔이 여전히 필요한가 하는 의문이 제기될 수도 있을 것입니다. 물론, 우리는 북한 공산집단의 단독적인 침략에 대하여 우리 혼자의 힘으로 격퇴할 수 있는 일대일(一對一)의 대항능력을 갖게 될 것입니다. 그러나 나의 견해로는 미국은 미국의 한국 주둔을 세계전략의 관점으로 보아야 한다는 것입니다. 한반도에 미국·소련·중공·일본 등 사강(四强)의 이익과 영향력이 긴밀히 연관되어 있다는 것은 말할 필요가 없습니다. 따라서 이 지역에 있어서의 세력균형의 유지는 매우 중요합니다. 그러므로 나는 미군의 주둔은 이 지역에 있어서 평화와 안전의 유지 및 전쟁 재발에 대한 가장 효과적인 억지 수단으로서 필수적이라고 생각합니다."

이어서 기자가 '각하께서는 북한에 의해 중단된 남북대화의 재개를 공적으로 여러 번 촉구하셨는데, 적절한 준비만 된다면 한반도의 긴장 완화를 위해 김일성과 개인적으로 만나 토의나 협상을 하실 가능성이 있으십니까?'라고 질문하자 대통령은 그것이 무의미한 것은 아니나 시간의 낭비일 뿐이라고 부정적인 입장을 표명했다.

"나는 김일성에게 공산주의 이념의 포기를 요구하지는 않습니다. 그러나 나는 그가 애국적 양심으로 돌아갈 것을 강력히 촉구합니다. 우리 한국인은 단일민족이며, 김일성은 북한동포들이 바라는 것과 같이, 한국 국민이 통일을 원하고 있다는 것을 인식해야 할 것입니다. 만약, 김일성이 진정으로 군사적 힘에 의해서가 아니라 평화적 방법에 의한 통일을 추구한다면 김일성과 만나 통일에 관해 이야기하는 것도 무의미하지는 않은 것입니다. 그러나 김일성이 이 나라를 군사적 수단으로 공산화해야겠다고 생각하는 한, 내가 김일성과 직접 어떤 교섭을 갖는다는 것은 시간의 낭비일 따름일 것입니다."

대통령은 정상회담의 유용성과 위험성을 잘 알고 있었다. 대통령은 5·16혁명 직후부터 많은 외국의 통치자들과 정상회담을 가졌다. 대통령은 정상회담에 임할 때마다 하나의 원칙을 일관되게 지켰다. 즉, 정상회담에서 우리가 도모해야 할 국가이익이 무엇인가 하는 것이 확정되었을 때, 다시 말해서 정상회담의 위험을 무릅쓸만한 가치가 있는 이해관계가 걸려있고, 또 그 회담이 사전에 철저하게 계획되고 관계실무회담에서 미리 중요한 진전이 이루어졌을 때 정상회담에 임한다는 것이다. 따라서 대통령은 그 당시의 상황에서는 북한의 김일성과 정상회담을 한다는 것은 전혀 의미가 없는 것이라고 본 것이다. 왜냐하면 그 당시 북괴는 73년도에 남북조절위원회 회담과 남북적십자회담을 일방적으로 중단시킨 후 계속 무력도발을 자행했고, 남북대화나 평화공존에는 뜻이 없고 계속 무력적화를 노리고 있다는 것이 분명했기 때문이다.

국가 간의 정상회담은 여러 가지 목적에 도움이 된다. 그것은 새로운 출발을 가시적으로 표현하는 중요한 의미를 지니고 있다. 그런 의미에서 정상들의 상호 방문은 그들의 회담 그 자체보다도 더 중요하고 유용한 것이라고 할 수 있다. 정상들의 상호방문은 양국가 간의 적대관계의 시대가 끝나고 여러 분야에서 협력의 시대를 열려고 한다는 것을 세계에 알릴 수 있다. 정상회담은 정치적으로 유용한 것일 수 있다. 정상들은 현실적으로 첨예한 문제들에 대해서도 비교적 자유로운 의견의 교환을 나눌 수가 있으며, 또 서로에 대한 이해를 일깨워 줄 수 있고 다른 지도자가 장차 취하게 될 태도에 대해 현실적인 평가를 할 수도 있으며 상호간에 신뢰를 강화시킬 수 있다. 국가들은 자기들만의 이해관계를 갖는다. 그러나 그러한 개개의 이익은 그 국가의 지도자에 의해 희석되고 수행된다. 그런데 그 국가의 지도자들은 이를 매우 상이한 방식으로 행한다. 따라서 서로를 잘 안다는 것은 유익한 것이다. 정상회담은 각국이 상대방의 생각과 지각력 그리고 인물됨을 알아볼 수 있는 기회가 되며 이것은 장래에 그들이 어떤 결정을 할 때에 도움이 된다. 정상회담은 또한 정상에게 개인적 설득의 힘을 행사할 수 있는 기회를 제공한다. 그러나 정상회담에는 위험한 면도 있다. 어느 국가에 있어서나 집권하고 있는 지도자들은 누구나 재직시에 역사에 남을 업적을 이룩함으로써 성공한 통치자로 영원히 기억되기를 원한다. 그래서 모든 집권자들은 무언가 업적을 남기려고 고심한다. 그러나 국내 정책으로 업적을 이룩하는 데 성공하기는 그렇게 쉬운 일이 아니다. 업적을 이룩하는 데 성공하거나 또는 성공의 외관(外觀)이 쉽게 마련될 수 있는 분야는 국내정책보다는 대외정책이다. 외국방문, 정상회담, 선언과 조약, 수사학적인 공격, 이런 모든 것들은 통치자가 정력적으로 활동하고 있고 무엇인가를 성취하고 있다는 외관을 만들어낸다. 그래서 국내정책에서 실패하여 국민의 지지가 떨어지고 그 권위가 약화된 통치자들은 이러한 실패를 만회할 수 있는 성공의 길을 대외정책에서 찾아보려하게 된다. 다시 말해서 통치자가 국내정치에서 곤경에 처하면 그가 외국을 방문하게 될 빈도는 그만큼 많아진다. 그러나 국가들 간에는 비록 우방들 간에도 복잡하고 상충되는 이해관계가 얽혀있기 때문에 정상회담을 한다고 해도 실질적인 의견의 일치를 볼 수 있는 여지는 한정되어 있고, 적대적인 관계에 있는 국가들 간에는 그러한 여지가 훨씬 더 제한되어 있다. 따라서 이른바 정상외교에서 무슨 업적이라고 할 만한 성과를 거두는 것도 결코 만만한 일이 아니다. 결국 대외정책에서 어떤 업적을 달성하는 데 성공함으로써 국내정책에서의 실패를 만회하여 약화된 자신의 권위를 강화하려고 시도하는 지도자들은 아무런 성과를 거두지 못했는데도 큰 성과를 거둔 것처럼 보이게 선전하거나 또는 당장은 이익이 되지만 장기적으로는 자기들 국가에 불이익을 가져옴으로서 크게 후회하게 될 타결을 할 수밖에 없게 된다. 이러한 타결이 상대국가에게 큰 이익을 가져다 준 다는 것은 말할 것도 없다. 이것이 정상외교가 안고 있는 위험성의 하나다. 해럴드 니콜슨(Harold Nicolson)은 《외교 Diplomacy》라는 그의 저서에서 정상회담의 위험성에 관해 경고했다. 국가 통치자의 외국방문은 국민의 기대를 촉발시키고 오해를 가져오고 혼란을 조성한다. 그가 외국에서 사용할 수 있는 시간은 항상 인내와 조용한 숙고를 허용하는 데 충분한 것은 아니다. 외국의 수도에서 그에게 부여하는 영예들은 그의 체력을 소모시키고 그의 허영심을 자극하며, 또는 그의 판단을 흐리게 한다. 그가 개인적으로 협상하게 되면 그는 융통성을 잃게 된다. 외무장관이나 대사는 대통령이 나중에 수정하거나 취소할 수 있는 여러 입장들을 제안할 수 있다. 예컨대 외무장관은 대통령의 승인을 얻어 강경노선을 취하여 나중에 가서 대통령이 온건노선을 취할 수 있게 할 수 있다. 반대로 외무장관은 대통령의 승인 하에 온건노선을 취하고 대통령은 강경노선을 취할 것이라는 점을 상대방에게 알림으로서 협상의 지렛대로 삼을 수도 있다. 노련한 한 영국의 외교관에 의하면 '외교관의 기능은 때때로 협상에서 실패하거나 또는 별다른 진전을 달성하지 않는 것이다. 그러나 국가원수가 협상에 개입하게 되면 승리자로 보이려는 그의 필요성은 협상의 미묘한 과정에 중대한 손상을 입힐 수 있다'는 것이다. 또한 그 자신이 협상자가 되게 되면 외교적으로 빠져나갈 통로가 남지않게 된다. 교착상태가 생기면, 그 해결을 위해 의지할 데가 없다. 협상의 교착상태는 그의 개인적 위신을 위태롭게 하고, 실수를 하게 되면 잘못을 인정해야 한다. 협상은 타결이 어려워지게 되면 대결로 악화되기 쉽다는 것이다.

자립경제와 자주국방을 반드시 완성해야 되겠다

1975년 8월 27일, 포드 대통령의 특사로 슐레진저 미국방장관이 서울을 방문했다. 그는 한미방위조약 이행을 다짐하는 성명을 발표했다. '나는 미국국민들의 우정과 한국에 대한 견고한 임무를 재다짐하고 적이 만에 하나라도 오판하여 남침할 경우 즉각 대응할 것을 재확인하기 위해 여기 왔다'고 말하고, 한국에서 더 이상의 감군은 없다고 확약했다. 그는 기자회견에서 한국의 방위능력을 제고하기 위해 F-4와 F-5 전폭기를 더 제공할 것이며, 만약 미의회가 허락한다면 그동안 한국군 현대화를 위해 제공하기로 약속해 놓고 아직까지 미루어 놓고 있는 원조금에 대한 연체료의 30%를 모두 갚을 것이며, 1977년 말까지 15억 달러 상당의 무기와 장비로 국군 현대화 계획을 완료하겠다고 말했다. 이 국군현대화 계획의 목표 연도는 원래는 75년이었는데 미국이 그동안 약속을 이행하지 않아 지연되고 있었다. 슐레진저 국방장관은 기자들이 핵문제에 대해 질문하자 이렇게 응답했다. '미국이 한국에 전술 핵무기를 배치한 것은 잘 알려진 사실이다. 재래식 남침이 있다고 해도 이 핵무기를 사용할 필요성은 없다고 본다. 그러나 필요할 경우에는 그 사용가능성을 배제하지 않는다.' 즉 필요하다면 전술핵무기를 사용해서라도 북한의 남침을 격퇴하겠다는 것이다. 슐레진저는 월남이 공산화된 후 다음 차례는 한국이라는 등 북괴의 남침으로 인한 전쟁위기가 고조되고, 미국의 방위공약준수 의지와 능력에 대한 아시아 동맹국들의 불안과 불신이 커지자 미국은 한미방위공약을 반드시 이행하겠다는 포드 대통령의 친서를 휴대하고 방한한 것이다.

대통령은 이날 저녁에 쓴 일기에서 자립경제와 자주국방의 완성은 자신이 기여하고 완성해야 할 사명임을 다짐했다.

'미국 국방장관 슐레진저 내방(11시). 오후 2시 30분까지 오찬을 같이 하면서 한반도의 제반 정세와 한미 공동관심사에 관하여 격의 없는 의견 교환을 했다. 한국 정부의 자주국방 결의와 노력에 대하여 슐레진저 장관은 매우 기뻐하면서 "미국정부는 한국의 방위를 위하여 최대의 지원을 하겠다"는 포드 대통령의 메시지를 전달하였다. 자립경제, 자주국방의 완성이 내가 기여하고 완수해야 할 사명이다. 자조자(自助者)는 천조(天助)라고 하였다. 우리 국민의 염원은 하늘도 기필코 도와주리라. 지하의 아내도 우리를 반드시 도우리라.'

슐레진저는 이날 오후 미2사단을 방문하고 '세계는 하나의 전략적 관구(管區)이며 여러분은 그 큰 관구의 일부를 떠맡고 있다'고 장병들을 격려했다. 이어서 그는 홀링즈 워드 육군중장으로부터 '9일 전쟁'계획에 관한 브리핑을 받았다. 홀링즈 워드 장군은 이렇게 설명했다. '만약 북한이 남침할 경우 그것은 격렬하고 단기적이다. 나는 세계제일의 야전군을 가졌고, 나의 사명은 오로지 한국과 그 수도 서울을 방어하는 것이다. 나는 적을 고사포화력으로 섬멸할 것이며, 하루 24시간 동안 7·8백회의 전폭기를 출격시켜 폭탄을 퍼부을 것이다. 만약 남침이 감행될 경우 임진강을 넘어 적군의 심장부를 강타할 것이다.' 홀링즈 워드의 진격계획에 대해 슐레진저 장관은 '아주 훌륭한 생각'이라고 높이 격찬했다. 슐레진저 장관은 워싱턴으로 돌아가자마자 하원의 군사위원회에서 미국은 적의 군사력 심장부를 쳐야 한다는 것을 배웠다고 말했다.

키신저 미국무장관은 '휴전당사국회의'를 제의했다

1975년 9월22일 키신저 미국무장관은 제30차 유엔총회에서 행한 연설에서 '휴전당사국회의'를 제의했다.

…(중략)… '또한 이 기구가 책임 있는 행동을 취하도록 요청되고 있는 또 다른 지역으로 한반도가 있다. 이 책임 있는 행동이란 무엇보다도 휴전협정을 새로운 협정으로 대체하려는 모든 직접 관계 당사자들의 합의하에 따라 휴전을 유지하는 조치를 강구하는 것을 포함한다. 현존 휴전협정은 평화를 유지하도록 당사자들을 구속하고 있는 유일한 법적 방편이다. 그것은 군사분계선을 감시하고 경비하기 위해 신중히 마련된 기구다. 유엔군총사령관은 이 협정에 조인한 당사자다. 이 휴전기구는 하루도 빠짐없이 그 기능을 다하고 있다. 조인 당사자들은 그 누구도 이의 준수를 거부하지 않았고, 그 누구도 세계평화에 대한 중대한 모험을 하지 않고서는 그런 짓을 할 수 없다. 1972년 이래 남북한은 대화를 시작하고 무력에 의존하지 않고 통일을 모색할 것을 다짐했다. 1973년과 1974년에 본 총회는 이 과정을 격려했다. 먼저 양측 간의 대화를 지지하는 총회의 결의안을 통해서, 그리고 다음에는 유엔군사령부의 종식을 희망하는 결의안을 통해서 그렇게 했다. 미국은 한국전쟁이 끝나고 20년이 지난 지금, 유엔군사령부를 종식시킬 시기가 되었다는 데 동의한다. 사실상 우리는 현재 여러분 앞에 제출한 휴전협정의 완전성을 보존할 새로운 조치 없이 유엔군사령부를 종식시키는 것은 어리석은 일이 될 것이다. 평화를 위해서도 미국은 휴전협정의 계속적인 효력을 보장하지 않는 어떤 해결책도 받아들일 수 없다. 대한민국과 미국은 휴전협정을 보존하면서 유엔군사령부를 종식시킬 문제를 토의하기 위해 상대방 대표 및 안전보장이사회의 다른 회원국들과 만날 용의가 있음을 표명한 바 있다. 오늘 본인은 이것을 보다 더 구체적으로 설

명하겠다. 미국과 대한민국은 한국문제의 영구적 해결책이 성취될 시기가 오기를 기대하면서 휴전당사국들에게, 휴전협정 보전 방법을 토의하기 위한 회의의 개최를 제의하는 바이다. 이 의회에서 우리는 또한 근본적인 조치를 협상하기 위한 확대회의의 가능성을 포함하여 한반도에서의 긴장완화를 위한 기타 조치들을 모색할 용의를 갖고 있다. 유엔이 한반도의 2개 정부에게 정회원의 문호를 개방하는 것은 이 같은 대화의 정신에 부합할 것이다. 미국은 남북한의 궁극적 통일에 손상이 되지 않는 남북한 유엔가입을 지지한다. 우리 미국으로서는 북한과 그 동맹국들이 대한민국과의 관계를 개선할 움직임을 보이면 그와 비슷한 호혜적 행동을 취할 용의가 있다. 대한민국을 회담에서 제외하려 시도하는 한반도 안전보장협정에 관한 어떤 제의도 미국으로서는 수락할 수 없다는 것은 두 말할 필요가 없다.'

여기서 휴전당사국회의는 한국, 미국, 중공, 북한 등 4자 회담을 말하는 것이고 보다 대규모회의는 4자에 일본과 소련을 포함한 6자 회담을 가리키는 것이다. 그리고 미국이 남북한 교차승인안을 공식 정책으로 발표한 것은 이것이 최초의 것이다. 키신저 장관의 '휴전당사국회의' 제의는 지난 8월 18일 김일성이 미키 일본수상을 통해 미국에 미국과 북한 간의 '직접협상'을 제의한 데 대한 미국의 대응책으로 나온 것이었다.

남북한이 또 전쟁을 한다면 남북통일은 50년은 더 늦어질 것이다

1976년 1월 15일, 연두기자회견에서 대통령은 오늘의 시점에서 남북한이 또다시 전쟁을 한다면 승패를 떠나서 남북통일은 약 50년은 늦어질 것이라고 말하고 이 시기에 가장 중요한 것은 '통일'이 아니라 '평화'라는 점을 강조했다.

"우리가 보기에는 북한 공산주의자들은 뭔가 지금 잘못되어 있습니다. 그들은 지금 어떤 허황된 망상에 사로잡혀 거기에서 벗어나지 못하고 있다고 생각합니다. 그러나 솔직히 그들에게 충고를 하고 싶은 것은 그들의 허황된 망상은 도저히 실현 불가능한 망상이라는 것을 지금이라도 깨달아야 한다는 것입니다. 소위 그들이 말하는 '남조선 혁명'이니, '적화통일'이니 하는 잠꼬대 같은 소리는 이제 깨끗이 집어치우는 것이 좋겠다, 그러한 무모한 모험이 성공할 수 있는 기회는 내가 보기에는 이미 지나갔다, 때는 이미 늦었다는 것입니다. 이제 남은 길은 우리가 싫든 좋든 남북이 서로 대화를 통해서 쉬운 일부터 하나하나 해결해 나가면서, 이 땅에 평화를 정착시키는 데 남과 북이 다 같이 노력하는 길, 이것 밖에는 없습니다. 그래서 통일이 될 수 있는 여건을 하나하나 같이 협력해서 만들어 나가자는 것입니다. 이것이 오히려 통일을 앞당기는 길이라고 나는 생각합니다. 이것이 우리가 제창하는 평화통일에 대한 3대 기본 원칙과도 같은 뜻이 되겠습니다. 만약 이 시기에 남북이 또다시 전쟁을 한다면 누가 이기고 누가 지느냐가 문제가 아니라 남북통일은 적어도 약 50년은 더 늦어질 것이라고 나는 생각합니다. 그래서 우리는 여하한 일이 있더라도 이 전쟁만은 피해야 되겠다고 생각합니다."

북괴가 언젠가 무력으로 달려들 때는 결판을 내야 한다

1976년 1월 24일, 국방부 연두순시에서 대통령은 먼저 통일문제는 4대강국이 해결해주는 것이 아니라 객관적 여건이 조성되었을 때 남북한의 실력에 의해서 해결된다고 전망하고 만반의 준비를 갖추고 있어야 한다는 점을 강조했다.

"통일은 언젠가는 남북이 실력에 의해서 결판이 날 것입니다. 지금 우리가 대외적으로 내놓고 이야기할 수는 없지만 무슨 미, 소,

중, 일 4대강국이 어떻고, 백날 해보았자 소용없는 이야기입니다. 결국은 어떤 객관적인 여건이 조성되었을 때 남북의 실력에 의해 이것은 해결됩니다. 거기에 대한 대비를 우리는 해나가야 되겠습니다. 사태가 조금 소강상태가 되었다고 해서 안심을 한다든지, 방심을 한다든지, 지금까지 긴장된 상태를 완화시킨다든지, 그런 어리석은 생각을 해서는 안 되겠습니다. 군에서 요즘, '초전에 박살한다'고 하는데, 나는 육군참모총장이 내놓은 '구호'가 대단히 적절하다고 생각하는데, 이다음에 붙었을 때는 그런 각오를 가지고 일대 결전으로 결판을 내야 되겠습니다. 그것을 위해서는, 구호만 가지고도 안 될 것이고, 우리의 모든 분야에 있어서 거기에 대한 만반의 준비가 갖추어져야 되겠습니다. 그런 점으로 봐서, 우리 국방능력이 해마다 증강되어 가고 있고, 우리 군의 모든 분야가 급속한 향상을 가져오고 있으며, 국력이 나날이 커가고 있고, 그런데 대한 대비계획이 소리 없이 커나가고 있습니다. 이런 속도를 우리는 조금도 늦추어서는 안 되겠습니다. 국제정세가 곁으로 조금 풀렸다든지 좋아졌다고 해서 우리가 이런 속도를 늦춘다든지 태도를 바꾼다든지 하는 것은 절대 금물이고, 그것은 위험천만한 것입니다. 어느 시기에 가서 북괴가 영영 남한하고는 전쟁을 하지 않겠다, 무력을 완전히 포기했다, 남북의 통일이 언젠가 될지 모르지만, 될 때까지는 평화공존을 하자고 하더라도 우리가 그들의 말과 행동을 100% 믿을 수 있는 그런 시기까지는, 우리는 현재 해나가는 이 모든 조치를 조금도 속도를 늦춘다든지 태도를 바꾼다든지, 변경한다든지 하는 일은 있어서는 안 되겠습니다. 국가의 모든 분야가 그래야 되겠지만 우리 군에 있어서는 여러분들이 항시 부하장병들에 대한 '정신훈화'라든지, '정신무장'에 있어서 그렇게 해야 될 것입니다. 어느 시기에 가서 우리의 힘이 커지고 강해지면, 저놈들이 거꾸로 위장평화 공세로 나올 것입니다. 공산당이 전쟁 안한다고 하면 자유진영국가라는 것은 바보처럼 늘 속아넘어갑니다. 2차 세계대전 이후에 쭉 보면 자유진영 국가는 사람들이 속없이 헤프고 어리석어서 공산당한테 번번이 당하지 않았습니까? 지금도 도처에서 당하고 있는데 우리도 한 번 당했지요. 6·25 때, 두 번 당해서는 안 되겠습니다."

　대통령은 이어서 우리의 평화통일 방침에는 추호의 변함이 없으나, 무력적화통일을 노리는 북괴가 언젠가는 무력으로 달려들 것이라고 예단하고, 그때는 결판을 내야한다고 천명했다.

　"지금 남북대화도 중단상태가 되어 있고 북한 공산주의자들은 해방 직후부터 지난 30년 동안 집요하게 노리고 있는 것이 우리 대한민국을 뒤집어엎고 공산주의 사회를 만들자는 것입니다. 그것이 그자들의 궁극적인 목표입니다. 그동안 30년이라는 세월이 흘렀지만, 한 번도 그자들의 욕심이라든지 전략이라든지 하는 것이 바꾸어지지 않았다는 것을 우리는 분명히 알아야 되겠고, 때로는 무슨 위장평화 공세도 펴고, 선전도 하지만 100가지 얼굴을 들고 나오더라도 그 뒤에는 제쳐 놓고 보면 언제든지 '무력남침', '적화통일'입니다. 공산주의자들이 지난 30년 동안 우리 민족에게 저지른 반역적인 행위는 도저히 용납할 수 없는 것입니다. 후세의 역사가 이것을 도저히 용납 못할 것입니다. 우리는 참을 수 없는 것을 지금까지 참아왔습니다. 한반도에서 또다시 6·25와 같은 전쟁만은 피해야 되겠으며, 또 분단된 국토를 언젠가는 우리가 통일을 해야 되겠습니다. 전쟁이라든지 무력을 가지고 하는 그런 통일은 되지 않을 뿐만 아니라, 한번 또 남북이 붙어서 피를 흘리고 싸우고 나면 감정이 더 격화되어서 다시 통일이 되자면 몇십 년, 몇 세기가 더 늦어질 우려도 있습니다. 그래서 우리의 통일방안이라는 것은 시기가 좀 늦어지는 한이 있더라도 어디까지든지 평화적인 방법으로 성취하여야 되겠다는 것입니다. 우리는 참을 수 없는 모든 것을 지금까지 은인자중 참아왔으며, 앞으로도 우리의 방침에는 변함이 없습니다. 그러나 이북의 공산당은 그렇게 생각하고 있지 않습니다. 언젠가는 무력으로 달려들 것입니다. 거기에 대해서 우리가 대비를 해야 되겠습니다. 언젠가 달려들 때 그때는 결판을 내야 됩니다. 기독교의 성경책을 보아도 그렇고 불교의 불경책에도 그런 뜻이 있는데, 불교는 살생을 싫어하고, 중들은 파리도 죽이지 않는다고 하지만, 어떤 강한 놈이 불법적으로 약한 자나 선한 자를 침범할 때는 쳐부수는 것이 불교의 부처님 정신이며, 기독교 정신에 있어서도, 예수 그리스도는 적이 내 볼따귀를 때리면, 이쪽 따귀를 대고 때리라 할 정도로 저항을 하지 말고, 적을 사랑하라고 하는 것이 기독교의 정신이지만, 선량한 양을 잡아먹으려 들어간 이리 떼는 잡아 죽여야 된다, 그것이 참다운 사랑이다, 그것이 기독교 정신이다, 그런 구절이 어디 있다는 것을 내가 언제 어느 책에서 본 적이 있습니다. 북한 공산주의자들도 우리와 같은 동족임에는 틀림이 없습니다. 우리가 먼저 무력을 가지고 쳐올라가서 통일을 하겠다는 그런 생각은 우리는 절대 안 가지지만, 그러나 또 다시 6·25와 같은 반역적인 침략을 해 올 때는 우리는 결판은 내야 되며, 거기에 대한 대비를 해야 됩니다."

대통령은 6·25전쟁 때 얼마나 많은 남북한의 우리 동포들이 고귀한 생명을 잃었고 필설로 형언할 수 없는 고통을 당했는가를 전장에서 직접 육안으로 보았고, 다시는 우리의 젊은이들이 죽음의 전쟁에 나가는 일이 되풀이되어서는 안 된다는 것을 뼈저리게 통감하고 있었다. 그리하여 그는 어떻게 해서라도 남북한 간의 전쟁만은 막아야 한다고 생각했다. 그러나 대통령은 어떠한 대가를 지불하더라도 평화만을 추구한다는 감상주의적인 평화주의자는 결코 아니었다. 그는 전쟁을 하는 길 이외에 달리 선택할 명예로운 길이 남지 않았다고 판단한다면 중국에 가서는 전쟁에 호소할 것이라는 그의 결연한 대결의지에는 추호도 의심의 여지를 남기지 않았다.

김일성 도당에게 천벌을 가할 수 있는 막강한 국력을 길러야 한다

1976년 6월 25일, 6·25전쟁 26주년인 이날의 일기에서 대통령은 역적 김일성 도당들에게 천벌을 가할 수 있는 막강한 국력을 길러서 민족의 원한을 풀어야 한다는 결의를 기록하고 있다.

'6·25 26주년이다. 대역(大逆) 김일성 도당들이 동족상잔의 전쟁을 도발한 지 26주년이 된다. 조국 강산을 피로 물들이고 국토를 초토화시키고 수십만의 동포가 고귀한 생명을 잃었다. 대한민국을 공산화하기 위해서 소위 남조선 해방이라는 구호를 내걸고 이처럼 엄청난 죄악을 저질렀다. 반만년 역사상 동족끼리 이처럼 처참한 살육전은 없었다. 이 대역무도한 놈들의 이 죄과를 어떻게 다스려야 하나. 천추에 씻을 수 없는 이런 엄청난 죄를 범하고도 지금도 또다시 남침의 야욕을 버리지 않고 호시탐탐 남침의 기회를 노리고 있으니 이 만고역적들을 여하히 치죄해야 하나. 길은 하나뿐이다. 전력을 경주하여 우리의 국력을 배양하는 길이다. 역적 도당들에게 천벌을 가할 수 있는 막강한 국력을 길러서 민족의 원한을 풀어야 한다. 애국선열, 전몰군경, 반공 애국투사들의 천추의 한을 풀어 줄 수 있는 길은 오직 이 길 하나뿐이다. 나의 모든 생명을 바쳐서 이 민족적 사명을 기필코 완수하리라. 천지신명이시여, 나에게 이 대업을 완성할 수 있는 지혜와 용기와 힘을 주옵소서.'

미국은 남북한 및 미·중 4개국 당사자 회담을 제의했다

1976년 7월 22일, 키신저 미국무장관은 미국 워싱턴 주 시애틀시의 상공회의소에서 행한 아시아정책에 관한 연설에서 북한의 대미평화협정 제의를 일축하고, 현행 휴정협정을 대체할 보다 항구적인 체제를 마련하기 위해 오는 가을 제31차 유엔총회기간 중에 미국·중공 및 남북한의 대표들이 회동하여 4개국 당사자 회담을 개최할 것을 제의했다. 키신저 장관은 중공과 함께 휴전협정에 서명한 바 있는 북한이 유엔군사령부의 무조건 해체를 주장하고 심지어는 유엔군사령부가 해체되면 휴전협정 자체도 폐기돼야 한다며 주한미군의 일방적인 철수를 요구하고, 한반도의 평화와 안보 문제까지도 한반도 인구의 3분의 2를 대표하는 대한민국을 배제시키고 미국과 쌍무회담을 통해 논의하자고 주장하고 있다고 지적하고, 이것은 평화를 증진하려는 것이 아니라 한국을 고립시키고 주한미군의 일방적인 철수를 촉진하며 기존의 법적 협정 등을 폐기시키려는 데에 목적을 두고 있으므로 미국은 북한의 그러한 제안들을 수락할 수 없다는 입장을 분명히 밝혔다.

키신저는 이어서 남북한 문제의 해결을 위한 미국의 정책을 천명했다.

첫째, 미국은 남북한 간의 대화 재개를 촉구한다.

둘째, 만약 북한의 동맹국들이 한국과의 관계개선을 준비한다면 미국은 그러한 북한 동맹국의 준비태세를 확인한 이후에 북한에 대한 상응한 조치를 취할 준비를 할 것이다.

셋째, 미국은 한반도의 실질적인 통일에 편견을 가짐이 없이 남북한이 모두 정회원국으로 유엔에 가입할 수 있도록 유엔의 문호를 열어두자는 제안을 계속 지지한다.

넷째, 미국은 어떤 형태이든 모든 관계 당사국들이 받아들일 수

미군 장교 2명 판문점에서 피살, 북괴병 30명 도끼 만행 갑자기 떼로 몰려들어 유엔
군 장병들을 공격하는 북한 경비병들. 하얀 헬멧을 쓴 장병들이 유엔군이다(1976. 8.
18).

있는 현행 휴전협정의 새로운 기반, 또는 휴전협정을 대체하는 보다
항구적인 체제를 마련하기 위해 협상할 준비가 되어 있다는 것이다.

다음날인 7월 23일 박동진 외무장관은 담화를 통해 '키신저 장관'
의 제의는 한국정부와 사전협의가 있었던 것이라고 밝히고 중공과
북한 당국이 이 제의를 수락하여 '4자회담'이 조속히 열리게 되기를
바란다는 뜻을 피력했다.

1976년 9월 30일, 제31차 유엔총회에서 키신저 미국무장관은 정
책연설을 통해 제30차 총회에서 제의했던 4자회담방안을 수정하여
단계적인 접근절차를 구체화시킨 새로운 4자회담방안을 제시했다.

1단계에서는 남북한이 먼저 예비회담을 하고, 미국과 중공은 예

비회담에 옵서버나 자문자격으로 참여할 수 있으며, 4자회담의 개최장소와 규모와 의제를 토의한다는 것이다.

2단계에서는 예비회담에서 구체적인 성과가 있으면 미국, 중공, 한국, 북한이 참가하여 정식으로 4자회담을 연다는 것이다.

3단계에서는 예비회담과 정식 4자회담의 결과와 합의사항을 보장하기 위하여 소련과 일본도 참여하는 확대국제회의를 연다는 것이다. 우리 외무부는 이 제의가 한미 양국 간에 충분한 사전협의를 거친 것이라고 밝히고 북한 측이 긍정적으로 호응해 줄 것을 촉구했다. 그러나 북한은 이 제의를 즉각 반대했다. 휴전협정의 '진정한 당사자'인 미국과 북한만이 협상의 참여자가 되어야 한다는 것이다. 바꿔 말해, 대한민국을 이 협상에서 제외시켜야 한다는 것이다. 북한의 이러한 반대에도 불구하고, 미국은 77년 6월 다시 4자회담을 제의했다. 카터행정부의 국무장관 사이러스 밴스는 아시아협회에서의 연설을 통해 '한반도의 평화와 안정을 유지하기 위한 지속성 있는 체제의 설정을 달성할 수 있는 남한·북한·미국·중공의 네 당사자회담을 개최하자'고 촉구했던 것이다.

미친개 한테는 몽둥이가 필요하다

1976년 8월 18일, 유엔군 11명과 한국 노무자 5명이 '돌아오지 않는 다리' 남쪽의 유엔군 쪽 초소에서 미루나무 가지치기를 하고 있을 때 북한병사들이 작업반을 경비하는 2명의 미국장교를 살해하고 9명의 한·미군 장병에게 중경상을 입힌 사건이 발생했다. 이 사건으로 아더 보니파스 대위와 마크 바레트 중위가 목숨을 잃었으며, 한국의 전투태세 돌입과 미국의 병력증강 등 강력한 대응으로 한반도에는 일촉즉발의 위기가 감돌았다. 북괴의 이 만행은 공산주의자들이 흔히 사용하는 이른바 혁명적 테러리즘이라고 인식되었다. 즉,

북괴는 미군을 도끼로 잔인하게 살해함으로써 북괴와 미국 간의 적대적인 대결상황을 대대적으로 선전하려 했고, 또 미국의 군사적인 대응조치를 촉발시킴으로 북한주민들에게 공화국이 미제국주의자의 도발로 위기에 처해 있다는 것을 보여줌으로써 김일성 집단을 지지하도록 유도하고자 했다는 것이다.

대통령은 이날 저녁에 쓴 일기에서 전쟁미치광이 김일성 도당들의 이 야만적 행위는 비동맹회의에서 주한미군 철수를 위한 정치선전에 광분하고 있는 북괴가 정치적으로 이용하기 위한 계획적인 만행이라고 보고, 미친개한테는 몽둥이가 필요하다고 격노했다.

'오전 10시 30분경 판문점 비무장지대 안에서 나뭇가지치기 작업 중인 유엔군 장병 11명이 곤봉, 갈고리 등 흉기를 든 30여 명의 북괴군의 도전으로 패싸움이 벌어져서 유엔군 장교(미군) 2명이 사망하고 한국군 장교 1명과 병사 4명이, 미군 병사 4명, 계 9명이 부상을 입는 불상사가 발생하였다. 전쟁 미치광이 김일성 도당들의 이 야만적인 행위에 분노를 참을 길이 없다. 목하 스리랑카 수도 콜롬보에서 개최 중인 비동맹회의에서 주한미군 철수를 위한 정치 선전에 광분하고 있는 북괴가 정치적으로 이용하기 위한 하나의 계획적인 만행이라는 것은 분명한 사실이다. 이들의 이 만행을 언제까지 참아야 할 것인가. 하룻강아지 범 무서운 줄 모르는 이들의 이 만행을 고쳐주기 위한 철퇴가 언젠가는 내려져야 할 것이다. 저 미련하고도 무지막지한 폭력배들아. 참는 데도 한계가 있다는 것을 잊지 말지어다. 미친개한테는 몽둥이가 필요하다.'

대통령은 사건 이틀 후인 8월 20일 제3군사관학교 졸업식에서 이른바 판문점 도끼만행을 개탄하고 우리가 참는 데도 한계가 있으며 미친개한테는 몽둥이가 필요하다는 점을 강조했다.

…(중략)… "제군들도 주지하다시피 오늘의 국내외 정세는 매우 복잡 미묘하고도 중대한 시점에 처해 있습니다. 국제사회의 움직임을 보면, 국가 간의 이해 대립과 생존 경쟁이 날로 치열해 가고 있는데다가 특히 공산 침략세력의 팽창주의는 세계 여러 곳에서 평화와 안전을 위협하고 있습니다. 그 중에서도 우리 한반도의 정세는 세계에서도 가장 호전적인 북한 공산집단의 집요한 침략 도발 때문에 항시 긴장이 가실 날이 없습니다. 더욱이 작년 봄 인도차이나 반도가 공산화되자, 그들은 이때를 놓칠세라 절호의 기회라도 잡은 듯이 날뛰는 바람에 한때는 일촉즉발의 위기 직전까지도 몰고 간 일이 있었던 것을 우리는 생생히 기억합니다. 최근에도 그들은 무장간첩을 침투시켜 우리의 방위태세를 떠보려고 기도하였으나 실패하였고, 지난 8월 5일에는 비무장지대 내의 우리 측 초소에 대해 갑자기 집중사격을 가하는 불법만행을 저질렀습니다. 뿐만 아니라 이틀 전에는 휴전회담 장소인 판문점에서 작업 중이던 유엔군 측 장병에 대하여 계획적으로 시비를 걸어 흉기를 휘두르고 잔악무도한 집단 살상 난동을 벌였습니다. 우리가 참는 데에도 한계가 있습니다. 미친개한테는 몽둥이가 필요합니다. 우리가 그들로부터 언제나 일방적으로 도발을 당하고만 있어야 할 아무런 이유도 없습니다. 이제부터는 그들이 또다시 불법적인 도발을 자행할 경우, 크고 작고를 막론하고 즉각적인 응징조치를 취할 것이며, 이에 대한 모든 책임은 전적으로 그들 스스로가 져야 할 것입니다."

대통령은 이어서 북괴는 침략준비에 광분하면서도 대외적으로는 우리가 북침준비를 하고 있다고 선전하고 있다는 사실을 지적했다.

"또한, 북한 공산집단은 침략 준비에 광분하고 있으면서도 대외적으로는 터무니없는 허위 사실을 날조하여 우리에 대한 비방과 중상을 되풀이하고 있는가 하면, 심지어는 적반하장 격으로 우리가 북침 준비를 하고 있다고 선전을 하고 있습니다. 그러나 그들이 저지른 6·25침략전쟁을 비롯해서 청와대 습격기도 사건과 남침 지하땅굴 등 갖가지 무력도발상을 목도한 온세상 사람들은 이미 그들의 저의가 무엇인가를 다 알고 있습니다. 이와 같은 그들의 침략 도발과 허위 선전은, 하나는 경제파탄으로 인한 주민들의 걷잡을 수 없는 반발과 심각한 권력 투쟁의 내분을 일시적이나마 얼버무리고 은폐해 보려는 어리석은 책략일 것이고, 또 하나는 그들이 남침 전쟁을 일으켰을 경우, 그 책임을 우리에게 전가시켜 보려는 엉뚱하고도 상투적인 기만술책에 불과한 것입니다. 우리는 지금 그들이 계획적으로 긴장 조성에 광분하고 있는 그 저의가 어디에 있는가를 똑바로 아는 이상, 그들의 침략 기도를 사전에 분쇄할 수 있는 유비무환의 총력안보 태세를 한층 강화해 나가야만 하겠습니다. 온갖 힘을 다해서 이 땅에서 전쟁 재발을 억지하고 나라를 보위하며, 민족의 전통을 수호하는 것이야말로 오늘날 우리가 당면하고 있는 최우선의 과제입니다. 또한, 우리 조국을 공산 침략으로부터 안전하게 지키는 일은, 우리들 개개인의 생명과 자유와 행복을 위해서뿐만 아니라, 나아가서 영원한 겨레의 발전과 번영을 보장하는 기본 전제가 되는 것입니다. 그렇기 때문에, 국가안보를 위해서는 전방과 후방이 따로 있을 수 없고 남녀노소의 구별 없이 온국민이 혼연일체가 되어 슬기와 힘을 한데 모아야만 합니다."

8월 21일 김일성은 이례적으로 유엔군사령관 앞으로 8·18도끼만행사건에 유감의 뜻을 표명하는 메시지를 보내왔다. 김일성은 주한미군 철수를 선거공약으로 내세운 민주당의 카터 후보의 선거에 영향을 미칠 것을 우려해서인지 전례 없는 사과를 했다. 이날 한미 양국군은 도끼만행 사건 발단의 원인이 되었던 미루나무 절단 작업을 했다. 이 작업을 위해 헬리콥터 26대, B52폭격기 3대, F4 및 F111 전폭기 수십 대가 판문점 일대의 상공을 엄호했고, 300명의 한·미 기동타격대가 투입되는 등 무력시위를 했다.

남북한 상호불가침협정 체결 후에는 미군철수를 반대 안 한다

1977년 1월 12일, 연두기자회견에서 대통령은 먼저 북한 측에 대해 만일 그들이 우리가 제안한 남북상호불가침협정 체결안을 받아들이고, 이 협정이 정식으로 체결된 연후에는 주한미군 철수를 반대하지 않겠다는 제안을 했다.

"…(중략)… 앞으로 우리가 긴 안목으로 한반도에서 전쟁을 미연에 방지하고, 항구적인 평화 장착을 위한 방법은 뭐니뭐니해도 역시 남북 간의 대화를 통해서 쉬운 문제부터 하나하나 해결해 나가는 방법밖에 없다고 생각합니다. 그렇게 하자면, 지금 중단 상태에 있는 남북대화를 재개해야 하는데, 대화를 하자고 하면 그 쪽에서는 언제나 무리한 난제를 들고 나와서 대화를 거절합니다. 우선, 대한민국의 반공법을 없애라느니, 국가보안법을 없애라느니, 재판 중에 있는 사람들을 석방하라느니, 남한에 있는 미군을 즉시 철수하라느니……, 이처럼 우리로서는 받아들일 수 없는 문제를 들고 나와서 결국 대화를 거부하는 것입니다. 그들이 주장하는 이유와 요구조건 가운데 가장 중요한 것은 남한에 있는 미군을 빨리 철수시키라는 것입니다. 미군이 철수하면 대화를 하겠다는 것입니다. 남북대화가 안 되는 것도 남한에 미군이 주둔하고 있기 때문에 안 된다는 것입니다. 미군이 대화와 통일에 대한 가장 큰 방해라는 것입니다. 속이 뻔히 들여다보이는 소리지요. 미군이 왜 이 땅에 와 있고, 왜 지금까지 돌아가지 않고 주둔하고 있느냐, 그들이 전쟁을 도발했기 때문에 미군이 이 땅에 왔습니다. 휴전하고 나서도 또 전쟁을 도발하려고 음모를 꾸미고 있기 때문에, 전쟁을 억지하기 위해서 미군은 아직까지 돌아가지 않고 여기에 남아 있는 것입니다. 가장 본질적인 문제를 따진다면, 그들 북한 공산주의자들이 지금 품고 있는 적화통일이라는 망상을 깨끗이 버리는 것이 근본 문제입니다. 그 망상을 포기할 용의가 있느냐 없느냐 하는 것으로 미군철수 문제는 간단히 해결될 수가 있습니다. 이 점에 대해서 그들의 의도를 한 번 더 확인하는 의미에서, 나는 오늘 이 자리를 빌려서 북한 공산주의자들에게 새로운 제의를 또 하나 하고자 합니다. 우리가 전에 제의한 바 있는 '남북상호불가침협정 체결안'을 받아들이라, 이 협정이 정식으로 체결된 연후에는 주한미군의 철수를 우리는 반대하지 않겠다, 이 제의에 대해서 북한 당국은 성의 있는 회담이 있기를 우리는 기대합니다. 남북불가침협정 제의는 1974년 1월 바로 이 자리에서 있었던 연두기자회견에서 내가 제의했습니다. 그 후에도 기회가 있을 때마다 여러 번 이 제의를 되풀이한 바 있지만, 북한 측에서는 한결같이 이를 거부해 왔습니다. 그들이 진정으로 평화적인 통일을 원하고 또한 그들이 말하는 것처럼 주한미군이 통일의 최대의 방해 요소라고 생각한다면, 오늘 내가 제의하는 이 제의를 받아들여야 할 것이고, 거부할 아무런 이유도 없다고 생각합니다."

1953년 휴전 이후 주한미군은 북한의 대남공격에 대해 안정되고 신빙성 있는 억지력을 제공함으로써 남북한 간의 군사력 균형을 이루는 데 기여하고 있다. 다시 말해서, 주한미군은 북한의 군사력에 비해 열세에 있는 우리의 군사력을 보강해 주고 있음으로써 남북한 군사력의 불균형을 해소하고 있는 균형자의 역할을 하고 있는 것이다. 따라서 남북한 간의 군사력 불균형 상태가 상존하는 상황에서 주한미군이 무조건 철수하고 나면 북한은 우리에 대한 군사력의 한계 우위를 믿고 그들이 공언해 온 무력적화통일을 위해 또다시 남침의 유혹에 빠질 가능성이 커지게 된다. 그래서 북한은 주한미군 철수를 줄기차게 주장해 왔고 우리는 이를 강력하게 반대해 왔다. 그러나 우리의 자주국방력이 강화되어 남북한 간의 군사력 균형이 이루어진 상황에서는 균형자 역할을 해온 주한미군이 철수하더라도 북한의 침략적 도발은 우리 힘으로 억지될 수 있다. 따라서 이러한 상황에서는 주한미군 철수문제가 북한으로 하여금 그들이 중단시킨 남북대화의 회의장으로 다시 돌아오게 할 수 있는 하나의 유인수단이 될 수도 있었다. 왜냐하면, 북한은 주한미군이 한반도의 긴장 완화와 평화통일을 가로막는 장애 요소라고 비난하면서 주한미군 철수를 남북대화 재개의 조건으로 내세워 왔기 때문이다. 그래서 대통령은 이제 우리는 북한과의 1 : 1 군사적 대결에 있어서는 저들의 공격을 능히 억지할 수 있는 자주국방력을 갖추게 되었다는 자신감을 바탕으로 주한미군이 철수한다면 북한이 진심으로 남북대화의 테이블에 돌아와 평화통일의 길을 다지고 넓혀 나가려는 생각을 갖고 있는지 없는지 그 속셈을 확인해 보려고, 주한미군 철수를 남북한상호불가침협정 체결과 연계시킨 제안을 한 것이다.

대통령은 이어서 북괴는 주한미군만 철수하면 당장 모든 것이 자기들 뜻대로 간단히 될 것 같이 착각하고 있으나 그것은 오산이며, 환상이라는 것을 깨달아야 한다고 경고하고 우리 국민들은 정부와 우리 국군을 믿고 의연한 자세를 견지해야 하겠다는 것을 강조했다.

"북한 공산주의자들은 아마 남한에서 미군만 철수한다면 당장 하루아침에 모든 것이 자기들 뜻대로 척척 간단히 될 것처럼 착각하고 있는 것 같은데, 그것은 그들의 큰 오산이고 환상이라는 것을 이제는 알아야 할 것입니다. 이것은 결코 우리가 무슨 허세를 부리는 것이 아닙니다. 그동안 우리도 우리의 생존을 위해서, 우리가 살기 위해서 지난 10여 년 동안 참기 어려운 것을 참아가면서, 그야말로 와신상담, 피나는 노력으로 우리의 힘을 기르고 국력을 배양해 왔습니다. 이것은 우리가 살기 위해서는 이 길밖에 없다고 믿고 있기 때문입니다. 적화통일에 혈안이 되어 있는 북한 공산주의자들도 이 사실만은 똑똑히 알고, 만에 하나라도 오산이 없기를 바랄 따름입니다. 국민 여러분도 이 점에 대해서는 우리 정부와 국군을 믿어 주시고, 국민 모두가 확고부동한 신념과 자신과 의연한 자세를 가져 주시기를 부탁합니다."

우리의 새 세대들에게 통일에 대한 꿈을 심어줘야 한다

1977년 2월 1일, 국토통일원 연두순시에서 대통령은 우리의 새 세대들에게 통일에 대한 꿈을 심어주는 것이 중요하다는 점을 역설했다.

"오늘 장관 브리핑을 듣고 나도 거기에 전적으로 동감인데, 새로 자라나는 이 세대에 대해서 통일에 대한 어떤 꿈을 심어주자는 것입니다. 요즘 우리나라 젊은 사람들의 이야기를 들어보면 우리 국토가 원래 좁은데 이것이 더군다나 둘로 쪼개져서 조그만 땅덩어리 안에 살기가 대단히 답답하다, 또 통일이 언제 될지도 모른다, 그런 소리도 없지 않은데, 모든 사물이라는 것은 우리가 보고 생각하기에 달려 있다고 생각합니다. 좁은 국토가 둘로 쪼개졌으니까 더 답답하다고 생각하지 말고, 불행하게 이 나라가 분단이 되어 있지만 우리는 하나의 꿈을 가지고 있다, 언젠가는 분단된 조국을 하나의 통일된 조국으로 다시 재결합할 역사적 사명을 가지고 있다. 그걸 위해서는 우리가 오늘에 살고 있고 노력하고 있다, 이런 이상과 꿈을 젊은 사람들에게 준다는 것도 대단히 좋은 것이 아니냐 생각합니다.

어느 민족국가든지 반드시 그 민족에는 꿈이 있어야 된다고 생각합니다. 경제만 부흥해서 풍요하고 번영하면 자칫 잘못하면 그만 물질만능주의가 되고 물질의 노예가 되어서 그저 그날그날 잘 먹고 잘 입고 향락하고 엔조이하고 거기에 탐닉해서 살다보면 그 민족은 이상도 없고 가는 방향도 없고 결국은 몰락하는 길로만 갔지 더 향상은 없다, 그런 걸로 보면 우린 오히려 행복하지 않느냐, 지금 현재는 여러 가지 어려운 처지에 놓여있지만 앞으로 조국을 통일해야겠다는 이런 원대한 이상과 꿈. 이것을 실현하기 위해서 오늘 우리가 조국에 봉사하고 있다, 이런 것을 자라나는 젊은 세대들에게 알려서 통일문제에 대해서는 그런 방향으로 하는 것이 대단히 좋다고 생각합니다."

통일에 대한 우리의 방침은 '선 평화, 후 통일'이다

1978년 1월 18일, 연두기자 회견에서 대통령은 먼저 통일에 대한 우리의 방침은 '선 평화 후 통일'이라는 점을 강조했다.

"6·25전쟁이 휴전되고 벌써 25년이 되었습니다. 4반세기가 흘렀습니다. 6·25전쟁을 경험해 본 우리로서는 앞으로 어떠한 일이 있든지 동족상잔의 비극을 또다시 되풀이해서는 안 되겠습니다. 통일이 좀 시기적으로 늦어지는 한이 있더라도 통일은 어디까지나 평화적인 방법으로 해결해야 되겠다는 것이 우리의 기본입장이고, 또한 우리의 신념입니다. 이러한 생각에서 우리는 지난 25년 동안 북한 공산주의자들의 여러 가지 무모한 도발, 불법적인 만행을 참아 가면서 우리로서 할 수 있는 모든 방법을 다 시도해 보았던 것입니다. 통일에 대한 우리의 기본정책이라고 할까, 기본방침은 늘 강조한 바와 마찬가지로 통일을 위한 모든 여건이 성숙될 때까지는 남북이 서로 싸우지 말고 평화공존을 해 나가자고 하는 것입니다. 그동안 남은 남대로 북은 북대로 경제를 건설하고 국가를 발전시키고 해서 거기에 사는 주민들이보다 더 행복하고 평화스럽게 잘살도록 한 다음에, 통일에 대한 여건이 성숙되면 그때 가서 통일하면 될 것 아니냐 하는 것입니다. 여러 가지 여건도 성숙되지 않았는데, 무리해서 하면 반드시 충돌이 생기고 전쟁이 일어나고, 또 희생이 생기고……그래서 통일에 대한 우리의 방침은 역시 '선 평화 후 통일'입니다. 평화정착이 선행조건인 것입니다. 평화정착이 되지 않으면 통일은 안 된다는 것입니다. 전쟁에 의해서 무력으로 싸워서 어느 쪽이 결판을 낸다면 모르되, 그렇지 않다면 역시 평화가 정착한 연후라야만 통일문제를 다룰 수 있다고 봅니다. 그리고 평화정착을 위해서는 역시 남북이 싫든 좋든 마주 앉아서 대화를 해야 됩니다. 대화를 통해서 쉬운 문제부터 하나하나 해결해 나가자는 것입니다. 또, 그렇게 해 나감으로써 여러 분야에 있어서 남북이 서로 교류도 확대해 나가고, 문호도 점차 개방해 나가자는 것이며, 어느 시기에 가서는 남북이 아주 완전히 개방해 버리자는 것입니다. 이런 것이 더 잘되어 나감으로써 그동안 쌓이고 쌓인 남북 간의 불신도 점점 해소되고 같은 민족끼리의 동질성을 하나하나 되찾아가자는 것입니다. 그리하여, 정치적인 통합은 이런 것이 다 이루어지고 난 뒤에 때를 보아서 이 문제를 우리가 다루자는 것입니다. 이 방법은 우리가 생각할 때 가장 합리적이고 현실적이며, 또 어떻게 보면 시간이 오래 걸릴 것 같지만 오히려 가장 빠른 첩경인 것입니다. 그래서 그동안에 우리는 여러 가지 구체적인 방안을 많이 제시했습니다. 일일이 열거하지 않겠습니다만 우선 쉬운 문제, 남북에 흩어져 있는 가족들이 서로 만나게 할 것, 그것이 안 되면 편지라도 할 것, 그것도 안 되면 서로 사진이라도 보낼 것, 또 가능하면 추석이나 명절에 성묘라도 갈 수 있게 하는 것 등인데, 이것이 왜 안 되느냐 하는 것입니다. 우리는 일본에 있는 조총련 동포들도 여기까지 데려다가 성묘하고 가족 친척을 찾아보고 무사히 다 돌아가도록 하고 있는데, 휴전선 하나만 건너면 남북 어디에나 서로 오갈 수 있는 그 문제 하나도 지금 저쪽에서는 듣지를 않습니다. 불가침 협정을 맺자, 유엔에 같이 들어가자, 남북교류를 하자는 등 여러 가지를 수없이 제의해 보았지만 북에서는 전부 거절해 왔습니다. 요즘에 와서는 또 앞서 말씀한 것처럼 우리하고는 이제 대화도 안 하고 미국과 직접 협상을 하겠다는 식으로 나오고 있습니다. 우리는 북한 공산집단이 왜 이런 태도로 나오는지 그 이유를 잘 알고 있습니다. 통일에 대한 기본철학이 우리하고는 근본적으로 다르다고 우리는 보고 있습니다. 통일에 대한 우리의 철학은 여하한 일이 있어도 전쟁만은 피하자, 동족상잔은 있을 수 없다, 평화적인 방법으로 통일 문제를 다루어 나가자 하는 것이고, 저 사람들은 전쟁을 해서 피를 흘리는 한이 있더라도 공산주의식으로 통일을 해야 되겠다, 무력적화통일을 기회만 있으면 강행하겠다 하는 생각을 가지고 있으니까 대화가 안 되는 것입니다."

남북간 경제협력촉진을 위한 협의기구 구성을 제의하다

1978년 6월 23일, 6·23평화통일 외교정책 선언 5주년에 발표한 특별담화에서 대통령은 '남북 간 경제협력촉진을 위한 협의기구'의 구성을 제의하고 관계각료회의를 가질 용의가 있다는 뜻을 천명했다.

"친애하는 국민 여러분! 우리가 6·23평화통일 외교정책 선언을 내외에 천명한 지 오늘로 5주년을 맞이하게 되었습니다. 한 마디로, 6·23선언의 기본정신은, 조국통일의 여건이 성숙될 때까지 남북이 평화적으로 공존하면서 대화를 하고 교류와 협력을 통하여 남북 동포의 복지증진과 공동번영을 위해 함께 노력하면서 평화통일의 기반을 하나하나 착실히 다져나가자는 것입니다. 우리는 그동안 이와 같은 일념으로 어떻게 해서라도 이 땅에서 긴장을 완화하고 평화를 정착시키기 위해 꾸준히 노력을 기울여 왔습니다. 1970년 남북 간 선의의 경쟁을 촉구한 8·15선언을 비롯하여 71년 남북적십자회담을 제의했고, 이어서 72년에는 역사적인 7·4남북공동성명으로 남북대화의 문을 열었습니다. 또한, 1974년 1월, 6·23선언을 더욱 구체화하기 위해, 나는 북한 측에게 남북상호불가침협정 체결을 제의한 바 있고, 그해 8월에는 상호불가침, 교류와 협력, 궁극적인 자유총선거를 골자로 하는 평화통일 3대기본원칙을 밝힌 바 있습니다. 그러나 북한 공산집단은 우리의 이 같은 평화 제의를 거부했을 뿐만 아니라, 급기야는 5천만 겨레의 여망이 담긴 남북대화마저도 일방적으로 중단시키고 말았습니다. 또한 근래에 와서는 직접당사자인 남북한 간의 대화는 외면한 채 소위 '대미협상'을 들고 나오는 등 엉뚱한 주장만을 되풀이하고 있습니다. 그들의 저의는 아직도 무력적화통일에 있다고밖에 볼 수 없는 것입니다. 거듭 강조하거니와, 조국통일은 반드시 평화적인 방법으로 이루어져야 하며, 따라서 먼저 평화를 정착시키는 길은 남북대화를 통해 상호 신뢰를 회복해 나가면서, 쉽고 실제적인 일부터 하나하나 해결해 가는 것이 가장 현실적이며 최선의 방법입니다. 그렇기 때문에, 이미 우리는 6·23선언에서 통일의 여건이 성숙될 때까지 잠정적으로 남북이 같이 유엔에 가입할 것을 제의했으며, 우리와 이념과 체제를 달리하는 국가에 대해서도 문호를 개방한 것입니다. 이렇게 하는 것만이 평화통일을 앞당기는 첩경입니다. 오늘날 국제사회에서도 국가 간에 대화를 통하여 문제를 해결하는 것이 주류를 이루고 있으며, 정치이념이나 체제를 초월하여 실질적인 경제발전을 위해 상호교류와 협력의 길을 모색하고 넓혀 나가는 것이 일반적 추세로 되어 있습니다. 오늘 나는 북한 측에 대해, 무력적화통일의 망상을 깨끗이 버리고 하루빨리 기존 대화기구의 무조건 재개와 상호불가침협정 체결에 응하여 남북 간의 긴장 완화와 공존공영을 위한 노력을 우리와 함께 기울일 것을 거듭 촉구하면서, 다음과 같이 제의하고자 합니다. 같은 피를 나눈 동족으로서, 5천만 동포의 복리와 민족사의 장래를 내다볼 때, 우선 남북 간의 교역, 기술협력, 자본협력의 길을 트고 이를 효율적으로 추진하기 위해 쌍방의 민간 경제계 대표들이 참여하는 '남북 간 경제협력 촉진을 위한 협의기구'의 구성을 제의하는 바이며, 더 나아가 필요하다면 관계 각료 회의를 가질 용의가 있다는 것을 밝히는 바입니다. 나는 우리의 이 제의가 실현될 경우, 남북 동포의 복리증진은 물론, 한반도의 평화와 번영, 그리고 조국의 평화적 통일에 크게 기여할 수 있다고 확신하면서, 북한 당국이 허심탄회하게 이에 응해 올 것을 기대하는 바입니다."

대통령은 6월 23일 저녁 일기에서 북한이 대통령의 제의를 수용할 것을 기대한다는 희망을 피력하고 있다.

'오전 10시 6·23평화통일정책 선언 발표 5주년에 즈음하여 특별 담화를 발표(대변인이 발표) 남북 간의 경제협력을 촉진하기위하여 민간 레벨에 의한 협의기구를 만들 것을 제의하다. 북한 측에서는 우리의 이 제안을 허심탄회한 마음으로 받아들이기를 간절히 기대한다. 국내 각계에서는 이 제의를 모두 환영한다는 반응을 보였다.'

한편, 대통령은 서부전선의 비무장지대에서 제3땅굴이 또 발견되었다는 보고를 받고, 북한 공산주의자들을 한 핏줄기 동포라고 믿고 통일문제를 논의할 수 있을런지에 대해 의구심이 깊어간다고 적고 있다.

'오늘 아침 국방부 장관의 보고에 의하면 서부전선(문산 서방)

제3땅굴 내부 탐사반은 차단터널을 뚫기 전 시추파일을 박아 땅굴을 발견했다. 땅굴 내부는 계속 물을 퍼내야 할 정도로 물이 괴어 있었다(1978. 10. 27).

DMZ 부근에서 또 하나의 적의 땅굴을 발견했다는 것이다. 이 자들을 동족이라고 믿고 통일문제를 과연 추진할 수 있을까 하는 회의가 자꾸만 깊어지는 것 같다.'

대통령은 또한 이날 아침 미하원 본회의에서 김동조 전 주미대사의 증언 문제에 대해 우리 정부가 비협조적이라는 이유로 기금 56만 달러 전액을 삭감했다는 외신 보도를 보고, 이것은 강자의 횡포요 오만이라고 비판했다.

"오늘 아침 미하원 본회의에서는 소위 외교관 증언 문제(김동조 전 대사의 증언 건)에 우리 측이 비협조적이라는 이유를 들어 79년에 제공될 기금 56만 달러의 전액을 삭감한다는 안이 통과되었다는 외신이 들어왔다. 참으로 어처구니없는 강자의 횡포라고 밖에 말하지 않을 도리가 없다. 빈 협정에 규정된 국제관례와 우리나라의 주권을 포기해 가면서 미의회의 체면을 세우겠다는 것은 지나친 오만이라고 하지 않을 수 없다. 김동조 씨는 오늘 아침 본 건으로 자진 사의를 표하여 수리하기로 하다."

열강들의 관계개선으로 한반도 평화가 정착되는 것은 아니다

1979년 1월 19일 연두기자회견에서 대통령은 미국과 중공이 국교를 정상화하고, 일본과 중공의 관계가 개선되었다고 해서 한반도에도 곧 평화가 정착될 것이라고 속단하는 것은 지나친 낙관론이라고 천명했다.

"금년 정월 초하루를 기해서 미국과 중공이 국교를 정상화했고 일본과 중공이 작년 8월에 평화우호조약을 체결함으로써 일·중공 관계가 훨씬 더 가까워졌습니다. 이러한 여러 가지 일들이 동북아시아의 안정과 세력 균형에 어떠한 영향을 가져올 것인가, 특히 우리 한반도 평화와 안정에 어떠한 영향을 가져올 것인가 하는 문제에 대해서 우리는 예의 주시하고 있습니다. 한 가지 분명한 사실은 일본과 중공 관계가 달라지고, 미국과 중공의 관계가 새롭게 개선되었다 하더라도, 이로 인해 우리 한반도에 곧 평화가 정착될 것이라고 속단하는 것은 지나친 낙관론입니다. 어떤 사람은 미국과 일본이 중공을 잘 설득하고 중공이 북한에 대해서 영향력을 행사할 것 같으면 한반도의 긴장이 그만큼 완화되고 북괴도 종전처럼 무모한 도발 행위는 하지 않을 것이며, 따라서 한반도에는 평화 정착이 가능할 것이다 라고 말합니다. 또 어떤 사람은 중공의 등소평이 이 달 말께 미국을 방문하게 되면 미국의 카터 대통령이 등소평을 통해서 한반도 문제에 대한 설득을 많이 할 것이다, 중공도 근대화를 위해서는 미국의 지원이나 도움이 절대 필요하다, 그렇기 때문에 미국의 부탁과 설득을 외면하지 못할 것이다, 그래서 등소평이 돌아가서 북한을 적극적으로 설득할 것이며, 그렇게 되면 북한도 중공의 영향을 많이 받기 때문에 태도가 많이 달라질 것이다 라고 말하기도 합니다. 물론 이러한 논리나 이야기들이 전부 틀렸다는 것은 아닙니다. 거기에는 긍정적인 면도 있고 우리가 시인하는 면도 있습니다. 그러나 그런 사람들의 잘못은 일본과 중공, 미국과 중공의 관계의 긍정적인 면만 보았지 부정적인 면은 전연 고려하지 않고 있다는 점입니다. 우리에게 유리한 면만 보았지 불리한 면은 전연 고려를 안 하고 있는 것입니다. 그것은 희망적인 관측에 불과합니다. 모든 것이 그렇게 되었으면 좋겠는데 세상일은 우리가 원하는 대로 다 되는 것은 아니므로 긍정적인 면 못지않게 부정적인 면을 더 많은 관심과 주의를 가지고 보아야 합니다. 물론 장기적인 안목에서 볼 때는 일·중공, 미·중공 관계가 개선된다는 것은 긍정적인 면이 대단히 많다고 생각하지만, 단기적으로 볼 때는 긍정적인 면보다도 부정적인 면이 훨씬 많다고 봅니다. 왜냐하면 북한 공산집단은 아직까지도 대남 무력 적화 통일 정책을 포기하지 않고 있습니다. 그들이 이 정책을 포기했다는 징후는 하나도 없습니다. 또한 북한 공산집단은 중·소의 사전 동의 없이, 또는 지원 없이도 자기들이 판단해서 시기적으로 적절하고 유리하다고 생각하면 언제든지 독자적으로 남침할 수 있는 군사력을 가지고 있습니다. 중공이 북한에 대해서 여러 가지 영향력을 미친다, 중공이 이야기하면 북한이 꼼짝 못하고 그 영향을 받을 것이라고 생각하는 사람도 있는 것 같은데, 북한에 대한 중공의 영향력을 너무 과대평가해서는 곤란합니다. 특히 일본과 중공 관계가 달라지고 미국과 중공이 국교를 맺고 또 인도차이나 반도에서 캄보디아와 월남이 분쟁이 있는 판국에 중공은 자칫 잘못하면 북한이 소련 쪽으로 기울어지지 않을까 하고 상당히 우려하고 그것을 막으려고 애쓰고 있는 징후가 많이 보이고 있습니다. 그 좋은 예가 최근에 등소평이 미국 국회의원에게 또는 기자회견에서 북괴의 정책을 적극적으로 지지하고 마치 북괴의 대변자처럼 이야기한 것을 보더라도 북한이 소련 쪽으로 기울어지거나, 붙지 않게 상당히 신경을 쓰고 있다는 것을 알 수 있습니다. 따라서 중공이 북한에 대해 영향력이 전혀 없다고는 할 수 없겠지만, 중공이 설득한다고 북한이 그렇게 간단히 설득되고 영향을 받겠느냐 하는 것은 신중히 검토해 보아야 합니다. 이렇게 볼 때 일·중공 또는 미·중공 관계가 당장 우리 한반도의 평화 정착을 가져온다는 속단은 어느 면에서는 매우 위험한 생각이라 아니할 수 없습니다. 따라서 우리들은 이러한 주변 정세의 여러 가지 미묘한 변화와 조짐을 예의 주시하면서 어떠한 변화나 충격이 있더라도 여기에 슬기롭게 대처할 수 있는 만반의 대비를 갖추어 나가야 합니다.”

평화통일에 대한 우리의 신념은 우리의 주도하에 실현될 수 있다

1979년 2월 13일, 국토통일원 연두순시에서 대통령은 이어서 이제부터 우리 국민들은 통일을 염원하고 갈망하는 차원을 넘어 평화통일에 대한 신념과 그것이 우리의 주도하에 이루어질 수 있다는 자신감을 가져야 한다는 점을 강조했다. “요즘 일반적으로 우리 국민들이 누구나 다 통일에 대한 염원, 통일이 돼야 되겠다는 갈망을 갖고 있는데 그것만 가지고는 부족하다, 이렇게 생각합니다. 이제부터는 통일에 대한 우리 국민들의 신념이라고 할까 평화통일에 대한 자신감, 평화적인 통일이 기어코 되어야 한다는 국민들의 신념 또 그것이 우리들 주도하에 될 수 있다는 자신감을 일으켜 나가는 것, 특히 지금 자라나는 후계 시대에 대해서는 그것이 필요하지 않겠느냐, 그래서 나도 가끔 생각해 보는데 그런 소리가 일반 젊은 세대에게 갑자기 먹혀 들어갈 리는 없겠지만 두 가지 문제를 가지고 자신 있게 이야기할 수 있다 이렇게 봅니다. 하나는 국력이겠지요, 남북이 군사력뿐 아니라 경제력 등 종합적인 국력, 이것이 어느 쪽이 앞서고 어느 체제가 국민들을 복되게, 행복하게 하는 그런 사회를 만드느냐 하는 것에 대한 국력 비교이고, 또 하나는 역시 앞서 장관도 강조했지만 민족사적인 정통성, 누가 정통성을 계승했느냐 하는 것입니다. 요즘 북괴는 자기들이 한반도의 유일 합법정부라고 엉뚱한 소리를 하고 앉아 있는데 그것은 백 번 이야기해 봤자 먹혀들어가지 않는 소리입니다. 정통성이란 뭐냐, 나는 역시 문화라고 생각합니다. 남쪽과 북쪽의 문화의 뿌리가 어느 쪽이 우리의 전통문화를 바탕으로 한 문화냐, 우리는 우리의 전통문화, 그것을 뿌리로 해서 거기서 지금 줄기차게 자라나고 가지가 나고 잎이 나고 끝이 뻗어나가는데, 저자들은 뭐냐 하면 옛날 우리의 뿌리란 것을 완전히 잘라 버리고 거기다가 공산주의라는 이질문화를 갖다가 접목시켜서 이상하게 자라나고 있습니다. 따라서 저들은 절대로 민족사적, 정통성이라는 걸 주장할 수 없습니다. 앞으로 우리나라 학자들이 이론적으로, 이것을 가지고 국민들도 계도하고 북한하고 어느 시기에 이론투쟁을 할 때도 그것을 가지고 공식적으로 나가야 되지 않겠느냐 생각합니다. 두 가지를 국민들에게 점차 침투시키면 통일문제에 대해서 자신 있게 할 수 있게 되리라고 봅니다. 지금 북괴하고 이야기 좀 해보자고 무엇을 좀 던져 놓으니까 무슨 이유를 붙여 안 하는 이유를 찾고 있는데, 대단히 실망스런 것도 많지만 그렇다고 해서 우리가 실망하거나 낙담할 필요 없이 끈기를 가지고 해야 됩니다. 우리가 통일에 대한 신념과 자신만은 가지고 있어야 됩니다. 언젠가는 통일의 기회가 온다고 하는 신념, 이것이 특히 앞으로 자라나는 세대들에 대해서 필요하지 않겠느냐는 생각이 듭니다."

제6장 국가와 국민을 수호할 수 있는 자주국방의 힘을 길러야 한다

대통령의 자주국방철학과 그 목표

동서고금을 막론하고 한 국가가 그 국토와 그 국민의 생명과 재산과 자유를 수호하는 데 있어서 불가결한 필수요건은 바로 그 국가의 국방력이다. 국제사회는 예나 지금이나 적자생존의 냉엄한 법칙이 지배하며, 자주적인 국방의 힘이 없는 국가는 국가로서 살아남기 어렵다. 인류역사상 자주적인 국방력을 기르지 못하여 침략을 당하고 망한 나라가 얼마나 많은가. 우리나라만 해도 여러 차례 침략당했던 그 근본 원인은 바로 국방을 소홀히 했기 때문이었다. 침략자로부터 국가와 국민을 수호할 수 있는 최선의 방법은 침략자가 두려워하는 강력한 국방력뿐이다. 특히, 선전포고도 없이 침략이 감행되고 있는 현대전에 있어서 국가는 자국의 국방과 국가안보를 국제협정에만 의존하고 있을 수도 없고, 또 침략자에 대해 필요한 시기에 필요한 군사적 제재를 가하지 못하는 국제기구에만 의존하고 있을 수도 없다. 따라서 국가는 자국을 지키는 데 충분한 국방력을 갖추고 있어야 한다. 그러나 국방력은 경제력 없이는 강화될 수 없다. 즉, 국방력의 기초는 경제력이다. 국가의 경제가 발전해야만 국방을 강화할 수 있다는 점에서 경제력은 국방력 강화의 수단이 되고 있는 것이다. 그래서 오늘날 막강한 국방력을 보유하고 있는 국가들은 거의 모두가 풍부한 경제력을 갖고 있는 선진공업국가들이다. 불행하게도 우리나라는 국방력을 뒷받침할 만한 경제력이 없었다. 해방 후 국토는 남북으로 양단되고 곧이어 북괴의 6·25 남침으로 폐허의 잿더미만 남아 국민들은 풀뿌리나 나무껍질을 갈아먹는 절대빈곤의 악순환 속에서 허덕였다. 휴전 후 우리 국민은 미국의 잉여농산물로 겨우 연명하였고 우리의 국방은 미국을 비롯한 자유우방국가들의 집단안전보장에 의존하고 있었는데, 실제로는 주한미군 2개 사단이 휴전선을 방어해 왔고, 또 우리의 북괴에 대한 군사적 열세를 보완해 주고 있었다. 그래서 자유당정부나 민주당정부는 국방력을 증강하는 데는 별다른 노력을 기울이지 않았다. 물론, 당장 먹고 살기도 어려운 경제사정 때문에 국방력 강화는 생각할 여유가 없었던 것도 사실이다. 그러나 문제는 정부나 국민이나 자주적인 국방의식이 없이 국방은 미국만 믿고 의지하면 된다는 의타적인 생각이 지배적이었다는 데 있었다. 5·16혁명 이후나 민정 이양 후 제3공화국에 있어서도 경제적 어려움은 계속되었고, 우리의 능력으로 국방력을 증강할 형편이 아닌 것은 과거의 역대 정부 때와 마찬가지였다. 그러나 한 가지 달라진 것이 있었다. 대통령이 미국의 원조가 있는 동안 이를 최대한 활용하여 우리의 국방력을 강화하는 데 비상한 노력을 기울였다는 사실이다. 61년 5·16군사혁명 직후부터 68년 북괴 무장 게릴라들의 청와대 기습기도 사건이 있었던 기간까지 정부의 국방정책은 다음 네 가지 사업에 중점을 두고 있었다.

첫째, 미국을 주축으로 하는 집단안전보장 체제를 강화하고, 현재의 병력수준을 유지하며, 신형 항공기와 대공유도탄 등 새로운 장비를 도입하여 장비의 현대화를 촉진함으로써 북괴에 대해 우월한 국방력을 견지하고, 긴급사태에 즉각 대응할 수 있는 동원 태세와 예비군사력을 보강하여 잠재전력을 확충해 나간다는 것이었다.

둘째, 국군전투사단의 월남파병으로 생긴 전투력의 공백을 메울 수 있는 전투력 증강을 위해서 3개 예비사단의 전투장비를 확보하고, 현역사단들의 장비수준을 최고도로 유지한다는 것이었다.

셋째, 군장병들의 급여를 개선함으로써 군의 사기를 앙양하고, 민주 반공의 군인정신을 함양하여 군의 기본자세를 확립하는 것이었다.

넷째, 군 본연의 임무수행과 병행하여 군작전에 지장을 주지 않는 범위 내에서 유휴지를 최대한 이용하여 자활영농으로 군급식 향상을 위한 군의 자급노력을 확대하고, 국토건설사업과 대민지원사업에도 가능한 한 많은 노력을 경주한다는 것이었다.

대통령은 1965년 우리나라의 월남파병에 대한 보답으로 미국이 한국군의 현대화계획을 지원하기로 함에 따라 이것을 활용하여 국방력을 강화해 나가고 있었다. 그러나 이때까지만 해도 대통령은 '자주국방'이라는 말을 공식적으로 천명하지는 않았다. 대통령이 자주국방을 강조하게 된 결정적인 계기는 68년 정초에 북괴가 우리나라와 미국에 대해 연달아 감행한 전례 없는 무력도발과 이에 대한 미국의 대응 태도였다. 1월 21일 북괴의 무장 게릴라들은 청와대 기습을 시도했고, 이틀 후인 1월 23일 북괴는 미 해군정보함 '푸에블로호'를 납북했다. 이러한 북괴의 무력도발에 대해 우리의 동맹국인 미국은 아무런 응징조치를 취하지 않았다. 또 일부 우리 국민들은 부산으로 피난을 간다느니, 금이나 쌀을 사재기한다는 등 패배의식에 젖어서 침략자와 사생결단하겠다는 국방의식이 결여되어 있다는 사실이 드러났다. 이 두 사건은 우리의 자주국방력 증강과 국민의 국방의식 고취가 그 어느 때보다도 가장 시급한 국가적인 당면과제임을 확인시켜 주었다. 이때 대통령은 우리의 국방과 안보를 더이상 미국에만 전적으로 의존할 수 없게 되었고, 또 의존해서도 안 되겠다는 판단을 했고, 이제부터는 우리의 국토는 우리 힘으로 지킬 수 있는 자주국방력을 기르고, 우리 국민의 주체적인 국방의식을 강화해야 되겠다는 결심을 굳혔다. 대통령은 앞으로 북괴의 무력도발로 전쟁위기가 발생할 경우 오로지 우리의 국방력만으로 그 위기를 극복해야만 하는 미래의 사태, 다시 말해서 전쟁의 위기에 직면하여 우리의 국방과 안보를 더 이상 미국에 의존할 수 없게 될 사태를 예견하고 있었고, 그러한 사태에 대비하기 위해서는 미국의 지원이 있는 동안에 우리의 자주국방력을 강화해 놓아야 한다고 판단하고 그렇게 하기로 결단을 내렸다. 그러한 결단의 첫 번째 작품이 바로 1968년 4월 1일에 창설된 향토예비군이었다.

인류역사에 있어서 평화 애호적이고 민주적인 국가가 침략적이고 독재적인 국가와의 관계에 있어서 안전한 것은 아니었다. 군사력의 증강을 위해서 수십 년 동안 가난하게 살기로 결심한 국가가 군사적 우위를 확보할 수 있었고, 그 우월한 군사력은 필연적으로 평화 속에 번영을 누리는 민주국가의 안전을 위협하였다. 바로 이러한 형국이 60년대 후반에 북괴와의 관계에 있어서 우리나라가 처하게 된 상황이었다. 우리나라는 민주적이고 개방적인 산업국가로서 경제건설에 총력을 기울이고 있었으나 북한은 독재적이고 폐쇄적인 병영국가로서 전쟁준비에 광분하고 있었다. 즉, 60년대 초부터 대통령은 '선 경제건설 후 평화통일' 원칙, 다시 말해서 경제성장을 촉진하여 국력을 신장하고 그러한 국력의 바탕 위에서 평화적으로 국토통일을 이룩한다는 정책에 따라서 경제개발에 주력했고, 60년대 후반에 우리 경제는 1,2차 경제개발 5개년계획의 성공적인 추진으로 고도성장을 지속하고 있었으며, 공업화도 크게 진척되고 있었다. 그러나 대통령은 우리의 공업생산력을 군사력을 강화하는 수단으로 이용하지 않았으며, 오직 수출증대의 동력으로 활용하였다. 그러나 북한은 우리와는 정반대였다. 북한은 무력적화통일을 위해 전쟁 준비에 광분하고 있었고, 그들의 경제는 군사력을 강화하는 데 집중되고 있었다. 그들은 가능하다면 '전쟁 없는 남한의 공산화', 필요하다면 '전쟁에 의한 남한의 공산화'라는 적화통일 목표를 달성하기 위하여 북한을 '남조선혁명기지'로 삼고 북한사회를 거대한 병영으로 만들었다. 그들은 정규군 이외에 소위 노농적위대를 조직하고 6만 명에 이르는 특공대를 만들어 67년부터는 이 땅에 무장게릴라를 남파하여 게릴라전을 감행하기 시작했다. 대통령은 북한의 전략은 본질적으로 무자비한 기회주의적인 것으로 보는 것이 유용하다고 판단하고 있었다. 우리가 자주국방력을 갖추지 못하여 군사적 균형이 그들에게 유리하게 기울고, 우리에 대한 무력 도발에 의해서 잃는 것보다는 얻는 것이 더 많다는 손익계산을 할 때에는 그들은 반드시 무력 도발을 감행할 것이다. 그러나 우리가 강력한 자주국방력을 유지하고 그들의 무력도발에 대해서는 이를 응징하겠다는 확고한 의지를 견지하고 있을 경우 그들은 그들의 침략적 도발이 얻는 것보다 잃는 것이 많고 비싼 대가를 치르게 된다는 손익계산을 하게 될 것이며, 이 경우 침략적 도발을 자제하리라는 것이다. 대통령은 국제관계에 있어서 세력균형 관계를 냉철하게 평가하고, 군사력의 균형을 중요시했다. 그리고 군사력의 균형은 변화하는 사태발전에 적응할 수 있는 힘이 계속 유동함으로써 이루어진다고 보고 확고한 원칙을 정했다. 즉, 북한의 군사력이 우리의 군사력보다 우위에 있도록 허용해서는 안 되며, 우리나라의 군사력을 적어도 북괴의 군사적 도발을 억지하는 데 충분할 정도로 강화하고, 나아가서는 북괴의 군사력을 압도하는 절대우위의 군사력을 확보하고 있어야 한다. 따라서 남북한의 군사적 균형이 북괴에 유리한 방향으로 기울어지는 결과를 자초하게 될 정책을 주장하는 것은 대단히 위험하다는 것이다. 예컨대, 우리는 평화통일을 원하고 있고, 통일을 위해서 전쟁에 호소해서는 안 되고, 한반도에 평화를 정착시키는 것이 중요하다고 믿고 있다. 그러나 그렇다고 평화를 유일한 정책 목표로 삼는다면 우리는 치명적인 위험에 직면하게 된다는 것이다. 만일 우리가 평화통일을 열망한 나머지 어떠한 대가를 치르더라도 전쟁을 회피하고 평화만을 추구한다면, 만일 우리가 평화를 추구한다는 도덕적 순정에서 위안을 얻으려고 전쟁에 대한 아무런 대비책을 마련하지 않는다면, 그것은 전쟁을 적화통일의 수단으로 삼고 있는 무장한 침략자인 북괴의 총칼 앞에 우리 스스로 무장해제하고 군사적으로 무방비 상태에 빠지게 되고 국가와 국민의 운명을 북괴의 처분에 맡기는 비극적인 결과를 자초하게 된다는 것이다. 일찍이 레닌은 공산주의자가 민주사회를 침공할 때 지켜야 할 전략을 이렇게 요약했다. '총칼로 찔러보라, 만일 강철에 부딪히면 후퇴하라, 만일 솜덩어리에 부딪히면 계속 찔러라' '적에게 분명히 유리하고 아군에 유리하지 아니할 때에 전투를 하는 것은 범죄이며, 반대로 힘의 관계가 아군에게 유리할 때에 전투를 하지 않는 것도 또한 범죄이다.' 앞으로 북한 공산주의자들은 레닌의 교시대로 힘의 객관적인 상관관계에 대한 그들의 평가에 따라 그들이 정하는 시간과 장소에서 그들의 전술을 선택할 것이라고 대통령은 보고 있었다. 따라서 북한 공산주의자들이 우리가 선의를 보인다고 해서 그들에게 유리하다고 생각하는 상황을 이용하는 것을 자제할 것이라고 기대하는 것은 역사의 교훈을 망각한 위험한 일이라고 경계했다. 북괴의 6·25남침을 상기해야 한다는 것이다. 결국, 북괴의 침략적 도발 여부는 우리의 자주국방력 여하에 달려 있다. 따라서 우리는 북한 공산주의자들이 도전할 수 없는 강력한 군사력을 유지하고 있어야 한다. 국제정치에 있어서 진정한 통화는 군사력이다. 이제부터는 우리도 지속적으로 고도화되고 있는 우리의 공업생산력을 활용하고 또 우리가 동원할 수 있는 모든 인적, 물적 자원을 이용하여 자국국방을 위한 군사력을 강화해 나가야 되겠다는 것이다. 대통령이 강조한 자구국방개념의 핵심 내용은 세 가지였다.

첫째, 국방의 주체는 우리 자신이며, 우리의 국토는 일차적으로 우리의 힘으로 지켜야 한다는 것이다. 다시 말해서, 북괴의 무력남침에 대한 일차적인 방위책임은 우리에게 있다는 것이다. 1968년 3월 7일 전국의 지방장관, 시장, 군수, 구청장 회의에서 대통령은 국방의 주체성을 설명하고 이것이 국방의 기본개념이 돼야 한다는 점을 다음과 같이 역설했다.

"오늘날 우리가 당면한 가장 시급한 과제는 먼저 자주국방 태세를 확립하는 것이며, 이를 위해 지역적 자기방어 체제를 정비·강화하는 데 온 힘을 경주하는 일입니다. 북한괴뢰는 이미 수년 전부터 경제건설을 뒤로 미루고 전쟁 준비에 전념해 왔고, 도탄에 빠진 민생을 돌봄이 없이, 북한동포를 다시 무력침략을 위한 전투원으로 강제 동원해서 군사훈련에 광분해 왔고, 전북한 천지를 병영화하고 병기 공장화해서 대남 적화를 위한 전쟁 준비에 전력을 기울여 왔습니다. 이제 우리는 북괴가 전쟁 준비에 완료를 호언하면서, 금년 초부터는 '간접 침략에서 직접 침략으로' 방향을 바꾸어 드디어 남한에서 게릴라전을 망상하고 있다는 이 엄연한 현실과 대결해야 합니다.

먼저 우리는 국방에 있어서 주체성을 확립해야 하겠습니다. 지난날 우리는 우리의 국방을 너무나 우방과의 지역적 집단안전보장 체제에 의존했던 감이 많습니다. 우리의 국토는 제1차적으로 우리 힘으로 지킨다는 의식이 강해야 하겠습니다. 아직도 동서 냉전이 가장 격렬한 형태로 존재해 있는 아시아에 있어서, 집단안전보장 체제의 강화는 더욱 필요한 일이기는 하지만, 그렇다고 국방을 우방에만 의존한다는 것은 주객이 전도된 감이 없지 않습니다. 도적이 들어오지 못하도록 울타리를 튼튼히 해 놓고 그 안에서 비로소 건설이나 생산도 있을 수 있습니다. 이 도적을 누가 막느냐? 두 말할 것도 없이 그 집에 사는 사람이 1차적으로 막아야 합니다. 도적의 힘이 너무 강대할 때는 남의 힘을 빌려야 합니다. 이것이 국방의 기본개념이 되어야 합니다. 휴전선만 지키면 된다, 우방과의 유대만 강화하며 된다는 안이하고 의타적인 국방의식에만 사로잡혀 있다가 침략적 도발을 당했을 때, 우선 자기 힘으로 이것을 막겠다는 생각도, 준비도 없이, 남이 와서 막아주기만 기다리는 사고방식은 버려야 하겠습니다. 우리는 결코 전쟁을 원치 않습니다. 그러나 만약에 6·25와 같은 적의 침략을 또다시 받았을 때는 전국토를 초토화하는 한이 있더라도 우리는 최후까지 싸워야 합니다. 전국민이 총궐기하여 우선 자기 향토는 자기들이 끝까지 사수해야 합니다. 일보도 물러설 수는 없습니다. 특히 김일성집단의 최근 동향을 볼 때, 우리의 이러한 태세는 반드시 긴요한 것입니다. 이 국토의 주인은 우리 국민이며, 우리가 바로 국방의 주체입니다. 우리는 언제나 앉아서 당하고 막기만 하고 있을 것이 아니라, 우리 땅은 우리 스스로의 힘으로 지키고 침략자에게는 힘으로 응징하고야 만다는 투철한 자주국방의 결의와 태세를 갖추어야 합니다. 이러한 자주국방의 건설에 있어서는 온국민이 다 함께 주체가 되어야 하겠습니다만, 거기에는 선도자가 있어야 하는 것입니다. 36만 공무원 여러분은 바로 3천만의 자주국방 대열의 전위요, 지휘자라는 긍지와 책임감을 가지고 향토방위 체제의 육성에 앞장서 주어야 하겠습니다.”

둘째, 북괴가 중·소 등 공산대국의 지원 없이 북괴 단독으로 남침을 감행해 올 경우, 우리도 미국 등 우방의 도움 없이 우리 단독으로 북괴침략군을 격멸할 수 있는 군사력을 보유하고 있어야 한다는 것이다. 즉, 북괴와의 1:1 대결에서 적의 공격을 섬멸할 수 있는 국방력을 보유하고 있어야 한다는 것이다.

1970년 1월 9일 연두기자 회견에서 대통령은 우리는 적어도 북괴가 단독으로 무력침공해 왔을 때는 우리 국군 단독의 힘으로 이것을 저지하고 분쇄할 수 있는 정도의 강한 힘을 갖추어야 되겠으며, 이것이 바로 자주국방의 개념이라고 천명했다.

…(중략)… "우리 정부는 우리가 아무리 통일을 원한다고 하더라도, 무력을 사용하는 전쟁 수단에 의한 통일을 하지는 않겠다는 것을 확실히 천명해 왔습니다. 그러나 우리가 전쟁을 원하지 않는다고 해서 전쟁이 절대 일어나지 않는다는 보장은 전혀 없습니다. 즉, 북한괴뢰가 어떠한 오산에 의해서 전쟁을 먼저 도발해 왔을 때에는 우리도 즉각 반격을 해야 되기 때문에, 우리가 싫든 좋든 전쟁은 일어나고야 마는 것입니다. 그렇다면, 전쟁이 일어나지 않도록 막는 방법은 무엇이겠는가? 결국, 북괴가 어떤 오산에 의해서 무모한 전쟁을 도발하지 못하도록 해야 되겠는데, 그것은 단 하나 우리가 충분한 힘을 갖추고 있어야 되겠다하는 데에 귀착된다고 생각합니다. 북괴가 침략을 하는 침략 능력보다 우리가 이에 대응할 수 있는 대응 능력이 월등하게 우세하다면 전쟁을 해보았자 문제가 되지 않을 것이며, 무력으로는 절대 승산이 없다는 것을 북괴가 확실히 인식한다면, 무모한 전쟁을 도발해 오지는 않을 것입니다. 그러기 때문에, 우리는 적어도 북괴가 단독으로 무력침공해 왔을 때에는 우리 대한민국 국군의 단독의 힘으로 충분히 이것을 저지하고 분쇄할 수 있는 정도의 강한 힘을 빨리 갖추어야 되겠다는 것입니다. 이것이 바로 내가 주장하는 자주국방에 대한 개념입니다. 이러한 준비를 우리

는 서둘러야 되겠는데, 그렇게 하기 위해서 국방면에 있어서는, 우선 장비 현대화를 서둘러야 하겠고, 전군의 장병들에 대한 실전적인 훈련을 강화해야 되겠고, 우리가 가지고 있는 2백여 만의 향토예비군은 빨리 동원체제를 확립해서 일조 유사시에는 정규군으로 전환할 수 있는 태세를 갖추어야 하며, 또한 군수산업을 점차 육성해 나가야 되겠습니다. 이러한 여러 가지 문제는 시간을 다투어서 대비해 나가야 되겠습니다."

셋째, 자주국방은 결코 우방과의 집단안전보장 체제를 부정하는 것이 아니며, 우방과의 군사적 동맹을 배제하는 것이 아니라는 것이다.

1970년 7월 23일, 국방대학원 졸업식에서 대통령은 자주국방은 결코 집단안전보장 체제를 배제하는 것은 아니라는 점을 강조했다.

"우리는 지금 일면 국방, 일면 건설에 거족적인 노력을 경주하고 있습니다. 이것은 우리가 하루속히 우리의 자주적인 국방태세를 구축하기 위한 노력입니다. 나는 여기에서 한 번 더 내가 늘 역설하는 자주국방 개념에 대하여 언급하고자 합니다. 기본적으로 말해서 우리의 조국 대한민국은 우리 국민의 힘으로 지켜야 하는 것입니다. 그러나 우리의 힘이 부족할 때는 우방의 도움을 받아야 합니다. 우방의 도움을 받고 있는 동안에 우리가 노력해서 하루빨리 국방에 대한 책임을 우리 스스로가 맡고 국방에 대한 주체가 우리가 되도록 노력하자는 것입니다. 한 가지 오해가 있어서는 안 될 문제는, 현대국가의 국방이나 안전보장이란 그 나라 단독의 힘으로 이루어질 수는 없는 것입니다. 즉, 내가 말하는 자주국방이란 결코 집단안전보장 체제를 배제하자는 뜻이 아니라는 점입니다. 현대 국제사회에 있어서는 여러 나라가 상호협력, 상호의존 또는 상호보완으로써 국제 질서가 유지되고 있는 만큼, 남의 협력과 남의 지원을 받기 위해서는 먼저 자기 스스로의 자주적인 역량의 구축과 주체 의식이 확립이 선행 조건이 되는 것입니다. 말을 바꾸어서 표현하자면, 내가 남에게 도움이 될 수 있을 때에 비로소 남도 나를 돕게 된다는 이야기입니다."

대통령의 자주국방건설 방략에 따라 정부는 국방정책의 중점을 북괴의 어떤 형태의 도발도 격퇴할 수 있는 강력한 방위력을 계속 유지하는 데 두고 다음과 같은 조치들을 실행해 나가기로 했다.

①국군과 향토예비군을 주축으로 하는 방위태세를 강화하고, 군장비현대화 5개년계획을 추진하여 현대적 장비를 갖춘 정예군을 육성한다.

②전후방 방위지대를 요새화하고 점차 지하화한다.

③전장병의 전투요원화, 초급지휘관의 정예화, 실전 위주의 교육훈련, 정신무장 강화 등으로 임전 태세의 완벽을 기한다.

④우리의 여건에 부합되는 전략 및 전술교리를 발전시키고 무기를 포함한 전쟁물자 연구 개발의 기틀을 마련한다.

⑤군수지원 체제를 개선하고 전투에 필요한 긴요한 물자를 비축하며 동원체제를 확립한다.

⑥경제개발계획과 민수산업을 토대로 한 방위산업을 육성하고, 유사시 전시산업으로 신속히 전환할 수 있는 기틀을 마련하며, 군의 장비와 물자의 국산화를 촉진한다.

⑦군사기구와 군사제도를 우리 여건과 국력에 부합되도록 정비 조정함으로써, 예산과 인력 및 물자를 절감하여 전투력 증강에 전용하여 군사력의 질적 충실을 도모하고, 경제적이고 효율적인 군육성에 중점을 둔 정병 강군 정책을 발전시킨다.

⑧향토예비군을 전력화함으로써 전시 현역군 확충을 위한 동원

체제를 정비하고, 간접침략을 분쇄하기 위한 비정규전 능력을 향상시켜 후방지역 방위 태세를 강화한다.

⑨ 학도호국단을 창설해서 유사시에 청년학도들이 국방의 일익을 담당할 수 있도록 훈련을 실시한다.

⑩ 민방위대를 조직해서 전시에는 군작전을 지원하고, 후방의 피해 복구와 후방수호임무를 맡을 수 있도록 훈련을 실시한다.

자주국방을 위한 방위산업건설
① 방위산업 없이 자주국방은 있을 수 없다

대통령은 우리나라의 자주국방력을 강화하는 데 있어서 가장 핵심적인 사업은 무기와 군수품을 생산할 수 있는 방위산업의 건설이라고 생각하고 있었다. 방위산업 없이 자주국방은 있을 수 없다는 것이다. 그러나 우리의 자주국방력 증강은 군사전략의 견지에서 뿐만 아니라 경제발전의 관점에서도 한·미관계에서 주요한 쟁점이 되고 있었다. 1960년대 초반, 미국은 우리나라의 무기와 국방예산의 상당 부분에 대해 우리나라가 계속적으로 미국에 의존하도록 하였다. 미국의 정책은 우리나라에 소모적 군사장비를 제공하는 것이었지 기본적인 수준의 무기생산이나 우리나라의 방위산업 발전을 지원하려는 것이 아니었다. 오히려 방해하려는 편이었다. 1960년대 중반, 미국은 미국이 국내에서 직면한 상황 타개를 위해 우리의 방위산업 육성방해 정책을 바꾸었다. 1965년 5월 16일 대통령은 미국을 방문하여 존슨 대통령과 한미협력문제들을 협의하였는데, 그때 존슨 대통령은 국군전투부대의 월남파병을 요청하였고, 대통령은 미국정부가 우리의 국군현대화 계획을 지원하여 국군의 전력을 증강시키는 데 협력한다면 국군전투부대의 월남파병을 긍정적으로 검토할 수 있다고 말했다. 국군전투부대의 월남전 참전을 절실하게 필요로 하고 있던 존슨 대통령은 국군현대화 계획을 지원하겠다고 약속하였다. 그리고 그해 9월 호놀룰루에서 열린 한미정상회담에서도 국군현대화 계획에 대한 미국의 지원은 거듭 확인되었다. 대통령은 국군현대화 계획을 추진함에 있어서 미국의 지원을 받되, 국군이 쓰는 무기와 군수품을 모두 미국에 의존해 온 지금까지의 정책은 지양해야 한다고 생각했다. 자주국방건설을 위해서는 우리가 필요로 하는 무기와 장비 등 군수품은 우리나라의 방위산업체에서 생산해야 한다는 것이다.

② 연구소 통합과 행정기구 신설

대통령은 방위산업 발전을 촉진하기 위해 연구소를 통합하고 행정기구를 신설했다.

1) 통합된 연구소는 국방과학연구소였다.

국방과학연구소(Agency for Defense Development : ADD)는 국방부가 병기와 군장비의 국산화를 꾀하고 군사과학기술의 발전과 해외와의 교류를 위해서 1970년 정기국회의 의결을 거쳐 그동안 3군(軍)별로 나뉘어져 있던 군사과학 연구기관들을 모두 흡수하여 통합한 연구기관이다. 이 연구소는 병기장비연구와 무기체제와 관련되는 여러 자원·조직·제도·운영의 분석 검토, 각종 병기와 장비의 성능검사와 장비의 시험제작 및 기술시험 등 국방과학기술 분야를 전담 연구하기로 되어 있었다. 이 연구소는 우리 육사출신으로서 공과와 이과계통의 박사·석사학위 취득자 및 병기장교, 국내 학계 및 기술계의 엘리트, 그리고 해외에서 유치한 우수한 재외동포학자 등으로 구성된 선진국 수준의 연구기관이다. 이 연구소는 전형적인 군수품의 고안과 실험 등의 중요한 역할을 담당하였으며, 여러 방산지정공장에 감독관과 검사관을 파견하여 엄격하고 정밀한 검사규정에 의해 소재로부터 각 부분의 정밀가공과 조립의 전공정에 철저한 품질관리를 실시하여 모든 방위산업품의 품질관리와 보증체제를 확립하였다.

2)새로 신설된 행정기구는 대통령경제 제2비서실이었다.

1971년 11월 10일, 대통령은 중화학공업과 방위산업의 육성을 직접 지도하기 위해서 대통령비서실에 경제제2비서실을 신설하고 당시 상공부차관보로 있던 오원철을 수석비서관으로 임명하고 이 분야의 전문 관료들을 비서관으로 발탁했다. 그리고 대통령 제2경제비서실에 별도로 무기개발위원회를 운영했다. 이 위원회의 구성원들은 비밀리에 활동하였다. 이들은 프랑스, 스위스의 무기공장을 견학하였다. 1972년에는 이스라엘을 방문하여 무기생산시설을 조사하고 이스라엘 측과 무기생산 문제를 논의했다.

③ M16소총 공장건설

대통령이 자주국방을 위한 방위산업 사업에 있어서 제일 먼저 착수한 것은 우리 국군이 사용하는 소총공장의 건설이었다. 1966년 초반에 대통령은 M16소총을 생산하는 미국 콜트(Colt)사의 폴 벤크(Paul Benke)가 청와대를 예방했을 때 콜트사가 우리 나라에 M16소총 생산공장을 건설해 주면 우리 정부는 그 대가로 콜트사로부터 많은 소총을 구입하겠다고 제의했다. 폴 벤크는 난색을 표시했다. 콜트사는 코네티컷 주의 하트포트에 있는 자체 공장으로부터 소총을 공급하고 있으므로 소총을 팔 수는 있지만 공장 건설은 도와 줄 수 없다는 것이었으며, 콜트사의 이러한 입장은 미국무성과 국방성의 지지를 받았다는 것이었다. 그로부터 2년 후인 1968년에 M16소총공장 건설 등 우리나라의 방위산업 육성에 대한 미국정부의 정책은 '방해'에서 '지원' 쪽으로 전환했다. 미국의 이러한 정책전환에는 대통령의 두 가지 결정이 작용했다. 그 하나는, 북괴가 전면전을 도발해 오지 않는 한 대한민국은 북괴를 선제공격을 하지 않는다는 결정이다. 그동안 미국이 우리나라가 독자적으로 방위산업을 육성하려는 것을 방해해 온 것은 경제적인 측면에서는 미국의 무기와 군수품을 계속 판매하려는 속셈도 있었지만, 군사적 측면에서는 우리나가라 자주적인 무기생산능력을 갖게 되면 북한을 공격하려는 유혹을 받게 될지 모른다는 점을 우려하고 있었기 때문이었다. 다시 말해서 미국은 우리의 국방능력이 증강될 경우 우리의 대북공격능력에 대한 우려 때문에 한국의 방위산업 발전을 방해하여 왔다. 그러나 1968년 초에 미국은 그들의 우려가 기우라는 것을 확인했다. 즉, 1968년 1월 21일 북한이 무장공비를 남파시켜 청와대를 공격하려 기도한 1·21사태 때와 1월 23일 미국정보함 푸에블로호 납북사건 등으로 남북한 간의 긴장상태가 극에 달했을 때 미국은 대통령이 북한에 대해 보복하지 않을까 크게 우려하고 있었다. 그러나 대통령은 북괴에 대해 보복행위를 하지 않는 냉철한 자제력을 보였다. 다만 대통령은 미국에 대해 북괴의 도발에 상응하는 조치를 취할 것을 촉구했다.

다른 하나는, 독자적으로라도 방위산업을 육성하겠다는 대통령의 결정이다. 대통령은 미국의 방해정책이 우리의 방위산업 발전을 위축시킴으로써 남북한 간의 군사력의 성장과 증강에 심대한 불균형을 가져 왔고, 따라서 무기와 장비생산 등 방위산업 분야에서 북한을 따라잡고 능가하기 위해서는 우리의 방위산업 육성을 더 이상 미국의 눈치를 보면서 미룰 수 없다고 생각했다. 그래서 1968년 4월 대통령은 미국이 방해하든 지원하든 미국의 정책에 개의치 않고 국제시장에서 소총공장뿐만 아니라 군수품의 공개입찰에 나서기로 결정함으로서 방위산업을 육성하겠다는 결의를 행동으로 표시했다.

이렇게 되자 미국의 태도가 달라졌다. 우리나라의 방위산업육성을 방해해 온 기존정책을 바꾸어 지원하기로 한 것이다. 대통령의 대 북괴 공격에 대한 우려가 더 이상 존재하지 않는다는 것이 확인되었고, 한국군이 북한군에 비해 무기와 장비 면에서 열세에 놓여있고, 그래서 대통령이 소총공장건설 등을 도와 줄 기업을 외국에서 구하기로 나선 상황에서 미국이 계속 방해정책을 고수해 봤자 소용도 없고 또 실익도 없다는 것이 명백하였기 때문이다. 미국무성은 한국의 방위산업이 우호적인 고려를 할 만한 가치가 있는 것이며, 장차 주한미군의 철수에 대비하는 장기계획의 관점에서도 한국의 소총공장 건설을 지원하는 것은 중요하다는 점을 강조하고 소총공장 건설을 지원할 것을 미국방성 등 관계부처에 권고했다.

1968년 5월 27일부터 이틀간 미국의 워싱톤에서 열린 제1차 연례 한미국방장관회의에서 한미 양국은 우리나라의 자주국방력 강화의 일환으로 M16소총을 생산할 수 있는 군수공장을 한미협력으로 우리나라에 건설하는 데 합의하였다. 그 다음해인 69년 6월 3일부터 이틀간 열린 제2차 한미국방장관회의에서는 우리의 향토예비군에 대한 소총공급의 필요성을 확인하고, M16자동소총 생산공장건설을 위한 구체적인 문제는 69년 6월 말 우리나라를 방문하는 미국방성 대표와 콜트사 관계자와 협의하여 확정하기로 하였다. 그리고 미 국무성과 국방성은 콜트사로 하여금 소총계획을 받아들일 것을 요구하였다. 한·미국방장관회의에 이어 데이비드 팩커드(David Packard) 국방차관은 '한국으로 하여금 M-16공장을 미국의 인가 하에 건설하도록 허가하였다'는 성명을 발표했다. 콜트사가 M-16에 대한 특허를 가지고 있었으므로, 팩커드의 성명은 콜트사의 참여를 우리 정부에게 알려주는 것이었고, 콜트사에게는 계약하도록 압력을 가하는 것이었다. 1969년 8월 22일 한미정상의 제2차 단독회담

에서 닉슨 대통령은 한국군의 현대화를 위해서 국군의 소화기를 M
-16소총으로 교체하는 문제가 조속히 해결되도록 하겠다고 약속했
다. 이른바 '닉슨 독트린'에 따라 주한 미지상군의 일부 철수를 계
획하고 있는 닉슨 대통령으로서는 이 계획을 관철하는 데 있어서는
한국군의 현대화를 촉진하는 것이 긴요하다고 판단했고, 그래서 M
-16소총 문제에 호의적이었던 것이다.

　이 무렵 우리 정부와 콜트사의 협상은 조건문제로 진전을 보지
못하고 있었다. 콜트사는 우리 정부가 요구한 조건에 우려를 표시했
다. 우리나라는 스프링에서 총열, 탄창에 이르는 M-16에 관련된
모든 것을 생산할 수 있게 되기를 희망했다. 그러나 콜트사는 자기
들도 모든 것을 다 생산할 수 있는 능력이 없어서 많은 다른 제조업
자들과 하청계약을 맺어야만 하는데, 콜트사에 부품을 공급하고 있
는 하청업자들은 그들의 기술정보를 우리나라에 제공할 경우 그것
이 일본이나 다른 미국의 경쟁자들에게 유출되지 않을까 두려워하
고 있다는 것이었다. 그러나 콜트사가 우리나라에 M16자동소총공
장을 건설하는 것을 주저한 진짜 이유는 경제적 이득을 챙기자는
데 있었다. 즉, 그들은 특허를 우리나라에 대여하여 우리나라에서
생산하는 것보다는 자기들이 미국의 공장에서 생산한 완제품을 우
리나라에 팔아먹는 것이 훨씬 수지가 맞는다고 판단하고 있었기 때
문이었다. M16자동소총은 준기관총이라 할 수 있을 정도로 성능이
우수하였고, M1소총보다 중량도 훨씬 가벼워 미국은 물론 자유진영
각국에서도 제식소총으로 많이 채택하고 있었기 때문에 콜트사가
배짱을 부리고 있었던 것이다. 미국방성도 콜트사의 이러한 속셈을
알고 있었다. 그래서 콜트사의 주요고객인 국방성은 더 직접적인 압
력을 넣었다. 국방성은 그 계획을 다른 소총제조업자에게 넘길 것이
라고 위협하였다. 콜트사와 국방성과의 관계가 점차로 상반되어감

에 따라 팩커드 미 국방차관은 콜트사에 대해 '한국인들이 그들의 소총공장을 건설하는 것을 도와주라'고 지시하는 내용의 공한을 보냈다.

1970년부터 우리나라의 방위물자 생산의 자급자족은 미국의 공식 정책이 되었다. 그것은 그 해에 시작된 국군현대화계획의 중점을 이루는 것이었다. 1970년 12월 31일 미국상원은 M16소총공장 건설에 소요되는 제1차년도 군사차관 1억 5천만 달러가 포함된 미국의 대외군사차관과 무기판매수권법안을 통과시켰다. 1971년 2월, 한미 양국은 주한미군 감축에 대한 조건과 한국군을 현대화시킬 보상원조에 관해 합의하였다. 1971년 3월 13일 정래혁 국방장관과 콜트사의 벤크 사장 간에 M16소총공장 건설에 관한 계약이 정식 체결되었다. 이 계약에 따라 우리나라는 M16소총의 구성품을 1백% 생산할 수 있는 제작 권리를 갖게 되었고, 국내생산을 위한 기술지원용역을 콜트사로부터 제공받게 되었다. 이 계약은 10년간 유효하며 유효기간 경과 후에는 매 5년씩 두 차례 연장할 수 있도록 되어 있었다. 그리고 특허료는 1정당 생산가격의 6%였다. M16소총공장은 1971년 4월 초에 건설공사에 착수되어 1972년 완공되었다. 72년 가을부터 국산M16소총이 일선 군부대에 지급되기 시작했다. 그때까지 2차 대전 때 미군이 사용했던 낡은 M1소총을 들고 전선을 지키고 있던 군장병들은 대한민국이라는 글씨가 새겨진 자동소총인 M16을 받아들자 밤늦도록 군가를 부르며 사기가 충천했다.

④ 병기생산 4대 핵심공장 건설

1970년 7월, M16자동소총 공장의 건설 문제에 대한 미국과의 협의가 성공적으로 마무리 단계에 들어선 후 대통령은 소총 이외의 병기를 생산할 수 있는 공장의 건설을 결정했다. 대통령은 경제기획원 장관에게 무기를 생산하는 데 필요한 중공업공장의 건설계획을 수립하라고 지시했다. 경제기획원과 한국과학기술연구소(KIST)의 요원으로 작업반이 편성되었다. 이들의 작업내용은 주물선(鑄物銑)공장·특수강공장·중기계공장·조선공장의 건설계획과 차관작업이었다. 이들은 중공업을 추진하는 데 있어서 이 4개 공장이 전략적 우선 사업이라고 평가하고 이를 '4대 핵공장(核工場)'이라고 불렀다. 공장건설에 필요한 외자는 일본의 차관을 얻어오기로 하였다. 4대 핵공장 건설사업은 약 2개월간의 돌관(突貫)작업으로 성안이 되어 같은 해 9월에 개최된 한일정기각료회의에 중요의제로 상정되었다. 그러나 한일각료회의에서는 4개 공장 중 특수강공장과 중기계공장만이 협의의 대상이 되었고, 차관문제도 일본 측의 소극적인 반응으로 시원한 결과가 없었다. 다음해인 1971년 11월 대통령은 경제기획원에서 4대 핵공장 건설에 대한 보고를 받았다. 경제기획원은 전년의 한일경제각료회의 이후 일본과 계속 협의했으나 일본 측이 난색을 표명해, 그 후 미국 및 유럽으로 차관 선을 바꾸어 교섭했으나 진전이 전혀 없었다고 보고했다. 결국 이 4대 핵공장은 72년에 제3차 5개년계획에서 중화학공업이 중점적으로 건설되면서 하나하나 건설되어 방위산업의 일익을 담당하게 되었다.

방위산업 건설에 있어서는 그 방법과 관련하여 국방부와 상공부가 서로 다른 입장을 갖고 있었다. 국방부는 군공창(軍工廠)을 설립하자고 했고, 상공부는 중화학공업의 일환으로 추진하자고 주장했다. 두 방안은 장단점을 갖고 있었다. 국방부 주장대로 병기별, 부문별 전문공장을 건설하면 생산시점을 앞당길 수 있어서 빠른 시일 내에 생산이 가능하다는 장점이 있었다. 그러나 전문공장들을 따로 건설하려면 막대한 시설 투자비용이 드는데다가 나중에 수요가 줄어들게 되면 공장을 놀려야 하므로 비경제적이고, 또 고급기술인력과 기능인력을 확보하기도 어렵다는 단점이 있었다. 한편 중화학공업의 일환으로 방산업체를 육성하자는 상공부는 중화학공업은 그 건설 기간이 병기별 전문공장 건설기간보다 2~3년 더 걸리기 때문에 생산시점이 늦어져서 조기생산이 안 된다는 단점을 지니고 있지만, 여러 가지 장점을 가지고 있다고 주장했다. 현대무기의 생산에 있어서는 선진국 수준의 중화학공업과 기술 및 기능이 필수적이고 기본이다. 중구경 화기 등 기초화기의 생산만 하더라도 혹한·혹서·폭우 등 극한적인 기상조건과 치열한 장기전투 때의 연속사용 등 극한상황에 견디어 내기 위해서는 특수한 고도소재가 소요되며 적중률과 무사고 그리고 총신(銃身)이나 총열(銃列) 등 주요부분의 교체사용 등을 위해서는 1천분의 1mm 또는 1만분의 1mm의 초정밀도 가공시설과 가공기술이 불가결하다는 것이다. 뿐만 아니라, 방위산업을 중화학공업의 일환으로 추진하되 부품별로 생산하면 무기수요 감소에 수반하는 비경제성을 최소한도로 줄일 수 있어서 가장 경제적이고, 또 유사시에는 공장마다 민수부문의 능력을 방산부분으로 전용할 수 있어서 대량공급이 단시일 내에 이루어 질 수 있다는 것이다.

대통령은 단안을 내렸다. 상공부 제안대로 중화학공업의 일환으로 방위산업을 육성한다는 것이다. 군의 병기창에서 무기생산 사업을 추진하겠다는 국방부와 군의 의욕은 높이 평가할 수 있지만, 창의와 효율 면에서 민간기업이 군보다 앞서있고 또 시급한 일이기는 하지만 경제성이 떨어지는 병기창보다는 생산시점이 다소 늦어지더라도 경제성과 성장성이 확실한 중화학공업, 그중에서도 특히 기계공업의 일환으로 추진하는 것이 최선의 방법이 될 수 있다는 것이다.

72년 1월 12일, 경제기획원 연두순시에서 대통령은 우리는 지금부터 방위산업육성을 위해 상당한 투자를 해야 한다고 말하고 그 추진방법에 관해 지시했다.

"지금부터 우리가 해야 될 것은 벌써 착수하고 있는 일입니다만, 방위산업 육성입니다. 우리는 앞으로 방위산업을 육성하기 위해서 상당한 노력을 해야 되고, 또 상당한 투자를 해야 됩니다. 이것은 경제건설에 대해서 상당한 압력을 주게도 되겠지만, 우리가 연구를 해서 잘만 한다면 문제가 안 된다고 봅니다. 방위산업이라고 해서 특별히 어떤 군수공장을 도처에다 만드는 그런 것이 아닙니다. 우리가 현재 가지고 있는 공장시설, 인력, 기술 이런 것을 최대한으로 잘 활용하면 평화산업이 건설되어 나가면서 이와 병행해서 방위산업이 발전해 나간다, 그리고 유사시에는 양산체제로 정비해 나간다는 이런 계획을 지금 추진하려고 합니다. 우리가 초기부터 연구를 잘하고 출발을 잘하면 제약된 예산을 가지고도 많은 성과를 거둘 수 있다고 봅니다. 그러나 방침이 뚜렷이 서지 않고 이랬다저랬다 중간에 자꾸 바꾸거나 뚜렷한 계획 없이 시작하면 개발과정에서 상당한 예산의 낭비를 가져올 염려도 있는 것입니다. 이것은 국방부나 기타 여기에 관여하는 관계기관에서는 잘 연구해야 될 줄 압니다."

1972년 1월 13일, 상공부 연두순시에서 대통령은 국산무기의 생산 현황과 그 조립생산 방식에 대해 설명했다.

"아직까지 바깥에는 발표하지 않았습니다만 국방부·상공부·청와대가 협력해서 우리 손으로 우리가 지금 쓰고 있는 무기를 적어도 소화기·공용화기·수류탄·지뢰·로켓포 이런 정도는 한 번 만들어 보자고 해서 작년 연말부터 시작해 한 여남은 가지 무기가 나와서 지금 그 일부를 국방과학연구소에서 시험해 보고 있는데 상당히 좋은 성과를 올리고 있습니다. 시험이 끝나는 대로 금년 2월이나 3월 쯤

이면 우리 정부 내나 민간에 있는 사람들까지도 초청을 해 미국에서 만든 무기와 우리가 만든 무기의 성능이 어느 정도 차이가 있는지 시범해 보이려고 하는데 현재까지 나온 것은 예상 외로 성능이 좋다는 것이 확인되었습니다. 이건 어떤 한 공장에서 만든 것이 아니라 여러 가지 부품을 36개 공장에다 분산해 놓고 거기서 생산된 부품을 한 곳에 가지고 와서 조립을 한 것입니다. 우리나라의 방위산업이란 걸 이런 식으로 하면 현재 우리가 가지고 있는 우리나라의 기술 또는 시설을 평시에는 평화산업에서 그대로 활용하면서 그런 기술을 발전시켜 나가다가 유사시에는 양산해서 무기를 많이 만들 수도 있습니다. 과거에는 우리나라에서 방위산업이라 그러면 소총 만드는 공장, 기관총 만드는 공장, 박격포 만드는 공장이 따로 있다 이렇게 생각했는데, 그래서는 처음부터 시설투자가 많이 들고, 예산이 많이 들기 때문에 현재 기술이 가장 우수한 기업체들이 분업적으로 부품을 만들어 한 곳에 가져와 조립을 한다, 이렇게 하면 큰 시설투자하지 않고도 무기를 빨리 개발할 수 있습니다."

대통령은 이어서 무기 생산에 필요한 특수한 기능공을 중점적으로 육성하라고 지시했다.

"앞으로 우리 방위산업도 육성을 해야 되겠고, 무기도 만들어야 되겠는데 우리나라 기술 수준을 보니까 아주 정밀한 분야에 있어서 기능공들의 훈련이 아직 덜 되어있습니다. 지금 상공부에서도 힘을 쓰고 있고, 국방부에서도 노력하고 있고, 또 노동청 같은 데서도 기능공 양성에 힘을 쓰고 있지만 거기서 하는 건 역시 기술적으로 깊이 파고들어가서 하는 것이 아니라고 나는 보고 있습니다. 특수한 분야에 대한 특수한 기능공을 양성하는 데 있어서는 상공부 자체가 좀 더 여기에 대해서 깊이 개입을 해가지고 지도를 하고 육성을 해야 되겠습니다. 그것이 돼야만 우리 무기가 우리 손으로 만들어 질 수 있습니다. 그 분야에 있어서 가장 정밀한 기능공을 지금부터 중점적으로 빨리 육성해야 되겠다, 그래서 아주 우수한 기능을 가진 기능공들을 국가에서 특별한 우대조치를 해줘서 모두 합격이 되려고 서로 경쟁을 할 정도의 분위기를 만들어 주자는 것입니다. 과거에 기능올림픽대회를 해 외국에도 몇 번 보내주고 돌아오면 성장하는 것을 내가 봤는데, 정부에서 그 정도의 노력만 하면 우리 무기를 생산하는 데 필요한 특수한 기능공을 단시일 내에 양성이 가능하지 않겠는가 생각합니다. 이것은 앞으로 상공부·국방부·경제기획원이 협력을 해서 중점적으로 밀어주길 바랍니다.”

그리하여 72년부터 제3차 경제개발 5개년계획의 중화학공업과 병행하여 '방위산업 5개년계획'이 시작되었다. 방위산업 5개년계획은 방위산업을 예비군을 경장비화하는 데 필요한 기본화기 및 장비와 긴요 비축탄약을 제조하는 산업과, 자주국방력을 고도화하는 데 필요한 연구개발 사업으로 규정하고 군·산·학 3위일체의 국가총력 체제로 운용한다고 되어 있다. 당시 우리의 탄약비축량은 전쟁이 터지면 불과 2, 3주일밖에 지탱할 수 없었다. 또 개인화기의 주종인 M1 소총도 미국이 생산을 중단하는 바람에 부품공급이 끊겨 절반 가량만이 전자동사격이 가능하고 나머지 모두 단발사격 기능밖에 없었다. 20개 사단병력의 예비군도 장비는 2개 사단분밖에 없었다. 거기다 북한군은 병력을 휴전선 쪽으로 자꾸 전진배치하고 있었다. 병기개발의 기본 방향은 전쟁초기에 대비한 비축탄약을 생산 공급하고, 1단계로 고성능의 병기와 장비를 장기적으로 연구개발하며, 미제 최신형 무기를 모방 생산한다는 것이었다. 이 계획은 72년 말까지 4백 명의 방위산업 기능공을 양성하고 75년까지는 모두 1천 4백

60명을 확보한다는 계획과 함께 5·16장학금과 각종 수당을 이들에게 제공키로 하였다. 총예산은 방위산업에 20억 원, 기계공업육성에 10억 원이 책정되었다. 설렁탕 한 그릇 가격이 1백 원이었던 그 당시로서는 큰 자금이었다.

우리나라 방위산업은 중화학공업 그중에서도 기계공업의 일환으로 육성되었는데, 그것도 한국 특유의 독창적 방법으로 건설되었다. 다수의 민간공장에 의한 분업생산과 조립방식이 그것이다. 모든 병기는 분해하면 부품이 된다. 따라서 각 화기에 소유되는 적격소재를 설계대로 정밀 가공만 한다면 부품별로 생산 공장이 다르고 많이 있더라도 이들이 생산한 부품을 최종적으로 조립하면 병기의 성능은 설계대로 완벽한 것이 된다는 것이다. 각 공장의 평상시의 주업무는 국내 민수생산 및 수출을 하도록 함으로써 방위산업 주문이 적더라도 경영이 유지되도록 하였다. 또한 병기생산에만 사용되고 민수용도는 전혀 없는 병기전문기계는 국방부가 구입해서 방산공장에 대여해 줌으로써 공장의 경영상 압박을 덜어주는 제도도 마련하였다. 수요의 큰 진폭에 따른 생산업체의 경영상의 애로를 극소화하고 유사시 대량생산할 수 있는 체제를 갖추기 위해 무기의 주요부분별로 생산업체를 지정하고 지정공장의 평상시 작업량을 민수용 80%, 방산용 20%의 비율을 원칙으로 하도록 하고 유사시에는 전 능력을 방위산업에 전용하도록 하였다.

이러한 방침에 따라서 M16자동소총·탄약·항공기·유도무기 등 이미 타 지역에 건설되었거나 건설할 계획인 것을 제외하고 지상 기본병기는 모두 한 장소에서 생산할 수 있도록 창원기계공단을 건설하였다. 창원기계공단에는 기본병기를 생산하는 데 필요하거나 밀접한 관련이 있는 요소부품·산업기계·정밀기계·전기기계·엔진기계·수송기계 공장 등 37개 특수유치업종을 선정하여 입주하도록 하였다. 그리고 기계공업 지원을 위하여 시험연구시설로서 기계금속연구소·전기기기시험소를 단지 내에 설립하였으며 기술인력의 양성을 위하여 기계공고, 직업훈련원, 기능대학도 병설하였다. 이로써 기계공업과 방위산업의 체계적인 육성이 가능해졌다. 새로운 계획, 새로운 입지, 새로운 공정, 새로운 시설로 기계공업과 방위산업의 국제 경쟁력을 강화할 수 있었을 뿐 아니라 기계공업 상호간의 연관효과도 증대시킬 수 있었다. 국산병기는 유사시 한미 합동작전과 미군지원의 필요성에 비추어 미군의 제식기본병기와 동일한 시방과 규격의 것을 생산하되 품질은 적어도 미제와 동일하거나 그 이상이어야 하며 가격은 미제 수입가격 이하가 되어야 한다는 원칙을 세웠다. 미군의 제식병기와 동일한 것을 제작하려면 미국방부의 기술정보와 자료, 즉 특허자료의 입수가 필수적인데 미국방부의 대외 군사정책·외교정책 및 미국의 무기제조업체의 이해관계 등 때문에 교섭은 이미 수년 전부터 진행되어 오다가 1973년 9월 6일에야 마침내 합의에 도달하여 유재흥 국방부장관과 스틸웰 주한미군사령관이 각각 한미 양국을 대표하여 '군병기·장비·물자에 관한 기술자료교환부록'에 서명했다. 이로써 한국은 방위산업육성에 필요한 탄약, 각종 병기, 장비. 군수물자에 관한 기술정보와 자료를 미국방부로부터 공식으로 제공받을 수 있게 되었다.

각 방위사업공장들은 국방과학연구소의 지도와 감독 아래 방위산업제품 생산에 본격적으로 착수하게 되었는데, 우리의 우수한 기술자와 국가검정시험에 합격한 1급·2급의 자격증을 가진 젊은 기능사들의 정성으로 미국제와 성능이 동일하거나 그 이상 훌륭한 것이 생산되기 시작했다. 원래 병기·탄약·기타 군수물자는 그 특수성 때문에 공급자 측에 유리하게 가격이 결정되는 것이 관례이다. 우리 방위산업계의 정성과 노력 덕택으로 국산방위산업 제품은 소정의

전방부대에서 열린 국산병기 시험발사 행사장에서 시제품을 살펴보는 박 대통령(1972. 4. 3)

면허사용료를 지불하고도 미제 구매가격보다 항상 저렴하며 국방비는 물론 외화와 군사차관 절감에도 크게 기여하였다.

우리나라가 M-16소총 이외의 다른 무기를 개발하기 시작한 것은 71년부터였다. 1971년 11월 11일 대통령은 심문택 국방과학연구소 소장에게 '긴급병기개발사업'에 착수하라고 지시했다. '총포, 탄약 등 재래식 경무기와 주요 군사 장비를 앞으로 4개월 내에 국산화하라'는 명령이었다. 금속·전기·전자·화공학 등 무기생산의 기초가 되는 산업기반과 기술 축적이 없던 그 당시 상황에서 그것은 거의 불가능한 사업이었다. 그러나 이 사업은 '번개사업'이라는 이름아래 곧바로 실행에 옮겨졌다. '총알이 안 나가도 좋으니 일단 만들고 보라'라는 대통령의 당부가 너무나 절실한 것이라고 생각되었기 때문이었다. 번개사업에는 당시 국내 과학계의 핵심소장들로 손꼽히던

10여명의 부문별 책임자들이 동원되었다. 이들은 우선 소총, 수류탄, 지뢰 등을 11개 부문으로 나누어 연구에 들어갔다. 이때부터 이른바 '역설계(逆設計)공학'이라는 개념이 국내에서 본격적으로 활용되기 시작했다. 이것은 남의 나라 제품을 거꾸로 분해해 부품을 철저히 연구, 국산화하는 방식이다. 2차 대전 후 일본은 이 방식으로 기술자립의 터전을 마련했다. 그 당시 우리나라는 아무것도 없었다. 자료도 없었고, 실험시설도 없었다. 게다가 돈도 없었다. 정열로 뭉친 고급 기술인력과 그들의 사명감, 그리고 대통령의 굳은 의지뿐이었다. 군에서 미제무기나 장비를 구해다 분해했다. 그것을 기초로 설계도면을 작성했다. 도면규격대로 부품을 만들어 조립해 보면 생각했던 대로 원래의 미제처럼 작동되지가 않았다. 총포의 구경을 본 뜰 때는 도장밥(인주)을 이용했다. 부품이 안 맞으면 설계도면을 뜯어 고쳤다. 그리고 다시 제작해 보았다. 그러한 각고의 노력 끝에 하나하나 성과가 나타나기 시작했다. 수류탄·방탄모·박격포 등의 국산화가 이루어졌다. 72년 4월 전방부대에서 수류탄·박격포 시사회를 보고 대통령은 '포탄이 잘 나간다'며 대단히 기뻐했다. 우리나라의 초기 방위산업은 약간의 지상군 필수장비를 생산할 수 있을 뿐이었고, 모든 중장비는 계속 수입하고 있었다. 정밀장비, 항공기 및 전자장비는 전적으로 미국에 의존하고 있었고, 탱크 생산계획과 포 생산에 있어서는 미국의 기술원조에 의존하였다. 그러나 우리나라의 중화학공업의 급속한 성장으로 우리의 방위산업도 괄목할 발전을 이룩했다. 1972년 M-16소총을 생산하기 시작한 우리의 방위산업은 78년까지 우리 국군이 사용하는 무기와 장비와 시설의 약 50%를 생산했다. 이 중에는 박격포·그레나드 발사기 등 경무기와 통신시설, 105~155mm포, 발칸 대공포·각종 포탄·쾌속해안초계정·감시선(쾌속보트)·모델500헬리콥터·M-60기관총·지대지 미사일

방위산업의 꽃 한국형 전차 한국형 전차가 휘황찬란한 조명탄이 작열하는 가운데 야간작전을 감행하고 있다. 박 대통령의 '자주국방' 기치 아래 방위산업은 집중적으로 육성되었다.

등이 포함되어 있었다. 탱크는 미국의 M-48전차를 개량하여 속력과 화력을 증대시킨 것이며, 완전한 국산 탱크의 생산은 1984년경에는 가능할 것으로 예상되었다. 77년 가을 야당지도자도 참석한 가운데 국산병기화력 시범대회가 열려 155mm곡사포·무반동총·장갑차·헬기가 선을 보였고, 78년 9월에는 지대지 장거리유도탄·한국형 대전차로켓이 생산되었다. 그동안 우리 정부는 F-16전투기의 공동생산에 관심을 표명하여 왔으나, 미행정부는 그것이 무기이양정책에 위배된다고 하여 이를 반대해 왔다. 그러나 1979년 10월 19일 제12차 한미연례 안보협의회에서 한미 양국은 각기 입법부와의 협의를 거쳐 F16E와 F-5전투기를 우리나라에서 1982년부터 공동조립 생산을 시작하기로 합의하였다.

방위산업의 성장·발전에 대한 대통령의 자신과 확신

1976년 1월 24일, 국방부 연두순시에서 대통령은 앞으로 4~5년 내에 자주국방의 실현이 가능하다고 전망했다.

"과거에 우리 국방이라는 것이 미국이 원조에 너무 지나치게 의존해 왔지만 앞으로는 우리가 자주국방태세를 빠른 시일 내에 구축하기 위해서, 우리 자력으로서 모든 것을 갖추어 나가겠다는 방침 하에 작년에 국회에서 방위세라는 것이 신설되었습니다. 그동안 미국 정부와 합의되어 있던 한국군 장비현대화 5개년계획은 원래 71년부터 작년까지 끝나게 되어 있었습니다만, 미국의 국회 사정으로서 조금 지연이 되어 앞으로 1~2년 더 걸리리라고 생각합니다. 약간 중복이 되지만, 우리 자체의 전력증강 5개년계획을 수립해서 대략 금년부터 80년까지 앞으로 5년 동안 한국군 자주국방태세 확립에 대한 방침이 확정되어, 우리 국회에서도 이러한 군의 방침이 인정되고, 거기에 따르는 방위세 신설이 국회에서 여·야 만장일치로 통과되어 금년부터 집행하게 되었습니다. 이것으로서 이 계획이 순조롭게 진행이 되면 앞으로 4~5년 내에, 자주국방의 실현이 가능하다고 봅니다. 며칠 전 연초 기자회견 때 잠깐 언급을 했습니다만, 앞으로 북한괴뢰군과 우리와 1대 1로 싸움이 붙을 때에는 남의 도움 없이 우리 단독의 힘을 가지고 해치우겠다, 능히 이것을 우리가 격멸할 수 있는 그러한 수준까지 우리의 국방력을 향상시키겠다는 것이 자주국방의 목표입니다. 이것은 지금 브리핑에도 나왔습니다만, 순조롭게 진행이 되어 가고 있고 또 그것을 뒷받침할 방위산업의 육성, 개발이라고 할까, 이것도 매우 순조롭게 진행이 되고 있습니다."

1976년 7월 16일, 대통령은 76년도 '을지연습' 실시상황을 최종점검한 후 이날 쓴 일기에서 이제 우리는 일단 유사시 모든 문제를 자신 있게 처리할 수 있고, 북괴의 단독남침을 막아낼 수 있다는 확신을 갖게 되었다고 다음과 같이 기록하고 있다.

"7월 14일부터 16일까지 '76을지연습'을 실시, 오늘밤 22 : 00을 기해 종료되다. 1968년부터 이 연습을 매년 1회씩 실시하여 금년으로 9회째가 된다. 횟수를 거듭할수록 연습 내용이 충실화되고, 모든 공무원들도 이제는 숙달이 되어 일단 유사시에는 자신 있게 모든 문제를 처리할 수 있으리라는 확신을 갖게 되었다. 이 연습의 주된 목적은 전시에 소요되는 인적, 물적 자원동원 능력을 정확히 판단하여 전쟁 수행을 효과적으로 수행할 수 있도록 지원을 하는 데 있다. 종합 강평은 8월 말경에 있을 예정이나 총평해서 이 정도면 북괴 단독남침이 있더라도 능히 막아낼 수 있다는 자신이 섰다. 물론 부분적으로는 보완해야 할 점이 많으나 이 연습을 처음 시작하던 초기 상황에 비교하면 그간 우리의 국력이 크게 증강되었다는 것을 실감하게 되고, 9회에 걸친 을지연습을 통해서 우리의 방위 능력이 크게 향상되었다는 것을 확신할 수 있어서 퍽 흐뭇하다. 그러나 이것으로 결코 우리가 만족해서는 안 된다. 계속 부단히 검토하고, 보완하고, 내실화해 나가야 할 것이다. 남북통일이 될 때까지 이 연습은 절대로 중단해서는 안 될 것이다."

1976년 8월 15일 제31주년 광복절 경축식에서 대통령은 한국의 민주개방 체제와 북한의 공산독재 체제 간의 이념과 체제의 경쟁은 이미 결판났다고 천명했다.

"어떤 이념이나 체제도 민족과 국가발전에 적극적으로 기여하고 그 나라 국민으로 하여금 인간다운 생활을 누리게 할 수 있는 환경과 여건을 만들어 주지 못한다면, 종국에는 국민으로부터 외면당하고 배격 받게 되는 것이라고 나는 믿습니다. 지난 31년 동안 남과 북은 서로 상반되는 이념과 이질적인 체제, 즉 남한에서는 민주개방 체제를, 그리고 북한은 공산독재 체제를 각기 유지해 왔습니다. 그 결과, 과연 어느 체제가 국민이 더 잘살 수 있고 민족의 전통을 지키며 항구적인 번영을 이룩할 수 있는 우월한 체제인가에 대한 결론은 이미 났다고 나는 봅니다. 다시 말해서, 남북 간의 이념이나 체제 경쟁은 오늘날 우리 대한민국의 발전상과 북한의 실정을 비교할 때 결판이 난 것입니다. 동포 여러분도 잘 아시는 바와 같이, 8·15광복 당시 우리나라 경제는 전근대적인 산업구조를 벗어나지 못한 극히 빈약한 상태에 놓여 있었으며, 북한 공산 집단의 6·25남침으로 그나마도 모든 산업 시설이 파괴되고 말았습니다. 그러나 우리는 자유개방 체제의 바탕 위에서 국민 각자가 창의를 발휘하고 부지런히 노력해서 세계에서도 그 유례를 찾아보기 어려운 고도성장을 지속하였으며, 어제의 폐허를 딛고 일어서서 오늘과 같은 번영의 터전을 이룩하였습니다. 특히 60년대 초부터 세 차례에 걸쳐 경제개발 5개년계획을 성공적으로 추진해 온 결과, 이제 우리 경제의 자립기반은 굳게 다져졌습니다. 그리고 내년부터 시작되는 제4차 경제개발 5개년계획 기간에는 그동안 축적된 국력의 바탕 위에서 국민보건의료 시책을 확대하고, 산간벽지와 낙도에 이르기까지 전화(電化) 사업을 완결하는 등 도시와 농촌의 구별 없이 모든 국민에게 번영의 혜택이 고루 돌아갈 수 있도록 사회복지 정책을 꾸준히 추진하는 한편, 증산·수출·건설에 더욱 박차를 가하여 탄탄한 자립기반 위에서 국민소득 1,300달러를 달성하게 될 것입니다. 그리하여 남들이 백 년 이상이 걸려 이룩한 근대사회를 우리는 20년 내지 30년으로 단축시켜서 건설할 수 있다는 부푼 기대와 밝은 전망을 갖게 된 것입니다. 나는 오늘의 이 보람찬 성과는 오로지 우리도 남들처럼 잘살아야 하겠다는, 또 잘살 수 있다는 범국민적인 자각과 의지의 소산이며, 싸우면서 일하고 일하면서 싸운 피와 땀의 결정이라고 믿고 국민 여러분의 인내와 노고에 대해 이 자리를 빌려 다시 한 번 치하를 보내는 바입니다. 또한 나라의 안전과 번영을 위해 모든 국민이 자유로이 참여하고 스스로 협조하고 분발하여 땀 흘려 일할 수 있다는 바로 그 점이 참다운 민주주의 강점이요, 자유사회의 우월성이라고 나는 확신합니다. 그런데, 오늘날 북한 실정은 어떠한가 한 번 살펴봅시다. 잘 아시는 바와 같이, 북한동포들에게는 자유롭게 직업을 선택하거나, 마음대로 이사다닐 수 있는 자유조차 없으며, 종교는 물론 생각하는 자유조차 없습니다. 그 뿐만 아니라 북한 공산주의자들은 오직 우상숭배를 강요하고 전통적인 가족제도마저 파괴함으로써 남북 간의 민족적 이질화를 심화하기에 광분하고 있습니다. 북한사회 그 어느 곳에서 유구한 우리 민족문화의 전통을 찾아볼 수 있으며, 조상 전래의 미풍양속을 발견할 수가 있습니까. 심지어 그들은 우리가 제의한 성묘단의 상호 방문을 통해서 생전에 단 한 번만이라도 조상의 묘를 찾아보고 싶어하는 이산가족들 간절한 소망까지도 일축해 버렸습니다. 우리는 몇10년 만에 처음으로 조국의 품에 안긴 재일동포들의 감격과 기쁨의 눈물 속에서 가족과 친지에 대한 인간의 정과 사랑이 그 얼마나 값진 것인가를 뼈저리게 느꼈으며, 인간성을 말살하는 북한 공산집단의 비인도적인 죄악이 얼마나 큰 것인가를 다시 한 번 똑똑히 보았습니다. 또한, 그들의 온갖 허위선전에도 불구하고 지금 북한경제가 파산지경에서 허덕이고, 따라서 외채 상환 능력을 상실함으로써 국제 사회에서도 빈축을 사고 있다는 것은 이미 세상이 다 아는 사실입니다. 이것은 그동안 북한 공산집단이 북한주민들의 생활 향상을 외면하고 모든 경제력을 군비확장과 대남공작에 소비했다는 또 하나의 뚜렷한 증거라고 하겠습니다. 나는 북한 공산주의자들이 앞으로 우리와의 평화 공존을 거부하고 계속해서 남침전쟁 노선을 추구한다면, 정치·경제·사회 등 모든 면에서 파국을 자초하여 북한 공산체제는 멀지 않은 장래에 결국 와해될 것으로 내다보고 있습니다. 북한 공산집단은 날로 크게 뻗어나는 우리 대한민국의 국력으로 보나, 막강한 자주국방력과 철통같은 안보태세로 보나, 그들이 꿈꾸는 전쟁모험주의 시대는 이미 지나갔다는 것을 똑바로 알아야 할 것입니다."

1977년 1월 29일, 국방부 연두순시에서 대통령은 우리는 방위산업의 목표를 달성함으로써 자주국방태세를 완비할 것이며, 그렇게 되면 군사적으로도 북괴와의 대결은 그 승부가 끝나게 된다고 천명했다.

"우리 방위산업만 보더라도 대략 내년 말쯤 가면 가장 근간이 되는 부분은 거의 다 우리가 개발을 합니다. 지금 우리가 방위산업 분야에서 목표를 세우고 있는 것은 핵무기는 개발하지 않는다, 또 당분간은 공군이 쓰는 전투기 개발은 보류한다, 그 나머지는 전부 우리가 80년대 중반까지는 국산이 가능할 수 있도록 우리의 모든 지혜와 두뇌와 힘을 집중을 해서 앞으로 밀고 나갈 생각입니다. 그러나 가장 기본이 되는 근간적인 분야는 일단 내년 말이면 거의 개발이 되고, 또 그것이 양산이 돼 가지고 우리 군에 보급이 돼서 실제 전력화할 수 있는 것이 우리의 전력증강 5개년계획이 끝나는 80년 말이면 거의 다 됩니다. 그때쯤 가면 우리의 자주국방태세라는 것도 일단 완성이 된다, 나는 그렇게 봅니다, 물론 그때부터는 우리가 쉬고 있어도 좋으냐. 그게 아니라 계속 노력을 해야 되겠지만 일단 중간목표를 그렇게 세우고 있습니다. 그동안 우리 군은 미국의 원조에 절대적으로 의존해 왔지만 점차 그 원조가 줄고, 무상원조라는 건 금년 상반기로서 완전히 끝나고, 이제 완전히 우리 자력을 가지고 장비 증강, 개발 또는 군의 유지, 이런 것을 자담을 해 나가게 됐습니다. 그동안 우리 국민들이 피땀 흘려서 노력한 경제건설이 이것을 뒷받침할 수 있게 됐다고 이렇게 생각을 합니다. 금년도 우리 국방비만 하더라도 약 9천 2백억, 아마 금년에 추경예산이 한 번 더 있으면, 여기에 방위세가 또 자동적으로 늘기 때문에 거의 1조 원이 되지 않겠느냐, 불과 몇 년 전만 해도 우리 국방비라는 것이 몇백억, 천억 대를 넘은 것도 몇 해 전의 얘기입니다. 그 당시는 그 외에 거기다 추가로 미군의 무상군사원조가 상당한 분야를 차지했는데, 이것을 하나하나 우리 자력으로 감당을 하게끔 됐다는 점에 대해서 우리는 대견한 감을 느끼지 않을 수 없습니다. 그러나 앞으로 우리 경제가 더 성장함으로서 우리 국방비도 거기 비례해서 자꾸 늘 것이고, 지금 국민들이 내주고 있는 방위세는 5개년 동안 시한법으로 돼 있습니다만, 이건 미리 얘기할 일은 못 되지만은, 그때가서 우리가 더 필요하다면 우리 국민들의 양해를 얻어서 상당기간 연장할 수 있는 문제가 아니냐, 이렇게 되면 군사적으로도 북괴하고의 대결은 거의 승부가 끝나는 거다, 그렇게 일단 보겠습니다."

1977년 2월 1일, 국토통일원 연두순시에서 대통령은 앞으로 다가올 통일의 기회를 우리가 자주적으로 포착할 수 있는 관건은 우리가 평소에 길러놓은 나라의 힘이라는 점을 강조했다.

"지금 우리는 우리의 긴 역사 가운데 어떤 한 순간을 살고 있는데 불행하게도 국토가 둘로 쪼개져 있는 시대에 살고 있습니다. 따라서 우리들 세대에 부과된 하나의 역사적 사명이라는 것은 이 분단된 조국을 하나로 다시 재결합하고 통일시키는 과업을 수행해야 한다는 것이라고 생각합니다. 또 이 과업은 우리들 세대에 실현될는지 아니면 그렇지 못하고 다음 세대에까지 계승될는지 현재까지는 이에 대한 뚜렷한 전망을 할 수 없지만, 우리는 언젠가는 기어코 분단된 조국을 통일해야 되겠습니다. 이를 위하여 현재 통일원이 해나가고 있는 일은 당장에 실효를 거둔다든지 효과가 나타난다든지 하는 것은 어렵겠지만 긴 안목으로 장래를 내다보고 일을 꾸준히 추진해 나가야겠습니다. 언젠가는 통일이 된다, 우리가 신념적으로 이렇게 생각해야 할 겁니다. 불가능하다, 지금 상태로 보면 거의 그런 감도 없지 않습니다마는 세월이 흐르고 역사가 또 자꾸 지나가면 세상도 바뀌고 인심도 바뀌고 세대도 바뀌고 하기 때문에 통일에의 기원이 싹터와서 통일이 찾아올 기회가 반드시 있다고 봅니다. 그런데 그런 기회가 오더라도 우리가 그런 기회를 잡을 수 있느냐 없느냐 하는 것은 평소에 여기에 대한 우리의 꾸준한 노력과 우리가 길러 놓은 나라의 힘, 즉 국력만이 우리가 그 기회를 자주적으로 포착할 수 있는 관건이 됩니다. 그것이 없으면 그런 기회가 눈앞에 오더라도 붙잡지 못하고 그냥 놓쳐버리는 결과가 되리라고 생각합니다."

창원공업기지 내 방위산업체를 시찰하는 박 대통령(1977. 4. 13).

1977년 4월 13일, 대통령은 이날의 일기에서 창원공단에 있는 방위산업 관련기업들이 1년 동안에 급성장한 모습을 보고 기간부분의 양산체제를 당초 예정했던 78년 말보다 훨씬 앞질러 달성할 수 있다는 자신을 가지게 되었다고 말하고, 산업전사들의 땀에 젖은 얼굴과 기름진 작업복들이 값지고 거룩하게 보였다고 작업현장에서 느낀 깊은 감동을 피력했다.

"창원공단 시찰. 1년 만에 둘러보는 창원공단의 발전된 모습은 장하기만 하다. 대우실업·통일실업·기아산업을 오전 중에 시찰하고, 한국종합특수강에서 점심을 먹고 오후에 다시 한국특수강·제일정밀·대한중기를 시찰. 우리의 방위산업이 1년 동안에 놀라우리만큼 발전되었고 기업인, 종업원들이 열성으로 일하고 있는 모습을 보고 만족감을 금할 수 없다. 78년까지 기간부문이 완료되고 양산 체

제에 들어갈 수 있다고 연초 기자회견에서 국민들에게 발표한 것을 예정보다도 훨씬 앞질러 달성할 수 있다는 자신을 갖게 되었다. 모든 산업전사들이 땀 흘리며 일하는 모습이 거룩하게만 보였다. 그 땀진 얼굴들, 기름진 작업복들이었지만 그다지도 값지고 거룩하게만 느껴져서 눈에서 사라지지를 않는다."

대량 생산되고 있는 신형 대공화기를 살펴보는 박 대통령 (1977. 4. 13).

77년 4월 12일 해군사관학교 졸업식에 참석한 대통령은 4월 13일 창원에 있는 방위산업체인 기아기공을 방문했다. 이 공장에서는 106mm무반동총과 105mm·155mm곡사포를 개발하였다. 포병출신인 대통령은 조립라인에 도열해 있는 155mm곡사포를 만져보며, 한동안 감회에 젖어 있었다. 방위산업 5개년계획에 착수한 지 불과 5년

장거리 유도탄 시험발사장에 전시된 미사일에 관한 브리핑을 듣는 박 대통령(1978. 9. 26).

만에 우리 기술로 대포를 생산하기 시작했다는 사실에 대통령은 흡족해했다. 1975년 10월 청와대의 제2경제수석비서관은 기아산업에 방위산업에 참여해 줄 것을 권유했고, 기아산업은 기아기공이라는 법인을 설립하고 1976년 창원에 방위산업공장을 건설했다. 여기서 우리나라 최초의 대구경(大口經)무기 공장이 태동하기 시작했다. 기아기공이 생산 주문을 받은 무기는 81mm박격포와 106mm무반동총, 105mm·155mm곡사포 등이었다. 청와대 제2경제수석비서관실에서는 이 곡사포들을 미군이 사용하고 있는 제품을 모방하여 시제품을 생산해 보라고 주문했다. 공장을 건설한 첫 해에 아무런 기술축적도 없는 상태에서 미국제품의 복사판 도면만 가지고 부품을 제작하고 이것을 완벽하게 조립하여 국산 대포를 만든다는 것은 사실상 불가능한 일이었다. 그러나 기아기공의 기술진은 이 불가능한 일을 가능하게 만든 것이다. 대포생산과정에서 특수강, 고장력(高張力) 알루미늄, 고장력 황동 등 소재의 제조기술과 열처리 기술, 고장력 볼트 등 미국방규격에 합격된 각종 기계요소 부품 들이 개발됨에 따라 자동차와 공작기계 기술이 급속하게 성장했다. 자동차의 경우 과거에는 소재기술과 열처리기술이 부족해서 볼트가 고열에 손상되어 비가 오면 부품 틈새로 물이 들어가 자동차가 길거리에 멈춰 서 있었는데 이런 문제들이 해결된 것이다. 70년대 초, 우리나라의 기계공업 수준은 삼천리호 자전거를 자체 생산할 수 있을 정도의 수준이었고, 군수산업의 기반은 전무한 상태였다. 우리나라 기계공업의 산실로 건설된 창원공단은 일본기계의 전시장이 되고 있었다. 자동차공업이 막 태동하여 그 부품을 국산화하는 과정에서 정밀부품가공용 공작기계는 거의 일본 것을 수입하였다. 그래서 기계수입으로 인한 대일 무역적자가 눈덩이처럼 불어나고 있었다. 그리고 무기생산 설비의 가동률도 높이기 위해 공작기계를 국산화했다. 이처럼 우리나라의 방위산업이 우리나라의 소재산업과 기계공업 성장에 기여한 공적은 실로 혁혁한 것이다. 오늘날 우리나라는 세계 공작기계생산 6위. 선박건조율 세계 1위, 반도체 생산량 세계 1위, 자동차 생산량 세계 5위, 휴대폰 보급 성장률 세계 1위의 나라가 되었다. 그리고 초등훈련기, 고등훈련기, F-16전투기를 생산 수출하고 있다. 이 모두가 중화학공업의 일환으로 방위산업을 일으킨 결과였다.

1979년 2월 8일, 국방부 연두순시에서 대통령은 80년대 중반에 가면 고도의 전자병기와 항공기까지 생산하여 독자적인 무기체계를 갖추도록 자주국방태세의 확립에 전력을 경주하고 있다는 사실을 밝히고, 우리의 방위산업도 북한보다는 10년 이상 출발이 늦었지만 현재는 우리가 앞서가는 단계에 들어섰으며, 시간이 갈수록 이 격차가 점점 더 커지게 될 것이라는 자신감을 피력했다.

…(중략)… "주한미지상군의 감축은 작년 연말부터 부분적으로 시작되고 있으며, 이에 따르는 보완조치도 한·미 간의 합의에 따라서 대체로 순조롭게 진행되고 있습니다. 미지상군은 일부가 벌써 철수했지만 한국에 와 있는 미공군은 그동안 약간 증강되었고, 작년 11월에는 한·미연합군사령부가 새로 창설되었습니다. 그러나 주한미지상군의 감축으로 인하여 남북한 간의 군사력에 어떤 불균형을 가져오거나 또는 우리 국방에 어떠한 결함이나 지장을 가져와서는 안 되기 때문에 우리는 여기에 대해서 만반의 대비를 하고 있습니다. 그동안 우리의 방위산업도 국민들의 정성과 적극적인 협조로 괄목할 만한 발전을 이룩해서 일부 고도의 정밀을 요하는 병기를 제외하고는 지금 대부분 양산 단계에 들어가 있습니다. 이렇게 해서 우리의 독자적인 무기체계의 발전과 전력의 증강으로 주한 미지상군의 철수와 북한 공산집단의 끊임없는 남침 위협 속에서도 자주국방에 대한 우리들의 굳건한 결의와 자신감을 내외에 과시한 바 있습니다.

작년 9월에는 우리 손으로 개발한 지대지 장거리 유도탄 시험발사에 성공했으며, 이 유도무기의 제2단계 개발에도 벌써 착수했고, 80년대 중반에 가면 고도의 전자병기와 항공기까지 우리나라에서 생산할 수 있도록 모든 준비를 착착 진행하고 있습니다. 이와 같이 우리의 방위산업은 우리 실정에 알맞게 독자적인 무기체계를 확립해서 자주국방태세 확립에 전력을 경주하고 있습니다. 우리나라의 방위산업은 북한보다 한 10년 이상 출발이 늦었지만, 현재는 우리가 벌써 앞서는 단계에 들어섰는데, 시간이 가면 갈수록 이 격차가 점점 더 커질 것으로 보고 있습니다."

오늘의 우리세대나 내일의 우리 후손들에게 대통령이 이룩한 가장 중요한 업적으로 기억될 수 있는 것은 두 말할 것도 없이 수출주도 공업화 정책에 의해 성취된 경제발전이다. 그러나 경제발전 못지 않게 어떻게 그런 일까지 성취하였는가 하는 경탄을 자아내게 할만한 업적이 또 하나 있다. 그것이 바로 우리의 자주국방력이다. 대통령의 자주국방정책은, 만일 그것을 추진하지 않았더라면 있었을지도 모르는 북괴의 오판에 의한 전쟁도발을 예방했다. 경제발전을 '눈에 보이는 업적'이라고 한다면 전쟁 방지는 '눈에 보이지 않는 업적'이라고 할 수 있다. 방지된 전쟁은 눈으로 볼 수 없기 때문이다. 그래서 사람들은 눈에 보이지 않는 자주국방정책을 잘 이해하지 못하고 있다. 뿐만 아니라 자주국방정책에 의해 유지되고 있는 평화의 기간이 길어지면 길어질수록 자주국방정책의 필요성을 부정하는 사람마저 생기게 된다. 자주국방정책의 목적은 전쟁억지다. 억지 정책은 잠재적인 침략자가 받아들일 수 없다고 생각하는 위험부담에 의존하고 있다는 점에서 심리적인 현상이기도 하다. 그런데 억지정책이 오랫동안 계속 성공하면 성공할수록 그것이 어떻게 성공할 수 있었는지를 입증하기는 더욱 어려워진다. 즉, 평화가 오랫동안 지속되면 그 평화가 적국이 전쟁에 수반하는 커다란 위험부담이 두려워서 전쟁도발을 하지 못하였기 때문에 유지되었는지, 아니면 적국이 처음부터 침략을 의도하지 않았기 때문에 유지되었는지를 분간하기가 어렵게 된다. 그 결과 평화가 유지되는 기간이 오래되면 오래될수록 자주국방에 의한 억지정책이 유효하기 때문에 전쟁 위기가 방지되고 평화가 유지되고 있다는 사실을 잊어버리게 되고, 전쟁에 대한 경계심이 해이해진다. 뿐만 아니라 전쟁의 위험이 없고 평화가 유지되고 있으니 국민의 과중한 부담과 희생을 필요로 하는 자주국방정책은 폐지돼야 한다는 주장도 등장하게 된다.

우리나라의 야당이 그랬다. 대통령이 전쟁의 위험을 예견하고 국가의 환난을 예방하기 위하여 여러 가지 자주국방정책을 추진할 때 야당은 그것은 장기집권을 위한 포석이다, 야당 탄압을 위한 위기의식 조장용이다 등 터무니없는 주장을 하면서 자주국방정책을 반대했고 그것을 폐지하라고 요구했다. 만일 대통령이 야당의 반대에 굴복하여 자주국방정책을 강력하게 밀고 나가지 못했다면 어떻게 되었겠는가. 우리는 자주국방의 힘을 배양할 수 없었을 것이며, 북괴의 끊임없는 전쟁 도발의 위험 속에서 우리의 국방을 언제, 어떤 변덕을 부릴지 모르는 우방에 의존할 수밖에 없는 신세를 면할 수 없게 되었을 것이다. 자주국방정책은 바로 이러한 신세에서 영원히 벗어나자는 것이었다. 자주국방은 경제개발과 함께 대통령이 가장 많은 심혈을 기울여 추진한 부국강병정책의 2대 지주의 하나였다. 경제발전과 마찬가지로 자주국방도 그렇게 짧은 기간에 그토록 막강하게 증강되리라고는 아무도 생각하지 못했다. 그러나 대통령은 모든 예상을 뒤엎고 10년도 안 되는 짧은 기간 내에 자주국방 건설을 마무리 단계에 올려놓음으로써 이 나라의 안전과 평화를 보장하는 강력한 보루를 구축해 놓았다. 한마디로 자주국방정책은 영원한 동지도, 영원한 적도 없다는 냉혹한 국제사회에서 국가의 안전과 평화를 보장한 가장 현실적이고 올바른 정책이었다.

오늘날 각국의 국방과 국가안보정책을 연구하는 국내외의 여러 전문가들은 대통령의 자주국방정책은 적대국의 전쟁 도발을 효과적으로 억지함으로써 한반도와 아시아 극동지역의 안정과 평화를 유지하는 데 크게 기여해 왔다고 높이 평가하고 있다.

심융택 (沈瀜澤)

고려대학교 법과대학 졸업. 고려대학교 대학원(법학석사). 미국 덴버대학 대학원 수학. 대통령 공보비서관(1963~71). 대통령 정무비서관(1972~79) 역임. 제10대 국회의원. 월간『한국인』편집인 및 발행인 역임. 저서『자립에의 의지─박정희 대통령 어록』

崛起
박정희 경제강국 굴기18년
9 평화통일비전
심융택 지음
1판 1쇄 발행/2015. 8. 31
발행인 고정일/발행처 동서문화사
창업 1956. 12. 12. 등록 16-3799
서울 중구 다산로12길 6(신당동, 4층)
☎ 546-0331~6 (FAX) 545-0331
www.dongsuhbook.com

＊

이 책의 출판권은 동서문화사가 소유합니다.
의장권 제호권 편집권은 저작권 법에 의해 보호를 받는 출판물이므로 무단전재와 무단복제를 금합니다.
사업자등록번호 211-87-75330
ISBN 978-89-497-1367-0 04350
ISBN 978-89-497-1358-8 (총10권)